Der große Türke – Süleyman der Prächtige

Henk Boom

Der große Türke
Süleyman der Prächtige

Sein Leben, sein Reich und sein Einfluss auf Europa

Aus dem Niederländischen von Birgit Erdmann und Bärbel Jänicke

parthas berlin

Der Verlag dankt der Niederländischen Literaturstiftung für die
Förderung der Übersetzung.

N ederlands
N letterenfonds
dutch foundation
for literature

Die Originalausgabe erschien 2010 unter dem Titel *De Grote Turk.
In het voetspoor van Süleyman de Prachtlievende (1494–1566)* bei
Athenaeum–Polak & Van Gennep, Amsterdam.

Lektorat, Gestaltung und Satz: Silke Herweg | Umschlagabbil-
dung: Sultan Süleyman, Tizian zugeschrieben, um 1530 | Um-
schlaggestaltung: Pina Lewandowsky | Gesamtherstellung: GGP
Media GmbH Pößneck | Alle Rechte vorbehalten. Jede Form der
Wiedergabe oder Vervielfältigung, auch auszugsweise, erfordert
die schriftliche Zustimmung des Verlags.

ISBN 978-3-86964-053-2

Inhalt

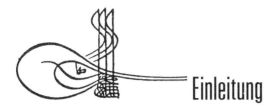# Einleitung

»Bücher allein genügen nicht. Man muss an Ort und Stelle recherchieren.« Professor Ilber Ortayli, Direktor des Topkapi-Museums in Istanbul und eine absolute Koryphäe auf dem Gebiet der Geschichte des Osmanischen Reiches, betont dies ausdrücklich in seiner Abhandlung *Osmanli'yi Yeniden Kesfetmek* (englische Ausgabe: *Discovering the Ottomans*), die eher ein Zeitzeugenbericht als ein Geschichtsbuch ist. Der Autor befasst sich darin mit einigen Eigenheiten des Osmanischen Reichs und warnt die türkischen Behörden beiläufig, nicht allzu leichtfertig mit dieser reichen Vergangenheit umzugehen. Ich traf Ortayli das erste Mal vor ein paar Jahren. Obwohl er eigentlich sofort zu einem Vortrag nach Los Angeles hätte aufbrechen müssen, gewährte er mir gemäß der türkischen Gastfreundschaft noch ein wenig Zeit für ein kurzes Gespräch in seinem Arbeitszimmer im ehemaligen Sultanspalast. Dort gab er mir den eindringlichen Rat, zunächst das aus dem 19. Jahrhundert stammende zehnbändige Werk des österreichischen Historikers Joseph von Hammer-Purgstall zu lesen, das noch immer als Standardwerk über die Geschichte der Osman-Dynastie gilt. »Und wenn Sie dann ausreichend Türkisch beherrschen, kommen Sie wieder«, fügte er schmunzelnd hinzu.

Mein zweites, Jahre später mit Ilber Ortayli geplantes Gespräch wurde im letzten Augenblick abgesagt. Als wäre es Schicksal gewesen: Der 97-jährige Ertugrul Osman Osmanoglu hatte ausgerechnet an diesem Tag das Zeitliche gesegnet. Den meisten Türken war der Verstorbene unbekannt. Für Ortayli aber war es, als hätte er seinen Paten verloren. Denn Ertugrul Osman Osmanoglu war der Enkel von Sultan Abdülhamid II. und somit das letzte noch lebende, auf osmanischem Hoheitsgebiet geborene Enkelkind eines regierenden Sultans gewesen. Als er 1924 zwölf Jahre alt war, musste der letzte Sultan des Osmanischen Reiches, Abdülmecid II., zurücktreten – zugunsten Mustafa Kemal Atatürks, dem Gründer der türkischen Republik. Mit dem Ableben des »last Ottoman« im Jahr 1944 wurde die Osman-Dynastie auf ewig im Grab der Geschichte beigesetzt. Ortayli trat während der Trauerzeit als

Sprecher der Familie Osman in Erscheinung – ein guter Grund, andere Prioritäten zu setzen.[1]

Mittlerweile hatte ich den dritten (1828 erschienenen) Teil der Osmanen-Geschichte von Hammer-Purgstalls gelesen, der die Periode von 1520 bis 1574 behandelt. Natürlich war mein Türkisch hier und da unzulänglich, aber das war nicht wirklich problematisch. Mit den meisten meiner Gesprächspartner konnte ich Englisch sprechen, und wenn das nicht infrage kam, gab es immer Dolmetscher, die die Kommunikation bereitwillig ermöglichten. Historiker haben es da weitaus schwerer. Man muss ein echtes Sprachgenie sein, um Dokumente und Chroniken aus den wichtigsten Ländern des Osmanischen Reiches studieren zu können. Nicht nur Kenntnisse des Türkischen, Persischen, Arabischen und des osmanischen Türkisch, sondern auch des Ungarischen, Polnischen, Griechischen, Serbischen, Bulgarischen, Rumänischen und Lateinkenntnisse sind erforderlich. Darüber hinaus hilft es, wenn man Englisch, Französisch, Deutsch und Spanisch beherrscht. Als Journalist hatte ich schon genug damit zu tun, die Bücher, Dissertationen, Essays, Traktate und Dokumente in den letztgenannten Sprachen von Historikern oder Osman-Experten aus mehreren Ländern zu lesen, die zum Teil auch aus dem Türkischen übersetzt waren. Mit diesem Wissen konnte ich mir ein ausgeglichenes Bild von der Historiografie des Osmanischen Reiches im 16. Jahrhundert machen.

Das Wichtigste war allerdings die sogenannte *Factfinding-Mission:* Ich befolgte Ortaylis Rat und besuchte die Orte des Geschehens. In Istanbul, Amasya und Konya, Budapest, Eger, Pécs, Mohács, Szigetvár, Wien, Simmering, Rhodos, Toulon, Sarajevo, Mostar und Visegrád versuchte ich mir die Ereignisse des 16. Jahrhunderts zu vergegenwärtigen. Ich sprach mit Professoren, Historikern und anderen Experten. Das ist ein Privileg von Journalisten, denn Historiker können Kollegen nicht einfach so interviewen, um ihr Wissen und ihre Einsichten zu vertiefen.

Bei einigen wichtigen Themen brachten die Gespräche widersprüchliche Ansichten hervor. Wollte Süleyman I. Ungarn tatsächlich erobern oder wollte er das ehemalige Königreich als Pufferstaat zwischen Habsburgischem und Osmanischem Reich nutzen? Diente die Belagerung Wiens dazu, die Stadt dem Osmanischen Reich als Provinz anzugliedern, oder stellte sie ein improvisiertes Kräftemessen der politischen Machtverhältnisse dar? Wie ist die Theorie vom Goldenen Apfel zu bewerten? Und wie war es möglich, dass die Legendenbildung um die ungarische Stadt Eger die tatsächlichen, durch die Geschichtsschreibung belegten Geschehnisse verdrängen konnte?

Gerade durch die oft gegensätzlichen Antworten auf diese Fragen wurden die Interviews für mich zu einer wichtigen Quelle, um meine Vorstellungen über den Großen Türken zu korrigieren und zu vervollständigen – als *kanuni* (Gesetzgeber), wie Sultan Süleyman I. in der Türkei genannt wird, als Süleyman den Prächtigen, wie er in die westliche Geschichte eingegangen ist oder als Süleyman den Gerechten, wie dem Archiv der Geschichte eigentlich ergänzend hinzugefügt werden müsste. Von ihm, der Zeit, in der er lebte (1496–1566), und von den Spuren, die er in Europa hinterlassen hat, handelt dieses Buch.

In den folgenden Kapiteln habe ich von Chronisten und Historikern im Lauf der Jahrhunderte zusammengetragene Fakten, Fiktionen und Legenden neu zusammengestellt. Dabei bin ich anders vorgegangen, als das ein Historiker tun würde: Das vorliegende Buch ist keine Biografie im herkömmlichen Sinn, es ist vielmehr eine ausführliche Reportage, keine Bestätigung der oftmals eurozentrischen Geschichtsschreibung, sondern in aller Bescheidenheit ein Versuch, unter Berücksichtigung aller Stimmen ein anderes Bild von einer konfliktbeladenen Epoche in der Geschichte Europas und der Türkei zu skizzieren. Es handelt von den Jahren, in denen Süleyman das Osmanische Reich als Kalif und Sultan nicht einfach nur weiter vergrößerte, sondern ins Goldene Zeitalter Konstantinopels führte. Es zeigt einen Monarchen, über den wir nur wenig wissen, obwohl er auch der westlichen Geschichte die Richtung wies.

Um dieses Buch zu schreiben, nahm ich Ratschläge, Hilfe und Wissen von anderen an. Ohne sie hätte dieses Buch nicht realisiert werden können. An den Orten des Geschehens führte ich Interviews mit Personen, die mich an ihrem Wissen teilhaben ließen. In Istanbul sprach ich mit Ilber Ortayli, Mehmet Ipsirli, Necdet Sakaoglu, Günsel Renda, Soli Özel, Ülkü Altindag und Özlem Kumrular, in Amasya mit Muzaffer Doganbas und Nurdan Kayalar, in Budapest mit Pál Fodor, Géza Dávid und Pál Tamás, in Wien mit Matthias Pfaffenbichler und Ernst Petritsch, in Sarajevo mit Enes Pelidija und Ramiza Smajic, auf Rhodos mit Anna-Maria Kasdagli und Mustafa Seyh, in Eger mit Laszlö Fodor, in Brüssel mit Alain Servantie, in Madrid mit Mustafa Ceric. Hier müssen auch die Autorinnen und Autoren erwähnt werden, deren wertvolle Ansichten aus ihren Werken über das Osmanische Reich in das Buch einflossen. Zu ihnen gehören Halil Inalcik, Colin Imber, André Clot, Leslie P. Peirce, Caroline Finkel, Esin Atil, Suraiya Faroqhi und Gülru Necipoglu.

Mein Dank gilt außerdem dem türkischen Botschafter in Madrid, Ender Erat, und Ismail Aksel, Direktor des türkischen Fremdenverkehrsamts in der spanischen Hauptstadt. Beide waren mir bei der Organisation meiner Reisen in die Türkei sehr behilflich. Gastfreundschaft genoss ich im Hotel »Barceló Saray« in Istanbul und im Hotel »Emin Efendi Konaklari« in Amasya.

Großen Dank schulde ich Jaap de Lussanet. Er übertrug französische Textpassagen aus den Werken von Pierre Gilles und Nicolas de Nicolay, aus dem Tagebuch des Cornelis de Schepper und aus dem spanischen Reisebericht *Viaje de Turquía*. Erika Langbroek hat mir bei einigen frühneuhochdeutschen Textabschnitten aus dem Reisebericht von Hans Dernschwam geholfen. Runa Hellinga wies mich in ungarische Termini und Geschichte ein. Armand Saq unterstützte mich bei der Durchsicht türkischer Texte. Gijs Versteegen begleitete mich in undurchschaubar erscheinende Archive. Der Historiker Erik Bruns führte mich in die Geschichte von Rhodos ein und bewahrte mich nach der Lektüre verschiedener Texte vor Anachronismen. Roy Kraaijenoord feilte an meiner manchmal allzu archaischen Ausdrucksweise. Die Namen meiner beiden Übersetzerinnen dürfen hier nicht fehlen. Bärbel Jänicke und Birgit Erdmann haben ihre Aufgabe mit viel Enthusiasmus und Genauigkeit erfüllt, sie haben sogar einige Fehler, die sich in die niederländische Ausgabe eingeschlichen hatten, aufgespürt und korrigiert.

Zu diesem Buch gibt es eine Webseite (www.degroteturk.com), auf der einige der Quellentexte und Abbildungen, die ich beim Schreiben benutzt habe, zu finden sind. Die Webseite verdanke ich den digitalen Kenntnissen meines Enkels. Dankeschön, Timo. *Last but not least* ein Wort des besonderen Danks an meine Ehefrau Lotje de Lussanet. Ihre Unterstützung, Zuwendung, Begeisterung und ihr Wissen waren unentbehrlich.

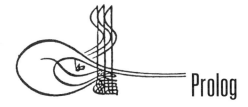

Prolog

Die anderen gibt es nicht

Wir und sie. Der türkische Außenminister Ahmet Davutoglu reagiert verärgert, als ich ihm auf einer Pressekonferenz in Madrid eine Frage stelle. Anlass dazu gab ein Interview mit Jerzy Buzek, dem damaligen polnischen Vorsitzenden des Europäischen Parlaments, in der spanischen Tageszeitung *El Pais*. »Die Türkei ist ein großes Land mit einer bedeutenden Historie, aber ihr kulturelles Erbe erschwert ihren Beitritt zur Europäischen Union.«[1] Mit diesen Worten hatte Buzek eine alte polemische Debatte wieder angeheizt.

»Mit dieser Sichtweise fallen wir auf die Gegenüberstellung von ›wir und sie‹ zurück. Unsere Kultur und die der anderen«, wettert Davutoglu, um dann etwas ruhiger fortzufahren: »Die anderen gibt es nicht. In einer globalisierten Welt geht es um uns alle. Wir müssen uns von dieser Vorstellung von ›europäisch und nichteuropäisch‹ lösen, als ob zwischen der Türkei und Europa eine Mauer stünde, wie damals in Berlin zwischen Ost und West. Die türkische Kultur ist schon seit Jahrhunderten Teil der europäischen Kultur. Wer diese Kultur ignoriert, kann Sarajevo nie verstehen. Dank der Tatsache, dass die osmanischen Archive den Historikern nun offenstehen, kann die europäische Geschichtsschreibung diesem Umstand heute Rechnung tragen. Blindheit gegenüber der osmanischen Kultur würde hingegen eine Rückkehr in das Europa des 16. Jahrhunderts bedeuten.« Soweit die Worte eines türkischen Ministers, der sein Land neu positioniert.

Eine Rückkehr in das Europa des 16. Jahrhunderts? Das bedeutet eine Rückkehr zu Formulierungen wie »wir, die Europäer, und sie, die Türken« oder »wir, die Christen, und sie die Muslime«. In Deutschland, den Niederlanden, Österreich und anderen mitteleuropäischen Ländern wurde damals die Unterteilung in gut und böse durch propagandistische Hetzpredigten und Traktate weiter bekräftigt. Je näher die »türkischen Barbaren« heranrückten, umso rüder wurden Ausdrucksweise und Bildsprache. Der osmanische Staat wurde mehr und mehr als Heimstatt der muslimischen Türken und barbarischen Frauenräuber dämonisiert und geriet damit zu einem Sinnbild, das Tintoretto 1580 in seinem Gemälde *Der Kampf zwischen Türken und Christen* erschaffen hatte.

Eine Rückkehr ins 16. Jahrhundert bedeutet auch eine Rückkehr zur Belagerung Wiens, zur Eroberung Ungarns und zur Drohung, dass Rom das Ziel der türkischen Expansion sein sollte, eine Rückkehr in die Zeit, in der sich die osmanische Expansion auf die politische Entwicklung Europas stabilisierend auswirkte und in der der Kontinent neben seiner religiösen Bedeutung auch ein klar umrissenes politisches Gewicht erhielt. Am Vorabend der Moderne habe sich die vermeintliche europäische Einheit unter Papst und Kaiser der Realpolitik geöffnet, schreibt Halil Inalcik, der Nestor der modernen türkischen Historiker. Diese neue, von nationalen Monarchien getragene, politische Ordnung habe ein ausbalanciertes System erfordert und der osmanische Staat habe in diesem Prozess unverkennbar eine wichtige Rolle gespielt.

Orientalismus

Wir und sie: Die Debatte verschärfte sich durch die Theorien von Edward W. Said, einem in Palästina geborenen und in Ägypten aufgewachsenen Atheisten, der in die USA emigrierte und dort an der Columbia University Englisch und vergleichende Literaturwissenschaft lehrte. In seinem 1978 publizierten Buch *Orientalism* vertritt er den Standpunkt, die Orientalisten beziehungsweise die westlichen Kenner östlicher Kultur und Religion hätten den Islam konsequent zum Symbol rückständiger Völker gemacht, die auf wissenschaftlichem, literarischem und kulturellem Gebiet nicht mit der ökonomischen, sozialen und politischen Entwicklung des Westens Schritt halten könnten. Sie würden den Islam mit einer Rückkehr ins Mittelalter gleichsetzen. In diesem Zusammenhang zitiert Said Dante Alighieri, der in seiner *Göttlichen Komödie* 1321 beschrieben hatte, in welchen Teil der Hölle der Prophet Mohammed verdammt worden war: in den neunten Graben des achten Höllenkreises, der den Glaubensspaltern und Zwietrachtstiftern vorbehalten sei.

Said zufolge war nach der napoleonischen Eroberung Ägyptens im Jahr 1798 systematisch ein einseitiges und gefiltertes Bild des Orients gezeichnet worden, das den westlichen Vorstellungen vom Islam entsprach. Die vorgefassten Meinungen in Literatur, Kultur und Politik bündelten sich zu einem strukturierten Lügen- und Mythengewebe. »Was der Welt des Orients Selbstverständnis und Identität verlieh, waren nicht die eigenen Anstrengungen, sondern die Vielzahl geschickter Manipulationen, mit denen der Westen den Orient definierte«[2], schreibt Said.

Eine ganz andere Interpretation des Orients stammt aus der Feder des viel gerühmten, gelegentlich aber auch geschmähten Bernard Lewis, einem Historiker und Orientalisten, der am Department für Nahost-Studien an der Princeton University lehrte. Lewis hat nicht nur zahlreiche Publikationen über die Beziehungen zwischen dem Nahen Osten und dem Westen, sondern auch einige sehr kenntnisreiche Bücher über die Geschichte des Osmanischen Reiches veröffentlicht. Said kritisiert ihn aufs Schärfste, da Lewis seiner Meinung nach zu der Auffassung tendiere, der Islam habe sich nicht weiterentwickelt, weil die Muslime der Mythologie verhaftet geblieben seien. »Lewis sieht im Islam nur eine irrationale Ansammlung von Massenphänomenen und Muslime, die von Leidenschaften, Instinkten und Hass getrieben sind. Er sieht den Islam weniger als Religion denn als antisemitische Ideologie«[3], bemerkt Said.

Im Gegensatz zu Saids Überzeugungen hat der Orientalismus seine Wurzeln nach Lewis' Auffassung in der Zeit, in der Humanisten wie Erasmus von Rotterdam, Juan Luis Vives und Thomas More ihre Stimme in Europa erhoben. »Der Islam war schon im 16. und 17. Jahrhundert in Frankreich und England Gegenstand wissenschaftlicher Studien, lange Zeit bevor die Kolonialinteressen im Nahen Osten die politische Agenda in London und Paris bestimmten. Länder wie die Niederlande, Italien und Deutschland waren für die Entwicklung des Orientalismus mindestens ebenso bedeutsam.« Lewis zufolge durchlief diese Geistesströmung eine eigenständige Entwicklung, die gelegentlich sogar im Widerspruch zu den imperialistischen Interessen jener Zeit stand.

Wütend beginnt Ilber Ortayli mit der rechten Hand herumzufuchteln, als bei unserem Gespräch in seinem Arbeitszimmer des Topkapi-Museums der Name Said fällt: »Er war noch nie in der Türkei«, bemerkt er bissig. Und Lewis? »Lewis kennt sich hervorragend in unserer Geschichte aus. Er weiß vieles, von dem Said keine Ahnung hat.«

Ebenso wie Minister Davutoglu hat Ortayli kein Verständnis für das »Wir und sie«. »Einerseits sind wir die anderen, andererseits aber auch nicht«, doziert er. »Die anderen gibt es nicht. Wir teilen alle denselben Glauben, den des Propheten Abraham. Wir sind alle jüdisch und unsere Religionen sind alle vom Judentum abgeleitete Varianten.« In den Osmanen sieht er die Söhne einer geteilten Kultur ohne belegbaren Ursprung. »Die Osmanen brachten die Wüsten Syriens in den Balkan, den architektonischen Stil des Balkans in den Osten, Persien nach Serbien und Griechenland nach Albanien.« Und die Türken? Sie sind nach Ortaylis Auffassung Nachfahren der Osmanen, die aus einer kulturellen Verbrüderung ohne belegbaren Ursprung hervorgegangen sind.

Die Identität

Wie der Wir-und-sie-Disput durchzieht ein weiteres heikles Thema die Geschichte der Türkei: die Identitätsfrage. »Da das Osmanische Reich zusammengebrochen war und die Türkische Republik außer ihrem ›Türkentum‹, das sie nicht recht zu definieren wusste, kaum mehr etwas anderes wahrnahm und sich somit von der Welt abkapselte, ging es mit der Vielsprachigkeit und den glorreichen alten Tagen dahin«, schreibt Nobelpreisträger Orhan Pamuk in seinem Buch über seine Geburtsstadt. »Istanbul verkam zu einem langsam vor sich hin verödenden schwarzweißen, monotonen und einsprachigen Ort.«[4]

Die Identitätsthematik ist viel älter als die Republik. Schon lange vor Atatürk lehnten die Osmanen es ab, sich mit den Türken zu identifizieren, obwohl sie den türkischen Ursprung der osmanischen Dynastie anerkannten und osmanisches Türkisch sprachen. Aber Türke, das war doch höchstens eine ethnische Bezeichnung. Als der Großwesir Ibrahim Pascha seinen Herrscher und Schwager Süleyman 1536 als »Türken« ansprach, wurde er der Legende nach prompt enthauptet. »Türke« nannte man einen Ziegenhirten, aber doch keinen osmanischen Sultan. Mit dem Aufstieg Atatürks wurde die Diskussion um die Identitätsfrage wieder angefacht, doch nun ließ man die osmanischen Wurzeln aus. Ungeachtet ihrer reichen Historie wurde unter das Imperium der Sultane ein dicker Strich gezogen. Alles, was mit der osmanischen Dynastie zu tun hatte – Traditionen, Literatur, Kunst und Kleidung –, wurde in die Archive verbannt. Nur unter Ächtung des Osmanischen

Reiches konnte eine neue Republik entstehen. Reich und Republik bildeten antagonistische Institutionen. Atatürk wollte, dass seine Landsleute sich nach dem Vorbild der Aufklärung an einer säkularen, von den Dogmen des Islams befreiten Republik orientierten. Jede andere Interpretation wurde als eine Beleidigung der türkischen Identität verstanden.

Fast ein Jahrhundert nach Atatürks Aufstieg scheint sich das Blatt nun zu wenden. Ertugrul Osman Osmanoglus Tod fand in den türkischen Medien erstaunlich große Beachtung. Das Interesse an der Trauerfeier interpretiert der Kolumnist Abdüllhamit Bilici in der Tageszeitung *Zaman* als »den lebendigen Beweis dafür, dass die von der offiziellen Geschichtsschreibung lancierten Verleumdungskampagnen gegen das osmanische Erbe nicht gerechtfertigt waren. Wenn diese Kampagnen, die darauf abzielten, das Osmanische Regime als ›betrügerisch, unzivilisiert, fanatisch und leidenschaftlich‹ darzustellen, erfolgreich gewesen wären, warum hätten sich dann so viele Menschen für ein Mitglied des osmanischen Herrscherhauses zusammengefunden?«, fragt Bilici. »Keiner von ihnen befürwortete die Wiederbelebung des Sultanats. Doch das bedeutet nicht, dass sie kein Heimweh nach den Werten hätten, für die das Osmanische Reich lange Zeit, nicht nur in unserem Land, sondern auch über die Grenzen hinaus, gestanden hat.« Seine Fazit lautet: »Ich denke, dass das Interesse an dieser Trauerfeier der Sehnsucht nach den osmanischen Werten der Toleranz, des Friedens und der Gerechtigkeit entspringt.«

Die unkomplizierte Art, auf eine reiche Vergangenheit zurückzublicken, oder stärker noch, zurückzugreifen, hat schon früher eingesetzt, behauptet Soli Özel, Politikwissenschaftler an der Bilgi Universität in Istanbul, in einem Interview. Für ihn hat die wahrhafte Geschichtsschreibung der türkischen Vergangenheit schon vor knapp zwanzig Jahren eingesetzt. »Ich gehöre zur dritten Generation der Türkischen Republik. Diese Generation der türkischen Mittelklasse fühlt sich wesentlich sicherer und kann die eigene Geschichte viel kritischer in Augenschein nehmen. In den dreißiger Jahren drehte sich die Diskussion um die Frage, ob die Osmanen als Erben des Byzantinischen Reiches gelten konnten oder ob es einen Bruch zwischen den Byzantinern und den Osmanen gegeben hatte. Nationalistische Autoren haben die Art und Weise, in der wir uns unsere Geschichte aneignen sollten, vergiftet. Erst in den letzten zwanzig Jahren entwickelte sich eine neue Sichtweise, die es uns ermöglicht, unsere Geschichte zu analysieren und zu begreifen. Erst heute ist uns eine einigermaßen objektive Annäherung an unsere Geschichte möglich. Die Archive des Topkapi-Museums sind uns zugänglich und die Archive in Ankara öffnen sich nach und nach. Aber auch die Perspektive hat sich verbessert, frei von Komplexen haben wir viel eher Möglichkeiten, das traditionelle Feindbild, das uns wie ein Etikett anhaftete, zu korrigieren.«

Es besteht kein Heimweh (*hüzün*, schreibt Pamuk) nach dem Sultanat, aber nach dem Wissen darüber. Wenn man fragt, was die Generation der heute Dreißig- und Vierzigjährigen über das Sultanat lernen musste, erhält man nichts als Namen und Daten zur Antwort. »Wir mussten bloß die Glanzpunkte kennen«, erzählt ein Juwelier im überdachten Bazar Kapali Çarsi. »Also nur ein paar Namen, wie Fatih Mehmed und Kanuni Süleyman. Aber welche Bedeutung sie für die Geschichte der Türkei hatten, hat man uns nicht erzählt.«

»Ich bin ein Kind der Türkischen Republik«, erklärt eine Frau aus Amasya. »Ich wusste früher nichts von der historischen Gestalt Süleyman. Als ich zur höheren Schule ging, wurde der Name Roxelana nie erwähnt. Erst viel später las ich, das Süleyman und Roxelana in meiner Geburtsstadt gelebt hatten, dass sie durch dieselbe Straße zur selben Moschee gegangen waren, durch die ich mit meinen Eltern gegangen war. Dieses Wissen schlug für mich eine Brücke zur Vergangenheit. Das machte mich glücklich.«

Soli Özel kann derartige Schilderungen bestätigen. »Selbst die Frage, wie es zum Niedergang des Osmanischen Reiches gekommen ist, wurde nicht thematisiert. Die Schuld wurde immer dem imperialistischen Ausland zugeschrieben, das uns spalten wollte. Aus einer seriösen historischen Perspektive betrachtet, glaube ich nicht, dass in philosophischer Hinsicht etwas von der Bedeutung des Reiches bewahrt worden ist.« In diesem Zusammenhang konstatiert Özel, dass die Türken lange eine schizophrene Beziehung zur osmanischen Geschichte hatten. »Auf der einen Seite stand die ruhmreiche Vergangenheit, auf der anderen eine neue Republik. Natürlich musste der Aufbau einer Nation auf Homogenität abzielen: auf *eine* Sprache, *eine* Kultur, *eine* Geschichte, *eine* neue Hauptstadt und *ein* gemeinschaftliches islamisches Erbe.«

Mittlerweile lassen sich auch in der kürzlich von Ahmet Davutoglu entwickelten Außenpolitik osmanische Inspirationen entdecken. Auch wenn der Minister bemerkt, es gehe ihm nicht um ein post-osmanisches Konzept, sondern um eine Brücke zwischen Ost und West, zwischen Islam und Christentum. Özel meint dazu: »Die Türkei will wieder zum Zentrum eines viel größeren Gebiets werden, das vom Balkan bis zum Nahen Osten reicht. Vielleicht sage ich das, weil ich Türke und natürlich nicht frei von Vorurteilen bin. Aber andererseits verstehe ich mich auch als Politikwissenschaftler und von dieser Warte aus betrachtet, bin ich der Auffassung, dass die Türkei an der strategischen Rolle, die Europa in der Welt von morgen spielen kann, wesentlichen Anteil nehmen muss.«

Die Orientfalle

Die Korrektur der Geschichtsschreibung über das Osmanische Reich ist inzwischen zu einem unumkehrbaren Prozess geworden. Das war höchste Zeit, findet Kemal H. Karpat, Historiker an der Universität von Wisconsin und Redakteur von *The International Journal of Turkish Studies*. Er bezeichnet die osmanische Geschichte als »das Stiefkind der historischen Studien« und konstatiert, dass die Jahrhunderte der Sultane in den historischen Werken über Europa und Asien allzu oft in die Fußnoten verbannt wurden. Zu Unrecht, wie er meint: »Der Osmanische Staat war in mittelalterlichen wie in modernen Zeiten die einzige politische Organisation, die die drei monotheistischen Religionen Islam, Christentum und Judentum offiziell anerkannte. Obwohl das Reich sich zu manchen Zeiten aus gut sechzig ethnischen und linguistischen Bevölkerungsgruppen zusammensetzte, war diese Akzeptanz ein Garant für eine harmonische Koexistenz.«

Nur das »Wir und sie«, das hat sich erhalten. »Der Orientalismus trägt die beständige Tendenz in sich, die islamische Welt als die ewig andere zu definieren«[5], schreibt Suraiya Faroqhi in ihrem Buch *Approaching Ottoman History*. Sie bestätigt Edward Saids Theorien und entdeckt in diesem Prozess »eine hartnäckige Abneigung« gegen die Anerkennung der eigenen Historie und Dynamik islamischer Gesellschaften. In Europa gibt es noch immer die zunehmende Tendenz, ein falsches Orientbild zu reproduzieren. Europäer formen so eine Sicht auf die östliche Realität, die ihren eigenen christlichen Standards entspricht. Faroqi bezeichnet diesen einseitigen westlichen Blick als eine »Orientfalle«.

Inalcik merkt dazu an, dass »das Osmanische Reich in der westlichen Geschichtsschreibung im Allgemeinen als Gegenpol und Antithese zu Europa und dem Europäischen dargestellt und verstanden wurde«. Als Ursache führt er historische Gründe an, wie die Kreuzzugstradition, eine allgemeine feindselige Einstellung infolge eines lang währenden Krieges, kultureller Entfremdung und vielleicht auch der Tatsache, dass die Osmanen den Prozess der Renaissance und der Aufklärung nicht durchlaufen haben.

In seinem Buch *The Ottoman Empire and Early Modern Europe* gelangt der nordamerikanische Historiker Daniel Goffman zu dem Schluss, das Osmanische Reich sei immer als ein weltfernes Gebiet betrachtet worden, das unmerklich durch kulturelle und religiöse Unterschiede vom Westen getrennt war, obwohl ihre Hauptstadt in Europa lag und ein Drittel des Reiches zum europäischen Kontinent gehörte. »Viele Historiker haben ihre Wahrnehmung des osmanischen Militarismus, der barbarischen Heerestaten, der Tyrannei des Sultanats, der sexuellen Vorlieben der Herrscher und anderer exotischer Elemente nach westlichem Maßstab gemessen«, schreibt Goffman. »Ihr Fazit war durchweg einhellig: Die Türken hinken kulturell und zivilisatorisch hinterher.«[6]

Der 1945 geborene französische Historiker Gilles Veinstein, Autor und Herausgeber zahlloser Werke über die Osmanische Zeit wie etwa *Soliman le Manifique et son temps*, denkt ganz ähnlich. »Westliche Zeitgenossen haben im Allgemeinen keine gute und exakte Vorstellung von dem, was sich im 16. Jahrhundert abspielte«, lautet sein Urteil, dem er sogleich hinzufügt: »Und das gilt womöglich noch stärker für die Historiker, die diese Vergangenheit untersucht haben.«[7] Damit will Veinstein eigentlich nur eines sagen: Wer seine Geschichte nicht wirklich kennt, ist dazu verdammt, sie zu wiederholen. Das gilt auch für Historiker und die Leser ihrer Werke.

Gottes Schatten auf Erden

»Al-laaaaaaaaaaaah ...« Wie Noten auf den Linien des Notensystems tanzen die Vokale des Muezzins über das Wasser des Bosporus. Getragen vom *poyraz,* dem Nordostwind, der hier im Herbst kühl und frisch sein kann, ertönt der Ruf zum Mittagsgebet in noch eindringlicheren Klagelauten. Während der noch verbliebene Morgendunst unter der aufsteigenden Sonne verdampft, wartet Allah der Barmherzige in den Moscheen zu beiden Seiten der Meeresenge auf die Gläubigen. Es ist der 30. September 1520. Noch einen Tag und eine Nacht, dann wird in Konstantinopel Geschichte geschrieben.

Aufrecht und erhobenen Hauptes, das Herz voll Kummer und Stolz, sitzt der 26-jährige Kronprinz Süleyman unter dem seidenen Zeltdach auf dem Achterdeck des imperialen *caïque,* dem zehn Meter langen Hofboot, das ihn von Asien nach Europa bringen soll. Er ist traurig über den Tod seines Vaters und zugleich stolz, weil er dazu auserwählt ist, eine bedeutende Aufgabe zu übernehmen: die Führung des Osmanischen Reiches. Mehr als einmal riecht der Kronprinz an einer Rose, die er sich mit Daumen und schlankem Zeigefinger der rechten Hand unter die Hakennase hält. Der Legende nach hat der Prophet Mohammed bei der Landarbeit so sehr geschwitzt, dass ein Schweißtropfen zu Boden fiel. An dieser Stelle trieb umgehend eine Rose aus der Erde. Seither sagt man, dass der angenehme Duft einer Rose Erinnerungen an den süßen Körpergeruch des Propheten wachruft. Es ist ein Zeichen der Andacht, an einer Rose zu riechen. In Zukunft werden der Prophet und der Koran mehr denn je seine Ratgeber sein. »Führe uns den geraden Weg, den Weg derer, die Du begnadet hast, die nicht dem Zorn verfallen und nicht irregehen«, so steht es in der ersten Sure geschrieben.

Süleymans Vater, Sultan Selim I. Yavuz »der Grimme«, ist auf dem Weg von Edirne, dem ehemaligen Adrianopol, nach Konstantinopel plötzlich verstorben.[1] Die Nachricht erreicht Süleyman in Manisa, wo er als Gouverneur residiert. Eile ist geboten. Die Tradition verlangt, dass der zum Thronfolger Auserkorene so schnell wie möglich nach Konstantinopel zu reisen hat, um ein politisches Vakuum im Reich zu vermeiden. Die Janitscharen[2], das Elitekorps des Sultans, hatten sich schon einmal aufgelehnt, weil sich die Zeit bis zur Inthronisation zu lange hingezogen hatte. Die Soldaten fürchteten um den Extrasold, der ihnen laut eines ungeschriebenen Gesetzes immer dann ausgezahlt wird, wenn der goldene Thron vom Throninhaber auf dessen Nachfolger übergeht. Aber diesmal läuft alles vorschriftsgemäß. Während die Nachricht vom Tod Selims I. in Edirne verbreitet wird, eilt Süleyman bereits nach Konstantinopel. Die in Edirne verbliebenen Truppen weinen um ihren Sultan. Als Zeichen der Trauer reißen sie ihre Zelte nieder. Jetzt, da der Sultan nicht mehr ist, kann nur der Himmel sie noch beschützen.

Links vom Marmarameer und rechts von der Meerenge, die zum Schwarzen Meer führt, passiert Süleyman die zwischen den Ufern verlaufende Grenze der beiden Kontinente, auf denen sein Wort Gesetz sein wird. Auf der einen Seite liegen Anatolien, Syrien, der Libanon und Palästina (und weiter südlich, auf dem afrikanischen Kontinent, Ägypten) sowie die heiligen Städte Mekka, Medina und Jerusalem, die zum auf ihn übergehenden Osmanischen Reich gehören. Auf der anderen Seite befinden sich Griechenland, Bulgarien und große Teile des Balkans, die als europäische Provinz Rumeli – der Name soll an das Römische Reich erinnern – zu einer Regierungseinheit zusammengeschlossen sind. Dahinter liegt der noch zu bezwingende Teil des Reiches: Ungarn, Österreich (die Heimat der Habsburger) und Rom (der Sitz des Papstes). Erst wenn der Muezzin seinen Ruf zum Gebet jeden Tag fünf Mal über den Tiber erschallen lässt, wird der heilige Auftrag, den Süleyman von seinen Vorvätern ererbt hat, erfüllt sein. Dann wird die gesamte christliche Welt seiner *seriat,* wie die Scharia in der Türkei heißt, unterworfen sein: »Ein Reich, eine Religion, ein Herrscher.« Mit diesem Leitspruch seines Urgroßvaters Mehmed II. lässt sich Süleyman ans andere Ufer rudern, um die Pflichten seines Vaters zu übernehmen.

Die Sonne, die schon fast im Zenit steht, taucht die beiden Minarette der Hagia Sophia[3] in ein glühendes Rot. Wie versteinerte Zypressen ragen sie in den Himmel, in dem Süleyman schon jetzt ein privilegierter Platz gewiss ist. Es sind noch etwa fünfzig Meter zu rudern. Der vom Muezzin gepriesene Name des Allmächtigen wird jetzt vom dumpfen Dröhnen der *kös,* einer großen Kesselpauke, und den hohen Tönen der *zurna,* einer Kegeloboe, überstimmt, die sonst nur zum Einsatz kommen, wenn sich der Sultan zu einem Feldzug aufmacht und die Stadt verlässt. Trotz des vom Poyraz verursachten Wellengangs legt das Hofboot ohne Schwierigkeiten am Steg von Yali Köskü an, dem Seepavillon auf Sarayburnu. Großwesir und Mufti erwarten es bereits an der ins Wasser ragenden Landzunge. Nach einem leichten Anstieg erreichen sie den ersten der sieben Hügel, auf denen Konstantinopel in Anlehnung an Rom errichtet wurde. Hier steht die »Schwelle zur Glückseligkeit«, wie der Topkapi-Palast poetisch bezeichnet wird. 1453, kurz nach der Eroberung der Stadt, hatte Sultan Mehmed II. den Auftrag zum Bau dieses Palastes erteilt, der die Würde und Größe seines Reiches zum Ausdruck bringen sollte. »Den prächtigsten Sultanspalast, der je von Menschenhand erbaut wurde«, nannte ihn der türkische Chronist Evliya Çelebi begeistert, als er im 17. Jahrhundert auf die wichtigsten Ereignisse aus Süleymans Lebensjahren zurückblickte.

Zwischenfälle bleiben Süleyman bei der Thronbesteigung erspart. Seine Brüder Abdullah, Mahmud und Murat hätten einen Griff nach der Macht wagen können, aber sie sind seit Langem tot, wobei nicht eindeutig geklärt ist, wie sie gestorben sind. In einer Quelle wird behauptet, dass sie jung eines natürlichen Todes starben. Anderen Quellen zufolge soll sein Vater, der Süleyman zum Lieblingssohn auserkoren hatte, 1514 den Auftrag erteilt haben, die drei Brüder töten zu lassen. Denn Selim I. hatte seine Lektion gelernt. Lange Zeit hatte er mit seinen Brüdern Korkud und Ahmed und sogar mit seinem Vater Bayezid II. um den Thron kämpfen müssen. Nach zahlreichen Intrigen und gebrochenen Versprechen war Selim als Sieger aus diesem Machtkampf hervorgegangen – aber erst, nachdem er Korkud und Ahmed sowie drei weitere Brüder, die sich aus den Thronfolgestreitigkeiten herausgehalten hatten, von seinen taubstummen Leibwächtern hatte erdrosseln lassen.[4] Auch ihre Kinder ließ er töten. Der Brudermord wurde zur grausamen Tradition, um den osmanischen Thron vor Erbfolgestreitigkeiten zu bewahren. Auch Süleyman wird das noch zu spüren bekommen.

Am Tag nach der Ankunft im Topkapi-Palast erfolgt die zeremonielle Thronbesteigung des zehnten Sultans der Osman-Dynastie. Alle Autoritäten haben sich schon früh vor dem Tor der Glückseligkeit im zweiten Hof des Palasts eingefunden. An vorderster Stelle steht Großwesir Piri Mehmed Pascha, neben ihm die Wesire Mustafa Pascha, Ferhad Pascha (ein Schwager des verstorbenen Sultans) und Kasim Pascha. In der zweiten Reihe folgen die Angehörigen der *ulema*, des Rats der Islamgelehrten, gemeinsam mit den obersten Richtern von Anatolien und Rumeli sowie den Mitgliedern des Diwans, des großherrlichen Regierungsrats. Obwohl er für grün, die Lieblingsfarbe des Propheten, eine Vorliebe hegt, trägt Süleyman zu diesem Anlass einen blauen festlichen ärmellosen Kaftan über einem mit Goldfäden besticktem Gewand mit langen roten Ärmeln. Auf seinem Kopf prunkt ein hoher blütenweißer Turban. Der wichtigste Augenblick der Zeremonie ist das Umschnallen des *zulfikar*, des Schwerts des Propheten Mohammed. Anschließend wird Süleyman in einer Totenstille zum *Zillulahi fi-l Arz* ausgerufen – ein Ehrentitel, der noch von den sassanidischen und abbasidischen Monarchen stammt. Während eine Truppe von in zeremonielle Uniformen gekleideten Janitscharen wie eine päpstliche Garde Wache hält, küssen die Mitglieder des Diwans als Zeichen ihrer Unterwürfigkeit nacheinander die Füße des Sultans.[5]

Zwei Tage darauf wird die Staatskasse geöffnet und die Janitscharen erhalten zur Besiegelung ihrer Loyalität zum neuen Sultan das ihnen zustehende Geld. 600 Ägypter, die Süleymans Vater bei der Eroberung Kairos gefangen genommen hat, erhalten die Freiheit zurück. Persische Händler, deren Waren beschlagnahmt wurden, bekommen eine großzügige Entschädigung. Dagegen gibt es für den inhaftierten Anführer eines Aufstands in Anatolien keine Begnadigung. Er wird zusammen mit fünf Handlangern hingerichtet. Die Leichen werden als abschreckendes Beispiel für das Schicksal, das Verräter erwartet, auf Pfähle gespießt.

Im christlichen Europa wird das öffentliche Leben zu jener Zeit von anderen Ereignissen bestimmt. Drei Wochen nach der Inthronisation Süleymans in Konstantinopel wird der zwanzigjährige Karl V. in Aachen zum römisch-deutschen König gekrönt. Der in Gent geborene Karl V. weiß noch nicht, wie viel er zukünftig mit dem neuen Sultan zu tun haben wird. Deutschland hat mit jedem Tag mehr unter den religiösen Konflikten zwischen den Katholiken und den Anhängern der Reformation zu leiden. Bald wird Luther auf dem Reichstag zu Worms mit dem Bann belegt werden. In Camp du Drap d'Or bei Calais lässt man derweil zur Feier der Wiederaufnahme der bilateralen Beziehungen zwischen Frankreich und England Dutzende Flaschen besten Weines entkorken. Bei einem ersten Treffen erkundigt Franz I. sich bei seinem englischen Gast Heinrich VIII. vorsichtig, wie dieser über die Strategie denke, mit der der französische König verhindern will, dass sein Rivale Karl auch noch zum Kaiser des Heiligen Römischen Reichs gekrönt wird. Schnell zeigt sich: Franz I. braucht Mitstreiter.

Am Habsburger Hof reagiert man anfangs mit Verachtung auf den jungen Sultan. Süleyman wird als Schwächling gesehen, der niemals an die Härte seines Vaters heranreichen wird. »Alle stimmen darin überein, dass der wilde Löwe von einem sanften Lamm abgelöst wurde«, schreibt der italienische Humanist und Historiker Paolo Giovio in einem Brief an Karl V. und verteilt damit Balsam auf der Seele des jungen, ambitionierten Herrschers. Den Vergleich mit einem wilden Löwen verdankte Selim I. seiner aggressiven Expansionspolitik im Nahen Osten. Doch Giovio irrt. Von einem sanften Lamm kann keine Rede sein. Süleyman vereinigt vielmehr jene Eigenschaften in sich, die Machiavelli ein paar Jahre später einem idealen Herrscher zuschreibt: den Charakter eines Löwen, den man seines territorialen Instinkts wegen fürchtet, und den eines Fuchses, der wegen seiner Schlauheit bewundert wird.

Kaum ein Jahr nach Süleymans Thronbesteigung bringen Eilboten beunruhigende Nachrichten aus Konstantinopel an die europäischen Höfe: Osmanische Truppen haben Belgrad erobert. Mit seinem ersten Feldzug hat Süleyman eine Bresche in die südliche Verteidigungslinie des ungarischen Königreiches geschlagen. Plötzlich befindet sich das christliche Europa, das die Habsburger so gern beherrschen wollen, in Reichweite der vermaledeiten Türken. Der Handschuh ist geworfen. Man erinnert sich noch an den erfolgreichen osmanischen Angriff auf die süditalienische Stadt Otranto. Nur wegen des plötzlichen Todes von Mehmed II. »dem Eroberer« im Jahr 1481 hatte das Heer den Rückzug angetreten und die Eroberung Italiens war vertagt worden. Aber wurde sie auch aufgegeben? Die dunklen Wolken, die sich damals über Europa zusammengebraut hatten, zeigen sich erneut am Horizont. Auf dem Reichstag zu Worms äußerte der ungarische Gesandte Hieronymus Balbus besorgt, die Trägheit und die Feigheit der Christen seien schuld daran, dass die Türken so viel Macht hätten. Hoffnung auf eine Rückeroberung Konstantinopels gebe es nicht mehr. Jetzt müsse man sogar um Rom bangen.

Padischah-i Islam

Süleyman wurde am 6. November 1494 in Trabzon geboren, einer schon damals bedeutenden Hafenstadt am Schwarzen Meer. Sein Vater benannte ihn nach König Salomon. Der Legende nach wurde der Koran am Tag von Süleymans Geburt willkürlich auf der Seite der 27. Sure (Vers 30) aufgeschlagen: »Es ist von Salomo. Und es lautet: Im Namen Gottes, des Erbarmers, des Barmherzigen.« Das war ein hoffnungsvolles Zeichen. Der neugeborene Prinz sollte dem Herrscher von Juda und Israel an

Weisheit, Gerechtigkeit, Reichtum und Berühmtheit nicht nachstehen. Evliya Çelebi beruft sich ein Jahrhundert später in seiner Chronik auf prophetische Worte: Zu Beginn eines jeden Jahrhunderts schickt Gott einen Mann, um sein Volk zu erneuern. Die islamische Zeitrechnung schrieb das Jahr 900. Çelebi ist der Ansicht, mit Süleymans Geburt wäre diese Prophezeiung erfüllt, da er während seiner 46-jährigen Herrschaft die Welt unterwarf und 18 Regenten zu Tributzahlungen verpflichtete.

Süleymans Mutter, die Sklavin Ayse Hafsa Sultan, soll entweder in Bosnien oder anderen Quellen zufolge auf der Krim zur Welt gekommen sein.[6] Seine Jugend verbrachte Süleyman in Trabzon, weil sein Vater Selim I., damals noch Kronprinz, dort als Gouverneur residierte. Im Rahmen seiner Erziehung wurde der 15-jährige Süleyman nach Kefe in den östlichen Teil der Krim geschickt. 1513 übernahm er in Manisa eine leitende, mit einem Statthalter vergleichbare Funktion: Er wurde zum *sancakbey* ernannt und blieb bis zu seiner Thronbesteigung in diesem Amt. In jener Zeit wurde Süleyman mit zwei Missionen betraut. Süleyman vertrat seinen Vater in Konstantinopel, während der einen Feldzug gegen Persien führte. Anschließend befehligte er die Truppen selbst, um einen Aufstand in Edirne niederzuschlagen.

Bis zu seinem Tod im ungarischen Szigetvár im Jahr 1566 sollte Süleyman I. insgesamt dreizehn Feldzüge, sogenannte *sefer-i hümayuns*, anführen. Er war der letzte Sultan, der seine Truppen im Kampf noch selbst befehligte. Seine Nachfolger überließen diese Aufgabe den Großwesiren. Neun der Feldzüge richteten sich gegen das Habsburgische Reich. Zwei Mal stand Süleyman I. mit seinen Truppen vor Wien, doch eine direkte Konfrontation mit seinem Erzfeind Karl V. auf dem Schlachtfeld blieb aus. Ob Wien auch tatsächlich erobert werden sollte, ist bis heute umstritten. Von einer Eroberung Italiens wurde abgesehen, weil sich Süleymans Verbündeter Franz I. im letzten Moment von dem Vorhaben zurückzog. Aufgrund der Aktivitäten von Barbaros Hayreddin Pascha, bekannt als Pirat Barbarossa oder Rotbart[7], wurde das Mittelmeer für einige Jahre zum *mare turcicum*. Dank seiner militärischen Vorstöße zu Land und zu Wasser wuchs das Osmanische Reich unter Süleyman I. zu einer Weltmacht mit rund sechzig verschiedenen Ethnien und Bevölkerungsgruppen unterschiedlicher Sprache an, verteilt über 38 Staaten und föderalen Republiken auf drei Kontinenten.[8]

Innerhalb der Grenzen seines Reiches genoss der Sultan absolute Macht. Er war nicht nur der weltliche Herrscher, sondern dank der Eroberung Kairos durch seinen Vater auch Kalif oder »Hüter des Islams«.[9] Der Sultan war persönlich für das

Wohl seiner Untertanen verantwortlich. »Harmonie unter den Menschen innerhalb der Gesellschaft wird durch Staatskunst erreicht«, schreibt der Chronist Tursan Bey im 15. Jahrhundert. Es lag in der Verantwortung des Sultans, Harmonie und Gerechtigkeit auf der Grundlage der *hisbah*, der islamischen Institution für die Wahrung von Normen und Werten im öffentlichen Leben, zu fördern. Nicht bei allen kam die Botschaft an. Mehrere Male musste Süleyman I. in innerstaatliche teils aus Unzufriedenheit, teils aus religiösen Streitigkeiten entstandene Unruhen eingreifen. So schickte er, bevor er seinen ersten Feldzug nach Belgrad unternahm, seinen Großwesir nach Syrien, um dort einen Aufstand zu unterdrücken. 1526, kurz nach der Schlacht bei Mohács und der darauf folgenden Eroberung von Buda, musste der Sultan seinen Aufenthalt in Ungarn abbrechen, denn in den Städten Karaman und Sivas revoltierten die Kizilbasch, eine schiitische Bewegung in Ostanatolien. Im Winter 1554/55 bekam er es erneut mit den Kizilbasch zu tun, diesmal in Amasya, der Hauptstadt der Provinz Rum.

Außer Kalif trug Süleyman I. weitere Titel. Der Hofstaat nannte ihn ehrerbietig »Gottes Schatten auf Erden«. Der Sultan selbst bevorzugte die Anrede *Padischah-i Islam*, Herrscher des Islams.[10] In die türkische Geschichte ging Sultan Süleyman I. als Kanuni ein, ein Titel, den er den *kanun* zu verdanken hatte, den von ihm erlassenen, auf der Scharia beruhenden Gesetzen. Im christlichen Europa sprach man nach seinen ersten Feldzügen in Ungarn angsterfüllt und ehrfürchtig vom »Großen Türken«. Später, als die Geschichten über Pracht, Prunk und Mäzenatentum auf diplomatischen Wegen in Venedig, Rom, Linz und Prag Verbreitung fanden, wurde die Furcht vor den Türken von Bewunderung für den Sultan begleitet und Süleyman I. erhielt den Beinamen »der Prächtige«.

Was aber hatte es mit der Anrede »Gottes Schatten auf Erden« auf sich? Der Istanbuler Historiker Necdet Sakaoglu kann diese Anrede nicht akzeptieren. »Aus Sicht des Islams ist es unmöglich, dass jemand Gottes Schatten auf Erden sein kann. Gott selbst hat keinen Schatten, weil er sich niemals als Etwas oder Jemand mit einem Schatten manifestieren kann. Gott ist doch unsichtbar.« Dass der Sultan dennoch so genannt wurde, ist seiner Ansicht nach auf eine Äußerung des Propheten Mohammed zurückzuführen. »Er sagte einmal, dass sich die Menschen auf Erden keine Sorgen machen müssten, weil sie von seinem Schatten beschützt würden.«

Der Diwan

Während des Sultanats von Süleyman I. wurde das expandierende Reich als Zentralstaat organisiert. In der Person des Sultans vereinigte sich alle weltliche und geistliche Macht, die Päpste und Kaiser im christlichen Europa miteinander teilen mussten. Das alte römische Recht *Quod principi placuit, legis habet vigorem* (was dem Herrscher gefällt, hat Gesetzeskraft) wurde durch ein Glückseligkeitsprinzip ersetzt, das von Tursun Bey als *yasak*[11] klassifiziert wurde. Es bedeutete so viel wie Regieren aufgrund der Prinzipien, die Glückseligkeit in dieser Welt garantieren. Erst danach kommt die geheiligte Politik oder die Scharia, wie sie der Prophet gepredigt hat. Nur die Autorität eines souveränen Herrschers kann diese Politik gestalten. Ohne Souveränität ist es unmöglich, in Harmonie zu leben. Gott hat diese Autorität nur einer Person übertragen, die, um sich der Kontinuität des Glücks gewiss zu sein, absoluten Gehorsam fordert.

Die Tagespolitik überließ der Sultan dem *divan-i hümayun,* dem Regierungsrat, der vier Mal pro Woche, samstags, sonntags, montags und dienstags, für jeweils sieben Stunden zusammentrat. Der Diwan war in vier Personengruppen unterteilt: die Wesire, *kazasker, defterdar* und *nisanci*. Die Wesire, die sich Pascha nennen durften, waren mit der politischen Führung des Reiches betraut. Die Kazasker, die obersten Richter aus Anatolien und Rumeli, repräsentierten die Ulema, das höchste geistliche Staatsorgan. Die Defterdar bildeten einen Rat mit den Aufgaben eines Finanzministers und trugen die Verantwortung für die Staatskasse. Die Nisanci könnte man als Minister bezeichnen, die jeweils eine eigene Aufgabe innerhalb des Diwans übernahmen. Hinzu kamen der Admiral der Flotte, der Oberbefehlshaber der Janitscharen, der Militär-Staatsanwalt, der Kanzler und der *kadi* genannte Ortsrichter von Konstantinopel. Außerdem wohnten den Sitzungen Skriptoren bei, die für das Aufsetzen und Versiegeln offizieller Briefe an die Außenposten sowie für die Sitzungsberichte verantwortlich waren.

Der Versammlung saß der Großwesir oder ein von ihm bestimmter Wesir vor. Das Protokoll schrieb auch die passende Kleidung vor: Die Hierarchie innerhalb des Diwans konnte man am Turban, an der Barttracht und an der Farbe der Kleidung ablesen. Die Wesire kleideten sich in Grün. Hellblau war den obersten Richtern vorbehalten. Der Großwesir trug wechselweise ein Gewand aus weißem oder, an Sonntagen, aus rotem Brokat. Sein Mantel war mit Zobelpelz besetzt und auf dem

Kopf trug er einen bestickten, festlichen Turban. Auch der Admiral und die Wesire trugen durch das Protokoll vorgeschriebene Turbane. Gekleidet waren sie in hell- oder dunkelgrüne Seidenmäntel.

Vor der Versammlung kam der Diwan in der Hagia Sophia zum zweiten Morgengebet zusammen. Zurück im Palast wurden seine Mitglieder von Spalier stehenden Janitscharen und Regierungsgehilfen empfangen, woraufhin alle gemäß eines bis ins Detail ausgearbeiteten Ablaufs in einer Prozession zum zweiten Tor gingen, das feierlich geöffnet wurde. Danach begab sich der Tross zum Tor der Glückseligkeit, hinter dem sich die Privatgemächer des Sultans befanden. Vor dem Tor wurde dem Sultan und der Osman-Dynastie, die er repräsentierte, Ehrerbietung entgegengebracht. Alle warteten in Reih und Glied, bis der Großwesir den anderen schließlich unter Beifall zum Versammlungssaal vorausging.

Der Sultan mischte sich für gewöhnlich nicht in die Beratungen ein. Er bevorzugte, die Debatten ab und an – hinter einem Gitterfenster sitzend – unangekündigt zu verfolgen. Dies hat eine Vorgeschichte. Zu Zeiten Sultan Mehmeds II. gelang es einem ungebildeten Bauern, in den Sitzungssaal vorzudringen, in dem die Wesire, der Großwesir und der Sultan gerade die Staatsgeschäfte erörterten. »Wer von euch ist der Sultan?«, rief der verzweifelte Bauer. Diese Frage löste unter den anwesenden Mitgliedern des Diwans einen großen Schock aus. Weil der Bauer ihn nicht erkannt hatte, verließ Mehmed II. erzürnt und wutentbrannt ohne ein weiteres Wort den Saal. Der Großwesir gab ihm danach den Rat, die Sitzungen hinter einem vergitterten Fenster zu verfolgen, um unangekündigte und vor allem unerwünschte Begegnungen zu vermeiden. Seitdem ließ sich kein Sultan mehr im Versammlungssaal blicken, ungebetene Besucher ebenfalls nicht.

Die regionale Regierungsverantwortung wurde Gouverneuren übertragen, die wiederum von den Paschas kontrolliert wurden. Eroberte Ländereien wurden an sogenannte *sipahi* »verpachtet«, jene Kavalleristen, die das Rückgrat des osmanischen Heeres bildeten. Sie durften die *timar*, den ihnen zugewiesenen Grund und Boden, bearbeiten und einen Teil der Ernte für sich behalten. Im Gegenzug trieben sie die Steuern in ihrer Region ein, sahen nach dem Rechten und hatten parat zu stehen, wenn ein neuer Feldzug bevorstand – eine osmanische Variante der feudalen Hörigkeit.

Zur Sicherung der absoluten Macht wurden alle Ausprägungen von Aristokratie – eine potenzielle Quelle des Widerstands – in den eroberten Gebieten ausgeschaltet.

Staatsposten vergab man ausschließlich an Sklaven, denn sie waren in Glaubens- und Regierungsfragen von den sogenannten *kul* unterrichtet worden, den Mitgliedern der exklusiven Sklavenkaste innerhalb der Palastmauern, die im Dienste des Sultans standen. Nach ihrer Ausbildung wurden die intelligentesten Sklaven zu *içoglans* befördert und aus dieser erlesenen Gruppe rekrutierte man später die Autoritäten für die Exekutive. Halil Inalcik bemerkt dazu, dass die Übersetzung von Kul in »Sklaverei« eigentlich irreführend sei, da die islamische Gesetzgebung Freiheit als ein Grundrecht des Menschen betrachte. Sklaverei galt als eine Übergangsphase. Sklave des Sultans zu sein, sei eine Ehre und ein Privileg gewesen, so Inalcik. Die Kul bezeichnet er als »Pfeiler des Osmanischen Reiches«.

In der komplexen Beziehung zum Islam fungierte der Staat als ausführendes Organ. Hohe Aufgaben wurden auf die Ulema und *medresen,* die Theologieschulen, übertragen. Muftis, Imame und Muezzins waren faktisch Beamte. Die Ulema erkannte ihrerseits die Souveränität des Sultans als heiliges Konzept an. In den Medresen wurden neue Generationen muslimischer Führer ausgebildet. Die herrschende Meinung entwickelte sich in den Moscheen. Jedes Freitagsgebet endete mit einer Predigt, der sogenannten *hutbe,* einem wöchentlich wiederholten Ritual, in dem der Name des Sultans erwähnt und mit dem seine Legitimation bestätigt wurde. Religion funktionierte wie eine staatliche Institution und war gleichzeitig Voraussetzung für den Regierungsstil.

Vor dem Hintergrund der Wechselbeziehung von Politik und Religion entwickelte sich das Osmanische Reich zu einer absoluten Monarchie auf der Grundlage des Korans. Inalcik nennt dies eine »patrimoniale Autokratie«. Um zu überleben, stützte sich das immense Reich auf eine alte persische Weisheit: Ohne Soldaten verfügt ein Herrscher über keinerlei Macht und Soldaten bekommt man nur mit Geld. Geld gibt es aber nicht ohne den sozialen Wohlstand der Bevölkerung und ohne Gerechtigkeit gibt es keinen sozialen Wohlstand. Süleyman I. sah im letzten Aspekt ein Grundprinzip seines Sultanats, eine auf der Scharia beruhende zivile Gesetzgebung, die für das gesamte Reich galt: Die Ulema hatte sich auf die Einhaltung der richtigen Anwendung der Gesetze zu beschränken; Heer und Ulema arbeiteten unabhängig voneinander und standen unter Aufsicht des Sultans; religiöse Autoritäten durften sich nicht in Staatsangelegenheiten einmischen; nur der vom Sultan ernannte Kadi war befugt, bei Konflikten einzugreifen und das Recht zu prüfen; ihm allein war es vorbehalten, auf der Grundlage der Scharia und seiner Auslegung Recht zu sprechen.

Die Bevölkerung ließ sich in zwei Hauptgruppen unterteilen. Zum einen gab es die von Steuern befreite militärische Kaste der *askeri*. Die andere Gruppe wurde *reaya* (wörtlich: Herde) genannt. Zu ihr gehörten alle steuerpflichtigen Muslime und Nicht-Muslime, die für Staatsposten nicht infrage kamen. Es sei ein Grundprinzip des Reiches gewesen, dass der gemeine Mann von den Privilegien, die man den Soldaten zubilligte, ausgeschlossen wurde, so Inalcik.[12] Die Toleranz gegenüber den Nicht-Muslimen im Reich, den sogenannten *dhimmis*, war groß. Pogrome und Inquisitionspraktiken, wie sie im christlichen Europa stattfanden, lagen dem Sultan fern. Christen und Juden durften ihre Religionen frei ausüben. Nach ihrer Vertreibung aus Spanien im Jahr 1492 wurden die Juden sogar dazu ermuntert, sich in Konstantinopel niederzulassen. Nur die *harac* genannte Extrasteuer, die sie zu zahlen hatten, unterschied sie von den muslimischen Untertanen. Mit anderen Worten, so schlussfolgert der britische Historiker Colin Imber, »war das Osmanische Reich nicht ausschließlich islamisch, aber auch nicht rein türkisch«[13].

Die Knabenlese

Das osmanische Heer und der Hofstaat wurden jedes Jahr durch Knaben verstärkt, die mit großer Sorgfalt in den ländlichen Gegenden des Reiches ausgesucht wurden, vorzugsweise in den Ländern des Balkans und des Kaukasus. In den Dörfern wurde aus jeder Familie ein Sohn ausgewählt und nach Konstantinopel mitgenommen. Die intelligentesten Jungen wurden am Hof ausgebildet und konnten es sogar bis zum Großwesir bringen. Der weitaus größte Teil der Knaben erhielt eine militärische Ausbildung und trat danach den Janitscharen bei.

Diese Art von Sklavenhaltung im Dienste des herrschenden Machthabers war in islamischen Ländern eine jahrhundertealte Praktik. Im christlichen Europa verurteilte man die sogenannte *devşirme* als schändlichen Blutzoll und Kinderraub. In Deutschland nannte man dieses Phänomen zynisch »Knabenlese«. Türkische Historiker haben eine andere Sichtweise. »Gefangen genommen? Als Sklaven fortgeschafft? Aber nein, sie wurden als Steuerabgabe an das Reich gesehen«, sagt beispielsweise Mehmet Ipsirli von der Fatih Universität in Istanbul, als wir uns in einem Café im Schatten der Hagia Sophia zu einem Gespräch treffen. »Es war alles strikt geregelt. Von vierzig Bauernknaben wurde nur ein Junge mitgenommen, Familien mit nur einem Sohn waren ausgenommen. Der Junge musste zu Hause bleiben, um später Haus und Hof von seinem Vater übernehmen zu können. Die Kinder erhielten eine hervorragende Erziehung und genossen den besten nur erdenklichen Unterricht, weil man davon ausging, dass sie zukünftig Posten mit großer Verantwortung übernehmen würden. In den besten Familien erlernten sie osmanisches Türkisch und wurden in die Prinzipien des Islams eingewiesen. Ihr Beitrag zur allgemeinen Verwaltung des Osmanischen Reiches war deshalb von grundlegender Bedeutung.«

Noch entschiedener reagiert Ilber Ortayli, als er mit der Kritik an der Devşirme konfrontiert wird. Er stellt die Historiker vom Balkan und auch christliche Autoren in ein schlechtes Licht, da sie keine osmanischen Quellen zu Rate gezogen hätten, sondern einfach schrieben, dass ganze Generationen von Jugendlichen aus den Balkanländern rekrutiert und türkisiert worden seien. Ortayli betont nachdrücklich, dass die Devşirme nicht jedes Jahr stattfand und dann auch nur in muslimischen Gebieten betrieben wurde. Ivo Andric, Verfasser des Buchs *Die Brücke über die Drina,* wird von ihm besonders heftig kritisiert. Andric schreibt, dass Jungen im Alter von drei und vier Jahren in Körben fortgeschafft worden seien,[14] was übrigens noch immer auf Abbildungen in serbischen Lehrbüchern für die Grundschule verbreitet wird. »Vollkommener Unsinn«, so Ortayli, »die Jungen könnten noch Kinderkrankheiten gehabt haben und darauf war niemand in Konstantinopel erpicht.« Seiner Meinung nach wird auch zu oft vergessen, dass manch einer der in der Regel im Alter von zehn bis zwölf Jahren ausgewählten Jungen eine goldene Zukunft in Aussicht hatte. »In armen Bergdörfern im Kaukasus oder in Albanien warteten die Familien sogar auf die Ankunft der Devşirme-Verantwortlichen. Viele Familien waren froh, wenn ihr Sohn von Süleyman auserwählt wurde, weil er es am Hof in Konstantinopel viel weiter bringen würde als in seinem Geburtsort.«

Eine Hakennase

Wie sah Süleyman I. aus? So viele Denkmäler, Porträts, Fotos und Zeichnungen von Atatürk in der Türkei zu finden sind, so wenig Ehre wird dem Sultan, der die Türkei ins Goldene Zeitalter führte, im öffentlichen Raum zuteil. Eine etwas verwahrloste Bronzestatue vor der restaurierten Karawanserei in Sultanhani (zwischen Aksaray und Konya in Zentralanatolien) zeigt einen alten müden Mann. Im Porträtsaal des Topkapi-Museums hängt das genauso düstere Porträt eines betagten Sultans. Viel mehr gibt es nicht. Nirgends in der Türkei ist er stolz zu Pferd oder auf einen Sockel gestellt verewigt, wie man es etwa von europäischen Helden kennt.

Zugegeben, das Porträtieren von Herrschern war im Osmanischen Reich eher die Ausnahme als die Regel. Bildnisse waren nach der islamischen Doktrin tabu. Hin und wieder hielt ein Europäer, der den Sultan leibhaftig gesehen hatte, seine Erinnerungen später auf Papier oder Leinwand fest. Andere Porträts, bei denen die Künstler ihrer Fantasie freien Lauf ließen, basieren auf Reiseberichten von Diplomaten. Und doch entstanden von keinem anderen osmanischen Sultan so viele Bilder wie von Süleyman I. Für Günsel Renda, die über Sultanporträts forscht und publiziert, ist dies nicht verwunderlich. »Schließlich spielte er für die politischen Entwicklungen im Europa des 16. Jahrhunderts eine bedeutende Rolle.« Der Besucher des Topkapi-Museums in Istanbul erfährt davon wenig. Im Saal, in dem die Bildnisse der Sultane ausgestellt sind – in der Regel Kopien der Originale – hängt nur ein Gemälde, das Süleyman I. zeigt und das dem »Kreis um Paolo Veronese« zugeschrieben wird.[15] Dargestellt ist ein sich nach links wendender älterer Süleyman I. mit mächtigem Bart. Ursprünglich gehörte das Ölbildnis zur Porträtsammlung von Herrschern des 16. Jahrhunderts, die der italienische Historiker Paolo Giovio in seiner Villa in Como zusammengetragen hatte. Es ist ein dunkles, düsteres Gemälde. Warum aber hängt im Topkapi-Museum eine Kopie des großartigen Bildnisses von Mehmed II. dem Eroberer, das der venezianische Maler Gentile Bellini in dessen Auftrag als ein typisches Renaissanceporträt verpackt in orientalische Ikonografie gemalt hat, aber keine Kopie von einem Bildnis des jungen, kämpferischen und stolzen Süleyman I., das ein Schüler Tizians gemalt hat, auch wenn dieser den Sultan nie zu Gesicht bekommen hatte?[16] Die Geschichte, dass Tizian genau wie Bellini in Konstantinopel gewesen sein soll, um vier Gemälde anzufertigen, die einigen spärlichen Quellen zufolge verloren gegangen seien, beruht laut Günsel Renda nicht auf Tatsachen. »Ich bin überzeugt, dass diese Geschichte der Fantasie desjenigen zugeschrieben werden muss, der sie sich ausgedacht hat.«

Günsel Renda kommt zu dem Schluss, dass nur drei Maler Süleyman I. porträtiert haben, nachdem sie ihn auch tatsächlich gesehen hatten. Pieter Coecke van Aelst, der 1533 einer habsburgischen Delegation unter Führung des flämischen Gesandten Cornelis de Schepper angehörte, sollte dem Sultan in Konstantinopel im Auftrag

Pieter Coecke van Aelst: Der große Türke Sultan Soleman auf dem Hippodrom zu Konstantinopel, Kupferstich um 1533

des Brüsseler Teppichwebers Willem van der Moyen Gobelins zeigen. Er nahm Zeichenpapier und Feder mit und machte eine Serie von Skizzen; seine Frau Mayken Verhulst hat sie später zusammengestellt und herausgegeben. In Konstantinopel arbeitete van Aelst an einem später tausende Male kopierten Stich von der Prozession des Sultans, die zum traditionellen Freitagsgebet in die Hagia Sophia führte. Der Däne Melchior Lorck, der 1555 der diplomatischen Mission des ebenfalls aus Flandern stammenden Gesandten Ogier Ghiselin van Boesbeeck[17] angehörte, sah den Sultan offensichtlich oft genug, um ihn von Kopf bis Fuß darstellen zu können – als hätte Süleyman I. für ihn posiert. Neben den Sultan platzierte Lorck ein orientalisches Tor, durch das ein Elefant schreitet. Im Hintergrund ist die Hagia Sophia zu sehen. Genau wie auf dem dem Umkreis Veroneses zugeschriebenen Gemälde sieht man auch hier einen alten Mann, auf dessen Schultern die Last seines Reiches ruht.

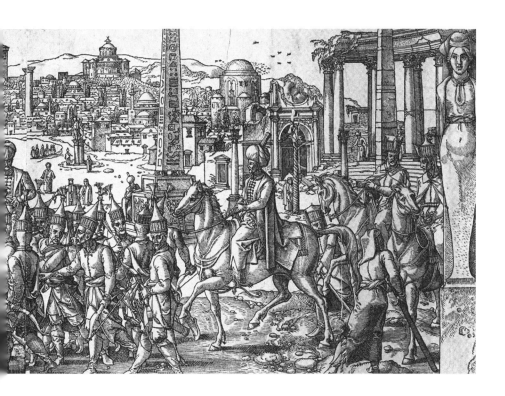

Erst in Süleymans letzten Lebensjahren sorgte ein osmanischer Maler für eine echte Revolution, weil er die europäische Malweise in die Miniaturkunst einführte. Admiral Haydar Reis, der unter dem Pseudonym Nakkas Nigari arbeitete, hat sich laut Günsel Renda »in der Porträtkunst ausbilden lassen, die europäische Maler wie Bellini mit ihrer Ölfarbentechnik in Konstantinopel eingeführt hatten und die Nigari nun auf osmanische Porträts und Miniaturen übertrug«. Renda zufolge musste er über gute Beziehungen zum Palast verfügt haben, sonst hätte er die dort gesammelten europäischen Stiche niemals zu sehen bekommen. nicht nur seine Porträts von Süleyman I., sondern auch jene von Karl V. und Franz I., basieren auf diesen Stichen: Nagari bildet die Herrscher im Dreiviertelprofil ab.

Dass eine Serie türkischer Sultanporträts Europa schließlich doch erreichte, war Barbarossas Verdienst. Während seines Flottenfeldzugs im Mittelmeer landete er 1543 in Marseille an und schenkte dem italienischen Admiral Gentile Virginio

Orsini dort elf Bildnisse, die in einer kleinen Ebenholzkiste aufbewahrt wurden. Paolo Giovio soll sich diese Porträts von Orsini geliehen haben, um sie von dem Schweizer Künstler Tobias Stimmer für die Veröffentlichung seines Buches *Elogia Virorum Bellica Virtute Illustrum* kopieren zu lassen.

Über diese Gemälde wurde viel spekuliert. Warum waren es elf Bildnisse, obwohl Süleyman I. doch erst der zehnte Sultan des Osmanischen Reiches war? Befand sich darunter etwa auch ein Porträt des eitlen Barbarossa? Heute existieren weder die Originale noch die ersten Kopien. Von ihnen wurden im Auftrag des Herzogs Cosimo I. de Medici, Herrscher der Stadtrepublik Florenz, von Cristofano dell'Altissimo wiederum Kopien angefertigt. Es handelte sich um sieben Ölporträts, darunter das von *Suleimannus*. Heute gehören sie zur Sammlung der Uffizien in Florenz. Man kann davon ausgehen, dass die in der Ebenholzkiste mitgebrachten Originale Miniaturen waren. Giovio schrieb, dass sie auf »glattem Papier« gearbeitet waren. Wer der Urheber war, ist allerdings bis heute ein Rätsel.

Und wie sieht es mit Süleyman-Bildnissen auf Miniaturen und Münzen aus? Da es keine tradierte Porträtkunst gab, findet man auch hier nur wenige Ähnlichkeiten, auf die man sich stützen kann. »Aber sie waren auch zu klein, um bestimmte physische Merkmale ableiten zu können«, sagt Renda, »die einzige sichtbare Veränderung ist, dass er im fortgeschrittenen Alter einen Bart bekommt. Viel mehr als ein überall nahezu identisch wiederkehrendes Merkmal kann man nicht erkennen: die Hakennase des Sultans. Dieses Detail ist niemandem entgangen, der ihn je gesehen hat.«

Dass in Deutschland einige Karikaturen von Süleyman in Umlauf kamen, lässt sich mit der Neugier und Furcht vor ihm erklären. In den sogenannten Türkenpamphleten, deren Auflage stetig stieg und die in großen Städten verteilt wurden, wollte man nicht nur etwas über Süleyman lesen, man wollte ihn auch sehen. Albrecht Dürer zeichnete 1526 eine zarte Bleistiftskizze mit einem nach links schauenden Sultan (siehe Abb. S. 193). Auf welche Vorlage Dürer sich dabei gestützt hat, ist nicht bekannt. Erhard Schön, der manche Gräueltat der Türken in hetzerischen Stichen festhielt, malte vier Jahre nach Dürer einen nach rechts schauenden Süleyman. Kenner sehen darin einige Ähnlichkeiten mit Dürers Zeichnung. Am Ohr des Sultans hängt ein kleiner Ring, an dem eine Perle baumelt. Sein Gesicht ist aufgeschwemmt, das erste Doppelkinn lässt sich bereits sehen. Der Schnurrbart ist gezwirbelt. Der Dargestellte erinnert eher an einen burgundischen Fürsten, der sich zu viele und zu fette Speisen schmecken ließ.

In Deutschland kursierten in dieser Zeit auch Bildnisse vom Sultan zu Pferd entsprechend der westeuropäischen Malereitradition, wenn es um die Darstellung von Königen und Prinzen ging. Hans Guldenmundt, ein Zeitgenosse Schöns, setzte Süleyman sogar auf ein Kamel. In der linken Hand hält er einen Zweig, um das Tier zur Eile anzutreiben. Das Schwert steckt in der Scheide. Das Kamel ist nicht mit Satteltaschen beladen, sondern mit einer Schatztruhe, um beim Betrachter offenkundig den Eindruck zu erwecken, dass in ihnen geraubtes Gold nach Konstantinopel transportiert werde. Der in Groningen geborene Jan Swart fertigte 1526 einen Holzschnitt mit der Aufschrift *Solimanus imperator Turcharum* an, auf dem der Sultan auf einem kräftigen Ross reitet, neben ihm ein etwas verträumt vor sich hinschauender Landknecht. Ob Swart den Sultan tatsächlich gesehen hatte, ist nicht zu belegen. Es wird vermutet, dass Swart von Italien aus nach Konstantinopel gereist sei. Dürer, Guldenmundt, Schön und Swart haben den Sultan jedoch nicht mit einem Turban abgebildet, sondern mit einem ineinander geschlungenen Kopftuch – der beste Beweis, dass sie ihm nie leibhaftig begegnet waren.

Ein gnädiger Löwe

Um mehr über den Charakter und die körperliche Erscheinung des Sultans zu erfahren, bietet sich eine Beschäftigung mit den schriftlichen Porträts an. Die erste, in Venedig kursierende Beschreibung Süleymans war die des *bailo,* des venezianischen Gesandten Pietro Bragadino in Konstantinopel. Sechs Wochen, nachdem Süleyman in Richtung Ungarn aufgebrochen war, schildert Bragadino den 32-jährigen Sultan als »schlank, mit Hakennase und langem Hals«. Süleymans Erscheinungsbild überzeugt den Gesandten nicht gänzlich, »aber er hat eine kräftige Hand. Das fiel mir auf, als ich sie küsste.« Laut Bragadino war der Sultan in seiner Wesensart vor allem »liberal, stolz, ungestüm, manchmal sehr freundlich und den Frauen verfallen«.

Der venezianische Botschafter Daniello de Ludovisi beschreibt den Sultan im Juni 1534 als »groß, schlank, mit Hakennase und bräunlicher Gesichtsfarbe«. Besonders dessen »aufbrausender, melancholischer Charakter« fällt ihm auf. De Ludovisi bezeichnet ihn außerdem als »strenggläubig«, zweifelt aber an seiner Intelligenz. »Er verfügt nicht über die erforderliche Kraft und Vorsicht, jetzt, da er das Regieren ganz seinem Großwesir Ibrahim überlässt, der alles Mögliche unternimmt, ohne vorher den Grand Seigneur zurate zu ziehen.«

19 Jahre später, im Februar 1553, beschreibt der Bailo Bernardo Navagero den Sultan als einen mittelgroßen, dünnen Mann mit dunklem Teint. »Er isst nichts Besonderes, selten Fleisch, und trinkt, im Gegensatz zu früher, keinen Wein mehr.« Der venezianische Botschafter sieht, sofern seine Informationen gestimmt haben, im Sultan einen gerechten Mann, der Niemandem Böses zufügen wolle. »Nie würde er sein Wort brechen«, so Navagero.

Zwei Jahre später traf van Boesbeeck den fast 60-jährigen Sultan. »Er ist der Religion und ihrer Bräuche strengster Hüter und nicht minder sie als sein Reich auszubreiten bestrebt. Für sein Alter […] erfreut er sich ziemlich guter Gesundheit.«[18] Es war dem flämischen Gesandten nicht entgangen, dass Süleyman seine blasse Gesichtsfarbe durch das Auftragen von Rouge auf den Wangen kaschierte. Van Boesbeeck vermutet, der Sultan litte an einem unheilbaren Geschwür oder wäre wie sein Vater an Krebs erkrankt. Mit dem Make-up wollte Süleyman bei seinen Besuchern den Eindruck erwecken, es stünde bestens um seine Gesundheit, in der Hoffnung, dass ausländische Herrscher ihn deshalb umso mehr fürchteten.

Bei diesen Porträts blieb es nicht – um die sechzig Stück müssen es gewesen sein. Gut drei Jahrhunderte nach Süleymans Tod erhielt der osmanisch-griechische Maler Konstantin Kapidagli von Sultan Selim III. den Auftrag, dessen Vorgänger zu porträtieren. Kapidagli erfüllte seine Aufgabe tadellos. Da aber Selim III. 1807 abgesetzt wurde, blieben die Gemälde zunächst hinter verschlossenen Türen, bis der englische Kunstsammler John Young die Porträts 1815 in einem Sammelband unter dem Titel *Series of Portraits of the Emperors of Turkey* herausgab. Auch Süleyman erhielt in diesem Album seinen Platz. Kapidagli stellte ihn als einen hochgewachsenen Staatsmann dar, gekleidet in ein graues Gewand und einen Mantel aus Goldbrokat. Der lange graue Bart betont die Macht, die er mit seiner Autorität ausstrahlt.

Der letzte Bericht über den Sultan stammt von Marcantonio Donini, der zwischen 1559 und 1562 Sekretär des venezianischen Botschafters in Konstantinopel war. Wassersucht, geschwollene Beine, schlechter Teint und mehrere Ohnmachtsanfälle bringen Donini zu dem Schluss, dass sich Süleymans Tod ankündigte. Doch er irrt sich. Der Löwe von Topkapi besaß noch genug Kraft, seinem Heer ein paar Jahre später im dreizehnten Feldzug vorzustehen, der ihn erneut nach Ungarn führte. Allerdings sollte das sein letzter Feldzug sein.

Hans Ewoutsz: Osmanischer Würdenträger zu Pferd (Sultan Süleyman II. der Prächtige?), 1549

Ungeachtet dessen kam 13 Jahre nach Süleymans Tod ein weiteres Bildnis des Sultans mit einer Beschreibung in Umlauf. Meister Nakkas Osman stellte Süleyman wahrscheinlich auf dem Thron sitzend dar. Die Pose strahlt eine paradiesische Ruhe aus. Seine linke Hand liegt auf dem linken Knie. Die zierlichen Finger der rechten Hand scheinen etwas nicht Sichtbares festzuhalten. Eine Rose vielleicht? Oder das

Schreibgerät, mit dem er seine Gedichte zu Papier brachte? Jedenfalls ist es nicht das Schwert des Propheten.

Das Porträt wurde 1579 in dem Buch *Kiyafetü'l-Insaniye fi semia'ilü'l-Osmaniye* publiziert. Der Hofhistoriker Seyyid Lokman trug hierin die Porträts aller osmanischen Sultane zusammen und übernahm die Schlussredaktion. Welche Darstellung Meister Osman als Vorbild genommen hat, weiß man nicht. Man kennt jedoch die von Lokman zugefügte Bildunterschrift: »Ein prachtvoll rundes Gesicht mit grimmigen Brauen, himmelblauen Augen und der Nase eines Widders. Eine beeindruckende, majestätische Gestalt, wie ein gnädiger Löwe, mit üppigem Bart, langem Hals und stattlicher Größe. Ein schöner Mann mit breiter Brust, flachen Schultern, langen Fingern und starken Füßen und Armen. Ein unerschrockener, tadelloser und ruhmreicher Herrscher.« So sollte der Kanuni Sultan Süleyman nach dem Willen Seyyid Lokmans in die Geschichte eingehen. »Möge Gott ihm Einzug ins Höchste der Paradiese gewähren.«

Der Palast des »Grand Seigneur«

Wenn Ahmed Ibn Kemal, den man auch Kemalpaschazâde nannte, etwas sagte, entsprach es der Wahrheit. Die Worte des *seyhülislam,* des höchsten religiösen Würdenträgers am Hofe Süleymans, standen außer Zweifel, selbst wenn er schrieb, der Topkapi-Palast sei nur einen Schritt vom Himmel entfernt. In seiner Hofchronik rühmt er den Palast als »majestätisches Kastell, das seinesgleichen sucht. Das Wasser ergießt sich aus den Flüssen des Himmels. Die Erde duftet herrlich. Die Bäume gleichen denen des Himmels. Das Gras ist zart wie Seide. Und wie in den himmlischen Rosengärten verwelken die Blumen nie und die Früchte bleiben immer frisch.« Kurzum, der Palast war das Paradies auf Erden.

Der flämische Diplomat Cornelis de Schepper, den Süleyman am 23. Juni 1533 in einer Audienz empfing, beschränkt sich bei der Beschreibung seiner Ankunft im Palast mehr auf die Fakten: »Es handelt sich um einen sehr weitläufigen Ort, der von einer recht hohen Steinmauer umschlossen ist, in die mehrere steinerne Tore eingelassen sind. Diese Mauer wird an der Ost- und Nordseite vom Meer umspült. Auf der anderen Seite liegt die Hagia Sophia. Sie ist äußerlich unansehnlich, aber im Inneren dem Vernehmen nach weiträumig und prachtvoll. Nachdem wir durch ein großes, besonders schön gepflastertes Tor eingetreten waren, begegneten wir mehreren Personen, die uns willkommen hießen. Durch dieses Tor betritt man einen Hof oder freien Platz, auf dem die Adligen niederen Ranges gewöhnlich von ihren Pferden steigen. Überall standen zahlreiche Torwächter. Nachdem wir diesen Platz überquert hatten, stiegen wir am zweiten Tor von den Pferden. Durch dieses Tor gelangten wir zu einem sehr großen, allseits von schönen Galerien umgebenen Platz voll hoher Bäume, der herrlich schattig und zudem erstaunlich kunstvoll und elegant gepflastert war.«

Im selben Jahr begleitete der französische Humanist Nicolas de Nicolay den französischen Botschafter zu einer Audienz. »Innerhalb eines geschlossenen Bereichs liegt der Palast mit den herrlichen Bädern der Sultanin, der Frau des Großen

Türken«, notiert er. Ihm fallen die vielen Kinder auf, »die dort wie Pagen, allerdings mit dem Status von Sklaven, aufgezogen und sowohl in ihrer Religion als auch im Reiten, Bogenschießen und der Ausübung allerlei anderer militärischer Künste unterrichtet werden. Die Zahl dieser Kinder beträgt gewöhnlich mindestens fünf- bis sechshundert.«[1]

Der Deutsche Hans Dernschwam, der sich nach einem arbeitsreichen Leben im Dienst des deutschen Bankiers Anton Fugger 1555 der diplomatischen Delegation des Habsburger Gesandten Ogier Ghiselin van Boesbeeck angeschlossen hatte, sah den ummauerten Komplex nur von außen. Doch schon dieser Anblick hinterließ bei ihm einen bleibenden Eindruck. »Niemand in Konstantinopel weiß, wie die Festung des Kaisers gebaut ist, doch man sagt, sie sei so groß wie Wien«[2], beschreibt er die ersten Empfindungen im Bericht über seine Reise nach Konstantinopel und Kleinasien.

Schilderungen gibt es zuhauf, »aber sie sagen uns noch nichts über die Symbolik und die Eigentümlichkeiten des Palastes«, erklärt der Historiker Necdet Sakaoglu. Im Direktionszimmer des Topkapi-Museums gibt mir der Autor von *Topkapi Sarayi*, einem Standardwerk über den herrschaftlichen Hof, mit großer Sachkenntnis bereitwillig Auskunft. »Die Beschreibungen stimmen nur in den Angaben über die Lage des Palastes zwischen dem Schwarzen Meer und dem Mittelmeer überein. Sie betonen alle, dass der Palast die Residenz des Sultans und seiner Dynastie und zugleich das Zentrum der islamischen Gesetzgebung war.«

Tatsächlich entspricht der Topkapi nicht unseren westlichen Vorstellungen von einem Palast als einem großen, oft sogar gigantischen Bau, der entweder extravagant und barock oder streng und symmetrisch angelegt als Residenz oder Regierungssitz europäischer Monarchen diente. Die Architektur solcher Paläste war bisweilen eine Metapher kolonialer Macht wie beim Buckingham Palace in London oder eine Metapher herrschaftlicher Größe wie Schloss Schönbrunn in Wien und das Schloss von Versailles; in manchen Fällen, wie beim strengen Klosterpalast von Philipp II. im spanischen Escorial, bildete der Palast auch ein Symbol des religiösen Dogmas. Dem Topkapi lag hingegen eine auf islamischen Prinzipien basierende *Stadt innerhalb der Stadt* zugrunde, die in Europa nur mit der Alhambra in Granada und der Medina Azahara in Córdoba vergleichbar ist. Im Großen und Ganzen ist die Basisstruktur des Topkapi-Komplexes eine Weiterentwicklung des ungefähr dreißig Kilometer südöstlich von Bagdad gelegenen Winterpalastes der persischen

Sassaniden-Dynastie in Ctesiphon. Vom 3. bis zum 6. nachchristlichen Jahrhundert war Ctesiphon eine der bedeutendsten Städte Mesopotamiens. Heute sind von diesem Bau nur noch die Gewölbe des früheren Thronsaals erhalten.

Die osmanischen Sultane folgten beim Bau des Palastes dem persischen Vorbild, das traditionell zwei Areale vorsah: den *birûn* (den Außenhof) und den *enderûn* (den Innenhof). Im Topkapi bestand der Außenhof aus zwei durch Tore voneinander abgegrenzte Bereiche, von denen der erste frei, der zweite nur eingeschränkt zugänglich war. Der Innenhof bildete die exklusive Domäne des Sultans, in der er sich zu einem schweigenden und reglosen Idol wandelte, das fast zu heilig war, um in Erscheinung zu treten. »Der osmanische Palast strahlt mehr maßvolle Schönheit als majestätische Pracht aus«, erklärt Ilber Ortayli. »Er ist eher einzigartig als extravagant.«

Der Topkapi-Palast galt jahrhundertelang als Quell der Gnade und Glückseligkeit, als Symbol politischer, administrativer und religiöser Macht, das im Ausland mit dem gebührenden Respekt als die Erhabene Pforte oder Hohe Pforte bezeichnet wurde. An hohen Feiertagen beherbergte der Palast 20.000 Soldaten (in manchen Quellen steigt die Zahl sogar bis auf 35.000 an) sowie Wesire, Mullahs, Astrologen, Falkner, Ärzte, Mitglieder der Regierung und des Hofstaats, Eunuchen, Konkubinen und Verwandte des Sultans. Der Palastkomplex bestand aus Toren, Höfen, Empfangssälen, Versammlungsräumen, Küchen, Bäckereien, Ställen, Gärten, ja sogar aus einem Jagdgebiet, aus Amtszimmern, Moscheen, einem Harem und den Privatgemächern des Sultans. Alles war von hohen Mauern umgeben, hinter denen Rituale und Bräuche vollzogen, Feierlichkeiten zelebriert, diplomatische Protokolle eingehalten wurden und Gerüchte und Legenden entstanden, wie aus den Märchen aus *Tausendundeiner Nacht*.

Eigentlich ist Topkapi (im Türkischen liegt die Betonung auf der ersten Silbe, wobei das i kurz gesprochen wird) ein unpassender Name. Denn *kapi* bedeutet »Tor« und *top* bedeutet »rund«. Letzteres bezog sich auf die zum Bosporus ausgerichteten Kanonenrohre, die vor dem alten byzantinischen Tor am Stadteingang postiert waren. Jeder kannte das Kanonentor als *topkapi*. Später wurde dieser Bezeichnung noch das ursprüngliche persische Wort *saray* hinzugefügt, das »Residenz« oder »Palast« bedeutet. So entstand der Name Topkapi Sarayi. »Aber eigentlich sagen wir ›Saray-i Cedide-i Amire‹ oder ›Saray-i Hümayun‹«, sagt Necdet Sakaoglu. Überrascht schaue ich ihn an. Lächelnd erklärt er mir: »Prächtiger neuer Palast oder Gepriesener Palast des Herrscherhauses.«

Viel Authentisches ist aus Süleymans Zeit nicht bewahrt worden. Im Lauf der Jahrhunderte hatte man mehrere Gebäude nach Bränden oder Erdbeben durch andere ersetzt. Der Besucher sieht sich heute mit unterschiedlichen Stilen konfrontiert, deren Bandbreite vom arabischen geometrischen Stil bis zum französischen Rokoko reicht. Die ursprüngliche Struktur des Komplexes blieb allerdings unverändert. Die Tore und Höfe sind noch erhalten. Nur das Terrain ist kleiner als zu Süleymans Zeiten. Deshalb steht der Çinili Kösk, »der geflieste Pavillon«, außerhalb der heutigen Mauern einem viel später erbauten Gebäude gegenüber, in dem sich nun das archäologische Museum befindet. Aus dem früheren Jagdgebiet wurde der öffentliche Gülhane-Park, in dem heute Halsbandsittiche fröhlich zwitschern.

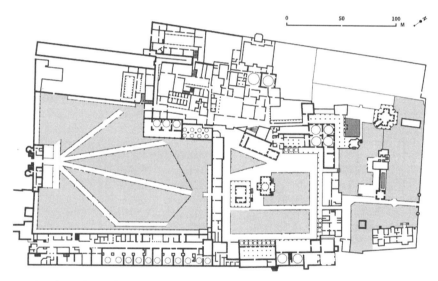

Grundriss des Topkapi-Palastes

Was bleibt, ist die Frage, die sich wohl schon so mancher Besucher des Topkapi-Museums nach stundenlangen Streifzügen durch Gärten und Gebäude, entlang der Tore und durch sie hindurch, in den Gemächern der Konkubinen, dem Versammlungssaal und den Türmen der Gerechtigkeit gestellt hat: Wo befand sich denn nun eigentlich der Palast des Sultans? Oder um Orhan Pamuk zu paraphrasieren: Wo hat der erlauchte Sultan wohl geschlafen? In einem der Pavillons unten am Meeresufer? Im Harem? Oder in seinem Schlafgemach im inneren Hof?

Islamische Bauwerke

Der Grundstein zu den Bauten des Topkapi-Palastes wurde 1459 einige Jahre nach der Eroberung Konstantinopels von Mehmed II. gelegt. Anfänglich wohnte der Sultan im sogenannten Alten Palast, in den später das Verteidigungsministerium einziehen sollte und in dem heute die älteste Universität Istanbuls ihren Sitz hat. Schon bald erkannte Mehmed II., dass sich die von ihm eroberte Stadt am besten von dem höher gelegenen Kap zwischen Goldenem Horn und Bosporus verteidigen ließ, einem strategisch günstig gelegenen Ort, an dem auch die Griechen schon eine Akropolis errichtet hatten. 1465 fand der Umzug statt. 1478 wurde die Mauer um die Seraglio-Spitze, wie der Hügel heute genannt wird, fertiggestellt.[3]

Konstantinopel hatte nach seiner Eroberung im Jahr 1453 Edirne als Hauptstadt abgelöst und war während Süleymans Sultanat sehr beliebt. »Aus allen Ecken und Enden des Reiches und aus jenseits der Grenzen liegenden Gebieten strömten Künstler, Schriftsteller, Gelehrte, Soldaten, Staatsmänner, Kaufleute und Unternehmer in die neue kaiserliche Hauptstadt«[4], schreibt Bernard Lewis in seinem Buch *Istanbul*, das die Höhepunkte der Stadtgeschichte schildert. Van Boesbeeck, der schon einiges von der Welt gesehen hatte, übertraf Lewis bereits Jahrhunderte zuvor in seinem Enthusiasmus. »Was nun die Lage der Stadt angeht, so scheint Natur hier den Sitz einer Herrschaft geschaffen zu haben. Sie liegt in Europa, sie hat den Blick auf Asien und zur rechten Ägypten und Afrika.«[5] Auch der Humanist Pierre Gilles, der im 16. Jahrhundert einige Jahre in Konstantinopel verbrachte, um nach Überresten aus byzantinischer Zeit zu suchen, äußert sich positiv über die Lage der Stadt: »Wenn man mithilfe der bestmöglichen Navigation um die Welt reisen würde, gäbe es gewiss einen Ort, an dem man wieder landen würde, und das ist dieser Hafen. Denn kein Schiff kann hier unbemerkt vorbeifahren, ganz gleich ob es aus Asien oder aus Europa kommt. Dies ist quasi der Hafen beider Welten und die Brücke, die sie verbindet.«[6]

Im Lauf der Jahrhunderte hatte die Stadt viele Namen. Byzantium hieß sie, weil der Grieche Byzas die Stadt im 7. Jahrhundert vor Christus an der europäischen Seite des Bosporus nicht ganz zufällig gegründet hatte. Denn vor seiner Entscheidung hatte Byzas das Orakel von Delphi befragt. Die von ihm gegründete Stadt Byzantium wurde 330 nach Christus in Neues Rom (Nova Roma) umbenannt.[7] Ein Name, mit dem Kaiser Konstantin deutlich machen wollte, dass die Hauptstadt des Römischen Reiches nun nicht mehr am Tiber, sondern am Bosporus lag. Durch eine weitere Namensänderung wurde die Stadt zu Konstantinopel beziehungsweise Konstantinopolis, zur Stadt Konstantins, und erhielt damit einen Namen, den die Muslime wiederum zu Kostantiniyya verballhornten. Nach der Eroberung der Stadt im Jahr 1453 wollte Sultan Mehmed II. den Namen ein weiteres Mal ändern. In dem Bemühen, die geflohenen Griechen zur Rückkehr in die Stadt zu bewegen, entschied er sich für den Namen Istanbul, der sich von den griechischen Worten *eis tên polin* (hinein in die Stadt) ableitete. Im Volksmund hieß die Stadt allerdings weiterhin Konstantinopel, bis Mustafa Kemal Atatürk ihren Namen 1930 per Dekret endgültig in Istanbul ändern ließ.

Gilles und van Boesbeeck konzentrierten sich in ihren Beschreibungen der Stadt eher auf die Verluste vergangener Zeiten als auf die islamische Architektur. Empört schrieben sie über die Hagia Sophia, die 537 eingeweihte Kirche der Heiligen Weisheit, die nach der Eroberung der Stadt 1453 zur Ayasofya transformiert und damit sofort zur wichtigsten Moschee von Konstantinopel wurde. »Manche behaupten, sie sei ehedem größer gewesen und habe weithin zahlreiche Anbauten gehabt, doch seien diese längst niedergelegt, und allein das Allerheiligste und der mittlere Bezirk sei geblieben«[8], notiert van Boesbeeck. Erzürnt berichtet er, dass er vor seinem Besuch der Moschee um eine offizielle Genehmigung ersuchen musste. Die Türken wären der Meinung gewesen, der Besuch eines Christen in ihren Gebetsräumen sei eine Art Gotteslästerung.

Gilles entging kein noch so winziges Detail, vor allem nicht, wenn es um die Hagia Sophia ging. Nischen, Erker, Kapellen, Säulengänge, Pfeiler – er nahm alles unter die Lupe. Bei der Inspektion des (»früher heiligen und noch nicht besudelten«) Sanktuariums, das in griechisch-orthodoxen Zeiten nur Priestern zugänglich gewesen war, konstatiert der Franzose, dass der hohe Chor noch immer erhalten sei, die Juwelen und Ornamente, die ihm früher Glanz verliehen hätten, allerdings fehlten. Sie seien »von feindseligen Kirchenschändern geplündert worden«, schreibt Gilles, der den Eindruck vermittelt, nie etwas von den Plünderungen der Kreuzritterscharen im Jahr 1204 gehört oder gelesen zu haben.[9] Augenzeugen schilderten damals bestialische Szenen, die christlichen Soldaten hatten sich in dem von ihnen angerichteten Blutbad gesuhlt. Ihre Pferde hatten auf dem Boden der Hagia Sophia Pferdeäpfel verteilt. Huren hatten auf dem Thron des getöteten Patriarchen getanzt. Und alles, was aus Gold war oder wie ein Edelstein funkelte, war aus der Kirche geraubt worden.

Als Pierre Gilles die Stadt 1551 verließ, gab es die für Süleyman erbaute Süleymaniye und die sogenannte Blaue Moschee, die heute gemeinsam mit der Hagia Sophia Istanbuls beeindruckende Skyline prägen, noch nicht.[10] Wenn überhaupt eine

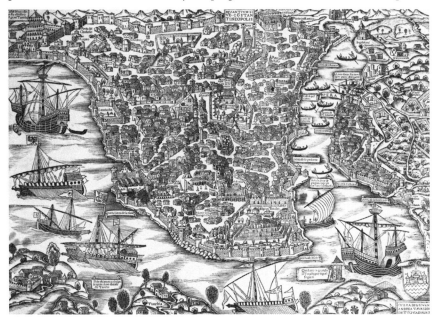

Giovanni Andrea Vavassore detto Vadagnino: Karte von Konstantinopel, 1530

Moschee in seinen Blick geriet, sah er in ihr nur ein in Stein gehauenes Symbol allen Übels, das die Türken über die Welt bringen wollten. Selbst die Kraft der Erdbeben erschien Gilles weniger zerstörerisch als die Gewalt, mit der die Türken alles, was je als christlich und zivilisiert gelten durfte, niedergerissen hatten, um Platz für »islamische Bauwerke« zu schaffen. Gilles ignorierte diese Bauten hartnäckig, den Eski Saray (den alten Palast von Mehmed II.) ebenso wie die Fatih-Moschee, die beide kurz nach der Eroberung 1453 auf dem vierten Hügel emporragten; dort hatte früher die Kirche der Heiligen Apostel gestanden. Auch für den Kapali Carşi, den von Düften nach Anis, Ingwer, Zimt und Kümmel erfüllten überdachten Basar, und den Topkapi-Palast, hatte Gilles kein Wort übrig, obwohl beide Teil der Stadtstruktur waren. Oder um ganz genau zu sein, er beschreibt den Topkapi mit acht Worten als »den herrlichen und würdevollen Palast des *Grand Seigneur*«.

Die Hohe Pforte

Über den Koran heißt es, sein Text solle nicht gelesen, sondern gehört werden. Er sei reine Poesie, ebenso wie die Namen der Palasttore: Bâb-i Hümâyûn, Bâbüsselâm und Bâbüssaâde. »Das erste Tor, Bâb-i Hümâyûn, könnte man die Reichspforte oder das Imperiale Tor nennen«, erklärt Necdet Sakaoglu. »Im Namen des zweiten Tors, Bâbüsselâm, ist das Wort *selam* enthalten, das man mit ›Friede sei mit dir‹ übersetzen kann. Dieses Tor schenkt dem Besucher Frieden. Und die Bâbüssaâde ist das Höchste, was Menschen erreichen können. Dies ist das Tor der Glückseligkeit.«

Das majestätische, noch immer von Soldaten bewachte Tor Bâb-i Hümâyûn wirkte im 16. Jahrhundert so beeindruckend, dass man es in Diplomatenkreisen »Hohe Pforte« nannte. Sakaoglu zufolge wurde die Bezeichnung zu einer Metapher für die höchste Autorität im Osmanischen Reich: Man sprach von der »Hohen Pforte«[11], wie wir heute, wenn wir die Regierung der Vereinigten Staaten oder Russlands meinen, vom Weißen Haus oder dem Kreml sprechen. Ein kleines Detail: In die Pforte sind Texte im sogenannten *Celi-Sülüs*-Stil[12] eingearbeitet, die mit den Worten »Jene, die fromm sind und Gott fürchten, werden in den Himmel kommen« auf Suren aus dem Koran verweisen.

Die Bezeichnung des Tores als Prozessionstor geht auf die jeden Freitag einsetzende Prozession zurück. An diesem Tag versammelte sich hier ein Teil des Hofstaats, um sich gemeinsam mit einem Zug Janitscharen dem Sultan auf seinem Weg zum Gebet in die Hagia Sophia anzuschließen. Am Wegesrand wimmelte es gewöhnlich von Menschen. Denn für die Untertanen war diese Prozession eine der wenigen Gelegenheiten, ihren Herrscher zu sehen. Dabei klatschten sie in die Hände, »nicht um ihm zu applaudieren, sondern um die rituell gesprochenen Worte: ›Mein Sultan, sei bloß nicht stolz, denn Allah ist größer als du‹ zu begleiten«, erklärt Ortayli.

Hinter dem ersten Tor führen heute Fußwege zum zweiten Tor. Rechts, wo die Touristeninformation und ein Shop untergebracht sind, lagen früher Bäckereien, eine Münzstätte und ein Hospital, das an einen offenen Bereich grenzte, der groß genug war, um 20.000 Kavalleristen Raum zu bieten. Das zweite Tor, das Bâbüsselâm mit den beiden in Süleymans Auftrag angebauten achteckigen Türmen wird Tor der Begrüßung genannt. Seine Türen gewähren den Einlass zum zweiten Hof, in dem sich die nicht jedermann zugänglichen Teile des Palastkomplexes befanden. Sakaoglu schreibt dazu: »Wer dieses Tor passieren durfte, verfügte über bestimmte

Privilegien, er war beispielsweise im diplomatischen Dienst tätig oder bekleidete eine hohe Funktion innerhalb der Hierarchie des Reiches. Doch jeder, der dieses Tor durchschritt, tauschte all seine Rechte und seine Geltung gegen die Gewissheit ein, dass man ihn hinter diesem Tor nicht behelligte. Deshalb wurde es auch das Tor des Friedens genannt. Nur der Sultan durfte dieses Tor auf dem Rücken eines Pferdes passieren.«

Auf ausdrücklichen Befehl des Sultans herrschte in diesem zweiten Hof absolute Stille. Das Personal flüsterte. Die Pferde wieherten ungewöhnlich leise und durften nach Schilderungen damaliger Besucher mit ihren Hufen kaum die Steine berühren. Das war umso bemerkenswerter, da es in diesem Hof am lebhaftesten zuging. Hier befanden sich die kaiserlichen Küchen mit Schornsteinen, die wie auf dem Kopf stehende Trichter aussahen, die kaiserlichen Stallungen, eine Reihe von Soldatenunterkünften, die Werkstätten und die Empfangssäle. An hohen Festtagen wurden in den Küchen manchmal zwei Mahlzeiten für bis zu 10.000 Personen zubereitet. Die Küchen waren in neun »Sektoren« unterteilt. Aus Archivdokumenten wissen wir, dass jährlich 30.000 Hühner und anderes Geflügel geschlachtet wurden und noch dazu 22.500 Schafe. Innerhalb der Küchenhierarchie hatte der *çasjnigir basji* den höchsten Rang inne. Seine Aufgabe bestand darin, die Mahlzeiten vorzukosten, die dem Sultan, dessen Familie oder den geladenen Botschaftern serviert wurden. Als Vorkoster war er nicht nur für die geschmackliche Harmonie des Festmahls verantwortlich, sondern hatte vor allem darauf zu achten, dass dem Essen kein Gift beigemischt wurde.

Das wichtigste Bauwerk im zweiten Hof war der Versammlungssaal, der *kubbealti*. Unter seiner Kuppel tagte der Diwan, der oberste Rat des Osmanischen Reiches. Mit seiner breiten orientalischen Galerie, den großen Fenstern, den vergoldeten bronzenen Gittern, den Säulen aus grünem und weißem Marmor und den hölzernen, mit anatolischen und chinesischen Ornamenten verzierten Decken ist das Gebäude auch heute noch aufsehenerregend. Die hohen Türme, die sogenannten *Adalet Kulesi* (die Türme der Gerechtigkeit), sollten die Wachsamkeit symbolisieren, mit der Süleyman sein Reich regierte. Dem Architekten ist es Necdet Sakaoglus Auffassung nach stilistisch durchaus gelungen, Macht, Zuversicht und Gerechtigkeit des Osmanischen Reiches widerzuspiegeln.

Im Kubbealti wurde im Jahr 1527 ein spektakulärer Fall verhandelt, von dem unter Historikern auch heute noch zwei unterschiedliche Interpretationen kursieren.

Mullah Kabiz, ein Mitglied der Ulema, gelangte zu dem umstrittenen Urteil, dass nicht Mohammed, sondern Jesus Christus der wichtigste Prophet gewesen und das Christentum daher dem Islam vorzuziehen sei. War er ein Abtrünniger, ein Ketzer in den eigenen Reihen? Es schien unumgänglich, diesen Fall im Diwan zu beraten.

»Von einem Mullah erwartete man, dass er die Religion erforschte, sie bewahrte und darüber diskutierte«, erklärt Necdet Sakaoglu. »Mullah Kabiz bemühte sich um das Verständnis des Christentums durch die Lektüre des Korans. Aber es gelang ihm nicht, die anderen von seiner Ansicht über Christus als dem wahren Propheten zu überzeugen. Bei der ersten Zusammenkunft des Diwans konnte man ihm zwar nicht das Gegenteil beweisen, verurteilte ihn aber allein schon deshalb zum Tode, weil er behauptet hatte, Mohammed sei nicht der wichtigste Prophet.«

Süleyman, der die Sitzung hinter seinem Gitterfenster verfolgt hatte, mischte sich in den Fall ein, da Mullah Kabiz kaum zu Wort gekommen war, um seine Auffassung zu vertreten. Der Herrscher hob seine Strafe auf, weil der Prozess nicht fair verlaufen war. Mullah Kabiz sollte eine zweite Chance erhalten. Nach dem Willen des Sultans sollte der Gerichtshof den Mullah davon überzeugen, dass er sich im Irrtum befand und zu seinem eigenen Glauben zurückkehren müsse. Falls er das ablehnte, sollte er exekutiert werden. Am folgenden Tag nahmen an der Sitzung zwei bedeutende Religionsgelehrte teil, zu denen Ibn Kemal zählte. Dieses Mal erhielt Mullah Kabiz ausreichend Gelegenheit, seine Argumente vorzubringen. Er weigerte sich jedoch, dem Irrglauben abzuschwören. Bei der erneuten Abstimmung stellte man noch einmal fest, dass er sich im Irrtum befand, jetzt hatte man dafür jedoch überzeugende Beweise. Die Todesstrafe wurde noch am gleichen Tag vollzogen.

Nach einer zweiten Version dieses Religionsstreits wurden in der ersten Sitzung angeblich keine Gegenargumente vorgebracht. Mit anderen Worten: Niemand konnte Mullah Kabiz beweisen, dass er Unrecht hatte. Daher wurde er freigesprochen. Erzürnt forderte Süleyman daraufhin eine weitere Sitzung, in der der Mullah schließlich zum Tode verurteilt wurde. »Das ist ein wesentlicher Unterschied«, erklärt Sakaoglu. »In der ersten Version wird der Sultan als rechtschaffener Mensch charakterisiert, der dem Mullah die Chance einräumt, sich zu verteidigen. In der zweiten wird Süleyman als ein absolutistischer Herrscher dargestellt, der das Recht in die eigene Hand nimmt, obwohl ein Urteil des höchsten religiösen Rates vorliegt. In der Türkei schenkt man eher der ersten Version Glauben, während man die zweite Lesart als westliche Variante interpretiert, die den totalitären Charakter des Osmanischen Reiches unterstreicht.«

Das Tor der Glückseligkeit

Das dritte Tor, das Bâbüssaâde, bildet die Grenze zwischen dem Birûn und dem Enderûn, in dem sich die Privatgemächer des Sultans und seiner Familie befanden. Das Tor erhielt im Lauf der Jahrhunderte zahlreiche Beinamen, wie Tor der Glückseligkeit, Throntor, Tor der weißen Eunuchen und Haremstor. Auch heute noch besteht dieser Zugang aus zwei Toren, zwischen denen es einen Durchgang gibt. Hier lagen früher die Gemächer der weißen Eunuchen, die für die Bewachung des Harems zuständig waren.[13] Der Eingang zum dritten Hof wurde in Süleymans Regierungszeit vom *kapi agasi*, dem weißen Obereunuchen, kontrolliert, der auch die gesamte Verantwortung für die Privaträume des Sultans trug. Pierre Gilles spricht in seinen Reiseberichten von ihm als dem »*Capoochee-Pascha*, der gleichzeitig auch Kammerherr des Grand Seigneurs ist«. Nach Auffassung des Franzosen bewachte der Capoochee-Pascha das dritte Tor Tag und Nacht.[14] Außer den Bediensteten und anderen Mitgliedern des Hofstaats durfte niemand den Palast ohne seine Zustimmung betreten.

An religiösen Festtagen legte man im Außenhof unmittelbar vor dem Tor zum Innenhof einen kaiserlichen Teppich aus und platzierte den goldenen Thron darauf. Von hier aus konnte der Herrscher den Festlichkeiten folgen. Direkt hinter dem Tor lag der Audienzsaal, ein mit einer Veranda und Säulen ausgestattetes Gebäude, in dem sich der Sultan die vom Diwan gefassten Beschlüsse anhörte und ausländische Gesandte empfing. Das Protokoll war streng. Sowohl für den Sultan als auch für seine Gäste war jeder Schritt und jede Geste genau festgelegt. Sakaoglu berichtet: »Es war verboten, dem Gastgeber in die Augen zu blicken. Die Gäste mussten ihre Hände als Zeichen des Respekts vor ihrem Körper falten und starr auf ihre Schuhspitzen blicken, wenn sie das Wort an ihn richteten. Ottaviano Bon[15] schrieb, dass der Sultan nie direkt, sondern ausschließlich über seinen Großwesir mit den Botschaftern sprach, um nicht mit christlichen Gesandten sprechen zu müssen.«

Während seiner Audienzen verlas ein Dolmetscher Briefe, aus denen der Sultan erfuhr, warum die Gesandten vorsprachen – ging es ihnen um Krieg, Friede oder

Kooperation – und ob sie als Geschenk etwa eine goldene Vase, ein Rassepferd oder einen Elefanten mitgebracht hatten. Da niemand dem Sultan direkt gegenüberstehen durfte, mussten die Gesandten Sakaoglu zufolge stets seitlich von ihm sitzen. Der Sultan empfing nur sonntags und dienstags, es sei denn, er war in seinem Reich unterwegs. Das brachte für die diplomatischen Vertreter oftmals unangenehme Überraschungen mit sich. Einige warteten monatelang. Andere mussten sich zunächst in Quarantäne begeben, um sicherzustellen, dass sie nicht irgendeine Krankheit einschleppten, mit der sich der Sultan anstecken könnte.

Innerhalb der Mauern des Enderûn befanden sich die Ausbildungsstätten für die Içoglans. Sie erhielten eine fünf- bis sechsjährige Ausbildung in den Theologieschulen und spezialisierten sich nach einiger Zeit auf Bereiche wie Sprache, Musik, Wissenschaft, Medizin, Chirurgie, Poesie oder Kalligrafie. Sie erlernten vier Sprachen (Türkisch, Arabisch, Persisch und osmanisches Türkisch) und wurden auch im Ringen, Schwertfechten und Gewehrschießen unterrichtet. Jede Minute ihrer Zeit war verplant, ganz gleich ob sie schliefen, aßen, sich ausruhten oder spielten. Inalcik schreibt: »Sie durften nicht mit jedermann überall sprechen und es war ihnen verboten, den Palast zu verlassen. Bis sie 25 oder 30 Jahre alt waren, lebten sie als Junggesellen.«

Sakaoglu ergänzt: »Das Oberhaupt der weißen Eunuchen lehrte sie, wie sie sich zu verhalten hatten. Jeder Schritt, jede noch so kleine Geste hatte seine Bedeutung und musste einstudiert werden. Niemand durfte es beispielsweise wagen, vor dem weißen Chef-Eunuchen herzugehen.« Paolo Giovio sah im Kul-System eine verwerfliche Indoktrination und zog daraus den Schluss, dass jeder Sklave »blindlings und fraglos dem Willen und Befehl des Sultans gehorchen musste«.

Sobald die Içoglans ihre Ausbildung erfolgreich abgeschlossen hatten, wurden sie in ihre neue Stellung berufen. Die Talentiertesten blieben bei Hofe und einige brachten es sogar zum Wesir oder Großwesir. Andere traten den Janitscharen bei oder erhielten als Torwächter, Marktaufseher oder Polizist eine Stellung mit festen monatlichen Bezügen. Ihre Verabschiedung fand im dritten Hof im Schatten des Audienzsaals statt. Hier wurde ihnen die Gunst gewährt, den Mantelsaum des Sultans zu küssen. Beim zweiten Tor, dem Bâbüsselâm, erhielten sie ein Pferd, Kleidung und Geld, bevor sie zu ihrem neuen Bestimmungsort aufbrachen.

Weil bei der Rekrutierung der jungen Sklaven auch physische Kriterien eine Rolle spielten und die Knaben jahrelang aufeinander angewiesen waren, wurde viel über eventuelle homosexuelle Kontakte spekuliert. Handelte es sich um »himm-lische Knaben mit papageiengleichen Stimmen, die wie Tauben trippelten«, wie es der türkische Dichter Latifi im 16. Jahrhundert beschreibt? Sakaoglu bemerkt dazu: »Innerhalb der Mauern des dritten Hofs gab es immer Eifersucht, Liebschaften und Feindschaften. Die Beziehungen waren so natürlich, dass sich nur schwer erkennen ließ, ob sich die Gedichte, die die jungen Männer während ihrer Ausbildung im Enderûn schrieben, an ein Mädchen oder einen Jungen richteten.«

Harem und Fantasie

Der Teil des Topkapi-Palastes, der die Fantasie auch heute noch am stärksten beflü-gelt, ist der Harem. Aktuelle Ausstellungen zu diesem Thema haben die obsessiven Fantasien über Haremsdamen, die wie Mata Hari vom Beckenrand eines türkischen Bades aus oder im Bett des Sultans raffiniert die Staatsgeschäfte beeinflussten, eher stimuliert als entkräftet. Die Erforschung von Archivmaterial und früher unzu-gänglichen Dokumenten hat in jüngster Zeit zu einer ausgewogeneren Sichtweise, der tatsächlichen Bedeutung, der Hintergründe und des Stellenwerts des osma-nischen Harems beigetragen.

Necdet Sakaoglu betont, dass sich im Lauf der Jahrhunderte zahlreiche Missver-ständnisse über die Funktion und Bedeutung des Harems ergeben hätten. »Dass die Berichterstattung aus der Welt des Harems blockiert wurde, war religiösen und ethischen Faktoren geschuldet. Westlichen Besuchern war, mit Ausnahme von Musikern und Ärzten, der Zugang verwehrt. Dem Gesetz nach war jeder nicht kastrierte männliche Besucher, der in den Harem eindrang, auf der Stelle zu tö-ten. Alle Schilderungen und Beschreibungen des Harems speisten sich deshalb aus Fantasievorstellungen.«

Haremsimaginationen gehören also eher in den Bereich der Märchen aus *Tausendundeiner Nacht*. Sie entsprangen dem Fetischismus westlicher Reisender und Schriftsteller, die diese in Berichten und Briefen festhielten und später in der Hochphase des Orientalismus umschrieben, ausschmückten und mangels echter Informationen durch sinnliche Fiktionen bereicherten. Die Publikationen waren oft mit Stichen aufreizender Türkinnen illustriert, die in drapierten Gewändern auf niedrigen Sofas saßen und musizierten oder sich ihre anmutigen Körper von schwarzen Eunuchen in Marmorbädern abtrocknen ließen, was das Bild vom orientalischen Harem weiter verstärkte.

In der europäischen Malerei wurde der Harem im 18. und 19. Jahrhundert zu einem dankbaren Sujet mit zahllosen erotischen Glanzpunkten. Zu ihnen zählt sicherlich Jean-Léon Gerômes Œuvre mit seinen eindringlichen Darstellungen meerblauer, orientalischer Bäder. Auch Jean Auguste Dominique Ingres' Tableau *Le Bain Turc (Das Türkische Bad),* das heute als eines der Meisterwerke im Louvre gilt, hat viel zur Mystifizierung des Harems beigetragen. Zur gleichen Zeit wurde das orientalische Entführungsmotiv auch in der Welt der Literatur und Oper zu einem populären Thema, wie etwa in Mozarts Werk *Die Entführung aus dem Serail,* in der der Sultan als aufgeklärter Märchenpascha aufgefasst wird. »Die erotische Suggestion des Harems war wahrscheinlich eher akzeptabel, weil es sich um eine fremde Kultur handelte, die scheinbar nicht auf das eigene Sexualleben referierte«, schreibt Willem Bruls in seinem Buch *Ontvoering, verleiding und bevrijding. De Oriënt in de opera (Entführung, Verführung und Befreiung. Der Orient in der Oper).* »Die europäische Vorstellung von einem Harem schien jedenfalls ein wachsendes Interesse an erotischen Reizen und lockereren sexuellen Sitten zu befriedigen.«[16]

Es gibt etliche unterschiedliche Übersetzungen des Wortes *harem.* Inalcik übersetzt Harem mit »Frauengemach eines muslimischen Haushalts«. Das ist sicherlich die korrekteste Form. Das Wort *harem* geht auf den arabischen Wortstamm h r m zurück, der zwei Bedeutungen haben kann: »tabu« oder »heilig«. Von ihm leitet sich der Begriff *haram* ab, der einen nur Frauen zugänglichen Raum bezeichnet. In anderen türkischen Quellen wird Harem mit »verbotener Ort« übersetzt. In *The Mystery of the Ottoman Harem,* einem populären Buch, das in den meisten Souvenirshops in Istanbul erhältlich ist, wählt der türkische Autor Ilhan Aksijt die eher kommerzielle Interpretation »Haus des Glücks«.[27] Necdet Sakaoglu kennt noch weitere Bezeichnungen: *harem-i has* (königlicher Harem), *saray-i duhteran* (Damenpalast), *sultana sarayi* (Palast des Sultans), *harem-saray* (Haremspalast), *iffet-i sarayi sqhane* (der königliche Palast der Keuschheit) und *harem-i-ismet-makrum* (Harem der Keuschheit).

In Opern und Romanen spielen die schwarzen Eunuchen gewöhnlich eine fantasiereiche Hauptrolle. In den osmanischen Archiven werden sie die *esvedin,* die Schwarzen, genannt. Die meisten Eunuchen stammten aus dem Sudan und Äthiopien, wo sie als Kinder Sklavenhändlern in die Hände gefallen waren, die die Jungen, bevor sie sie verkauften, kastrierten. Den meisten Quellen zufolge gab es zwischen achtzig und hundert Eunuchen im Harem. Innerhalb der Palastmauern erhielten sie klangvolle Namen wie Korral, Türkis, Löwe, Amber oder Hyazinth. Darüber hinaus fielen sie durch imponierende physische Merkmale auf und durch ihre Peitschen, die wie Elefantenschwänze aussahen. Sie wurden selten alt, denn sie konnten sich nur schlecht an die klimatischen Bedingungen in Konstantinopel anpassen. Die meisten starben schon in jungen Jahren an Tuberkulose.

Die älteste und glaubwürdigste Beschreibung eines Harems, die von einem westlichen »Eindringling« verfasst worden ist, stammt aus der Feder Domenico Hierosolimitanos[18]. Als Arzt von Sultan Murad III. hatte er Zugang zu allen Gemächern und somit auch zu denen der Konkubinen. Aufgrund seiner Einblicke entwarf er 1590 das Bild eines Harems, das wohl auch der Situation in den letzten Jahren von Süleymans Sultanat entsprach. »Es gibt 44 Wohnungen mit Bädern und Springbrunnen, eine schöner als die andere. Alle Wohnungen sind so voneinander abgegrenzt, dass keine von einer anderen einsehbar ist. Der Sultan kann alle Wohnungen durch einen Geheimgang betreten, ohne gesehen zu werden. Die Wände der Haremsgemächer sind mit Blumenmotiven verziert, doch es gibt keine Darstellungen von Menschen oder Tieren. Die Böden sind mit Teppichen bedeckt. Die Töchter des Sultans leben bei ihren Müttern. Die Prinzen werden im Alter von sechs Jahren von ihren Müttern getrennt und wohnen dann mit ihren Lehrern und Dienern in anderen Gemächern. Die Privaträume des Sultans grenzen an die seiner Frauen. Jede Wohnung besteht aus mehreren Zimmern, Hallen, prächtigen Bädern, Springbrunnen, Gärten und einer Voliere. Alle sind prachtvoll ausgeschmückt. Die Wände, Diwane und Fenster bestehen aus kostbarsten Materialien. Überall liegen bestickte Kissen. Die Bettgestelle sind aus tropischem Holz gefertigt und mit Elfenbein und großen Korallen verziert.«

Die Favoritin

Im Gegensatz zur Zügellosigkeit, die den Harem in westlichen Schilderungen beherrscht, war er einem minutiösen Reglement und einen strengen Protokoll unterworfen. »Der Harem war kein Ort untätig herumsitzender Frauen, die mangels anderer Aktivitäten dazu verdammt waren, Intrigen zu spinnen«, schreibt die nordamerikanische Historikerin Leslie P. Peirce in ihrem Buch *The Imperial Harem*. »Im Gegenteil, der Harem bildete eine hierarchische, bürokratische und streng geführte Gemeinschaft. Wenn der Harem einen gewissen politischen Einfluss hatte, war dies nicht auf klägliche Intrigen zurückzuführen, sondern eine natürliche Konsequenz des osmanischen Anspruchs, dass die Frauen der Herrscherfamilie eine wichtige soziale und politische Rolle zu erfüllen hatten.«[19]

Eine Frau, die durchaus Macht ausüben konnte, war die *valide sultan*, die Mutter des Sultans. Sie führte den Harem nicht nur wie die Rektorin eines Mädchenpensionats, sondern entschied auch, mit wem ihr Sohn die Nacht verbringen sollte. Die Konkubinen wurden in erster Linie von den Bezirksgouverneuren in ihren Herkunftsländern (in Polen, Griechenland, Serbien, Bosnien, Albanien, auf der Krim, in Georgien und in geringerem Umfang auch in Ungarn) oder auf dem Sklavenmarkt in Konstantinopel ausgewählt. Dass man sie für den Harem erwählte, bedeutete für sie faktisch, dass sie später nicht mehr als Sklavinnen weiterverkauft wurden. Innerhalb der Palastmauern lebten die Frauen Ottaviano Bon zufolge in ihren Gemächern wie in einem Nonnenkloster. Um lesbische Beziehungen zu verhindern, standen sie unter der ständigen Aufsicht älterer Frauen und schwarzer Eunuchen.

Sobald die Novizinnen sich im Harem eingerichtet hatten, begann für sie eine mehrjährige Phase des Lernens und der praktischen Übung. Ihr Programm war durchaus anspruchsvoll: Lesen, Schreiben, Musik, Tanz, Bewegung, Gesang, Poesie, Religion (einschließlich der Lektüre des Korans), Sticken und Blumenbinden. Außerdem mussten sie sich den Regeln des Respekts, der Moral, der Hygiene, den Tischmanieren, dem Protokoll und natürlich allen Finessen der Liebe widmen. Nur die Edelsten waren für den Sultan auserkoren. Für die Konkubinen, die die Zulassungsprüfung zum Bett des Sultans nicht bestanden, waren andere Aufgaben vorgesehen: Küchendienst, die Regelung der Finanzen, das Frisieren, die Kinderbetreuung oder Putzarbeiten – kurzum alles, was in einem Palasthaushalt an täglichen Pflichten anfiel.

Nach neun Jahren treuer Haremsdienste erhielten die Frauen einen Freibrief sowie eine Perlenschnur, einen Diamanten und ein stattliches Taschengeld. Das bedeutete, dass sie nun für eine arrangierte Ehe in Betracht kamen. Üblicherweise war der Ehemann ein Sklave, der in der Hierarchie aufgestiegen war und nun für eine hohe Position innerhalb des Palasts oder einen Bezirksposten in der Provinz vorgesehen war. Die Aussichten der Konkubinen, die unverheiratet blieben, waren weniger rosig. Man verbannte sie in den alten Palast, wo sie oft einsam und vergessen starben. Noch schlechter erging es den Haremsdamen, die sich den Regeln widersetzten. Körperliche Züchtigungen waren in solchen Fällen nicht ungewöhnlich.

In ihrem Labyrinth aus Zimmern, Sälen, Salons, Patios, Moscheen und Pavillons lebten die Konkubinen wie im Himmel auf Erden. Das Geplätscher der Springbrunnen, das Zwitschern tropischer Vögel und der harmonische Klang von Musik und Gesang vervollständigten die luxuriöse Raumgestaltung. Die Frauen waren in indische Seide gehüllt und trugen Ohrgehänge mit Perlen aus dem Persischen Golf. Doch wenn ein Sultan starb, fand dieses Wohlleben ein jähes Ende. Dann wurde der Harem »aufgefrischt«. Alle Favoritinnen des Sultans und alle Konkubinen, die ihm Kinder geboren hatten, wurden ebenso in den alten Palast verbannt wie die schwarzen Eunuchen, die innerhalb des Harems eine Vertrauensstellung bekleidet hatten.

Über die Zahl der Konkubinen ist viel spekuliert worden. Inalcik zitiert Quellen, die besagen, dass es 1475 schon 400 Sklavinnen gab und 250 weitere im alten Palast, in dem sich der Harem damals noch befand.[20] Bon, der den Palast kurz nach Mehmeds Tod besucht hatte, nennt eine Zahl von 1.200 Konkubinen,[21] aber das ist sicherlich stark übertrieben. Sakaoglu spricht von weniger als fünfzig Frauen während Süleymans Sultanat und einer Anzahl von 465 Konkubinen in der Mitte des 18. Jahrhunderts. Im Allgemeinen wird Sultan Murad III., Süleymans Enkel, als der größte Genießer des Harems betrachtet. Ihm werden Hunderte von Frauen angedichtet, die ihm zwanzig Söhne und 27 Töchter schenkten.

Ebenso wie die schwarzen Eunuchen wurden auch die Konkubinen mit persischen Blumen- oder Tiernamen (besonders gern mit Vogelnamen) wie Piyaleru, Mihrühmah, Lafilam, Düzdudil oder Laligül benannt. Auserwählte Konkubinen erreichten einen höheren Rang und wurden als *gözde* (Favoritin) bezeichnet. Das bedeutete, sie waren dem Sultan aufgefallen. Stiegen sie noch weiter in seiner Gunst, gelangten sie in den Status der *ikbal* beziehungsweise der Glückseligkeit. Inalcik schildert, dass eine Begegnung mit dem Sultan jedoch nicht ganz ungefährlich war, denn keine Sklavin durfte zu ihrem Herrn aufblicken. »Wenn die Frauen im Harem hörten, dass sich der Sultan in seinen mit Silberfäden bestickten Pantoffeln näherte, ergriffen sie die Flucht, denn jede wollte vermeiden, ihm Auge in Auge gegenüberzustehen. Wer sich nicht daran hielt, wurde bestraft. Denn wenn eine Novizin das Herz des Sultans gewann, untergrub sie damit womöglich die Autorität der Valide Sultan.«

Ottaviano Bon ließ sich in seinen Memoiren offensichtlich von seiner Fantasie leiten, wenn er schreibt, dass eine Gruppe von Konkubinen nach dem Abendmahl des Sultans für ihn singen und tanzen musste und er sich aufgrund ihrer Darbietungen für eine von ihnen entschied. Offensichtlich wusste Bon nicht, dass die Auswahl von der Valide Sultan getroffen wurde. Bon hält auch in anderen Schilderungen an seiner romantischen Version fest: Der Sultan bekunde seine Wahl, indem er seiner Favoritin ein seidenes Taschentuch auf die Brust lege. Jede Konkubine wisse, was das zu bedeuten habe. Die Auserwählte müsse sich auf den Boden werfen, um die Füße des Sultans zu küssen, und würde nach diesem Ritual in das Schlafgemach des Sultans geführt.[22] Hatte die Konkubine die Nacht mit dem Sultan verbracht, stiegen sowohl ihr Ansehen als auch ihr Einkommen. Ihr wurde ein eigenes Zimmer mit weiblichen Sklavinnen und Dienstmädchen und einem schwarzen Eunuchen als Diener zugeteilt. Ging aus der sexuellen Verbindung mit dem Sultan eine Tochter hervor, erlangte die Konkubine den Status einer *haseki kadin* und gewann damit einen Teil ihrer Freiheit zurück. Führte ihre Schwangerschaft zur Geburt eines Sohnes und Thronfolgers, erfüllte sie damit den Herzenswunsch des Sultans und ging von da an als *haseki sultan* durchs Leben. Sie galt nun als Favoritin des Sultans.

Leslie P. Peirce bestreitet aufs Entschiedenste, dass der Sultan dem europäischen Bild eines Lüstlings entsprach, der den Harem allnächtlich nach seiner Pfeife tanzen lassen konnte: »Das Haremssystem war nicht auf erotische Abenteuer, sondern auf die Thronfolge ausgerichtet. Der Harem garantierte im Grunde den Fortbestand der Dynastie. Für die Dynamik des Harems war nicht Sex, sondern Familienpolitik entscheidend. Ich will damit nicht sagen, dass Sex als stimulierende Kraft im Harem keine Rolle gespielt hätte. Aber er war nur eine von vielen Kräften und von relativ geringer Bedeutung.«[23]

Obwohl einem Sultan nach islamischer Tradition vier Ehefrauen zustanden, wich Süleyman als Regent von dieser Gewohnheit ab. Vor Süleymans Regierungszeit war eine Heirat van Boesbeeck zufolge für einen Sultan nicht mehr üblich gewesen. Diese Abkehr von der Eheschließung ging auf ein Ereignis im 14. Jahrhundert zurück. Nachdem Bayezid I. (1360–1402) vom mongolischen Eroberer Timurlenk (der auch Timur oder Tamerlan genannt wurde) auf dem Schlachtfeld besiegt worden war, hatte man sowohl ihn wie auch seine Ehefrau gefoltert. »Dessen eingedenk haben sich die Sultane, die auf Bajazet in der Herrschaft folgten bis auf den jetzigen, alle der Eheschließung enthalten, damit auf keinen Fall ein ähnliches Schicksal sie treffen könne.«[24] Indem er die Ehe wieder zu Ehren brachte und außerdem nur eine einzige seiner Sklavinnen heiratete, löste Süleyman also eine wahre Revolution innerhalb der Haremshierarchie aus. Nachdem ihm eine seiner Konkubinen bereits einen Sohn geschenkt hatte, verliebte er sich in eine andere Favoritin. Und damit begann die von Mythen, Legenden und Fantasien umrankte Geschichte von Hürrem Sultan, die in den westlichen Geschichtsbüchern als Roxelana bekannt ist, als die Frau, die Süleyman heiratete und der er bis zu ihrem Tod treu blieb.

Das Haar des Propheten

In der zweiten Hälfte des Jahres 1522 sorgte Süleyman im christlichen Europa erneut für Schlagzeilen. Was schon nach der Eroberung Belgrads im Jahr zuvor befürchtet worden war, schien sich nun zu bewahrheiten – doch anders als man es erwartet hatte. Das osmanische Heer marschierte nämlich nicht weiter in Richtung Norden. Ziel war vielmehr die Eroberung von Rhodos. In Konstantinopel sah man dies als logischen Schritt im Kampf um die Vorherrschaft an. Eine gewaltige Armee belagerte die Insel vor der türkischen Küste. Ihre Gegner waren die Ritter des Johanniterordens[1] zu Jerusalem. Für sie spitzte sich die Lage kurz vor Weihnachten dramatisch zu. Die Mauern, die sie vorsorglich mit Bedacht um die von ihnen im Norden der Insel erbauten Stadt Rhodos angelegt hatten, hielten den Angriffen noch stand. Das war die gute Nachricht. Denn schließlich waren die Befestigungsanlagen errichtet worden, um schweres Kanonenfeuer abzuwehren. Und wo sie doch beschädigt wurden, besserte man sie nachts so gut es ging aus. Doch innerhalb der Mauern bröckelte der Widerstand der Johanniterritter zusehends. Das war die schlechte Nachricht.

Nach fünf Monaten anhaltender Gefechte ließ die Kraft für weitere Kämpfe nicht nur bei den Belagerten, sondern auch bei den Angreifern merklich nach. Die Gefallenen auf osmanischer Seite waren schon nicht mehr zu zählen und in der Festung war die Lage schlichtweg besorgniserregend. Der Hunger war groß. Die Moral der Bevölkerung hatte ihren Tiefpunkt erreicht. Hoffnung auf einen guten Ausgang gab es kaum noch. Es half kein Beten mehr. Gott hatte scheinbar beschlossen, die Ritter ihrem Schicksal zu überlassen. Noch einen Tag unter Kanonenfeuer und der letzte Funke Leben in der Stadt wäre ausgehaucht – als verließe die Seele einen bereits toten, aber noch warmen Körper.

Der 20. Dezember war ein Tag der Entspannung. Beide Seiten hatten sich auf einen dreitägigen Waffenstillstand geeinigt. Endlich schwiegen die schweren Kanonen des osmanischen Heeres und auch das furchtbare Zischen brennender Pfeile

war verstummt. Die Schwerter blieben in den Scheiden. Das Graben der unterirdischen Gänge, um sie zu verminen – eine Taktik, die die Türken schon früher
erfolgreich eingesetzt hatten –, wurde ebenfalls eingestellt. Ein paar abgemagerte
Katzen wagten sich wieder auf die engen Straßen hinaus. Kläglich miauend suchten
sie vergeblich nach Nahrung. In der Stadt waren Brot, Wasser, Medizin, Munition,
aber auch Hoffnung und Kraft aufgebraucht. In der Johanniskirche, der Ordenskir-
che der Ritter, wurde wie jeden Morgen die Messe auf Latein gelesen. Die Einheimischen waren ihrem griechisch-orthodoxen Glauben treu geblieben und beteten
in kleinen byzantinischen Kirchen. Die letzten Kerzen flackerten unter den Ikonen
des Erzengels Michael, der die Wehrhaftigkeit der Kirche symbolisiert, und der All-
heiligen Panagia. Würden ihre Gebete erhört werden?

Die den Rittern aus Europa zugesicherte Hilfe war ausgeblieben. Karl V. war
mit anderen Staatsangelegenheiten befasst. Seit der Eroberung des Aztekenreiches
durch Hernán Cortés im Jahr zuvor ging die Sonne in seinem Reich nicht mehr
unter. Trotzdem hatte er genug Sorgen: Der Konflikt mit seinem Erzrivalen Franz I.
ging weit über einen Streit unter Nachbarn hinaus. Beide stritten um die Vorherrschaft in Europa. Auch aus Venedig war keine Hilfe zu erwarten. Die Politik des
Dogen gegenüber den Türken war inkonsequent und halbherzig. Wirtschaftliche
Interessen wogen schwerer als religiöse Solidarität. Papst Hadrian VI. hielt für die
Ritter allenfalls eine Extraandacht ab. Der niederländische Kardinal war gerade erst
zum Heiligen Vater gewählt worden. Er musste zunächst mit der Korruption und
dem Ablasshandel in Rom aufräumen.

Über Rhodos ging die Sonne auf, die Stunde der Wahrheit rückte näher. Die Einwohner wollten nicht länger kämpfen. Bei der Belagerung hatten sie schon zahlreiche Angehörige verloren und viele weitere lagen verwundet im überfüllten Kran-
kenhaus der Ritter. Im Ritterrat besprach man unter der Leitung des Großmeisters
Philippe Villiers de l'Isle-Adam die kritische Lage. Für einen Waffenstillstand hatte
der Sultan die vollständige Kapitulation der Ritter binnen drei Tagen zur Bedingung gestellt. Sollten sich die Ritter weigern, würde die Stadt dem Erdboden gleich
gemacht werden. Kein Leben würde er verschonen, auch nicht das der Katzen.

Süleyman zeigte sich hier von seiner pragmatischen Seite. Wohl wissend, dass
seine Soldaten nach Hause wollten und dass die Belagerten sich praktisch keinen
Rat mehr wussten, stellte er ihnen in Aussicht, bei einer Kapitulation Gnade walten
zu lassen. Er gestand den Rittern und ihren Vertrauten zwölf Tage zu, um die Insel

zu verlassen. Sie durften alles mitnehmen: Waffen, wichtige Dokumente, Gefolge – kurz, ihre gesamte Habe oder was davon noch übrig war. Nach der Kapitulation sollte es nicht zu Plünderungen kommen, auch nicht in Kirchen. Und es wurde ihnen Religionsfreiheit zugesichert. Außerdem sollte die Insel von der Devşirme ausgenommen sein: Keine Familie brauchte zu fürchten, dass der älteste Sohn für das Militär angeworben würde.

Aber war das den Menschen ein Wohlgefallen? Mehr als in anderen Jahren dachten Ritter und Einwohner auf Rhodos wohl an die Krippe in Bethlehem. Sollte das Gedenken an die Geburt Christi den Frieden einläuten? Oder würde es nun das letzte Mal sein, dass auf der Insel ein Weihnachtslied zum Lob des Herrn gesungen wurde?

Der Auftakt

Dass das Ritternest schon lange eine Laus im Pelz des Osmanischen Reiches war, geht auf die Eroberung Jerusalems durch den ägyptischen Sultan Saladin im Jahr 1187 zurück. Als ein paar Jahre später die letzten Kreuzfahrer aus dem Heiligen Land vertrieben worden waren, mussten sich die Ritter des Johanniterordens einen neuen Ort suchen, von dem sie ihre Mission – die Pilgerrouten und heiligen Stätten zu beschützen sowie sich den Ungläubigen entgegenzustellen – fortsetzen konnten. Die Johanniter waren außerdem dafür bekannt, kranke Pilger in dem von ihnen gegründeten Hospital zum Heiligen Johannes in Jerusalem zu pflegen, weshalb sie auch Hospitaliter genannt wurden. Wer dem Orden beitreten wollte, musste mehr aufzuweisen haben als durch seine Adern fließendes blaues Blut. Ein Johanniter legte das Gelübde der Armut, Keuschheit und Gehorsamkeit ab und verpflichtete sich zudem, sein Leben für den Orden zu geben. So wurden aus Rittern militante Mönche.

In den Jahren religiöser Konflikte im Nahen Osten wählten die christlichen Pilger natürlich die sicherste Route von Europa nach Jerusalem: Von Venedig über das Meer nach Kreta, das unter venezianischer Flagge stand und dann weiter entlang der anatolischen Küste Richtung Zypern ins Heilige Land. Zypern schien deshalb im Jahr 1291 ein idealer Standort für die erst aus Jerusalem und dann aus Akko vertriebenen Johanniter zu sein. Weil aber der christliche König dieser Kreuzfahrerinsel den Orden in seiner Bewegungsfreiheit einzuschränken versuchte, zogen die

Ritter einige Jahre später nach Rhodos. Als sie dort eintrafen, waren sie allerdings alles andere als willkommen. Drei Jahre lang widersetzten sich die Einwohner, bis die Insel 1309 schließlich doch unter die Kontrolle des Ordens gelangte. Der Widerstand hatte religiöse Gründe. Nach dem großen Schisma innerhalb der christlichen Kirche im Jahr 1054, als die östlich-orthodoxe und die römisch-katholische Kirche auseinanderbrachen, lag niemandem auf Rhodos etwas daran, sich der geistlichen Macht des Papsts zu fügen.

Die Ritter mussten einsehen, dass ein Verbot der byzantinischen Rituale in den zahlreichen Kirchen und Klöstern auf der Insel letztlich zu unerfreulichen Konfrontationen geführt hätte. Deshalb enthob man die griechisch-orthodoxen Priester ihrer Ämter, die Gotteshäuser aber standen den Gläubigen weiterhin offen. Da sich die Johanniterritter der Spenden aus Europa sicher sein konnten, war es nicht nötig, die Einheimischen mit höheren Steuern zu belasten. Auch dadurch konnte sozialer Unmut vermieden werden. »Der größte Teil der Griechen, besonders die Bourgeoisie, die unter der neuen Herrschaft aufblühte, passte sich allmählich der Situation an«, schreibt Ilías Kollias in seinem Buch über die Johanniter. »Weil sie an ihren Glaubenslehren, ihren alten religiösen Gebräuchen und ihren sozialen Kontakten festhalten durften und außerdem ihre eigene Sprache beibehielten, bewahrten sie sich ihre Traditionen und ihre Geschichte.«[2]

In den darauffolgenden Jahren entwickelten sich die Johanniterritter zu einer Art militanter Vorhut des Christentums. »Kämpfen war für die Ritter das tägliche Geschäft. Sie lebten für Gott und Krieg«, urteilt der auf Malta geborene Autor George Gregory Buttigieg in einem Essay über den Orden. »Mit ihren religiösen Überzeugungen stillten sie ihre mentalen und physischen Bedürfnisse. Sie führten ein enthaltsames und frommes Leben. Alle Frivolitäten und andere Arten menschlicher Vergnügen wurden bezwungen. Gleichzeitig konnten sie ihre beinahe fanatischen Kämpferinstinkte perfektionieren. Kein Wunder, dass sich die Muslime vor diesen in Rot gekleideten Besessenen fürchteten.«[3]

Die Ritter kaperten die Schiffe, die auf der Handelsroute zwischen Südosteuropa und Ägypten unterwegs waren, auf immer brutalere Weise. Offiziell ging es ihnen um die Befreiung christlicher Galeerensklaven auf muslimischen Ruderschiffen. Aber natürlich waren sie auch auf Beute aus. Da sie immer häufiger die mit ägyptischen Produkten beladenen Schiffe auf dem Weg nach Konstantinopel überfielen, gab Sultan Mehmet II. 1480 den Befehl, dieser Seeräuberei ein Ende zu setzen. Unter dem Oberkommando von Mesih Pascha segelten 170 Schiffe zu der Mittelmeerinsel. Die Stadt Rhodos wurde vom Land und von der See aus angegriffen. Doch die Belagerung scheiterte nicht nur an einer falschen Strategie für die Munitions- und Truppenversorgung auf türkischer Seite, sondern auch aufgrund des heldenhaften Widerstands des Ordens unter dem Befehl des Großmeisters Pierre d'Aubusson. Das osmanische Heer musste sich schließlich zurückziehen. 40.000 Tote waren zu beklagen. Der Papst belohnte d'Aubusson für seinen Einsatz und seine Standhaftigkeit mit dem Kardinalshut. Ein Jahr später, 1481, wurde die Insel von einem schweren Erdbeben erschüttert. Fast alle Befestigungsanlagen, an denen die Türken gescheitert waren, wurden jetzt von einer Naturgewalt pulverisiert.

Die Belagerung

Nach der Eroberung Belgrads 1521 genoss Rhodos in Süleymans politischer Tagesordnung Priorität, was die Ritter nicht anders erwartet hatten. Gleich nach dem Erdbeben hatten sie mit dem Wiederaufbau ihrer Verteidigungsanlagen begonnen. Sie suchten auf dem Festland nach einem Experten, der die Stadtmauern und das Festungswerk noch weiter verstärken konnte und fanden ihn in Basilio della Scola aus Vincenza, dessen Ruf als Baumeister von Befestigungen bis nach Venedig vorgedrungen war. Er zeichnete den Rittern einen Entwurf, der damals als revolutionär galt. Della Scola plante nicht etwa höhere Mauern, er wollte vielmehr je zwei Meter breite Innen- und Außenmauern errichten, die durch einen tiefen, zwanzig Meter breiten und trockenen Graben voneinander getrennt waren. Auf diese Weise sollten Truppen und Kanonen schneller als zuvor zu den Stellen gelangen können, an denen ein Durchbruch drohte.

Della Scola veränderte auch die Wehrgänge grundlegend, indem er jede einzelne *lingua* (Zunge)[4] mit einer Bastion ausstattete: einem auf der Innenmauer errichteten, viereckigen Bau, der einen Meter über die Mauer hinausragte. Hier sollten die Ritter den Feind von drei Seiten aus beschießen können. Im Abstand von vier Kilometern wurden die Mauern mit diesen Bastionen ausgerüstet. Zum Schluss wurde ein letzter Verteidigungsring rund um den an der Hafenseite gelegenen Palast des Großmeisters und den daran grenzenden sieben Herbergen, eine für jede Zunge, sowie um das Hospital herum errichtet.[5]

Am 26. Juni 1522 kam die Stunde der Wahrheit. Unter dem Kommando des zweiten Wesirs Mustafa Pascha ankerte die osmanische Flotte vor Rhodos. Zuerst wurden etwa 10.000 Quartiermacher an Land gesetzt. »Zur überwiegenden Freude der griechisch-orthodoxen Bevölkerung, die von den katholischen Rittern unterdrückt wurden, eroberten die Türken das Gebiet rund um das Fort«⁶, so lautet die osmanische Version in der *Süleymanname*, einer illustrierten Chronik über die siegreichen Feldzüge des Sultans während seiner Regierungszeit.

Wenige Wochen später, am 28. Juli, traf Süleyman nur zwanzig Kilometer Luftlinie von Rhodos entfernt in der türkischen Hafenstadt Marmaris ein. Begleitet von einer 100.000 Mann starken Streitmacht (nach Angaben der Ritter waren es 200.000 Männer) und 10.000 Janitscharen hatte er die Stadt über den Landweg erreicht. Mitgebracht hatten sie außerdem zwölf immens große, nie zuvor eingesetzte Kanonen, die die Festungsmauern der Ritter in Schutt und Asche legen sollten. Die Schätzungen über die Anzahl der Ritter, Soldaten und Einwohner innerhalb der Festungsmauern variieren. Ein Bericht nennt 850 Ritter und 5.000 Soldaten, ein anderer 600 Ritter und 1.500 Söldner, die europäische Monarchen geschickt hatten, sowie 1.900 Griechen, etwa zwanzig Prozent der Gesamtbevölkerung. Ilías Kollias kommt auf 6.000 bis 7.000 Soldaten, darunter 290 Ritter, die restlichen waren Söldner.

Anfangs war der Widerstandswille der Johanniterritter stark gewesen. Mit angemessenem Stolz hatte Großmeister Villiers de l'Isle-Adam auf einen Brief des Sultans reagiert. Rhodos werde das gleiche Schicksal widerfahren wie Belgrad, hatte Süleyman in perfektem Latein geschrieben. Nur wenn die Ritter zur Kapitulation bereit wären und sich auf seine Seite schlagen würden, um mit ihm gemeinsam die Freude an neuen Eroberungen zu erleben, würde die Insel von weiterer Kriegsgewalt verschont bleiben. In seinem Antwortschreiben hatte der Großmeister auf die vielen Siege über die Ungläubigen verwiesen, die seine Ritter errungen hatten. Hatten sie etwa keine Burgen an der Küste Anatoliens erbaut? Waren sie nicht die Herren der Ägäis? Am Schluss forderte er den Sultan sogar noch dazu auf, sich ihnen auf dem christlichen Siegeszug anzuschließen. Die Antwort des Sultans ließ nicht lange auf sich warten. »Ich befehle Ihnen, die Insel umgehend zu übergeben. Ich gewähre Ihnen und Ihrem Gefolge freies Geleit, um die Insel mit all ihren Besitztümern zu verlassen.«

Auf osmanischer Seite hatte man aus den Fehlern der gescheiterten Belagerung im Jahr 1480 gelernt und setzte nun auf eine andere Strategie. Die Angriffe sollten dieses Mal ausschließlich vom Land erfolgen. Zwischen der türkischen Küste und Rhodos wurde ein Seekorridor eingerichtet, um das Heer vom Festland aus zu festgesetzten Zeiten mit Nahrung und Munition zu versorgen. Der Hafen von Rhodos wurde von einer kleinen Schiffsflotte abgeriegelt. Mit dieser Taktik waren die Ritter und Einwohner allein auf ihre Vorräte innerhalb der Festungsmauern angewiesen. Die Ritter aber waren davon überzeugt, dass sie mit Gott an ihrer Seite einer längeren Belagerung standhalten könnten.

Am 1. August 1522 wurden die ersten Kanonen abgefeuert. Granitkugeln, so schwer, dass sie nur von drei Männern gleichzeitig angehoben werden konnten, bahnten sich krachend mit ohrenbetäubendem Lärm ihren Weg zur Festung. Das Donnern der Geschütze unterstrich die Übermacht des osmanischen Heeres. Während dieser ersten Tage der Belagerung versuchten die Türken, Lücken in die Außenmauern zu sprengen, aber ohne nennenswerte Erfolge. Erst als sie Stollen ausgehoben und abgestützt hatten, um dort Unmengen von Schießpulver zur Explosion zu bringen, zeigte sich, dass die Mauern doch nicht so widerstandsfähig waren, wie della Scola versprochen hatte. Bereits 1453 hatten die Türken erste Versuche mit diesen Pulverstollen unternommen, allerdings mit nur mäßigem Ergebnis, weil man kaum Erfahrung auf dem Gebiet des Bergbaus hatte. Diesmal aber waren hunderte Spezialisten Teil von Süleymans Heer, um unterirdische Gänge zu graben und die Sprengladungen an den richtigen Stellen zu platzieren.

Am 4. September zeigten die Bemühungen erste Erfolge. Eine gigantische Sprengladung jagte einen Teil der Bastion auf der englischen Zunge in die Luft. Die Explosion war bis Marmaris an der türkischen Küste zu hören. »Die Ungläubigen flogen bis zum siebenten Himmel durch die Luft, während ihre Seelen in die Hölle hinabstürzten«, notiert Hafiz Ahmed Aga, Gründer der osmanischen Bibliothek auf Rhodos, ein paar Jahrhunderte später frohlockend. Wo zuvor noch stolz die weiße Fahne mit dem roten Kreuz der Johanniter geweht hatte, pflanzte nun eine Vorhut der Janitscharen schnell die Fahne mit dem Halbmond in die Bresche. Das war zugleich der Moment, in dem della Scolas Baukunst ihren praktischen Nutzen beweisen konnte, denn Villiers de l'Isle-Adam konnte von seiner Zunge aus schnell Verstärkung durch den Graben zur Bresche schicken. Es folgte ein tapferer Kampf Mann gegen Mann. Von der Bastion prasselten tödliche Pfeile wie Hagel auf die Angreifer nieder. Kessel voll glühendem Pech wurden über die Türken geschüttet. Auf osmanischer Seite waren die Verluste dann auch am größten, an diesem Tag fielen hunderte Soldaten. »Sie waren bereits Engel, noch bevor sich die Himmelspforten für sie öffneten«, schreibt Hafiz Ahmed Aga.

Monatelang gingen die Angriffe weiter – mal mehr, mal weniger heftig. Innerhalb der Festungsmauern schwanden die Hoffnungen auf ein gutes Ende. Mitte Dezember kam Villiers de l'Isle-Adam zu dem Schluss, dass weiterer Widerstand zwecklos sei. Nahrungs- und Munitionsvorräte waren nahezu aufgebraucht, allenfalls 150 Ritter waren noch am Leben. Die einheimische Bevölkerung war entweder verwundet oder demoralisiert. Am 20. Dezember wurde der Waffenstillstandsvertrag des Sultans an den Großmeister des Johanniterordens übergeben. Man verlangte die sofortige Kapitulation, sonst würde die Stadt innerhalb der nächsten drei Tage dem Erdboden gleichgemacht werden. Zunächst zögerte der Großmeister noch: »Niemand soll später sagen können, dass wir unsere Ehre vor unserm Leben verloren haben.« Aber die Ehre musste beim Anblick der notleidenden Bevölkerung zurückgestellt werden. Angesichts ausgemergelter Männer, verängstigter Frauen und hungriger Kinder konnte sich sogar das Herz eines Soldatenmönchs nicht gegen einen Waffenstillstand entscheiden.

Zwei Tage später begab sich der Großmeister in aller Frühe zu Süleymans Quartier. Es regnete und vielleicht ließ man ihn deshalb stundenlang warten, ehe er die Erlaubnis erhielt, das imperiale Zelt zu betreten. Nass und gedemütigt wurde Villiers de l'Isle-Adam zum Sultan vorgelassen. Laut Augenzeugenberichten aus der Gefolgschaft des Großmeisters war Süleyman trotz seiner 28 Jahre ein Inbegriff von Weisheit und Verstand: »Unter einer purpurnen Zeltplane saß er flankiert von zwei Löwen auf einem goldenen Thron.« Eine Weile sahen sich die beiden Männer schweigend an, bis dem dreißig Jahre älteren Villiers de l'Isle-Adam nichts anderes mehr übrig blieb, als vor dem Sultan niederzuknien und ihm die Hand zu küssen. Wie im Waffenstillstandsvertrag festgelegt, wurden den Rittern und jenen, die sich ihnen anschließen wollten, ein Zeitraum von zwölf Tagen zum Verlassen der Insel zugestanden. Nach einem Aufstand der griechischen Bevölkerung Jahre später wurde ein Passus des Vertrags abgeändert. Fortan war es keinem Griechen erlaubt, sich nach Sonnenuntergang in der befestigten Stadt aufzuhalten – eine Verfügung, die erst 1912 von der italienischen Besatzung aufgehoben wurde.

Zeitgenössischen Berichten zufolge gab es auf osmanischer Seite 44.000 Tote zu beklagen. Insgesamt wurden 53 unterirdische Sprengladungen gezündet und 85.000 Kanonenkugeln abgefeuert. Was in osmanischen Darstellungen besonders

hervorgehoben wurde, war die Pracht, mit der Süleyman einige Tage später glorreich in die Stadt einzog. Begleitet von seiner Elitetruppe passierte er das Koskinou-
Tor, den Zugang zum Bollwerk der Ungläubigen, den er von seinem Zelt aus gut fünf
Monate lang gesehen hatte. Ein paar schwache Sonnenstrahlen hatten den Regen
vertrieben. Die Soldaten jubelten. Im Namen des Allmächtigen begrüßte der Sultan
den besiegten Großmeister in dessen Palast. Laut einigen Augenzeugen sprach er bei
dieser Gelegenheit weise Worte. »Ich führe keine Kriege, um mich zu bereichern,
sondern um der Erhabenheit, der Unsterblichkeit und der Vergrößerung meines
Reiches willen.«[10] Die Johanniskirche wurde noch am selben Tag in eine Moschee
umfunktioniert. Das erste Gemeinschaftsgebet wurde von Seyhülislam Zenbilli
Ali Efendi durchgeführt, dem Großmufti, der während des gesamten Feldzugs an
Süleymans Seite gewesen war. Es war das erste Mal, dass in der ummauerten Stadt
auf der Insel Rhodos *Allahu akbar* (Allah ist der Größte) zu hören war.

Duschen – mit einer Tasse Wasser

Als ich etwa viereinhalb Jahrhunderte später an einem Dezembermorgen durch die
engen Gassen des ältesten Teils von Rhodos spaziere, begegnen mir nur Katzen, die
genau wie damals auf der Suche nach etwas Essbarem sind. Die Geschäfte sind geschlossen, die Straßen verlassen. Weit und breit ist kein Tourist zu sehen. Es herrscht
eine himmlische Ruhe innerhalb der nur wenige Quadratkilometer großen, von mittelalterlichen Mauern umschlossenen Stadt. Ich folge dem Weg, den Süleyman am
ersten Weihnachtsfeiertag des Jahres 1522 genommen haben muss. Auf dem Hügel, auf
dem damals sein imposantes Zelt gestanden hat, befindet sich heute ein Offiziersclub
des griechischen Militärs. Der Zugang zur Altstadt durch das Koskinou-Tor ist gerade
breit genug für ein Auto. An einer hölzernen Brücke führt eine etwas brüchige Stein-
treppe hinunter in den Graben, der die gelbbraunen meterdicken Außen- und Innen-
mauern voneinander trennt. Noch immer sind die Gänge sichtbar, die die Türken
gegraben haben, um ihre berüchtigten Sprengladungen zu installieren. Granitkugeln
von 60 Zentimetern Durchmesser erinnern an die osmanischen Angriffe. Tausende
Soldaten ließen hier ihr Leben. Ich laufe über ein Gräberfeld der Geschichte.

Aber was sind das für Verteidigungsmauern! Die Befestigungsanlagen von Städten wie Ávila, Ferrara, Mantova, Angers, Amboise, Carcassonne und Naarden er-

scheinen im Vergleich zu diesem Stück meisterlicher Militärarchitektur wie aus Pappkarton errichtet. Die chinesische Mauer mag unendlich lang sein – die Mauern hier sind einschließlich des Grabens breiter als eine achtspurige Straße. Wie lange hätte wohl für die Eroberung benötigt, wäre Persepolis von solchen Mauern umgeben gewesen? Und hätte Jerusalem mit solchen Stadtmauern gerettet und der Sieg Saladins verhindert werden können?

In der Nähe der Omirou-Straße schaue ich mir kurz eine kleine byzantinische Kirche an. Stark beschädigte Wandgemälde, ein paar brennende Kerzen, Ikonen, Dunkelheit – alles da, was eine byzantinische Kirche ausmacht. Ich laufe einige Straßen entlang, an denen die Gebäude wegen der Einsturzgefahr bei einem möglichen Erdbeben vorsorglich mit Mauerstreben gestützt werden. Wohin ich auch schaue, welche Wege ich auch gehe, ich sehe überall Leerstand, Verfall und Ruinen. Ausgenommen sind der Palast und ein paar andere restaurierte Gebäude an dem Platz, an dem jede Lingua eine eigene Herberge hatte.

Nach vier Jahrhunderten osmanischer Besatzung auf Rhodos gibt es nur wenige Gebäude aus dieser Zeit, die der Verwitterung nicht zum Opfer gefallen sind. Eines ist die 1531 erbaute, nach Großwesir Ibrahim Pascha benannte Moschee. Man würde es nicht in die Top Ten der besten Bauwerke aufnehmen – das Minarett steht neben dem Gebäude wie ein Schornstein –, aber es ist die einzige Moschee der Insel, die heute noch als islamisches Gebetshaus genutzt wird. Als ich mich am nahegelegenen Platz in dem gegenüber der verlassenen Mustafa-Moschee gelegenen Hamam für ein Bad anmelden möchte, betrete ich ein fast leeres Gebäude. Heftig gestikulierend versuche ich der Frau, die offenbar mit der Ausführung der Einlassformalitäten betraut ist, klarzumachen, dass ich gern ein Bad nehmen möchte. Sie nimmt eine Tasse und bedeutet mir ohne ein Wort zu verlieren, dass mir dieses Trinkgefäß als Dusche genügen müsse. Als ich das Gebäude wieder verlasse, lächelt sie verschmitzt. Schöner und prächtiger als die Ibrahim-Pascha-Moschee ist die nach Süleyman benannte Moschee am Ende der Sokrates-Straße, erbaut an der Stelle, an der sich einst die Apostelkirche befand. Umbaumaßnahmen im Jahr 1808 und ein vor Kurzem angebrachter frischer Anstrich haben aus der Moschee mit ihrem schlanken Minarett eine schön anzusehende Erinnerung an den prächtigen Sultan gemacht. Einen Blick hineinzuwerfen ist mir aber nicht vergönnt. Das Eingangsgatter ist verschlossen. Um die Nutzung der Moschee scheint sich niemand zu kümmern. Nach einigen Erkundigungen stellt sich heraus, dass der Schlüssel in einer griechischen Schatulle aufbewahrt wird. »Erst wenn eine griechisch-orthodoxe Kirche in der Türkei geöffnet wird, erhalten wir Türken den Schlüssel zurück«, bekomme ich als Antwort. Diese Aussage stammt offenbar von der archäologischen Behörde, die die Schlüssel für die zum Weltkulturerbe aufgestiegenen Bauwerke auf Rhodos verwahrt.

Wurde auf Rhodos in den Jahrhunderten osmanischer Herrschaft außer zwei Moscheen, einer Schule, einer osmanischen Bibliothek und einem Hamam, in dem man sich mit einer Tasse Wasser duschen kann, nichts Spektakuläres gebaut? »Nein«, sagt Anna-Maria Kasdagli von der archäologischen Behörde auf Rhodos und Autorin einiger Abhandlungen über die Johanniterritter. »Wir sind nicht in Spanien. Bauwerke wie die Alhambra oder Alcazar findet man hier nicht. Die Türken haben sich nie die Mühe gemacht, die Insel mit eigener Architektur zu bereichern. Nach der Eroberung hatte Rhodos keinerlei strategische Bedeutung mehr und wurde zu einem Verbannungsort. Viele Gebäude in der Altstadt stammen ursprünglich aus byzantinischer Zeit und wurden nach der Eroberung 1522 nur dann umgebaut, wenn die Notwendigkeit dazu bestand. Nur die Moscheen wurden selbstverständlich im Auftrag der Paschas erbaut sowie einige Villen, in denen einst die osmanischen Honoratioren gewohnt haben. Mehr gibt es nicht.«

Der Leerstand ist laut Kasdagli das größte Problem in der Altstadt. Zur Frage nach dem Schlüssel für die Süleyman-Moschee äußert sie sich nicht. Sie merkt dazu nur an, dass manche Gebäude im Besitz jener Türken sind, die seit der Zypernkrise 1974 in der Türkei leben.[7] Auch von den im Zweiten Weltkrieg deportierten 2.000 Juden »sind nur wenige zurückgekommen. Viele ihrer Häuser wurden seitdem nicht mehr bewohnt. In einigen anderen leben mittlerweile Immigranten, die jedoch nicht das Geld für die notwendige Instandhaltung haben. Die besseren Häuser sind in den Händen von Maklern, die die jüdischen Interessen vertreten. Die Türken, die nach 1974 geblieben sind, haben die Altstadt verlassen und sind ins neue Viertel gezogen.«

Ein Vermächtnis mit unverkennbar türkischem Charakter gibt es aber doch: der Friedhof um die *masjid,* jene kleine Moschee, die nach dem osmanischen Admiral Murad Reis benannt ist, der wie Barbarossa ein angeworbener Pirat war. Er hat erst 1565 gegen die Johanniterritter bei der Belagerung von Malta gekämpft und dann 1570 die Eroberung Zyperns befehligt. Seine Taten waren groß, vielleicht zu groß, denn es kam zum Konflikt mit Süleymans Sohn Selim. Wie vor ihm bereits andere türkische, in Konstantinopel in Ungnade gefallene Honoratioren wurde er nach

Rhodos verbannt. Aber im Unterschied zu den anderen bekam Murad Reis sein eigenes bescheidenes Mausoleum. Der Friedhof erstreckt sich direkt neben dem heutigen Kasino hinter einem Zaun. Auf einem offenen Gelände von der Größe eines Fußballplatzes stehen vernachlässigt einige Eukalyptusbäume zwischen zahlreichen, mit Korantexten versehenen Sarkophagen und Grabsteinen. Steinerne Turbane zeigen, dass hier Männer begraben liegen. Der Friedhof macht trotz einer erst vor Kurzem durchgeführten Sanierung einen desolaten Eindruck. In zwei überdachten Tumben stehen hinter Gittern noch Reste der vom Zahn der Zeit angegriffenen Sarkophage. Ihre Deckel fehlen und sie sind leer.

Das Einzige, was noch instand gehalten wird, ist die kleine Moschee, deren Innenraum fast vollständig durch den Sarkophag mit den sterblichen Überresten von Murad Reis eingenommen wird. Auf dem Boden liegen bunte Teppiche in unterschiedlichen Motiven und Farben. Perlen, tannenbaumähnliche Verzierungen, Plastikblumen – man hat den Eindruck, in ein Puppenhaus für Erwachsene geraten zu sein. Auf dem Sarkophag liegen grüne und blaue Decken, auf denen byzantinische Votivbilder angebracht sind. An der Wand hängt umgeben von arabischen Texten ein gezeichnetes Porträt des ehemaligen Admirals und Piraten.

Mit dem Tod von Murad Reis geriet Rhodos ins Abseits. Die türkische Gleichgültigkeit gegenüber dem Gedeih der Insel und ihrer Bevölkerung behinderte Fortschritt und Wohlstand. Reisende, die die Insel in den Jahrhunderten danach besuchten, skizzieren in ihren Berichten ein trauriges Bild von Tristesse, Verfall und Armut. Die Verwahrlosung war vor allem eine Folge des im 19. Jahrhundert erlassenen Verbots des Schiffbaus, wodurch die Arbeitslosigkeit zunahm und viele Bewohner emigrierten. Die Johanniterritter hatten sich mittlerweile auf Malta angesiedelt. Nach dem Fall von Rhodos wollte zunächst kein Land den Rittern Territorium zur Verfügung stellen, da man befürchtete, sie könnten die Piraterie im Mittelmeer wieder aufnehmen. Erst als Karl V. 1530 den Rittern Malta als neue Basis zugewiesen hatte, nahm ihre Odyssee ein Ende. Auf Malta behaupteten sich die Ritter, auch als das osmanische Heer 1551 und 1565 Versuche zur Eroberung der Insel unternahm.[8]

1912 wurde Rhodos von den Italienern eingenommen. Doch die *enosis*, der von Rom versprochene Anschluss an Griechenland, wurde durch den Ausbruch des Ersten Weltkriegs und des Balkankriegs verhindert. Nachdem der Türkisch-Griechische-Krieg 1923 beendet war, blieb Rhodos zunächst unter italienischer Herrschaft. Die Bevölkerung wurde nun sogar gezwungen, Italienisch zu sprechen. Die

Öffnung des Agios-Athanasios-Tors, das die Türken einst zugemauert hatten, führte während der italienischen Herrschaft zu neuen Konflikten. Der lokalen Legende nach wäre Rhodos für alle Zeiten verloren für den Islam, wenn dieses Tor je wieder in Gebrauch genommen würde. Erst 1947, nach der deutschen Besatzung im Zweiten Weltkrieg und der darauffolgenden britischen Übergangsregierung, ging Rhodos an Griechenland über. Für die Griechen war das ein glorreicher Moment nationaler Gerechtigkeit, die türkische Minderheit stürzte die griechische Präsenz aber in eine noch immer anhaltende Identitätskrise.

Kurban Bayrami

Wie ist es, als Türke auf einer griechischen Insel zu leben? Das verrät mir der Autohändler Mustafa Seyh in seinem Verkaufsraum, in dem glänzende Autos auf an der Wand hängende Korantexte treffen. Aus seiner Schreibtischschublade holt er Fotos und Dokumente hervor, die belegen, dass er einer der ältesten türkischen Familien auf der Insel angehört. Ein Foto zeigt ihn strahlend vor Stolz neben einem amerikanischen Botschafter und dem damaligen türkischen Außenminister Abdullah Gül, dem späteren Präsidenten der Türkei. Mustafa hat sich mehrmals über die schlechte Behandlung der türkischen Gemeinschaft auf Rhodos beschwert. Daraufhin wurden seine Telefongespräche abgehört. Nachdem er sieben Jahre den Vorsitz der türkischen Gemeinschaft innehatte, fielen bei den Wahlen 80 Prozent der Stimmen auf ihn. »Ich erhielt doppelt so viele Stimmen wie mein Gegenkandidat. Trotzdem wurde er letzten Endes zum Vorsitzenden ernannt, nachdem eine neue Abstimmung auf Antrag der griechischen Behörden stattgefunden hat. Es stellte sich heraus, dass viele Mitglieder bestochen worden waren, ihre Stimme dem anderen zu geben, weil dieser den Griechen mehr lag.«

Seyh zufolge war die Zypernkrise 1974 das einschneidende Ereignis in den Beziehungen zwischen der türkischen Minderheit und den griechischen Behörden. Davor lebten 15.000 Muslime auf Rhodos. Nach dem Ausbruch des Konflikts flüchteten Tausende aus Angst in die Türkei. Zurück blieben nicht einmal 3.700 Muslime, die sich den Launen der Griechen zu fügen hatten. Willkür oder nicht, je länger unser Gespräch dauert, desto mehr stilisiert sich Mustafa Seyh als Opfer. Er spricht fließend griechisch und türkisch. Und dass bei ihm zu Hause die Schuhe ausgezogen werden müssen, erinnert als einzige Tatsache an seine türkische Herkunft. Die Bedeutung der arabischen Texte in seinem Verkaufsraum kennt er nicht. »Es sind Zeilen aus dem Koran«, brummt er. Baklava? Seyh hält es für einen griechischen oder türkischen Nachtisch. Rhodos? »Mein Vaterland«, lautet die Antwort.

Auf die Frage, ob er sich als Türke, Grieche oder Muslim versteht, antwortet er, dass er sich zuerst als Muslim fühlt und erst danach als Grieche. »Aber das Wort *Muslim* wird hier als linguistischer Begriff verwendet. Denn tatsächlich werden wir als türkischsprachige Griechen betrachtet. Wir sind griechische Staatsbürger türkischer Herkunft und gehören zur muslimischen Gemeinschaft. Die griechische Regierung weigert sich, uns als ethnische Minderheit anzuerkennen. Wir werden nur als Muslime gesehen – als würden wir muslimisch sprechen!«

Für ihn steht fest, dass die griechische Regierung das Prinzip der Gegenseitigkeit, wie es auf die türkische Minderheitsbevölkerung in Thrakien angewandt wird, irgendwann auch auf die Situation der Insel übertragen hat.[9] Wenn die griechische Schule in Istanbul geschlossen bleibt, dann darf auch niemand mit der Eröffnung einer türkischen Schule auf Rhodos rechnen. Steht denn der staatliche Unterricht hier nicht jedem offen? »Doch.« Seyh nennt ihn »griechischen Unterricht, der zur Folge hat, dass unsere Kinder ihre Muttersprache nicht mehr beherrschen. Türkisch müssen sie jetzt zu Hause von ihren Eltern lernen.« Über Süleyman wird ihnen kaum etwas beigebracht. »Meine Kinder lernen in der Schule, dass der Türke gemordet und getötet hat. Wir stammen von schlechten Menschen ab. Wenn ein griechisches Kind nichts essen will, sagt die Mutter: ›Wenn du nicht isst, rufe ich den Türken.‹«

Am nächsten Tag treffe ich mich noch einmal mit Mustafa Seyh, diesmal am Eingang zur Ibrahim-Pascha-Moschee. Wie alle anderen Besucher trägt er seinen Sonntagsanzug. Es ist der erste Tag des Kurban Bayrami, des alljährlich stattfindenden Festes der Sunniten. Es erinnert an Abraham (Ibrahim), der bereit war, seinen Sohn zu opfern: Er »reckte seine Hand aus und fasste das Messer, dass er seinen Sohn schlachtete« (1. Mose 22,10). In jenem Moment richtete der Erzengel Gabriel sich mit den Worten an Abraham, er habe seine Gottesfürchtigkeit bewiesen, und er opferte statt seines Sohnes den mitgebrachten Widder.[10]

Gemeinsam mit zwei Bettlern, einer Frau und einem Mann, die sich neben dem Eingangstor der Moschee postiert haben, warte ich draußen das Ende des Gottesdienstes ab. Den Bettlern bringt Kurban Bayrami ein paar zusätzliche Almosen, die sie gut gebrauchen können. Nach dem Gottesdienst, als die Gläubigen sich langsam auf den Heimweg begeben, geraten die beiden Bettler in Streit. Mit überschlagender Stimme beginnt die Frau zu schimpfen. Ihr Konkurrent bekam einige 5- und 10-Euro-Scheine in die Hand gedrückt. Sie musste sich mit Münzen begnügen. Lauthals beklagt sie sich über die ungleiche Verteilung der mildtätigen Gaben. Aber wie sie es auch anstellt, keiner beachtet sie.

Die Nacht der Bestimmung

In Mustafa Seyhs Gesellschaft gehe ich zu der 1794 von Hafiz Ahmed Aga gegründeten Bibliothek; sie liegt gegenüber der Süleyman-Moschee. Wir schließen uns einer Gruppe von etwa dreißig Gläubigen an, die dem Imam an diesem Festtag die Hand drücken wollen. Wie stille Zeugen hängen an der Wand des kleinen Saals die Porträts von Kanuni Süleyman und Mustafa Kemal Atatürk – des alten und des neuen Wegbereiters des türkischen Vaterlands. Nachdem die Süßigkeiten und die Tetrapaks mit griechischem Orangensaft verteilt sind, bleibe ich mit einem deutsch sprechenden Türken zurück. Sein breiter, schwarzer Schnurrbart hängt unter seiner krummen Nase wie ein Symbol für die eigene Wichtigkeit. Er stellt sich mir als Schlüsselhüter der Bibliothek vor. Ich habe Glück. Ich folge ihm zu einer verschlossenen Tür, hinter der sich die eigentliche Bibliothek befindet. »2.500 Bücher«, flüstert er nach dem Öffnen der Tür, als hätte er sie am Morgen allesamt noch einmal gezählt. Er zeigt auf zwei verschlossene Glasschränke, in denen sich alte Bücher und Manuskripte der islamischen Gesetzgebung, Astrologie und Medizin stapeln. Etwa 1.000 Bücher sind mit der Hand geschrieben, darunter 122 seltene Hadith-Sammlungen, in denen nach Mohammeds Tod aufgeschrieben wurde, was der Prophet während seines Lebens getan und gesagt hat. Das älteste Buch ist ein Koran aus dem 15. Jahrhundert. In die Hand nehmen darf ich es nicht.

Als wir wieder zurückgehen, hält er mich an der Tür auf. »Das *Wichtigste*«, sagt er bedeutungsvoll. Er schaut schnell um sich, ob uns auch niemand beobachtet. Mit einer feierlichen Geste öffnet er einen Schrank und nimmt äußerst behutsam eine kleine, verschlossene Holzkiste heraus. Er holt tief Atem, ich halte den meinen an, als stünden wir gleich vor der Entdeckung des Jahrhunderts. Und das trifft auch beinahe zu. In dem Mahagonikästchen befindet sich der wichtigste Besitz der türkischen Gemeinschaft auf Rhodos: ein einzelnes Haar, aber eines, das aus dem Bart des Propheten Mohammed stammt! Die kostbarste Reliquie der Insel wird wie ein Kleinod in dem Kästchen in einer mit Formalin gefüllten Flasche aufbewahrt. Es handelt sich um das eine Haar, das dem mit ebensolcher Sorgsamkeit im Topkapi-Museum in Istanbul aufbewahrten Bart des Propheten fehlt.

Am 27. Tag des Fastenmonats Ramadan wird das Kästchen für ein paar Stunden geöffnet, sodass die Gläubigen Gelegenheit haben, sich vor dem Propheten zu verneigen. Mit diesem einen kostbaren und unersetzbaren Haar wird die Anwesenheit Mohammeds symbolisiert. Muslime glauben daran, dass Gott in der jenem Tag vorangegangenen Nacht die koranische Offenbarung zur untersten Stufe der sieben Himmel herabgesandt hat und dass sie dem Propheten Mohammed von Gabriel vermittelt wurde. Ein in dieser Nacht gesprochenes Bittgebet wird, so Allah will, erhört. *Kadi gececi* sagen die Türken dazu, die Nacht der Bestimmung. »Die Nacht der Bestimmung ist besser als tausend Monde«, steht in der 97. Sure geschrieben. Wie sehr ich auch dränge, das Kästchen bleibt verschlossen. Natürlich, denn heute ist nicht der 27. Tag des Ramadan. Das Haar des Propheten bleibt für mich ein Geheimnis.

Als mich der türkische Schlüsselhüter hinausgelassen hat und die osmanische Bibliothek wieder für lange Zeit verschließt, gehe ich zu Ali Memis Kapundonaki, dem Besitzer des Mevlana-Ladens, keine hundert Meter die Sokrates-Straße hinunter. An der rotbraunen Fassade gibt ein verwittertes Schild Auskunft darüber, dass es sich hier um ein uraltes Haus aus osmanischer Zeit handelt. Drinnen wird Kaffee ausgeschenkt. Griechischer Kaffee? »Darf es auch türkischer Kaffee sein?« In seiner Stimme schwingt so etwas wie Triumph mit. Ali muss schon um die 70 Jahre alt sein. Sein Nachname offenbart, dass er von jenen griechischen Muslimen abstammt, die sich im 19. Jahrhundert von Kreta nach Rhodos abgesetzt hatten. Alles deutet darauf hin, dass er der letzte Muslim in diesem Haus sein wird. Söhne hat er nicht und die einzige Tochter hat kein Interesse daran, den Laden zu übernehmen. Der Mosaikfußboden aus Kieselsteinen und das braune, leicht gebogene Deckengewölbe wirken authentisch – genau wie der Ladenbesitzer.

An den Wänden hängen Teller mit türkischen Abbildungen. Eine zeigt tatsächlich den triumphalen Einzug Süleymans in die Altstadt von Rhodos. Ali will 350 Euro dafür haben, was ich etwas teuer finde. Ansonsten gibt es viel Krimskrams, arabische Souvenirs und türkische Folklore, darunter auch die türkischen Derwisch-Tänzer von Mevlana. Bestimmt 19 Düfte lässt er mich riechen (Banane, Vanille, Menthol,

Erdbeere, Tabak, Orange, Zitrone usw.), allesamt Aromen für die türkische Wasserpfeife. Oder heißt es griechische Wasserpfeife? Lächelnd deutet er auf das Porträt eines schnurrbärtigen Mannes, das an der Seitenwand beim Fenster hängt. »Mein Großvater«, sagt er mit Wehmut in der Stimme. Ob es manchmal Probleme mit den griechischen Behörden gebe? Schließlich sei er Türke und … »Probleme gibt es nicht«, antwortet er schnell. Kurzes Schweigen. Und dann: »Aber das kann morgen schon anders sein.«

Als er den Kaffee serviert, frage ich ein letztes Mal: »Griechischer Kaffee?«

»Nein«, lautet die Antwort, »türkischer Kaffee. Sie sagen griechischer, es ist aber türkischer Kaffee.«

»Mein leuchtender Mond«

In den Jahren, in denen Süleyman das höchste Amt im Osmanischen Reich bekleidete, besetzte er alle religiösen, politischen und militärischen Führungsfunktionen.
Er war der letzte Sultan, der sein Heer noch von Schlacht zu Schlacht führte. Als Kalif war er der höchste islamische Würdenträger und als Sultan stand er an der Spitze
einer zentralistisch organisierten absolutistischen Monarchie. Der Sultan war der
Osmanische Staat. Land und Bevölkerung waren sein Besitz. Offiziell hieß das Reich
devlet-i Ali-i Osmani (Der erhabene Staat des Hauses von Osman).

Seine Hofchronisten nannten Süleyman den Herrscher der Welt und der in ihr
lebenden Menschen. Seine *tugra*, die imperiale Signatur, das Symbol seiner Macht,
wurde überall im Reich erkannt und anerkannt. Süleyman wurde für seine religiöse
Toleranz und seine Gesetzeskenntnis gerühmt. Nach Macht und Privilegien stre-
bende Adelshäuser, die es damals in vielen europäischen Ländern gab, waren im
osmanischen Hinterland ein unbekanntes Phänomen. Wichtige Staatsämter wurden fast ausschließlich mit zum Islam konvertierten Sklaven besetzt, die ihre Kom-
petenz und Loyalität unter Beweis gestellt hatten. Kunst und Wissenschaft standen
in voller Blüte. Dichter und Miniaturmaler füllten die Bücher mit Darstellungen
von Süleymans ruhmreichem Leben.

Das war die Vorderseite der Medaille. Auf der Rückseite befand sich etwas, das
kein Imam, kein Mullah oder Großwesir ausschalten konnte: das menschliche
Gefühl. Emotionen wie Neid, Ehrgeiz, Größenwahn, Erotik, Verliebtheit – nichts
Menschliches war der Familie Osman fremd. Auch vor Grausamkeiten wie etwa
dem Brudermord schreckten sie nicht zurück, wenn es galt, unliebsame Thron-
kämpfe zu vermeiden.[1] Wenn der Vater den nicht favorisierten Sohn nicht selbst aus
dem Weg räumte, mussten die Brüder den Kampf um Leben und Tod untereinander
austragen. Süleyman sollte mit derartigen Auseinandersetzungen noch jede Menge
zu tun bekommen. Er hatte nicht nur renitente Söhne, sondern musste auch mit einer intriganten Ehefrau, einem ehrgeizigen Schwager, einem konspirativen Schwie-

gersohn und einer sich in den Vordergrund drängenden Tochter fertig werden. An Familienstreitigkeiten mangelte es ihm daher wahrlich nicht.

Das Privatleben des Sultans war Gegenstand mancher diplomatischer Note. Laut Pietro Bragadino war der Sultan den Frauen verfallen. Der venezianische Gesandte ließ sich in seinen Berichten offenbar von seiner eigenen Fantasie und den herumschwirrenden Gerüchten über den Harem und Hunderte von Konkubinen leiten, unter denen der Sultan angeblich allnächtlich wählen konnte – als wollte er die 700 Frauen und 300 Konkubinen, die man König Salomon angedichtet hatte, noch übertreffen. Das Gegenteil war der Fall. Süleyman zeigte den Konkubinen schon bald die kalte Schulter und brach mit der Tradition der Ehelosigkeit des Sultans. Er verliebte sich in eine seiner Sklavinnen, mit der er schließlich bis zu ihrem Lebensende eine monogame Beziehung führen sollte. Ihr Name war Roxelana. Wie eine wahre Mata Hari sollte sie sich mit weiblicher List, der Süleyman wenig entgegenzusetzen hatte, in Regierungsgeschäfte und Thronfolgefragen einmischen.

Dass auf beiden Seiten heftige Gefühle im Spiel waren, wissen wir aus Briefen und Gedichten. Man sagt, beim Lesen metaphorischer Anspielungen wie »Opfern Sie Hürrem für ein einziges Haar Ihres Schnurrbarts«, mit denen Roxelana deutlich machen wollte, dass sie keinen Moment zögern würde, für Süleyman zu sterben, sei ihm fast das Herz gebrochen. »Mein Sultan, der brennende Schmerz, den mir unsere Trennung verursacht, ist grenzenlos«, schrieb sie in einem anderen Brief, als Süleyman wieder einmal unterwegs war. Im selben Brief ließ sie ihn wissen, dass sie und ihre Kinder täglich Tränen über seine Abwesenheit vergossen. »Mein Sultan, Ihre Söhne Mir Mehmed, Selim Khan und Abdullah und Ihre Tochter Mihrimah senden Ihnen viele Grüße und salben ihr Gesicht mit dem Staub unter Ihren Füßen.«

Der Sultan stand dem in nichts nach. Unter dem Pseudonym Muhibbi, das auch Geliebter bedeuten kann, antwortete er postwendend in flammender Prosa. »Meine Königin, mein Alles, meine Geliebte, mein leuchtender Mond, meine intime Gefährtin, mein Leben, mein heiliger Wein, der mir das ewige Leben schenkt. Ich warte auf den Moment, an dem es mir vergönnt sein wird, dir zu huldigen. Ich singe dein Loblied immer und immer wieder. Mein Herz ist mit Schmerz erfüllt, meine Augen mit Tränen. Ich bin der Geliebte, das Glück ist mein.«

Roxelana wurde 1505 als Anastasia Lisovska[2] in Rohatyn (dem heutigen Ivano-Frakivsk) geboren, einer Stadt, die damals Teil des polnischen Königreiches war. Heute ist sie die Hauptstadt einer der südlichen Provinzen der Ukraine unweit der Grenzen zur Slowakei und zu Rumänien. Roxelanas Vater war ein orthodoxer christlicher Priester, über ihre Mutter ist nichts bekannt. Als 15-jähriges Mädchen wurde sie von Krim-Tataren gefangen genommen und auf dem Sklavenmarkt in Konstantinopel verkauft.

Roxelana entsprach in ihrem Äußeren überhaupt nicht dem Stereotyp der Konkubinen orientalischer Erzählungen: »Sie war jung, aber nicht schön«, lautet Pietro Bragadinos Urteil. »Sie hatte keine dunklen glutvollen Augen, die wie schwarze Oliven leuchten, keine sinnlichen Lippen, keine schlanke wollüstige Figur mit großen Brüsten«, schreibt die aus der Ukraine stammende Journalistin Natalya Kosmolinska unlängst in einem Artikel über Roxelana. Sie wurde dennoch von den Amtsträgern des Palastes für den Harem ausgewählt, möglicherweise wegen ihrer

fröhlichen Natur und ihres freundlichen Blicks. Im Harem lebte sie unter ihrem türkischen Namen Hürrem Sultan, der in etwa die Lachende oder die fröhliche Frau des Sultans bedeutet und mit dem sie Geschichte schreiben sollte.

Das Volk hatte nicht viel für diese lachende Frau übrig, die zunächst als bevorzugte Konkubine und später, nach der Eheschließung im Juni 1534, als Ehefrau des Sultans eine immer dominantere Rolle spielen sollte. Außerhalb der Haremsmauern betrachtete man sie als den bösen Genius des Sultans, der ihn mit Magie zum Bruch mit den höfischen Traditionen verführte. Klatsch und Tratsch brandmarkten sie zur *ziadi*, zur Hexe. Van Boesbeeck war zu Oh-

Erhard Schön: Porträt Roxelanas, 1530

ren gekommen, sie habe die Entscheidungen des Sultans mit Hilfe von Zauberei und Liebestränken zu beeinflussen versucht. »Nachdem er [sie] zur rechtmäßigen Gattin erhoben hatte, hat er, wie bekannt, kein Kebsweib mehr angerührt, obwohl er durch kein Gesetz daran gehindert worden wäre«[3], schrieb der flämische Gesandte in einem seiner Briefe.

Süleymans erste Begegnung mit Roxelana verlief nach klassischem Muster und war wie geschaffen für eine Mozart-Oper: Der Sultan verliebte sich auf den ersten Blick in sie. Daher ließ sie schon bald die Kaste der *haseki*, der bevorzugten Konkubinen des Sultans, hinter sich. Und als sie kurz darauf schwanger wurde, war ihre Karriere nicht mehr aufzuhalten. Während seiner Feldzüge ins angrenzende Umland hielt sie ihren Mann mit ihren poetischen Schilderungen der Geschehnisse in Konstantinopel genauestens auf dem Laufenden. Für den Sultan waren diese Briefe von unschätzbarem Wert. Denn bei langer Abwesenheit drohte immer die Gefahr, dass einer seiner Söhne die Macht an sich zu reißen versuchte. Ihre Briefe an den polnischen König Sigismund II. und an die Schwester des persischen Schahs Tahmasp, denen sie von eigener Hand bestickte Taschentücher beilegte, waren höfliche Schmeicheleien. So stand Roxelana als Ehefrau und Intrigantin bei »einem gewaltigen dynastischen Drama und einer Tragödie von shakespeareschem Ausmaß« Pate, wie Leslie P. Peirce in ihrer Haremsstudie schreibt.[4]

Als zweite Haseki Sultan musste Roxelana den Kampf um die Herrschaft zunächst mit Mahidevra Khatun ausfechten, der Mutter von Süleymans erstgeborenem Sohn Mustafa, dem augenscheinlichen Favoriten seines Vaters für die Thronfolge. Das führte zwischen den beiden Frauen zu Eifersuchtsszenen, die mit blutenden Gesichtern und ausgerissenen Haaren endeten und an die Art erinnerten, in der Johanna die Wahnsinnige gegen eine Dienstmagd wütete, nachdem diese mit ihrem Ehemann Philipp dem Schönen das Bett geteilt hatte. Um weitere Eifersuchtsszenen und Zwietracht zu vermeiden, verbannte man Mahidevra und Mustafa an einem Außenposten in Anatolien, was sich als Vorzeichen kommenden Unheils erweisen sollte.

Roxelana schenkte dem Sultan schließlich fünf Söhne und eine Tochter.[5] Mehmed (* 1521) starb 1534 an den Pocken. Abdullah (* 1522) starb im Alter von vier Jahren. Tochter Mihrimah (* 1522) heiratete 1539 den späteren Großwesir Rüstem Pascha. Cihangir (* 1531) wurde mit einem lahmen Bein geboren und starb kurz nach der Hinrichtung seines Halbbruders Mustafa im Jahr 1553. Übrig blieben Selim (* 1524) und Bayezid (* 1525), die sich während Süleymans letzten Lebensjahren in ihrem Streben nach dem Thron bis auf den Tod bekämpften.

Nachdem Roxelana ihr ganzes Leben bewusst im Schatten der Macht zugebracht hatte, starb sie am 18. April 1558, acht Jahre, bevor Süleyman ihr ins Paradies folgen sollte. Nach seinem Tod 1566 wurden die sterblichen Überreste beider Eheleute in getrennten Mausoleen hinter der *Süleymaniye,* der von dem Architekten Sinan zum Gedenken an Süleyman errichteten Moschee, beigesetzt. In der Ukraine wurde Roksolana (wie die dortige Schreibweise ihres Namens lautet) in den Rang einer Nationalheldin erhoben. In ihrem Geburtsort befindet sich ein monumentales Standbild. In vielen Städten wurden Straßen nach ihr benannt und man verewigte sie auf Briefmarken und in Romanen. Außerdem ist sie zur Heldin einer 26-teiligen Seifenoper mit der vollbusigen Schauspielerin Olha Sumska in der Hauptrolle geworden. Modelabels, Massagesalons, Parfums, Partnervermittlungen, Restaurants, Mineralwässer – alles, was Roksolanas Namen trägt sowie mit Heldentum, Erotik und körperlichem Genuss verbunden ist, wetteifert in der Ukraine um nationales Prestige.

Galina Yermolenko, eine in der Ukraine geborene Literaturwissenschaftlerin, die an der DeSales University in den USA Englisch lehrt, fällt ein ausgewogeneres Urteil. In ihrem Essay *The Greatest Empress of the East* weist sie auf den »sehr derivativen und spekulativen Charakter« der Geschichten hin, die man sich über Roxelana erzählte. Niemand, der damals über sie schrieb, hatte Zugang zu den Haremsgemächern und intimen Hofkreisen. »Daraus resultierte das Bild Roxelanas als einer teuflischen, mitleidlosen Intrigantin, die Süleymans Geist unentwegt mit ihren Machenschaften vergiftete.«

Yermolenko unterstreicht, dass Roxelanas Stellung bei Hofe nicht nur auf der Liebe des Sultans beruhte, sondern auch auf ihre Intelligenz und eine ungewöhnliche politische Begabung zurückzuführen war. »Wenn Kritiker sie der Manipulation und Verschwörung gegen ihre Rivalen, etwa den Großwesir Ibrahim Pascha und Süleymans erstgeborenen Sohn Mustafa, beschuldigen, lassen sie außer Acht, wie sehr Roxelana darum kämpfen musste, mit ihren Kindern in der konkurrenzgeprägten Welt des Harems und des Palastes mit Hunderten von schönen Frauen und begabten Männern zu überleben.«

Außerdem erwähnt Yermolenko ausdrücklich, was in vielen Publikationen über Süleyman übersehen wird: dass Roxelana als Person des öffentlichen Lebens eine ganze Reihe sozialer Einrichtungen hinterlassen hat. In der Regel konnte in Konstantinopel nur der Sultan den Bau von Moscheen, Koranschulen oder Hamams in Auftrag geben. Die Errichtung von Krankenhäusern und Garküchen für die Armen in der Hauptstadt in Roxelanas Auftrag verdeutlicht, dass ihre Fähigkeiten über ein

Talent zum Ränkeschmieden hinausgingen.⁶ Der osmanische Historiker Taliki-zade el-Fenari geht in einigen seiner Ende des 16. Jahrhunderts verfassten Werke auf diese Tatsache ein. Er porträtiert Roxelana darin als eine Frau, die »wegen ihrer Großzügigkeit, ihrer Patronate und ihres Respekts vor der Religion und den Menschen« zu rühmen sei.

Im Ausland verglich man Roxelana mit so einflussreichen Frauen wie Lucrezia Borgia, Anne Boleyn, Margaretha von Österreich, Elisabeth I. und Caterina de Medici. Aber unter türkischen Historikern besteht noch immer keine Einhelligkeit über Roxelanas tatsächliche Bedeutung für die Politik ihres Ehemannes. »Es müssen noch viele Dokumente gesichtet werden. Wir wissen, dass sie große Macht besaß, aber wie groß diese wirklich war, können wir nur vermuten«, erklärt Ülkü Altindag, der vierzig Jahre lang das Archiv des Topkapi-Museums verwaltete. Halil Inalcik schreibt, man nehme an, dass Roxelanas Einfluss für die dramatischsten Entscheidungen Süleymans verantwortlich war. Außerdem gehe man davon aus, dass sie sein Herz ganz und gar in ihren Bann gezogen hatte, sodass er nicht mehr fähig war, sich ihren Wünschen zu widersetzen und damit zum Werkzeug ihrer Pläne wurde. Aber ein eigenes Urteil erlaubt Inalcik sich dazu nicht.

Der Prunkwesir

Roxelana war nicht das einzige Familienmitglied, das den Versuch unternahm, auf die Staatsangelegenheiten einzuwirken. Tochter Mihrimah überzeugte ihren hochbetagten Vater 1565 vom Nutzen eines osmanischen Angriffs auf Malta – dem neuen Bollwerk der Johanniter nach ihrer Niederlage auf Rhodos. Doch die Belagerung Maltas endete in einem Fiasko. Mihrimah bewog ihren Vater daraufhin zu einem weiteren Feldzug zu seiner Ehrenrettung und drängte ihn so zu einer Militärkampagne, die mit seinem Tod in Ungarn endete.

Mihrimah war mit Rüstem Pascha verheiratet. Der gewitzte und intelligente Sohn eines bosnischen Schweinehirten aus der Gegend um Sarajevo hatte sich über die Devşirme und das Kul-System in der Palasthierarchie emporgearbeitet. Sicherlich ist ihm neben Roxelana eine bedeutende Beteiligung an den Machenschaften im Vorfeld der Exekution von Süleymans Lieblingssohn Mustafa im Jahr 1553 zuzuschreiben. Um drohenden Unruhen vorzubeugen, zog Rüstem Pascha sich anschließend für einige Zeit zurück, bis er zwei Jahre später erneut zum Großwesir ernannt wurde. Von nun an genoss er den Ruf, die Schatztruhen des Staates wohlgefüllt zu halten. Unpopuläre Steuererhebungen und auch Korruption sollen ihm laut hartnäckigen Gerüchten nicht fremd gewesen sein. »Rustan hatte unter den Paschas bei Suleiman am meisten Gunst und Ansehen, ein Mann von scharfem, durchdringendem Verstand, ein mächtiges Werkzeug von Suleimans Ruhm«, schreibt van Boesbeeck. »Er konnte ohne Mühe als der Ratgeber in allem den Geist und Willen seines Herrn lenken, wohin er wollte.« Dennoch hätte sich der Großwesir van Boesbeeck zufolge seines hohen Rangs nicht als unwürdig erwiesen, »hätte ihn nur keine Habsucht beschmutzt. In diesem Amte ließ er sich keinen Gewinn, auch nicht den kleinsten, entgehen, indem er sogar aus den Kräutern, Rosen und Veilchen, die in den Gärten seines Herrn wuchsen, Geld machte.«[8] Aus verlässlicher Quelle hatte der habsburgische Gesandte erfahren, dass man im Palast einen separaten Raum zur Aufbewahrung des von ihm gehorteten Geldes eingerichtet hatte. Über der Tür der Schatzkammer habe gestanden: »Durch Rüstems Hingabe erworbenes Geld.«

Als Mann im Schatten der Macht, der den Sultan an Bedeutung übertreffen wollte, hatte Rüstem Pascha einen berühmten Vorgänger: Ibrahim Pascha. Er war gebürtiger Grieche und mit Hadice, einer von Süleymans Schwestern, verheiratet. In Albanien behauptet man allerdings steif und fest, seine Eltern wären Albaner gewesen. Mit sechs Jahren wurde er als Sklave an den Prinzenhof von Manisa verkauft. Kurz nachdem Süleyman dort angekommen war, entstand zwischen ihnen eine unverbrüchliche Freundschaft, die ihm zu einer Blitzkarriere innerhalb der Hofhierarchie verhalf. 1523 wurde er zum Großwesir ernannt, kurze Zeit darauf zum *serasker sultan*, dem Anführer des kaiserlichen Heeres, und zum *beylerbey* beziehungsweise Gouverneur von Rumeli. Mit dieser letzten Ernennung stieg Ibrahim zur höchsten Autorität aller europäischen Gebiete des Osmanischen Reiches auf. In Hofkreisen wurde er Franke Ibrahim genannt, denn für die Türken waren alle Emigranten aus Westeuropa Franken.

Manchem Diplomaten wie dem flämischen Gesandten Cornelis de Schepper, der 1533 zu Friedensverhandlungen nach Konstantinopel geschickt worden war, galt er als der wahre Machthaber hinter den Kulissen der Hohen Pforte. Auch heute noch betrachtet man Ibrahim Pascha als den Architekten der Vereinbarungen, die Süleyman einige Jahre später mit dem französischen König traf und die schließlich zu einem gemeinsamen Angriff auf Italien führten. Der Großwesir besaß nur eine einzige negative Eigenschaft, die ihm letztlich zum Verhängnis wurde: Er litt zunehmend an Größenwahn. Die Macht und das Vermögen, die er im Lauf der Jahre angehäuft hatte, empfanden sogar europäische Beobachter, die aus ihren Heimatstädten Venedig, Genua, Prag oder Brüssel doch einiges an Reichtum gewöhnt waren, als gigantisch. Er sammelte alles, was Glanz ausstrahlte und Macht symbolisierte. Die Höhepunkte seiner Kollektion bildeten drei Bronzeskulpturen von Diana, Apollo und Herkules, die er 1526 aus Buda mitgebracht und triumphal vor seinem Palast am Hippodrom[9] aufgestellt hatte. Seine Finger waren mit kostbaren Ringen geschmückt, er kleidete sich eleganter als der Sultan und seine Feste waren legendär. Seiner Eheschließung mit Süleymans Schwester im Jahr 1524 folgte ein zweiwöchiges Kommen und Gehen von Verwandten und hochrangigen Gästen aus dem In- und Ausland.

Um seine Vormachtstellung trotz allem zu verdeutlichen, organisierte Süleyman anlässlich der Beschneidung dreier seiner Söhne 1530 ein Fest, das 80 Tage währte. Er entfachte ein wahres Feuerwerk. Ausländische Würdenträger wurden Zeugen prachtvoller Umzüge. Löwen, Giraffen und Hyänen wurden präsentiert, als handelte es sich um Haustiere. Soldaten warfen sich im Hippodrom in Schaukämpfe. Das Zelt von Uzun Hassan, das Mehmed II. nach der Eroberung von Trabzon im Jahr 1460 erbeutet hatte, das Zelt von Schah Ismail, das Selim I. nach der Schlacht von Çaldiran 1514 in seinen Besitz gebracht hatte, und das Zelt des Mameluckensultans Kansuh Gavri, das Selim sich während der Eroberung von Ägypten 1517 angeeignet hatte, symbolisierten die militärischen Siege des Sultans.

Am stärksten beeindruckte sowohl den Gastgeber als auch seine Gäste allerdings das Geschenk von Ibrahim Pascha und seinen beiden Wesiren Ayas Pascha und Kasim Pascha. Denn es bestand aus 160 Juwelen, die Beobachtern zufolge insgesamt einen Wert von 40.000 Goldstücken besaßen. Es bedurfte 500 Janitscharen, um das Geschenk zu präsentieren. Als Süleyman seinen Großwesir fragte, welches Fest wohl schöner und prachtvoller gewesen sei, gab Ibrahim Pascha nach kurzem Nachdenken die diplomatische Antwort: »Meines, denn es wurde durch Eure Anwesenheit beehrt.«

»Es war Ibrahim Paschas Aufgabe, seinen Sultan mit der Pracht und dem Prunk der Welt der europäischen Herrscherhäuser wetteifern zu lassen«[10], behauptet Gülru Necipoglu, Kunsthistorikerin an der Harvard University. Doch diese Pflicht erhielt bei ihm mehr und mehr einen persönlichen Anstrich. Nicht der Sultan, sondern der Großwesir umgab sich mit verschwenderischem Prunk. »Er kaufte fast jedes

Luxusobjekt, das er in die Finger bekommen konnte«, schreibt der Venezianische Botschafter Pietro Bragadino. In Ibrahim Paschas Palast, in dem heute das Museum für islamische Kunst untergebracht ist, fanden imposante Feste statt, die selbst die Soireen in italienischen Lustgärten in den Schatten stellten. Necipoglu meint dazu: »Sein Haus war eine wahre Manifestation poetischer Gärten, in denen begabte und galante Männer sich zum Fest der Liebe, zu Wein, Musik und gepflegter Konversation zusammenfanden. Dank Ibrahim Pascha und seiner Großzügigkeit wurde die Macht des Staates sichtbar.«[11]

Die Freundschaft zu Sultan Süleyman endete in einem Drama. Dreißig Jahre nach Ibrahim Paschas Ernennung zum Großwesir erließ Süleyman eine *fetwa,* in der er sein Versprechen widerrief, zu Ehren Ibrahim Paschas eine eigene Moschee zu errichten. Der Tradition nach musste der Auftrag zum Bau einer Moschee zu Lebzeiten des Gewürdigten erteilt werden. Mit der Fetwa besiegelte Süleyman eigentlich das Todesurteil seines Schwager. Am 14. März 1536, während des Ramadans, begab sich der Großwesir auf Einladung Süleymans nichtsahnend zu einem Dinner in dessen Privatgemächer. Wie schon mehrmals zuvor übernachtete er auch diesmal im Palast – am folgenden Morgen wurde er in seinem Schlafzimmer tot aufgefunden.

Ein Iranfeldzug war der eigentliche Grund dafür, dass Ibrahim Pascha in Ungnade gefallen war. Nach seiner Rückkehr nach Konstantinopel war er mit dem Finanzminister Iskender Çelebi über die hohen Kosten seiner Militärkampagne in Streit geraten. Im Hintergrund spann Roxelana, der es auf Kosten des Großwesirs gelungen war, sich immer größere Macht anzueignen, ihre Fäden. Durch Intrigen und die Verbreitung böswilliger Gerüchte versuchte Ibrahim Pascha, das verlorene Terrain zurückzuerobern. Um seinem zunehmenden Einfluss entgegenzuwirken, überzeugte Roxelana ihren Ehemann von der Gefahr, die der Großwesir für den Fortbestand der Dynastie darstellte und für die es nur eine Lösung gab: Exekution.

»Ibrahim Pascha hat sich selbst zu viel Macht angeeignet«, erklärt der Historiker Mehmet Ipsirli, ein Experte osmanischer Regierungspolitik jener Zeit, während unseres Gesprächs in Istanbul. »Er schätzte die Lage falsch ein und setzte sich selbst auf den Thron des Sultans. Bei Hofe wurden viele Klagen über ihn laut. Bis in die höchsten Kreise galt er als Intrigant, was Süleyman letzten Endes bewog, ihn aus dem Weg zu räumen.« Die Archivexpertin Ülkü Altindag, mit der ich während meines ersten Besuchs im Topkapi-Museum ein kurzes Gespräch führen konnte, meint, Ibrahim Pascha habe sich eines »missliebigen und unverschämten Verhaltens«

schuldig gemacht. »Was ihm wirklich zum Verhängnis wurde, wissen wir nicht. Das Ganze spielte sich in der Privatsphäre des Sultans ab. Es gab keine Zeugen und in den offiziellen Dokumenten findet man nur den Hinweis, dass er enthauptet wurde.« Auch der Ort, an dem der Großwesir begraben wurde, ist nicht bekannt und die Moschee, die sein Andenken ehren sollte, wurde nie erbaut.

Hochmut kommt vor dem Fall, bestätigt auch Esma Tezcan in ihrer Dissertation über den Großwesir: »Ibrahim Pascha hat sich selbst zu viele Privilegien und Vorrechte eingeräumt«[12], lautet ihr Fazit. Auch sie verweist auf das wachsende Missfallen über sein Verhalten bei Hofe. Ausländische Besucher hätten Ibrahim Pascha während einer Audienz mehrfach sturzbetrunken angetroffen. Neben seinem Machtstreben und Roxelanas Intrigen sieht Tezcan in Ibrahim Paschas Auftrag Minister Iskender Çelebi zu eliminieren eine weitere Ursache für seinen Untergang. Als letzten Grund nennt sie seine eigenmächtige Verwendung der Tugra, des exklusiven Siegels des Sultans, zur Unterzeichnung eines Befehls in Bagdad – eine Todsünde, denn Süleyman war vorab nicht davon in Kenntnis gesetzt worden.

Die Verschwörung

Und schließlich gab es den Brudermord, eine von Erasmus von Rotterdam und anderen europäischen Intellektuellen dieser Epoche verabscheute, in osmanischen Kreisen jedoch als notwendig akzeptierte Tradition, um familiären Zwist und daraus womöglich erwachsende Uneinigkeit im Reich zu vermeiden. Üblicherweise entschied der Sultan selbst über seinen Nachfolger. Das musste nicht prinzipiell der älteste Sohn sein. Es konnte auch der Lieblingssohn sein oder derjenige, der am geschicktesten mit Pfeil und Bogen umzugehen wusste. Hin und wieder kam es vor, dass ein Halbbruder (vor Süleymans Zeit durfte ein Sultan jeweils nur ein Kind mit seinen Konkubinen zeugen) des vorgesehenen Thronfolgers gegen die väterliche Entscheidung aufbegehrte. Einige Male drohte aus diesem Grund ein Bürgerkrieg. Mit der Entschuldigung, letztlich habe Allah den Auserwählten bestimmt, wurden die unerwünschten Brüder samt ihrer Kinder rechtzeitig aus dem Weg geräumt.[13] Sie wurden vorzugsweise mit einer seidenen Bogensehne erdrosselt. Der Islamkenner Bernard Lewis sieht darin »eine erhabene Form der Hinrichtung«, denn der Tradition nach durfte im Palast oder im Zelt des Sultans kein Blut des Herrscherhauses fließen.

84

Mehmed, Roxelanas ältestem Sohn, der als Süleymans Lieblingssohn und damit als vielversprechendster Kandidat für die Nachfolge seines Vaters galt, blieb diese Exekution erspart. Er starb vorzeitig an den Pocken. Sein Tod bildete den Auftakt für weitere Familiendramen. Mehmeds älterer, bereits verbannter Halbbruder Mustafa wurde 1553 im Alter von 38 Jahren erdrosselt, weil er in den Verdacht geraten war, eine Palastrevolution vorbereitet zu haben. Seine Ermordung war eine der rätselhaftesten Intrigen in der Geschichte der osmanischen Dynastie. Im Hintergrund spielte sich das bereits erwähnte Komplott im Topkapi-Palast in Konstantinopel ab, in dem Rüstem Pascha und Roxelana die Hauptrollen spielten: Mit Gerüchten und Lügen über Mustafas vermeintliche Illoyalität sollte ihm seine Rolle als auserwählter Kronprinz vereitelt werden. Nicht er, sondern Bayezid oder Selim, waren dazu ausersehen, Süleymans Nachfolge anzutreten.

Der Augsburger Hans Dernschwam, der van Boesbeeck zwei Jahre später auf seiner Reise nach Amasya begleitete, thematisierte die Gerüchte, die der Exekution vorangegangen waren. Die Einwohner des von Prinz Mustafa verwalteten Landes waren laut Dernschwam insgeheim den Kizilbasch (Rotköpfen) loyal verbunden, die sich selbst als Kazul Basha bezeichneten. Nach den Aufzeichnungen des Deutschen gab es zwischen den Türken und den Rotköpfen ständig Spannungen. »Wenn der Türke nicht über eine Artillerie verfügt hätte, wäre er schon längst von den Kazul geschlagen worden«[14], meint Dernschwam.

Nachdem Süleyman 1541 mit seinem Heer nach Buda aufgebrochen war, verbreitete sich das Gerücht, sein ältester Sohn Mustafa, der als Gouverneur in Amasya geblieben war, würde eine Rebellion vorbereiten. Um zu verhindern, dass Mustafa in diesem Gebiet, in dem sich die Kizilbasch und die Bektaschi auch früher schon einmal erhoben hatten, eine Armee auf die Beine stellen konnte, befahl er seinem Sohn, innerhalb der Stadtmauern zu bleiben. Der Schlussakt dieses Familiendramas spielte sich Jahre später im September 1553 in Eregli in der Nähe von Konya ab, wo sich der Sultan auf seinen dritten Feldzug gegen die Perser vorbereitete. Trotz der Warnungen seiner Mutter folgte Mustafa einer Einladung seines Vaters und meldete sich bei ihm in Eregli. Am 27. September wurde er im imperialen Zelt erdrosselt. Zwei seiner Getreuen teilten sein Los. Mustafas Sohn erhielt die Erlaubnis, gemeinsam mit seiner Mutter nach Bursa zu reisen, wurde dort aber ebenfalls ermordet.

Anhand der ihm zugetragenen Informationen berichtet van Boesbeeck in seinem ersten Brief mit viel Gespür für Detail und Drama von dieser Exekution. Mustafa hatte nicht seinen Vater, sondern einige stumme Schwergewichtler angetroffen, die man mit seiner Exekution beauftragt hatte, »die ihn, wie er ins innere Zelt getreten war, mit großem Ungestüm anfielen und mit aller Macht versuchten, ihm einen Strick überzuwerfen«, schreibt van Boesbeeck. Mustafas Widerstand war unerwartet heftig. Süleyman, der sich in einem anderen durch einen Leinenvorhang von der Bühne des Geschehens abgetrennten Bereich des Zelts aufhielt, warf rasch einen Blick hinüber, um die Henker zur Eile zu gemahnen. »Da verdoppelten die Stummen im Schreck ihre Kräfte, warfen den armen Mustapha zu Boden und schnürten ihm mit einem Riemen die Kehle zu.«[15]

Melchior Lorck: Sultan Suleiman, 1562

Der seiner Herkunft nach bosnische, im ungarischen Pécs geborene Ibrahim Peçevi schreibt ein halbes Jahrhundert später, Mustafa hätte vor allem mit seiner sich innerhalb des Heeres erworbenen Popularität den Neid seiner Halbbrüder geweckt. »Fast alle Soldaten waren ihm mit Kopf und Herz verbunden«, merkt Peçevi an. Noch kurz vor Mustafas Exekution notiert der venezianische Gesandte Navagero, Mustafa sei so beliebt, dass es keinen Grund zu der Annahme gebe, er könnte ermordet werden. Daraus wird ersichtlich, dass Navagero über die Hofintrigen in Konstantinopel nicht wirklich im Bilde war.

In Amasya stieß die Nachricht von Mustafas Exekution auf Missfallen, denn die Einwohner hatten ihn als einen tüchtigen, sympathischen und würdigen Kronprinzen kennengelernt. Um den Unruhen in der Stadt Einhalt zu gebieten, beschloss Süleyman, im Winter 1554/1555 sechs Monate in Amasya zu verbringen und persönlich für die Auflösung der Zusammenrottungen rebellierender Rotköpfe und unzufriedener Einwohner zu sorgen. Mustafas Mutter Mahidevran führte nach der Exekution ihres Sohnes ein karges Leben in Bursa, der alten Hauptstadt des Osmanischen Reiches. Erst nach dem Tod ihrer Rivalin Roxelana im Jahr 1558 erhielt sie aufgrund der Intervention von Mustafas Halbbruder Selim großzügigere finanzielle

Zuwendungen. Als sie 1581 starb, wurde sie in der *türbe* begraben, in der schon die Gebeine ihres Sohnes und Enkels lagen.

Der Kampf um den Thron

Nach Mustafas und Cihangirs Tod entbrannte der Kampf um die Thronfolge zwischen den beiden verbliebenen Söhnen Bayezid und Selim. Er entwickelte sich zu einem langwierigen und dramatischen Konflikt mit Intrigen, Verrat, Briefen in Gedichtform, einer Schlacht und Hinrichtungen. Schon vor Mustafas Tod genoss Bayezid bei seinem Vater, seiner Mutter und dem Großwesir Rüstem Pascha die Favoritenrolle. Das änderte sich, nachdem Selim 1544 zum Gouverneur von Manisa ernannt worden war, was in den Worten von Hammer-Purgstalls »einer Brücke zu Einfluss und Herrschaft« gleichkam.[16] Amasya war als Hauptstadt der Grenzprovinz Rum für jeden potenziellen Nachfolger des Sultans zunächst eine wichtige Stadt gewesen, um erste Erfahrungen als Verwalter und militärischer Befehlshaber zu sammeln, doch hatte sie nach der Eroberung Bagdads 1534 an Bedeutung verloren. Manisa lag dichter an Konstantinopel und je näher ein möglicher Thronfolger der Hauptstadt war, desto günstiger war es für ihn. Denn der Sohn, der nach einem plötzlichen Tod des Sultans zuerst den Bosporus überquerte, hatte mitunter die besten Chancen, den Thron zu besteigen.

Nach Mustafas Exekution im Jahr 1553 verstärkte sich die Rivalität zwischen Bayezid und Selim. Zunächst trat ein Doppelgänger Mustafas auf den Plan, dem es in Orten wie Saloniki und Yenisehir gelang, eine Armee unzufriedener Bauern und Soldaten um sich zu scharen. In dieser Situation beging Bayezid einen Fehler. Denn nachdem der falsche Mustafa demaskiert und exekutiert worden war, kam Süleyman zu Ohren, dass Bayezid mit diesem Rebellenführer gemeinsame Sache gemacht hatte, um seine Position gegenüber Selim zu stärken. Dass Bayezid nicht sofort wegen Verrats angeklagt wurde, war wohl Roxelana zu verdanken. Doch von nun an favorisierte Süleyman ganz offensichtlich Selim. Nach Roxelanas Tod im April 1558 festigte sich dessen Position zunehmend und Bayezid hatte im Gegenzug seinen letzten Halt und seine letzte Stütze im Topkapi-Palast verloren. Auf den intriganten Rüstem Pascha konnte er nicht zählen. Denn dieser hatte sich nach Mustafas Exekution wohlweißlich zurückgezogen, war inzwischen aber als Großwesir wieder auf die Bühne der Macht zurückgekehrt. Um seine Stellung nicht erneut zu gefährden, hatte Rüstem Pascha sich in der Frage der Nachfolge neutral verhalten und die neuen Entwicklungen abgewartet.

Die Thronaffäre geriet nach Roxelanas Begräbnis in unruhigeres Fahrwasser. Bayezid konnte nicht länger mit der Unterstützung seines Vaters rechnen. Das wurde erst recht deutlich, als Süleyman ihn zum Gouverneur von Amasya ernannte, während er Selim nach Konya versetzte. Bayezid residierte zu diesem Zeitpunkt noch im näher an Konstantinopel gelegenen Kütahya und protestierte heftig gegen die Versetzung in das abgelegenere Amasya. In Briefen bat er um Vollmachten und Geld. Und er stellte seinen Umzug in Erwartung einer positiven Antwort zurück. Erst nachdem Süleyman ihm gewisse Versprechungen gemacht hatte, zog Bayezid schmollend und provozierend langsam mit seinen Getreuen und seinem eigenen Heer in Richtung Amasya.

Nach seiner Ankunft in der neuen Residenz kam es zum endgültigen Bruch der Vater-Sohn-Beziehung. Süleyman erfüllte nicht alles Versprochene. Und Bayezid hatte mittlerweile ein 15.000 Mann starkes Heer auf die Beine gestellt, mit dem er den Kampf um die Nachfolge aufnehmen wollte. In diesem Moment brachte der ausnahmslos opportunistische Rüstem Pascha zum ersten Mal seine Präferenz für Selim zum Ausdruck. Denn Süleyman schickte Selim auf Anraten des Großwesirs Geld, damit er ein besseres und größeres Heer aufstellen konnte. Gleichzeitig wurde eine Fetwa erlassen, in der Bayezid des Ungehorsams gegenüber den Befehlen des Sultans, des unrechtmäßigen Anwerbens von Soldaten und der Ausbeutung der Bevölkerung beschuldigt wurde. Eigentlich war das sein Todesurteil. Nach den Regeln der Scharia durfte nun jeder das Schwert gegen ihn erheben.

In einem letzten Versuch das Blatt zu wenden, sandte Bayezid seinem Vater einen Brief in Gedichtform in der Hoffnung, ihn durch diese Geste milde zu stimmen:

Oh Sultan der Welt, die sich von Horizont zu Horizont erstreckt, mein
Süleyman, mein Vater,
Sie, der Sie die Seele meines Daseins sind und von mir aus ganzer Seele
geliebt werden, mein Vater,
Sollten Sie wohl Ihren eigenen Sohn Bayezid zugrunde richten wollen,
allerteuerster Vater?
Gott weiß, dass ich keine Missetat begangen habe, mein fürstlicher Sultan,
mein Vater.

Die Antwort kam postwendend und ebenfalls in Gedichtform:

Oh, auch wenn es eine Zeit gab, in der du in turbulente Aufstände verstrickt
warst, mein Sohn,
und in denen du den Anhänger meiner Fetwa nicht um deinen Hals tragen
wolltest, mein Sohn,
würde ich dir je die Schmerzen des Todes bereiten, mein eigener Bayezid
Khan, mein Sohn?
Doch du darfst nicht sagen: »Ich bin ohne Schuld.« Zeige Reue, allerteuerster
Sohn.[27]

Aber es half alles nichts. Ohne direkte Intervention des Vaters mündete die Rivalität der beiden Söhne im Mai 1559 in eine Schlacht unweit von Konya, in der Bayezid unterlag. Zunächst zog er sich mit seinen Getreuen nach Amasya zurück, danach floh er nach Persien, wo er von Schah Tahmasp mit Geschenken und freundlichen Gesten empfangen wurde. Dieser erkannte schnell, dass er mit dem Sohn des Sultans politisch betrachtet eine fette Beute in seinen Händen hielt. Da er annahm, Selim würde seinem Vater Süleyman auf den Thron folgen, verhandelte er direkt mit ihm und nicht mit dem Sultan. Zunächst forderte Tahmasp, dass Bagdad wieder persisch werden solle. Im Jahr 1562, nachdem Selim von Konya nach Kütahya umgezogen war, empfing er eine große persische Delegation und schloss mit ihr ein Abkommen, in dem er sich verpflichtete, nach der Besteigung des osmanischen Throns den von seinem Vater und dem Schah 1555 unterzeichneten Vertrag von Amasya gänzlich zu respektieren. Bagdad blieb in osmanischer Hand. Der Schah erhielt die Stadt Kars zurück und einen Batzen Geld noch dazu.

Kurz darauf wurden Bayezid und seine vier Söhne Orhan, Osman, Abdullah und Mahmüd an das osmanische Reich ausgeliefert. Noch am selben Augusttag 1562 wurden sie auf Selims Befehl hin erdrosselt, zuerst Bayezid und danach seine Söhne. Bayezids letzte Bitte, seine Söhne noch einmal zu sehen, wurde ihm nicht gewährt. Entgegen der Tradition wurden die Fünf in Sivas nahe Amasya und nicht in Bursa oder Konstantinopel begraben. Über die Affäre und die Ereignisse, die ihr vorausgegangen waren, gibt es Dokumente und Zeugnisse zur systematischen Einordnung der Tatsachen. Mit welchen Emotionen Süleyman ein zweites Mal von der Exekution eines Sohnes und vier seiner Enkel Kenntnis nahm, können wir jedoch nur erahnen.

Das Trauma von Mohács

In den frühen Morgenstunden des 29. Augusts 1526 wurde die friedliche Ruhe in einem freundlichen Städtchen am westlichen Donauufer zwischen Budapest und Belgrad jäh gestört. Obwohl es dort anders als in Temesvár, Bács, Pécs und Szigetvár keine bedeutende Befestigungsanlage gab, ging Mohács an diesem Tag in die Geschichte Europas ein. Denn durch das Zusammentreffen merkwürdiger Zufälle standen sich außerhalb der Stadt das geschwächte Heer unter dem Kommando von König Ludwig II. von Böhmen und Ungarn und eine gewaltige osmanische Streitmacht gegenüber. Fünf Jahre waren seit dem Fall Belgrads vergangen und jetzt wies alles darauf hin, dass Süleyman seine Offensive gegen den Rest von Europa begonnen hatte. Allerdings kamen die Türken anders als geplant nur langsam voran. Wegen anhaltender Regenfälle hatte das osmanische Heer für die Marschroute nach Norden länger gebraucht und die Armee von Ludwig II. hätte eigentlich schon längst in Richtung Süden unterwegs sein sollen, wartete aber noch auf Verstärkung. So trafen beide Armeen schließlich bei Mohács zur entscheidenden Schlacht aufeinander. Nicht nur Ungarns Zukunft, sondern die Zukunft ganz Europas stand auf dem Spiel, denn bei dieser einen Schlacht sollte es nicht bleiben.

Das osmanische Heer war groß, manchen Quellen zufolge sogar noch imposanter als fünf Jahre zuvor. In Österreich war man in heller Aufregung, in Deutschland schrillten die Alarmglocken in ungekanntem Ausmaß und in Rom gehörten Bittgottesdienste bald zur Gewohnheit. Erasmus von Rotterdam erhob seine Stimme. Luther mahnte. Sollte Europa nun genauso erobert werden wie einst Konstantinopel? Trotz der Bedrohung blieb Hilfe aus. Ludwig hatte dringend um Verstärkung gebeten, aber keiner seiner Verbündeten schickte ihm Truppen. Nichts, so schien es, konnte den Vormarsch des Großen Türken aufhalten.

Süleyman war am 23. April 1526 von Konstantinopel aufgebrochen; zu diesem Datum hatten seine Astrologen ihm geraten. Zufall oder nicht, im Land der Ungläubigen ist dies der Tag des Heiligen Georgs, des Drachentöters. Unter großer Anteilnahme der einheimischen Bevölkerung begab sich Süleyman auf seinen dritten, womöglich alles entscheidenden Feldzug. Bis zum Goldenen Horn hinüber konnte man das Donnern der großen Trommel hören. Die klirrenden Klänge der Zimbeln stiegen wie Blitze über der Marschmusik der Janitscharen auf. Auf seinem weißen Pferd führte der Sultan einen kilometerlangen Zug an. Einigen Berichten zufolge begleiteten ihn 100.000, vielleicht sogar 200.000 Mann, darunter Wesire, Emire und Soldaten. Eine derart große Armee war nie zuvor in Zentraleuropa eingefallen.

Ob es aber wirklich 200.000 Mann gewesen waren? Géza Dávid, Turkologe an der Loránd-Eötvös-Universität Budapest und gegenwärtig einer der maßgeblichen Autoren über die osmanische Zeit in Ungarn, bezweifelt diese Angabe. Er ist fest davon überzeugt, dass es »auf osmanischer Seite höchstens 50.000 Mann gewesen sein können und auf ungarischer Seite noch weniger. Alle anderen Zahlen beruhen auf Legenden und Propaganda.« Dávid stützt sich hierbei auf jüngste Forschungen in türkischen und ungarischen Archiven. Die übertriebenen Zahlen schreibt er auch einem Mangel an logistischem Verständnis zu: »Mehr als 50.000 Mann waren einfach nicht möglich. Wie sollte man jeden Tag 100.000 oder sogar 200.000 Soldaten verpflegen?«[1] Solch einen Realitätssinn vermisst man bei Géza Perjés, einem ungarischen Ex-Militär, der eigentlich Soziologe hatte werden wollen, aber vom Studium ausgeschlossen worden war, weil dieser Beruf in Ungarns marxistischen Zeiten als eine »Pseudowissenschaft der Bourgeoisie« galt. In den 1980er Jahren vollendete Perjés sein Lebenswerk über den Untergang des mittelalterlichen Königreichs Ungarn (Mohács 1526–Buda 1541), in dem er besonders auf militärische Aspekte eingeht.[2] Perjés schätzt die osmanische Streitmacht auf 150.000 Mann, Logistik und Versorgungstruppen nicht eingerechnet. Unterwegs mussten die Pferde und Kamele gefüttert werden und für die Soldaten wurde Brot in transportablen Öfen gebacken. Von diesen 150.000 Mann gehörten zwei Drittel der Kavallerie an. Das ergibt 100.000 Pferde. Hinzu kommen noch einmal 100.000 Lastpferde und 30.000 Kamele, die zwischen 12.000 und 13.000 Tonnen Nahrung und Munition zu transportieren hatten.

Die Länge des gesamten Truppenzuges schätze Perjés auf etwa 300 Kilometer. Die Entfernung zwischen Edirne und Belgrad wurde seiner Ansicht nach in fünfzig bis siebzig Tagen überwunden. Alles in allem war es ein disziplinierter Vormarsch. Um Stauungen zu vermeiden, war der Truppenzug auf mehrere Kontingente verteilt, die sich einige Tagesmärsche voneinander entfernt bewegten. Unterwegs zu plündern oder Feldfrüchte zu stehlen, wurde streng bestraft. Den Balkanbewohnern muss das Heer einen unvergesslichen Anblick geboten haben, als es mit Hunderten Kanonen und Dutzenden Kamelen, Ochsen und Pferden an ihnen vorbeizog.

Der Vormarsch verlief jedoch nicht reibungslos. Nachdem sie sich achtzig Tage lang durch Regen und Schlamm gequält und schließlich die Donau überquert hatten, lag endlich nur noch die Drau zwischen den beiden gegnerischen Armeen. Süleyman war davon ausgegangen, dass das Gefecht mit den Ungläubigen in Höhe von Eszék (heute Osijek in Kroatien) an den Ufern der Drau stattfinden würde. Aber wo waren die Soldaten Ludwigs II.? Süleymans Militärspione kamen mit der Nachricht zurück, dass weit und breit kein Feind zu sehen sei. Und so war es auch. Wegen interner Streitigkeiten und mangelnder Unterstützung war die Mobilmachung von Ludwigs Armee erst spät in Gang gekommen. Als das osmanische Heer in Eszék eintraf, wartete der ungarische König in Tolna, ein paar Kilometer nördlich von Szekszárd, noch auf Verstärkung. Mohács lag genau in der Mitte. Ludwigs Beistandsersuchen fand kein Gehör. »Wenn nicht bald Hilfe kommt, ist mein Königreich verloren«, schrieb Ludwig in seiner Not an den englischen König. Die Unterstützung, die ihm sein Schwager Ferdinand zugesichert hatte, war nur ein Tropfen auf dem heißen Stein. Verzweifelt hatte Ludwig Eilboten mit der Bitte nach Persien geschickt, die Ostgrenze des Osmanischen Reiches anzugreifen, um Süleyman so zur Umkehr zu zwingen. Doch ohne Erfolg. Selbst der ungarische Adel stand ihm nicht bei. Manch ein Ritter zog es vor, zu Hause zu bleiben. Und wo steckte das 60.000 Mann starke Heer von János Zapolya, dem *Woiwoden* (Graf) von Siebenbürgen?[3]

Ohne Behinderung durch feindlichen Beschuss wurde hinter Eszék unter der Leitung von Ibrahim Pascha eine 332 Meter lange und 2,4 Meter breite Pontonbrücke über die Drau errichtet. Für die Konstruktion benötigten die Erbauer lediglich fünf Tage. Nachdem die Armee den Fluss problemlos überquert hatte, wurde die Brücke wieder zerstört. Es gab keinen Weg zurück. In zwanzig Kilometer Entfernung, an der Mündung der Drau in die Donau, wartete das in der Zwischenzeit südwärts gezogene Heer Ludwigs II. auf den Befehl zum Angriff. Auf der einen Seite stand die gewaltige Streitmacht aus Konstantinopel, auf der anderen eine bestimmt nur halb so große christliche Armee: uneinheitlich, unorganisiert und zum Teil noch der Kriegsstrategie des Mittelalters verpflichtet. So trafen am 29. August in Mohács zwei Welten aufeinander – ein schwarzer Tag im nationalen Bewusstsein Ungarns, an den noch heute jedes Jahr erinnert wird.

Blühende Schwerter

Über die Schlacht bei Mohács finden sich in den Archiven zahlreiche Dokumente mit unterschiedlichen Schilderungen. In der *Süleymanname* wird berichtet, dass das Gefecht schon nachts mit dem Durchbruch von dreißig Rittern, die den Sultan ermorden wollten, begonnen hätte. Auge in Auge hätten drei von ihnen Süleyman gegenüber gestanden, der dann im Kampf von einem feindlichen Pfeil getroffen worden sei. »Der verwundete Sultan wehrte die Angreifer heldenmütig mit seinem Schwert ab und es gelang ihm, sie zu töten.« Die darauffolgende Schlacht war diesem Bericht nach eine einseitige Angelegenheit, da das ungarische Heer für die »sehr disziplinierten Soldaten, die äußerst wendige und schnelle Kavallerie und die gewaltige Artillerie« kein ebenbürtiger Gegner gewesen sei. Der größte Teil der ungarischen Armee wurde wenig später auf dem Schlachtfeld vernichtend geschlagen. Die Soldaten, die noch in der Lage waren zu flüchten, verzogen sich in das östlich von Karasu gelegene Sumpfgebiet. Dort wurde ihnen ihr schweres Rüstzeug zum Verhängnis. Zirka 25.000 Soldaten ertranken. Auf türkischer Seite zählte man gerade 150 Tote.

Kemalpaschazâde widmete dem Blutbad später in seiner Chronik einige poetische Zeilen: »Als die *akinci* in die Schlacht eingriffen, schlugen sie Wellen in dem Meer aus Blut. Das Schlachtfeld glich wegen ihrer roten Kopfbedeckungen einem Tulpenbeet.« Große Achtung brachte er dem ungarischen Befehlshaber Pál Tomori entgegen, dem Erzbischof von Kalocsa, einer Stadt zwischen Budapest und Mohács. »Aus Eisen gegossen. Je mehr der Kampf ihn aufrieb, umso erbitterter widersetzte er sich. Er war wie eine Schlange oder wie ein Elefant, so sehr setzte er sich gegen die Schläge des Gefechts zur Wehr, und gegen die Steine, die nach ihm geschleudert wurden. Mit Wunden übersät stellte er sich – wie ein tollwütiger Hund – zurück in die Schlachtordnung. Dann stürzte er sich wieder hinein ins Gefecht und gab dabei Laute wie ein Elefant von sich, der mit seinem Trompeten Löwen und Tiger in die Flucht zu schlagen vermag.«

Kemalpaschazâde wurde seiner Aufgabe gerecht. Er rühmte Süleyman und den Großwesir. »Der Erfolg dieses eindrucksvollen Sieges, der so tragisch für die Ungläubigen wie glorreich für den Islam war, muss dem kriegsliebenden Emir zugeschrieben werden und dem stets vorsichtigen Ibrahim Pascha, dessen Lanze dem Schnabel eines starken Falken glich und dessen Schwert, nach Blut dürstend, den Krallen eines tapferen Löwen gleichkam.« Den Sultan vergleicht er mit »der Sonne, die ihre Strahlen durch das Universum wirft«, während er den Großwesir mit »einer Zypresse, an deren Stamm die Schwerter blühen«, gleichsetzt.

In der ungarischen Darstellung des Geschehens starb Ludwig II. ehrenhaft auf dem Schlachtfeld, bis zum letzten Atemzug gegen die Barbaren kämpfend, die das christliche Europa hatten niederwerfen wollen. In türkischen Berichten wurde er als ein unerfahrener, junger und vor allem frivoler König beschrieben (1526 war er gerade zwanzig Jahre alt), der sich mit allerlei Vergnügungen besser auskannte als mit der Kriegsführung. Unvoreingenommeneren Quellen zufolge kam er ums Leben, als sein Pferd bei der Flucht strauchelte, auf ihn fiel und ihn unter seinem Gewicht und dem des Harnischs im Sumpf erstickte. Zwei Monate später, als wieder Wasser in die Donau gesickert war, fand man Ludwigs Leiche. Seine Frau Maria von Ungarn, die im Alter von zwei Jahren mit dem damals einjährigen Ludwig vermählt worden war, blieb trauernd zurück.[4]

In seiner Süleyman-Biografie beschreibt André Clot den Tag nach der Schlacht in einer Weise, als wäre er dabei gewesen: »In einem roten Zelt auf einem goldenen Thron sitzend, nahm der Sultan die Glückwünsche der örtlichen Führer entgegen und belohnte sie für erwiesene Dienste. Vor dem Zelt waren 2.000 Köpfe pyramidenförmig aufeinandergestapelt, darunter auch jene von sieben ungarischen Bischöfen. Die Zahl der Toten wurde auf 30.000 geschätzt, 4.000 Ritter eingeschlossen.«[5]

Knapp zwei Wochen nach der Schlacht von Mohács stand Süleyman am 11. September 1526 vor den Burgmauern von Buda. Da es niemanden mehr gab, der die ungarische Festung verteidigen konnte, kapitulierten die Bewohner noch am selben Tag. Ihre Bitte um Verschonung der Stadt wurde in den Wind geschlagen. Die Janitscharen, die daran gewöhnt waren, nach einem bedeutsamen Sieg drei Tage lang marodieren und rauben zu dürfen, fegten wie ein Orkan durch die Stadt und nahmen sich alles, was ihnen gefiel. Auch Großwesir Ibrahim Pascha beteiligte sich und ließ einen großen Teil der Bibliothek und der Kunstsammlung des ehemaligen Königs Matthias Corvinus[6] nach Konstantinopel verschiffen. Unter den Raubgütern befanden sich Dutzende wertvolle Manuskripte und drei Bronzestatuen von Diana, Apollo und Herkules.

In den ersten Wochen nach Ludwigs Tod und dem Fall Budas als Hauptstadt des ungarischen Königreiches war die Situation des Landes verwirrend. Süleyman zog sich schon nach zwei Wochen zurück. Seine Anwesenheit in Konstantinopel wurde dringend verlangt, weil in Ostanatolien ein vom persischen Schah Ismail unterstützter Aufstand der Kizilbasch ausgebrochen war.[7] Das so entstandene Machtvakuum in Ungarn nutzte zuerst der Stoßtrupp von Süleymans Heer: die Akinci, die sich vornehmlich aus angeworbenen Soldaten aus den Balkanländern rekrutierten und von Beutezügen sowie vom Sklavenhandel lebten. Blitzschnell galoppierten sie auf ihren wendigen Pferden durch die Dörfer und hinterließen eine Spur des Todes und der Verwüstung. Von Hammer-Purgstall neigte nicht zu Übertreibungen, doch die Zahl der Toten, die auf die Akinci zurückgehen, schätzt er auf gut 200.000.

Nach dem Fiasko von Mohács und dem übereilten Rückzug Süleymans hatte die ungarische Monarchie für kurze Zeit keinen Herrscher. Ludwig und Maria waren kinderlos, als der König im Morast der Donau versank. Der durchtriebene János Zapolya wollte sich die Situation zunutze machen und ließ sich im selben Jahr zum neuen König von Ungarn ausrufen. Er war sich der Unterstützung des ungarischen Adels sicher, der in Zapolya immer noch einen besseren Anwärter auf den Thron sah, als in dem verhassten Ferdinand von Österreich. Am 10. November 1526 wurde Zapolya auf dem Reichstag in der ungarischen Krönungsstadt Székésfehérvár zum König gewählt. Einen Tag später setzte ihm der Erzbischof Pavol Várdai die heilige Stephanskrone aufs Haupt.

Für Ferdinand war das jedoch kein Grund, sich nicht ebenfalls zum rechtmäßigen König von Ungarn ausrufen zu lassen. Der Habsburger Erzherzog berief sich auf seine Familie und das sich daraus ergebende Erbe. Seine Ehefrau Anna von Ungarn und Böhmen war immerhin die Schwester des verstorbenen Königs Ludwig und dessen nach Pressburg, dem heutigen Bratislava, geflüchtete Witwe war Ferdinands Schwester. Am 16. Dezember wurde Ferdinands Anspruch auf den Thron auf dem Reichstag in Pressburg bestätigt. Am 24. Februar 1527 fand seine Krönung in Prag statt. Ein bizarres Detail: Auch diese Zeremonie leitete Erzbischof Várdai. So bekam Ungarn an jenem Tag einen zweiten König; zudem durfte Erzherzog Ferdinand sich, wie Ludwig vor ihm, König von Böhmen nennen.

Schutzschild des Christentums

Dem Drama von Mohács ging eine ruhmreiche Vergangenheit voraus. Im 14. Jahrhundert war das Königreich Ungarn einer der größten Staaten Europas gewesen. Magyarország, wie die Ungarn ihr Land nennen, genoss bei seinen Nachbarn hohes Ansehen, weil es die Pflicht auf sich genommen hatte, die christliche Gemeinschaft *(respublica christiana)* gegen die türkische Bedrohung zu schützen. Die ungarischen Könige trugen daher so ehrwürdige Titel wie »Verteidiger des Christentums« *(defensor christianitatis)*, »Kämpfer Christi« *(athleta christi)* und »Soldat des christlichen Glaubens« *(miles fidei christiane)*.[8]

Ein halbes Jahrhundert vor Luthers Ermahnungen an die Protestanten war um 1480 ein Traktat von Georg von Ungarn[9] erschienen, in dem dieser das Eindringen der Türken als ein apokalyptisches Ereignis beschrieb – immerhin gehörten sie der Kirche des Antichristen an. Ihr Vorstoß wurde als Zeichen gewertet, dass das Jüngste Gericht nicht mehr allzu fern war. Einzig die Besinnung auf den wahren Glauben und ein Leben ohne Sünde könnten laut Georg von Ungarn noch Rettung bringen. Andere religiöse Führer stützten sich auf ähnliche Theorien. Aber alle kamen immer zur gleichen Schlussfolgerung: Das ungarische Volk war zum Schutzschild des Christentums auserkoren und sollte das drohende Unheil abwenden.

Doch es kam anders. Bulgarien war bereits erobert, als die Türken 1389 auf dem Schlachtfeld von Polje im Kosovo einen historischen Sieg verbuchen konnten. Knapp ein Jahrhundert später war Konstantinopel unterworfen und das Byzantinische Reich von der Weltkarte verschwunden. Kurze Zeit später fielen Serbien (1459), Griechenland (1460), Teile von Bosnien (1463) und von Herzegowina (1482). Langsam aber sicher wuchs in Europa die Angst vor dem Vormarsch dieser »wilden, heidnischen und lasterhaften Nation«.

»Ach, wäre doch Matthias Corvinus noch unter uns«, klagte man damals gewiss in vielen ungarischen Refektorien, Ballsälen und Wirtshäusern. Aber als solide Grundlage des Widerstandes genügte die Erinnerung an den König, der sich in der zweiten Hälfte des 15. Jahrhunderts als Retter des Reiches dargestellt hatte, nicht. Und wenn es dann doch zu einer Niederlage kam – wie 1444 in Vávan, einer bulgarischen Hafenstadt am Schwarzen Meer, die damals zum ungarischen Königreich gehörte –, wurde dieses Unglück auf den Einfluss höherer Mächte zurückgeführt. »Wir litten nicht unter unserem Gegner, sondern unter der Kraft des göttlichen Gerichts. Nur aufgrund unserer Sünden war es den Barbaren möglich, uns zu besiegen«, hatte Matthias Corvinus' Vater János Hunyadi geschrieben. Streng hatte er noch hinzugefügt, dass es »Gottes Wille ist, uns zu strafen«. Als der Glaube der verbindende Faktor hätte sein sollen, waren zu Beginn des 16. Jahrhunderts Uneinigkeit und die Gier nach Macht schuld daran, dass der ungarische Widerstand nicht mit eiserner

Faust auf Süleymans vorrückendes Heer reagierte. Interne Streitigkeiten hatten den sich *natio hungarica* nennenden Adel gespalten. Politische Führer zeichneten sich durch Opportunismus aus und verloren ihre Vorbildfunktion. Die hilflosen Bauern, die die Idee der Kreuzzüge zuvor noch unterstützt hatten, wandten sich von ihren adligen Herren ab und stellten sich öffentlich an die Seite der Türken. Viele Bauern waren arm und dermaßen ausgebeutet, dass sie den Türken als ihre Befreier zujubelten.

Ein Vasallenstaat?

Heute streiten sich ungarische Historiker immer noch über die Interpretation der Ereignisse bei Mohács. Zu dieser polemisch geführten Debatte trug Géza Perjés seinen Teil bei, als er behauptete, das Drama hätte leicht verhindert werden können, wenn Ludwig sich eher mit Sultan Süleymans Vorschlag einverstanden erklärt hätte, Ungarn im Tausch gegen einen Waffenstillstand als Vasallenstaat zu übergeben. Perjés vermutet, dass Süleyman keinerlei Interesse an Militäroperationen in Ungarn und einer anschließenden Okkupation gehabt hätte. Ungarn lag zu weit von Konstantinopel entfernt, eine Besetzung forderte einen erheblichen logistischen Aufwand und war deshalb zu kostspielig. Nach Perjés Ansicht habe Süleyman sich nach der Eroberung von Rhodos 1522 auf den Mittelmeerraum konzentrieren wollen. »Der Sultan war ein Befürworter der Unabhängigkeit Ungarns und der territorialen Integrität. Er wollte das Land nur als Puffer gegen die Habsburger nutzen.« Schon manch ein anderer ungarischer Historiker vor Perjés hat diese Meinung vertreten.

Allerdings nutzt Perjés für seine These nur dürftige Quellen. Das einzige zitierte Schriftstück ist undatiert und soll aus dem Nachlass von Antal Vrancic stammen, dem späteren Erzbischof von Esztergom, der sich sein Leben lang mit der Rekonstruktion der Ereignisse von Mohács beschäftigte. Laut Perjés geht aus diesem Dokument hervor, Süleyman hätte direkt nach dem Tod seines Vaters 1520 eine diplomatische Delegation nach Ungarn entsandt, um mit Ludwig über einen Waffenstillstand zu verhandeln. »Der König hätte sicher eingewilligt, aber der Papst ließ wissen, dass unter keinen Umständen ein Waffenstillstand mit den Türken geschlossen werden dürfe. Falls die Türken Ungarn angreifen sollten, würde er genügend Kapital und

Soldaten überstellen, um Ludwig zu entlasten«. Perjés folgert daraus: »Der König wurde getäuscht.«[10]

Die ungarischen Historiker Pál Fodor und Géza Dávid weisen Perjés' These zurück. Leidenschaftlich vertreten sie die Auffassung, Ungarn hätte der nächste logische Schritt in der osmanischen Strategie sein müssen – erst Ungarn, dann Wien und das Habsburgische Reich und anschließend der Rest Europas. Dass Süleyman kein Interesse an Militäraktionen in Ungarn gehabt habe, weil sie zu teuer gewesen wären, ist den beiden Historikern zufolge keine korrekte Interpretation der Ereignisse. In ihren Augen hatte das osmanische Heer bewiesen, dass es gleichzeitig effektiv und massiv auftreten konnte, auch wenn Ungarn weit von Konstantinopel entfernt war. Dass die Kosten einer Okkupation für die Hohe Pforte immens gewesen wären, wird nicht bezweifelt. Aber die Verteidigung eines Vasallenstaates gegen die habsburgische Armee wäre genauso teuer, wenn nicht sogar noch kostspieliger geworden. Pál Fodor meint: «Die Kosten für Frontstaaten waren immer hoch. Nach 1521 wurden sie von Serbien nach Ungarn verlagert. So einen Unterschied konnte es also nicht ausmachen.«

Fodor glaubt sicher zu wissen, dass Süleyman schon 1521 Buda erobern wollte. Er stützt sich dabei unter anderem auf den venezianischen Bailo Marco Minio in Konstantinopel, der nach der Eroberung Belgrads berichtet hatte, dass sich die Paschas bei ihm über die Politik der europäischen Königshöfe und über das Wegenetz in Mitteleuropa informiert hätten. »Es war klar, dass der Sultan damals mit der Strategie für eine europäische Offensive beschäftigt war, deren erstes Ziel Ungarn gewesen ist. Von dort wäre es einfacher, in die Nachbarländer einzufallen. Dass es 1526 nicht zu einer dauerhaften Besetzung Ungarns gekommen ist, lag nicht allein in der Nachricht über den Aufstand in Anatolien und Süleymans schnelle Rückkehr nach Konstantinopel begründet, der Sultan hatte vielmehr nicht damit gerechnet, dass der ungarische Widerstand schon nach einem Tag gebrochen sein würde. Er hatte einfach nicht alle politischen und administrativen Vorbereitungen getroffen, um Ungarn zu annektieren.«

Halil Inalcik sieht das anders. Er geht davon aus, dass auch Ungarn wie einst Moldawien ein Vasallenstaat werden sollte. »Es war zu schwierig und zu teuer, eine direkte osmanische Verwaltung in einem vollkommen fremden, an den fernsten Ufern der Donau gelegenen Land zu installieren.« Dass es später zu mehreren Militäraktionen kam, ist Inalcik zufolge auf die Bemühungen der Habsburger zurückzuführen, Ungarn wieder unter ihre Kontrolle zu bekommen. Jedes Mal, wenn das Heer des Sultans aktiv wurde, geschah dies als Reaktion auf die Kriegshandlungen Ferdinands. Bis Süleyman genug hatte. Nach dem Feldzug von 1541 wurden große Teile Ungarns vom Osmanischen Reich annektiert und damit entstand eine Situation, die sich bis 1686 nicht ändern sollte.

Die Buschos

Mohács ist mittlerweile wieder, was es vor 1526 gewesen war, ein freundliches ungarisches Städtchen am Ufer der Donau. Mit einem Unterschied: Unter die gut 20.000 Einwohner haben sich kroatische und deutsche Minderheiten gemischt. Das von den Türken erlassene Verbot die Kirchenglocken zu läuten, ist mittlerweile im Grab der Geschichte versunken. Zum Islam bekehrte Christen, wenn es sie denn gibt, werden nicht länger gezwungen, Steine gegen Kirchen zu werfen. Die ewig dahinströmende Donau vermittelt ein Gefühl der Ruhe. Jede halbe Stunde fährt eine Fähre zwischen ihren Ufern hin und her. Manchmal, wenn ein Hotelschiff vorbeikommt, das die Touristen von Budapest nach Belgrad oder zurück bringt, ist sie gezwungen kurz zu warten. Ob die vorbeifahrenden Touristen sich vorstellen können, dass hier einmal hunderte Segelschiffe über die Donau gefahren sind, um das osmanische Heer mit Vorräten, Zelten und Munition zu versorgen, darf bezweifelt werden. Wer ihnen erzählte, dass Berichten aus dem 16. Jahrhundert zufolge gut 30.000 Kamele bei Mohács die Donau überquert haben, würde wohl für verrückt erklärt werden.

Der Fluss, die Fähre, ein Park, eine Fußgängerzone, die Busstation (Mohács Autóbuszállomas) und, wie in jeder ungarischen Stadt, die etwas auf sich hält, ein großer Platz zu Ehren eines Nationalhelden – viel mehr hat Mohács nicht zu bieten, außer natürlich seine Geschichte und die Schlacht vom 29. August 1526. Das damalige Kampfterrain liegt in Richtung Kroatien einige Kilometer südlich von der Stadt. In den 1960er Jahren fanden Archäologen dort ein Massengrab mit den Gebeinen gefallener Soldaten. Jetzt befindet sich an der gleichen Stelle ein düsterer Gedenkpark: hölzerne Grabplatten, umringt von ewig trauernden Nadelbäumen.

Der Hauptplatz (Széchenyi tér) in Mohács erinnert selbstverständlich an das ungarische Waterloo. An seinem äußersten Ende liegen ein paar Grabplatten, auf denen Namen stehen wie György Palinai (ein bosnischer Bischof, der Ludwigs Heer als Geistlicher begleitet hatte), Livhard Gnojenszki (ein polnischer Kapitän) und György Szapolyai (einer der beiden Oberbefehlshaber des Heeres). Die einfachen alle mit der Jahreszahl 1526 versehenen Steinplatten finden sich zu Füßen eines verchromten, etwas naiv anmutenden Standbildes. Die turmhohe Skulptur ähnelt eher einem zu groß geratenen Don Quichotte als Ludwig II. von Ungarn und Böhmen. An anderer Stelle erinnert ein Denkmal mit drei Figuren an »die Befreiung von der türkischen Herrschaft«. Das sind die Helden der zweiten Schlacht von Mohács aus dem Jahr 1687, wie der Text am Sockel vermeldet.

Genauso heroisch wie der Platz, die Grabplatten und die Denkmäler ist die in byzantinischem Stil errichtete Kirche. Ihr Grundstein wurde am 29. August 1926 anlässlich der 400-Jahr-Feier der Schlacht gelegt. Der Altar soll Europas Dank für abertausende anonyme, ungarische Helden symbolisieren, die im Kampf gefallen waren, »um den Kontinent vor der Geißel des Islam zu bewahren«. So haben es die Ungarn früher in der Schule gelernt – der beste Beweis, dass Mohács sich tief ins nationale Bewusstsein eingegraben hat.

Jedes Jahr im Frühling wird die Ruhe in Mohács jäh gestört, wenn das Glockengeläut und das Tuten der Fähre von einem bedrohlichen Getöse übertönt werden. Dämonisch aussehende Menschen ziehen in diesen Tagen schreiend durch die Straßen. Gekleidet in Schafspelze, die Haare schulterlang, sehen sie mit ihren furchterregenden gehörnten Masken wie getarnte Teufel aus. Es sind Buschos, *Busójárás,* sagen die Ungarn und meinen damit jene Kroaten, die der Legende nach 1526 auf eine Insel im Sumpfgebiet von Mohács flüchteten. Nach 161 Jahren hatten sie von ihrer Isolation genug. Sie beschlossen, sich als wahre Teufel in Schafspelze zu kleiden und den Türken damit Angst einzujagen. Noch im gleichen Jahr zogen sich die Türken aus Ungarn zurück.

Ganz gleich, ob das stimmt, jedes Jahr laufen unzählige Buschos durch die Stadt. Ist das auch eine Folge der Besatzung? Wer der Legende Glauben schenkt, landet unweigerlich bei den Türken. In Wirklichkeit symbolisiert dieser karnevaleske Umzug die Vertreibung des Winters und seiner lichtlosen Tage, wie sie vor Jahrhunderten von vielen Völker dargestellt wurde. Daran aber scheint man sich in Mohács nicht mehr zu erinnern.

Pseudohelden

In Ungarn spricht und schreibt man noch heute immer über das »Trauma von Mohács« und den »Mohács-Komplex«[11]. Perjés bezeichnet die Niederlage sogar als größte Katastrophe der ungarischen Geschichte. Ein Trauma? Eine bleibende Narbe im Nationalbewusstsein? Weshalb gibt es im Straßenbild eigentlich so viele Helden auf Sockeln und auf Pferden, die die Türken zerstampfen? Dieses Phänomen erklärt mir der Soziologe Pál Tamás in seinem Büro in der Magyar Tudományos Akádemia, der ungarischen Prestigeakademie der Wissenschaften, die im alten Buda an der vornehmen Straße Úri utca Nummer 53 liegt.

Wenn es um die Geschichte Ungarns geht, sieht sich Tamás selbst als Opfer einer einseitigen Vermittlung der osmanischen Phase in den ungarischen Lehrbüchern. »Es ist eine Tatsache, dass fast alle Städte auf ungarischem Gebiet zwischen 1526 und 1686 zerstört wurden. In den Schulbüchern, auch in meinem, stand, dass die Türken für die Zerstörungen verantwortlich waren. Die Türken haben Ungarn vernichtet. Aber wir dürfen nicht vergessen, dass mit den Jahren eine Grenze quer durch Ungarn verlief und dass es auf beiden Seiten eine ganze Reihe von Befestigungen gab. Der Krieg tobte weiter und wie wir wissen, bringt jeder Krieg den Menschen Tod und Verderben. Ungarn bildete mehr als 150 Jahre die Front zwischen zwei Weltreichen. Natürlich gab es damals die Genfer Konventionen noch nicht. Beide Seiten waren für die Zerstörung des Landes verantwortlich. Wer sich daran am stärksten beteiligte, weiß ich nicht, aber aus den Schulbüchern haben wir gelernt, dass es die Türken waren.«

Als das osmanische Heer in der zweiten Hälfte des 17. Jahrhunderts wieder abzog, blieben die meisten Befestigungsanlagen intakt. Tamás erklärt: »Später nutzte man sie, um die Habsburger abzuwehren, was schließlich dazu führte, dass die Österreicher die Befestigungsanlangen, die sie selbst errichtet hatten, systematisch angriffen und zerstörten. Alles in allem lässt sich also eine äußerst komplexe Interaktion erkennen, deren Analyse nicht mit dem übereinstimmt, was in den Schulbüchern steht. Heute können wir sagen, dass das Osmanische Reich bis zur Mitte des 19. Jahrhunderts eine wichtige Rolle in der ungarischen Geschichte gespielt hat. Nachdem die Osmanen im 17. Jahrhundert aus Ungarn vertrieben worden waren, gab es diverse anti-habsburgische Bewegungen, die auch von Historikern unterstützt wurden. Um es nicht zu kompliziert zu machen: Der östliche und der protestantische Teil Ungarns waren anti-habsburgisch.«

Dass anti-habsburgisch damals fast dasselbe bedeutete wie pro-türkisch, illustriert Tamás an einigen Beispielen: »Viele ungarische Wissenschaftler und Politiker beschlossen ihren Lebensabend in der Türkei. Man braucht sich nur die Abbildungen auf ungarischen Geldscheinen anzuschauen. Alle Personen, die darauf abgebildet sind, haben im 18. und 19. Jahrhundert für die Unabhängigkeit gekämpft. Ferenc Rákóczi, der eine führende Rolle im Widerstand gegen die österreichische Monarchie gespielt hatte, setze sich in die Türkei ab, wo er 24 Jahre später starb.[12] In derselben Zeit, in der man die Türken zu immerwährenden Feinden erklärt hatte, fanden ungarische Rebellen, die gegen die Habsburger kämpften, dort Zuflucht. Also frage ich mich, wie es möglich ist, dass diese Helden, diese wahren Helden aus dem ungarischen Pantheon, die Türkei als Zufluchtsort wählten. Sie gingen nicht nach Deutschland, nicht in andere protestantische Länder Europas, sie suchten ihr Heil in der Türkei, ausgerechnet in dem Land, aus dem der vermeintliche Feind kam.«

Und die Helden? Wo man auch geht und steht, gibt es einen Platz mit einem Helden aus Bronze oder ein Denkmal eines Helden zu Pferd mit niedergetrampelten Türken unter sich. In den Niederlanden findet man nicht ein Reiterstandbild für Prinz Moritz von Oranien, dessen Pferd einen Spanier mit den Hufen zerstampft. Pál Tamás kichert. »Für mich geht es hier in Ungarn um ein Pseudoheldentum. Spanier und Niederländer waren wenigstens Kinder derselben europäischen Geschichte. Sie waren einander nicht fremd. Wenn es aber um jemanden aus einer anderen Gesellschaft, einer anderen Kultur, einer anderen Religion geht, kann man ein viel brutaleres Bild von ihm zeichnen. Er kommt ja nicht aus der eigenen Zivilisation. Die Spanier kamen das in gewissem Sinne schon, als sie damals in den Niederlanden waren. Der Türke war aber ein Fremdkörper. Im habsburgischen Ungarn im 17. und 18. Jahrhundert und während der Romantik im 19. Jahrhundert war der Türke das Sinnbild für alles Fremde, und Fremde müssen nun einmal vertrieben werden. Man musste sich ihrer selbst entledigen, genau wie die Spanier sich von den Mauren befreien mussten.«

Dass Mohács in der ungarischen Geschichte allgemein als Trauma gesehen wird und dass die Türken dafür verantwortlich waren, streitet er nicht ab. »Das war früher so und ist es heute eigentlich noch immer. Nehmen Sie zum Beispiel die Geschichte meines ehemaligen Dozenten, eines inzwischen verstorbenen, sympathischen und sehr konservativen Professors. Er schrieb einmal, dass Immigranten gern nach Ungarn kommen dürften, vorausgesetzt, sie akzeptieren den »ungarischen Spirit«.

Das bedeutete, dass einem Chinesen zunächst das Trauma von Mohács plausibel erscheinen musste, bevor er Teil der ungarischen Gesellschaft werden konnte. Mit anderen Worten, Mohács ist eine Art Zulassungsprüfung, um in Ungarn aufgenommen zu werden. Erst muss der Immigrant das Drama eines kleinen mitteleuropäischen Staates begreifen. Übrigens denken die ungarischen Konservativen, das heißt, die Rechtsextremen jetzt anders darüber: Hat man kein ungarisches Blut, kann man unmöglich ein guter ungarischer Bürger werden.«

Pál Tamás hat noch etwas auf dem Herzen. Dass der Türke nach der Schlacht bei Mohács zum ewigen Feind wurde, trifft seiner Ansicht nach nicht nur auf Ungarn zu, sondern auf fast alle Europäer. »Das ganze christliche Europa sah den Türken in dieser Zeit als gemeinsamen Feind an. Denn wenn man keinen gemeinsamen Feind hat, kann man Länder oder Völker nicht zum Kampf gegen ihn vereinigen. Um im christlichen Europa eine Einheit zu schaffen, mussten die Türken ein negatives Image haben.«

»Mama, die Türken kommen . . .«

Dass die Hufe von Süleymans Pferd die Palastsäle des ungarischen Renaissance-königs Matthias Corvinus berührt hatten, dass das osmanische Heer seine Stellung an der Donau gefestigt hatte und dass der Muezzin in Buda zum Gebet gerufen hatte, das alles war ein schwerer Schlag für Westeuropa. Herrscher gerieten ins Grübeln, Theologen diskutierten, Humanisten[1] warnten. Würden die vier apokalyptischen Reiter weiter nach Nordwesten galoppieren? Plötzlich ging es in den Diskussionen nicht mehr um einen Kreuzzug in das ferne Jerusalem oder einen Feldzug zur Rück-eroberung des 1453 verlorenen Konstantinopels, sondern um einen direkten Krieg gegen die Türken auf europäischem Boden. Der Türke war kein ferner Feind mehr, sondern ein unmittelbarer Nachbar, der darauf aus war, immer weiter vorzurücken.

Erasmus von Rotterdam und Martin Luther nahmen bei ihren Warnungen vor der Türkengefahr kein Blatt vor den Mund, auch wenn sie unterschiedlicher Auf-fassung darüber waren, wie man ihr begegnen sollte. Luther sah in den Türken eine Strafe Gottes. Mit Berufung auf das 7. Kapitel des Buches Daniel warnte der protes-tantische Vordenker vor der Bedrohung des ewigen Reiches durch die Horden aus dem Südosten. Nach seinen Berechnungen sollte die Welt infolge der türkischen Invasion im Jahr 1540 untergehen. Oh Christus, mein Herr, schau auf uns herab; führe uns zum Tag des Letzten Gerichts.

Allerdings stand ein Krieg nach Auffassung des Wittenberger Mönchs in kras-sem Gegensatz zu den göttlichen Plänen. Aus seiner Sicht mussten die Türken mit dem Kreuz und nicht mit dem Gewehr besiegt werden. Als Übeltäter konnten weder das türkische Heer noch der Sultan angesehen werden. Wie er in seinem Traktat *Vom Kriege wider die Türken* darlegt, waren Soldaten, Paschas und Wesire lediglich Werkzeuge des Teufels. Erasmus hingegen rechtfertigt ungeachtet seiner grundsätz-lich pazifistischen Einstellung ein militärisches Vorgehen gegen die Türken. Krieg sei nur dann eine Option, wenn es keine andere Möglichkeit mehr gibt. Er sei erfor-derlich wie die Hilfe eines Arztes bei einer Krankheit, lautet sein Fazit.

In völligem Einklang mit der öffentlichen Meinung seiner Zeit verunglimpft Erasmus in Briefen, Traktaten und Dialogen alles und jeden aus Konstantinopel. »Was soll ich über ihre Staatsverfassung sagen? Welche gerechten Gesetze kennen sie überhaupt? Was dem Tyrannen gefällt, ist Gesetz.[2] Welchen Stellenwert nimmt bei ihnen die Philosophie ein? Welche theologischen Schulen kennen sie? Welche heiligen Schriften?« Es waren rhetorischen Fragen dieser Art, die Erasmus 1530 in seinem Traktat *Consultatio de bello Turcis inferendo (Überlegungen zum Beginn eines Krieges gegen die Türken)* zu Papier bringt.

In ihrem Urteil über Religion und Charakter des Feindes unterscheiden Luther und Erasmus sich kaum voneinander. Der Islam? Eine falsche Religion, urteilt der Theologe von der Kanzel herab. Die Türken? »Ein Haufen Barbaren von dunkler Herkunft, die Gott auf uns gesandt hat. Wie er einst Ägypten mit Fröschen, Läusen und Heuschrecken heimsuchte«, lautet das herablassende Urteil des Rotterdamer Humanisten. Unter Berufung auf Plinius den Älteren[3], der die Türken in eine Gruppe mit den skandinavischen Thussageten und den Arimphäern eingeordnet hatte, vertritt Erasmus die Auffassung, es handele sich um »ein Volk aus einer rauen, öden Gegend, in der sich gelegentlich ein waldreiches Tal findet«. Und Mohammed? »Ein verderbliches und verbrecherisches Individuum«; in dem Propheten sieht er den Urheber allen Übels, das die Türken über Europa auszuschütten drohten. »Sie bilden eine Sekte, die sich aus einem Gemisch aus Judaismus, Christentum, Heidentum und arianischer Ketzerei zusammensetzt.« Zugleich entdecken beide den Türken in ihren Mitmenschen. Luther bezeichnet die osmanische Bedrohung als Strafe Gottes, die die Katholiken mit ihrer Korruption, ihrem Ablasshandel und ihren Bacchanalen im Umkreis des Heiligen Stuhls für Europa gebracht hätten. Welches Übel richtet der Türke an? Luther antwortet sinngemäß, letztlich erobere er Land, aber er lasse jedem die Freiheit seines Glaubens. Der wahre Türke sitze dagegen in Rom. So wie der Papst der Antichrist sei, sei der Türke die Inkarnation des Teufels. Die Predigt des Christentums gegen beide bedeute, sie werden in die Hölle geschickt, selbst wenn es am Tag des letzten Gerichts geschehen werde. Und Luther bete, dass dieser Tag nicht mehr fern sei.

Auch Erasmus behauptet, die Christen hätten sich letztlich alles selbst zuzuschreiben, denn Werte- und Sittenverfall hätten die moralische Kraft des Christentums aufgeweicht: »Wenn wir uns die Türken erfolgreich von Hals halten wollen, müssen wir zunächst abscheuliche türkische Zustände wie Habsucht, Eifersucht,

Herrschsucht, Selbstsucht, Gottlosigkeit, Zügellosigkeit, Wolllust, Betrügerei, Zorn, Hass und Neid aus unseren Herzen verbannen.«

Toleranz gegenüber den Türken gab es nicht.[4] Ebenso wie Luther äußerte Erasmus sich in einer Zeit, in der die christliche Gemeinschaft sich mehr denn je bedroht fühlte. Man konnte daher kaum erwarten, dass er sich um ein ausgewogeneres Urteil bemühte. »Erasmus gehörte nun einmal der abendländisch-christlichen Gemeinschaft an«, bemerkt der Mediävist Jan van Herwaarden dazu, als er im April 2005 mit dem Vortrag *Omgaan met Erasmus (Wie stehen wir zu Erasmus)* seinen Abschied von der Erasmus-Universität in Rotterdam nahm. »Was sich außerhalb von ihr befand, wurde erst relevant, wenn es in die abendländische christliche Welt integriert wurde. Ein Indianer, ein Lappe, ein Türke wurde erst zum Menschen, wenn er Christ wurde.«[5] Waren die Türken denn keine Menschen? Nun ja, Erasmus zufolge waren sie halbe Christen. Sie hatten also wohl etwas Menschliches an sich.

Doch selbst unter Berücksichtigung des damaligen Wissensstandes kann man Erasmus vorwerfen, seine Kritik an den Anhängern von Othomanus – wie er den Begründer des osmanischen Herrscherhauses bezeichnete – unzulänglich untermauert zu haben. Machiavelli war 1513, als er *Il Principe (Der Fürst)* schrieb, bereits gut über die Organisation des omanischen Staates und die Funktionsweise des Heeres des Sultans informiert. Zweifellos hatte Machiavelli seine Informationen von emigrierten Griechen erhalten, die in Florenz griechische Texte veröffentlichten, welche zuvor überhaupt nicht oder nur in lateinischer Sprache verfügbar gewesen waren. Die Dogenstädte Venedig und Genua unterhielten intensive Handelskontakte mit Konstantinopel, durch die sich zugleich eine Vielzahl diplomatischer Netzwerke entspann. Erasmus hielt sich zwischen 1506 und 1509 in Italien auf. Zunächst verbrachte er ein ganzes Jahr in Bologna, später kamen kürzere Aufenthalte in Florenz, Turin, Rom, Ferrara, Padua, Siena und Neapel hinzu. Irgendetwas, das sich von der anti-türkischen Propaganda in Deutschland unterschied, muss er dort wohl aufgeschnappt haben.[6]

Erasmus-Experten gehen davon aus, dass sein Wissen über die »gottlosen Kerle« vor allem auf den Erkenntnissen des venezianischen Humanisten Giovanni Battista (Johannes Baptista) Egnatius[7] beruhte, mit dem Erasmus, wie mit so vielen anderen im Lauf seines Lebens, einen Briefwechsel führte. In einem seiner Traktate entwirft Egnatius ein wenig schmeichelhaftes Bild der Türken. »Es waren nomadisierende

Stämme, deren Ursprung auf den im 14. Jahrhundert lebenden Eroberer Timurlenk zurückging«, schreibt der Autor von *De origine Turcarum*. Unter demselben Titel war einige Jahrzehnte zuvor eine ähnliche Abhandlung von Theodorus Gaza erschienen, einem griechischen Humanisten, der 1430 aus Thessaloniki geflüchtet war, nachdem das türkische Heer die Stadt eingenommen hatte. Erasmus muss Werke von ihm gekannt haben, weil er 1521 einige griechische Grammatiken Gazas ins Lateinische übersetzte.

Es war damals nicht üblich, Quellen zu zitieren, weshalb wir nicht wissen, welche der beiden Schriften Erasmus gelesen hat. Sicher ist allerdings, dass in beiden Traktaten eine voreingenommene Meinung zum Ausdruck kam, die ganz dem Stil der meisten damaligen Publikationen über das Osmanische Reich im Allgemeinen und der Türken im Besonderen entsprach. So betrachtet Erasmus die Türken als Barbaren zweifelhafter Herkunft. »Es handelt sich um eine nicht enden wollende Geschichte von grausam erworbenem und durch Raub vermehrtem Reichtum, von gottlosem Brudermord und verderbter Heiratspolitik.« Solymanno (wie er Süleyman bezeichnete) stand Erasmus zufolge nicht an der Spitze eines zivilisierten Reiches, sondern führte einen Schurkenstaat an.

Im Gegensatz zu Luther hatte Erasmus sich die Mühe gemacht, eine Übersetzung des Korans zu lesen. In seinen Schilderungen beging Luther auch den Fehler, die Türken nach der Einnahme von Otranto 1480 drei Jahre durch Italien wüten zu lassen, obwohl sie sich in Wirklichkeit aufgrund des Todes Sultan Mehmeds II. schnell zurückgezogen hatten. Dass es sich beim Reich des Feindes zu Süleymans Regierungszeit um ein gut strukturiertes und zentralisiertes Staatswesen handelte, war manchem durchaus bewusst. Erasmus aber hatte davon ebenso wenig Notiz genommen wie von der Tatsache, dass zahlreiche theologische Schulen, die sogenannten Medresen, existierten und sich das juristische System auf höherem Niveau befand als in manchen europäischen Königreichen, weshalb man dem Sultan im eigenen Land auch den Titel Kanuni (Gesetzgeber) verliehen hatte. Von dem im 13. Jahrhundert lebenden türkischen Philosophen, Dichter und Mystiker Mevlana Rumi hatte Erasmus ebenfalls noch nie etwas gehört.[8]

Eine Möglichkeit, zu einer angemesseneren Bewertung des Islams und des Korans zu gelangen, hätte Erasmus vielleicht die Lektüre des 1461 verfassten Traktats *Cribratio Alkorani (Sichtung des Korans)* geboten. In diesem Werk hatte der frühmoderne deutsche Theologe und Philosoph Nikolaus von Kues den Koran zur

Einleitung seines Urteils über die »mohammedanische Sekte« einer genauen Prüfung unterzogen. Verhalten bringt Nikolaus von Kues darin eine gewisse Bewunderung für den monotheistischen Charakter des Islams zum Ausdruck; er entdeckt sogar christliche Spuren im Koran. Gleichwohl missbilligt er ihn, da ihm das wahrhafte Licht des Evangeliums fehle. Nikolaus von Kues befürwortet den interreligiösen Dialog mit den Muslimen durchaus – vorausgesetzt, sie waren bereit sich zum Christentum bekehren zu lassen.[9]

Mit dem aus Valencia stammenden Humanisten Juan Luis Vives muss Erasmus bei ihren gelegentlichen Begegnungen in Löwen wohl einige Male über die Türken gesprochen haben. Es ist unwahrscheinlich, dass ihre Auffassungen zu diesem Thema sehr stark differierten. Auch Vives war sehr in Sorge über die Expansion des Osmanischen Reiches, was er in zwei Traktaten zum Ausdruck bringt.[10] »Sie sind treulos. Sie behandeln uns wie Hunde«, lautet sein abschätziges Fazit, das bei Erasmus auf fruchtbaren Boden fiel. »Wie Raubtiere bei einer Jagd müssen die Türken nach Asien zurückgetrieben werden.«

In den Begegnungen mit seinem polnischen Freund Jan Laski, einem der rigorosesten Kirchenreformer des 16. Jahrhunderts, hätte Erasmus vielleicht ein etwas differenzierteres Bild von den Türken gewinnen können. Hieronymus Laski, Jans ältester Bruder, hatte 1528 in Konstantinopel über die osmanische Unterstützung für János Zapolya bei dessen Kampf um die ungarische Krone verhandelt und 1530 als Ehrengast am Beschneidungsfest von Süleymans drei Söhnen teilgenommen. Die Laskis standen den Türken etwas neutraler gegenüber. Ein wenig muss diese Auffassung wohl auf Erasmus abgefärbt haben. Denn aufgrund jener polnischen Kontakte hatte er Zapolya in Briefen an Thomas More und Sigismund II. als »ungarischen König« bezeichnet – wofür er sich einen kräftigen Rüffel von den Habsburgern einfing. Das hätte er wissen können, denn schließlich war Ferdinand die Königswürde vorbehalten.

Auch die politische Ausrichtung des Hauses Valois hatte Erasmus falsch eingeschätzt. In einen Brief an den französischen Humanisten, Philosophen und Diplomaten Robert Gaguin merkt er 1495 schmeichlerisch an, die Franzosen seien unter Führung ihres »exzellenten Herrschers« hervorragend dazu befähigt, Europa gegen den Ansturm aus Asien zu schützen. 1523 schrieb er einen langen Brief an den »allerchristlichsten König Franz«, in dem er sich über die »verderblichen Zwiste« der drei angesehensten Herrscher Europas beklagt: »Kann zur Anschauung der Türken

oder noch größerer Feinde des Christentums denn ein dankbareres Schauspiel aufgeführt werden?« Erasmus konnte wohl kaum erahnen, dass der von ihm so sehr
bewunderte christliche König einige Jahre später mit Süleyman gemeinsame Sache
machen würde, um sich gegen Kaiser Karl zu stellen.

Ebenso wie Erasmus' Wissen über die Türken war auch Luthers Kenntnisstand
lückenhaft; er war parteiisch und als guter Christ voreingenommen. Auch Luther zeichnete für eine eindrucksvolle Menge anti-türkischer in Traktate, Bücher,
Pamphlete, Abhandlungen und Predigten verpackte Propaganda verantwortlich.[11]

Und hin und wieder erteilte er
den Auftrag, ein älteres Werk
mit einem von ihm verfassten
Vorwort neu aufzulegen, wie
etwa das 1530 erschienene Buch
über Leben und Sitten der Türken, das Georg von Ungarn
fünfzig Jahre zuvor verfasst
hatte.

Zeigte Luther sich anfangs
vor allem um das Schicksal
des Christentums besorgt,
verschärfte sich seine antitür-
kische Haltung in späteren
Jahren noch, nachdem er 1542
eine Koranübersetzung aus
dem 13. Jahrhundert gelesen
hatte – zwei Jahre nach dem
von ihm vorhergesagten, aber
nicht eingetroffenen Weltuntergang.[12] Er missbilligte den

Albrecht Dürer: Zeichnung Süleymans, 1526

Koran als ein Lügengespinst, das sich nur unwesentlich von den papistischen Reli-
gionsprinzipien unterscheide. Fuchsteufelswild muss er gewesen sein, als ihm von
den habsburgischen Diplomaten, die mit Süleyman Friedensverhandlungen führten, berichtet wurde, der Sultan habe sich angelegentlich nach seinem Alter erkundigt. Luther war damals 48 Jahre alt. »Schade, dass er nicht jünger ist. Dann hätte er

in mir einen gnädigen Herrn gefunden«, soll Süleyman gesagt haben. Als Luther das hörte, habe er ein Kreuz geschlagen und erschreckt ausgerufen: »Möge Gott mich vor einem solch gnädigen Herrn bewahren.«[13]

Gefälschte Briefe

Die Aufregung über Süleymans zunehmende Machtposition in Europa entstand zu einer Zeit, in der es um die Einheit der christlichen Gemeinschaft nicht gut bestellt war. Befürworter und Gegner der Kreuzzüge fielen übereinander her. Der Ablasshandel und der moralische Verfall im Umfeld des Heiligen Stuhls waren anhaltender Kritik ausgesetzt. Eine Spaltung der Kirche schien unabwendbar. Kein Tag verging, ohne dass in Europa irgendwo Krieg geführt wurde, nicht aus religiösen Gründen, sondern aus Gier nach Beute und Landbesitz, und nicht gegen die Türken, sondern gegen die eigenen christlichen Glaubensbrüder.

In der Türkendebatte standen die römischen Kirchenväter an vorderster Front. Immer wieder, Jahrhundert um Jahrhundert, hatten die Päpste zu Kreuzzügen aufgerufen, um das Heilige Land und das frühere Byzanz von den Jüngern Mohammeds zu säubern. Heilige Jahre waren dazu genutzt worden, mit Ablasshandel und Spenden Geld für Kreuzzüge zu sammeln, die niemals stattfanden. Der letzte Versuch im Jahr 1272 Jerusalem von den Muslimen zurückzuerobern, hatte sich als vollkommener Fehlschlag erwiesen. Unmittelbar nach der Eroberung Konstantinopels im Jahr 1453 »entlarvte« man den Propheten Mohammed als den großen roten siebenköpfigen Drachen mit den zehn Hörnern, der im 12. und 13. Kapitel der biblischen Offenbarung beschrieben wird. Papst Kalixt III. ließ in allen Gemeinden die sogenannten Türkenglocken läuten, um die Gläubigen vor der drohenden Gefahr zu warnen, und es wurde zu einer allgemeinen Gepflogenheit, in der Kirche eine *missa contra Turcas* zu zelebrieren. Nur mit Gottes Hilfe würde sich die Gefahr abwenden lassen.

Um die Drohung anschaulicher zu machen, schreckten die Kirchenväter nicht davor zurück, von der Kanzel herab fingierte Briefe zu verlesen. Angeblich hatte der Sultan einen dieser Briefe an den Papst geschrieben. In ihm entschuldigt er sich für die Untaten in Konstantinopel, die jedoch notwendig gewesen seien, da er sich als Nachfahre der Trojaner an den Griechen, die für die tragischen Ereignisse im 12. Jahrhundert vor Christus verantwortlich gewesen waren, rächen musste. In einem zweiten gefälschten Brief, der 1479 in Umlauf gebracht wurde, droht der Sultan mit der Vernichtung der gesamten Christenheit. Natürlich hatten die Briefe den erhofften Effekt: Die Bevölkerung spendete großzügig für einen Kreuzzug.

Es gibt noch einen dritten umstrittenen Brief. In ihren Büchern über Süleyman und sein Verhältnis zu Karl V. erwähnen André Clot und Özlem Kumrular einen Brief, mit dem sich Süleyman 1552 angeblich an die Protestanten in Deutschland und den Niederlanden gewandt hatte, um ihnen Hilfe im Kampf gegen die Habsburger anzubieten. Als ich den Historiker Ernst Petritsch in seinem Büro im Haus-, Hof- und Staatsarchiv am Minoritenplatz in Wien nach dem Inhalt des besagten Briefes frage, ist seine Antwort kurz und bündig: »Das ist reine Fantasie. Diesen Brief hat es nie gegeben. Offensichtlich stammt er aus dem Propagandaköcher der Habsburger«, betont Petritsch, ein Kenner des Briefwechsels zwischen Wien und Konstantinopel im 16. Jahrhundert.

Die Kunst des Buchdrucks

Parallel zum osmanischen Vormarsch vollzog sich in Europa mit der Erfindung der Buchdruckerkunst eine Revolution der Kommunikationskultur: In Deutschland machte die neue Gilde der Schriftsetzer Überstunden, um die boshaften Texte der sogenannten Türkenpamphlete zu setzen. Das Wort *osmanisch* kam in diesen Hetzschriften kaum vor. Süleyman tauchte nur selten auf und wenn, dann meist in skurrilen Darstellungen. In den Texten ging es, wie mir der ungarische Soziologe Pál Tomás erklärt, um Ethnizität. Die Türken waren Fremdkörper. Sie stammten nicht aus Europa. Sie waren grob, barbarisch und ungläubig und somit das Gegenteil eines guten Christen.

Bücher, päpstliche Bullen und Flugschriften mit antitürkischen Texten fanden in ganz Europa Verbreitung. Die sogenannten *Türkendrucke*, in denen die Gräueltaten der Türken bis ins Detail beschrieben wurden, trugen viel zu der Entwicklung eines stereotypen Türkenbildes bei. »Der Terror verbreitende türkische Reiter mit seinem detailgetreu dargestellten Turban und seinem enormen Schnurrbart galoppierte die Fahne mit dem Halbmond schwenkend und die Lanze zum Aufspießen christlicher Babies in der Hand über die bedruckten Papierbögen«[14], schreibt die Nordamerikanerin Amanda Wunder in ihrem Buch über das Türkenbild. Je spektakulärer die

Geschichte war, desto besser verkaufte sie sich. Darin sind vielleicht erste Ursprünge der späteren Sensationspresse zu erkennen.

Ohne den Namen Erasmus zu erwähnen, äußert Carl Göllner, der intensiv zu den Türkenpamphleten geforscht hat, Kritik an der Art und Weise, in der das damalige Europa die ursprüngliche Herkunft der Türken ausfindig machen wollte.[15] »Manche Humanisten versuchten, die Türken mit den Skythen zu identifizieren, einem Nomadenvolk aus Zentralasien, das als sehr wild galt. Die Türken sollten auf diese Weise aufgrund ihrer Herkunft als die neuen Barbaren gebrandmarkt werden, um so den Kampf gegen sie zu rechtfertigen«, schreibt Göllner in seinem Buch *Die Türkenfrage in der öffentlichen Meinung Europas im 16. Jahrhundert.* Sein Fazit lautet daher ganz richtig: »Jeder Vorwand, die Türken in ein möglichst schlechtes Licht zu setzen, war damals willkommen.«[16]

Aus Archivstudien wissen wir mittlerweile, dass im 16. Jahrhundert 2.460 Türkenpamphlete gedruckt worden sind, 1.000 davon in deutscher Sprache. Es gab damals mehr als doppelt so viele Bücher über die Türken wie über den neu entdeckten Kontinent Amerika. »Dass die in diesen Druckwerken erwähnten Barbareien keine spezifische Eigenschaften der Türken, sondern allgemeine Charakteristika der Kriegsführung zu dieser Zeit waren, haben nur wenige der Menschen, die zu einem Türkenkrieg aufriefen, begriffen«, meint Göllner. »Die Hetzkampagne wurde ohne jeden Skrupel fortgeführt, ohne dass man die tatsächliche Situation kannte. Man darf die Aggression der Türken und die Bluttaten bei Eroberungen von Befestigungen natürlich nicht schmälern. Doch es geht darum zu zeigen, wie die kirchlichen Massenmedien ein negatives Bild von den Türken aufbauten.«

Zur Entwicklung anti-türkischer Vorstellungen griff man auch auf die bildende Kunst zurück. In Gemälden von Hieronymus Bosch, Pieter Brueghel und Frans de Grebber ist die rote türkische Flagge mit dem Halbmond (jedoch ohne den Stern) zu sehen. Zunächst galt die Mondsichel in der Ikonografie als ein Verweis auf Wollust und Unzucht. Mit der Zeit verlagerte sich diese Symbolik auf die Türken. 1530 erschienen in Deutschland einige Kupferstiche von Erhard Schön, einem Schüler Dürers und Anhänger Luthers, die Darstellungen eines türkischen Marktes zeigen, auf dem nackte christliche Sklavinnen und zerstückelte Kinder verkauft wurden. Das war reine Propaganda. Schön war nie in der Türkei gewesen, ebenso wenig wie der Wiener Bischof Johann Faber.[17] Inspiriert von Schöns Darstellungen verurteilt Faber die Türken mit den Worten: »Niemand ist wilder als ein Türke, der weder Alter noch Geschlecht schont und jung und alt mittendurch spaltet.« Doch der Bischof warnt auch vor Missständen in den eigenen Reihen. Der Alkoholmissbrauch stellte im habsburgischen Heer ein großes Problem dar. Faber bemerkt dazu: »Wie kann jemand, der sich im Rausch kaum mehr auf den Füßen halten kann, gegen die nüchternen Türken kämpfen?«

Über Pamphlete und Traktate hinaus diente die Kunst des Buchdrucks auch der Verbreitung von Berichten und Briefen von Diplomaten, Reisenden, Pilgern und Soldaten, die in Gefangenschaft geraten und später wieder befreit worden waren. Die Werke Georgs von Ungarn und Bartholomäus Georgievics, die beide mehrere Jahre als Kriegsgefangene in der Türkei verbracht hatten, wurden zu »Bestsellern«.[18] In ihnen charakterisieren sie die Türken mit einer Metapher, die auf den nahenden Weltuntergang anspielte, als eine »verwerfliche Sekte«. Die Tendenz glich sich in all diesen Druckschriften: Ihr Ziel bestand darin, den Leser vor der *Türkengefahr* zu warnen. Dieser Begriff fand im deutschen Wortschatz rasche Verbreitung. »Dennoch prägt [er] bis heute das Vokabular vieler Darstellungen, in denen unmerklich die Osmanen und die Habsburger mit zweierlei Maß gemessen werden«[19], schreibt Almut Höfert dazu bemerkenswerterweise in ihrer Studie über die »Türkengefahr« im 16. Jahrhundert. Während man die habsburgische Idee einer universellen christlichen Monarchie als legitim erachtete, empfand man die osmanischen Bestrebungen als Bedrohung.

In Konstantinopel kursierten keine Pamphlete, Bücher, Traktate, Dialoge oder Diskurse, die die *giaur* oder *gavur,* wie die ungläubigen Europäer genannt wurden, verunglimpften. Die Aufgabe von Süleymans Hofchronisten bestand darin, ihn auf seinen Feldzügen zu begleiten und die glorreichen Taten des Herrschers in ihren Chroniken zu verewigen. Neben der *Süleymannâme* von Arifi ist *Tabakät ül-Memalik ve Derecat ül-Mesalik (Die reichen Klassen und die Zustände auf den großen Straßen)* von Mustafa Çelebi Celâzade, der auch Koça Nisanci genannt wird, ein viel zitierter Bericht. Doch diese handgeschriebenen Bücher waren nur für den internen Gebrauch bestimmt.

Unter den türkischen Reisenden, Diplomaten oder in Gefangenschaft geratenen Janitscharen gab es im 16. Jahrhundert niemanden, der nach einem Aufenthalt in Europa das Leben der Europäer beschrieben hätte. Dass Süleyman dennoch auf dem Laufenden blieb, verdankte er der Arbeit von Spionen und reisenden Botschaftern. »Schreiben Sie Ihrer Signoria sofort und fragen Sie sie, ob sie herausfinden will, was die Fische auf dem Meeresgrund tun, und berichten Sie über die spanischen Flotten in ihren Häfen. Tun Sie es rasch«, lautete die wie ein schneidender Befehl klingende Bitte an den venezianischen Botschafter, als Süleyman 1533 darüber nachdachte, Italien zu überfallen. Gewöhnlich blieb es jedoch bei Berichten über die politische Lage in Europa, über Truppenverstärkungen und Truppenverlegungen. Der Sultan hatte nicht um Beschreibungen der Sitten und Gebräuche der Franken oder der Malerei im Habsburgischen Reich gebeten.

Stefan Schreiner, der die osmanischen Chroniken in seinem Buch *Die Osmanen in Europa* einem systematischen Vergleich unterzieht, schreibt diesen geringen Informationsstand dem Mangel an Informationsmöglichkeiten und der fehlenden Einsicht in den Zusammenhang von Ereignissen und Entwicklungen auf der politischen Bühne zu.[20] Außerdem stand in Konstantinopel keine Druckerpresse zur Verfügung, um etwaige Pamphlete über europäische Sitten und Gebräuche zu vervielfältigen. Am 14. Dezember 1727 verließ das erste Buch in osmanischem Türkisch die Druckerpresse. Im gleichen Jahr gründete Ibrahim Müteferrika, ein zum Islam bekehrter Ungar, in Konstantinopel einen Verlag.[21] Zwar waren dort zuvor schon kleinere Druckerpressen im Einsatz gewesen, doch wurden sie nur geduldet, wenn die Druckschriften oder Bücher für jüdische, griechische oder aus Syrien stammende christliche Immigranten bestimmt waren. Dass das muslimische Volk lange Zeit ohne das gedruckte Wort auskommen musste, wird übrigens gemeinhin sozialökonomisch begründet, wobei der Widerstand der religiösen Autoritäten und der Kalligrafen- und Miniaturmalergilden entscheidend war. Letztere fürchteten, dass ihre Arbeitsplätze durch die Konkurrenz der Druckerpresse in Gefahr geraten könnten.

So kam es, dass man eine aus dem 15. Jahrhundert stammende Erzählung des türkischen Autors Katip Oruç in der Türkei erst Jahrhunderte später kennenlernte. In dieser warnt er vor der barbarischen Wildheit des Feindes, der Albaner aus dem nördlichen Albanien. »Ein schreckliches Volk«, schreibt Oruç. »Die Menschen dort sind wild und blutrünstig und wissen nichts von Religion und Frömmigkeit, von Gebet und Gottesdienst; sie kennen keine Gnade, keinen Glauben und keine Treue. Sie sind Gottlose und Heiden. Dreckskerle sind sie, denen das Schurkenblut durch die Adern rinnt.«

Die christliche Republik

Die Kunst des Buchdrucks und die anti-türkische Propaganda hatten noch eine weitere politische Auswirkung. Die ständigen Hinweise auf die Türkengefahr lenkten die Aufmerksamkeit von den internen Konflikten im christlichen Europa ab. Indem man die Türken systematisch zu Feinden des Christentums stilisierte, wurde Sultan Süleyman zu einem stabilisierenden Faktor der europäischen Innenpolitik. Trotz der fortwährenden Querelen und Kriege entwickelte sich teilweise sogar ein Gefühl kontinentaler Verbundenheit. Im Kampf um die Zukunft Ungarns wurde Europa plötzlich als Domäne des bedrohten Christentums wahrgenommen. Der Islam stellte eine Gefahr für den gesamten christlichen Kontinent dar. Das Christentum in Europa veränderte sich. Oder wie Paul Coles es in seinem Buch *The Ottoman Impact on Europe* ausdrückt: »Das christliche Element wandelte sich zu einer säkularen Identifikationsvorstellung.«[22]

Eine der ersten Gelegenheiten, Europa als politische und kulturelle Einheit darzustellen, als eine Zivilisation, die sich von dem, was anderen angeblich fehlte, abgrenzte, ergab sich am 22. Januar 1543 in Köln. An diesem Tag hielt der spanische Arzt und Humanist Andrés Laguna seinen *Discurso de Europa*.[23] Aufschlussreicher ist der Untertitel, in dem Europa als beklagenswerter Kontinent verurteilt wird: *Europa, das sich auf elende Weise selbst quält und sein eigenes Missgeschick bejammert.* Seine Rede hielt er zu einem Zeitpunkt, zu dem Europa gespaltener war als je zuvor. Karl V. war in seinem Bemühen, einen Kreuzzug gegen die Türken zu führen und die Einheit der Kirche zu wahren, gescheitert. Luther war 1521 mit dem Bann belegt worden. In England vollzog sich ein Schisma, als sich Heinrich VIII. 1534 aus opportunistischen Gründen (der Papst hatte ihm die Zustimmung zu seiner Scheidung und neuerlichen Eheschließung verweigert) zum Oberhaupt der anglikanischen Kirche erklärte. Vier Jahre später sollte er, ebenso wie Luther, vom Papst exkommuniziert werden.

In der allgemeinen Wahrnehmung wurde Europa, ebenso wie Asien und Afrika, bisher nur als eine geografische Größe gesehen. In seinen Warnrufen vor der drohenden Gefahr aus Anatolien hatte Enea Silvio Piccolomini, der spätere Papst Pius II., Europa als ein Konglomerat von Ländern und Städten dargestellt. »Wir haben in Europa noch nie eine Stadt oder ein Gebiet verloren, das mit Konstantinopel vergleichbar wäre«, lauten seine mahnenden Worte. »Wenn Ungarn besiegt oder zu einem

Bündnis mit den Türken gezwungen wird, werden weder Italien noch Deutschland sicher sein und der Rhein wird den Franzosen nicht länger Schutz bieten.«

Laguna stellte Europa in einen neuartigen Kontext. In seinem Kölner Diskurs bezeichnet er den Kontinent zweimal als »Republik der Christen«, womit er deutlich machen wollte, dass Europa mehr als ein geografischer Begriff war. Erst im späten 16. Jahrhundert sollten andere, vor allem protestantische Kreise, seinem Beispiel folgen und das Wort *Christenheit* durch den Begriff *Europa* ersetzen. Trotz der Feindseligkeiten zwischen Protestanten und Katholiken wurde der Kontinent mehr und mehr als eine Nation Gleichgesinnter mit gemeinsamen moralischen, kulturellen und politischen Werten angesehen, als eine Zivilisation, die sich der vermeintlichen türkischen Barbarei widersetzen musste.

Laguna, der wie Juan Luis Vives zu den ersten spanischen Humanisten gezählt wird, blieb seinem Herrscher im Gegensatz zu Vives treu. Laguna war der Auffassung, dass Kaiser Karl als Verteidiger des Christentums dem Kampf gegen die Türken die höchste Priorität einräumen müsse. *Unicum exemplar fidei Christiani, uere unicum promptuarium,* nannte Laguna ihn. Der Kaiser war als Einziger in der Lage, den wichtigsten Feind aus den Grenzregionen zu vertreiben und damit in den »christlichen Republiken« Frieden einkehren zu lassen.

Obwohl die Autorschaft des Buches *Viaje de Turquia (Türkische Reise)* umstritten ist, beharrt der französische Historiker und Erasmuskenner Marcel Bataillon hartnäckig darauf, dass Laguna dessen Verfasser ist. Ganz im Stile Erasmus' geht es um einen Dialog zwischen drei Männern, von denen einer, Pedro de Urdemalas, aus der Türkei zurückgekehrt ist. Auch in diesem Buch werden die Türken als die größte Gefahr für das Christentum dargestellt. Laguna spricht dabei ein Detail an, das erst viel später auf Resonanz stoßen sollte: Wenn der Kaiser nicht so stark von den internen Streitigkeiten zwischen Protestanten und Katholiken in Anspruch genommen worden wäre, hätte er der türkischen Bedrohung schon längst ein Ende bereitet. Oder anders formuliert, gerade die Spaltung der »christlichen Republik« sei schuld daran gewesen, dass letztlich die gesamte Christenheit in Gefahr geriet.

Der spanische Kulturhistoriker Joseph Pérez, der Lagunas Werk erforscht und analysiert hat, weist darauf hin, dass sich der Autor von *Viaje de Turquia* nicht zu der Möglichkeit eines Kreuzzuges geäußert hat. »Er erörterte das türkische Problem nicht von einem ideologischen Standpunkt aus, sondern auf realistische Weise: Er hielt es für legitim, eine Entgegnung auf eine nicht zu tolerierende Bedrohung der

Freiheit, des Wohlergehens und der Sicherheit der Menschen zu suchen. Er wollte keine Türken in Europa. Nicht aufgrund der christlichen Kreuzzugsideologie gegen die Ungläubigen, sondern von der Vorstellung geleitet, dass ein Europa, das gerade das mittelalterliche Christentum überwunden hatte, wieder in dieses Zeitalter zurückzufallen drohe, wenn den Türken der Vormarsch gelänge.«

Gleichwohl erwähnt Laguna in seinem ›Reisebuch‹ auch positive Eigenschaften der Türken. Waren sie Barbaren? »Wir sind barbarischer«, lässt er einen seiner Akteure sagen. »Türken sind keine Faulenzer. Sie trinken nicht. Sie sind nicht hinter den Frauen her und spielen nicht. Sie sind reinlicher als die Spanier, die sich von der Geburt bis zu ihrem Tode nicht mehr als einmal waschen. Sie sind, was Almosen angeht, in der Regel freigiebiger als die Christen und haben darüber hinaus einen Sinn für die Justiz und die Religion.«

Laguna war nicht der Einzige, der neben der Flut negativer Eigenschaften auch Positives an den Türken entdeckt hatte. In einem seiner Briefe äußerste sich van Boesbeeck lobend über die türkische Vorgehensweise zur Besetzung hoher Regierungspositionen. »Ämter aber und Stellen verteilt der Sultan selbst. Dabei achtet er nicht auf Reichtum, nicht auf den Dunst des Adels, nicht auf jemandes Ansehen oder auf das Urteil der Menge, sondern die Verdienste erwägt er, Sitten, Begabung und Eignung sieht er an; nach seiner Tugend wird jeder ausgezeichnet. So kommen die geeigneten Männer in die Ämter, so hat dort jeder seine Herkunft und sein Schicksal in der Hand und mag es selbst gestalten. So sind bei diesem Volk die Würden, Ehren und Ämter Lohn für Tugend und Verdienst; Unredlichkeit, Feigheit und Trägheit werden mit keiner Ehre vergolten. Bei uns lebt man nach anderen Sitten: der Tugend ist kein Raum gelassen, alles wird der Geburt zubetraut; nach der Achtung vor der Geburt werden alle Wege zur Ehre besetzt.«[24]

In seinem Traktat über die Sitten, die Gebräuche und den schlechten Charakter der Türken konstatiert Georg von Ungarn, dass die Türken nicht so missionarisch wären wie die Christen: »Die Türken zwingen niemanden, seinem eigenen Glauben abzuschwören.«[25] Guillaume Postel, ein französischer Reisender dieser Zeit, der zweimal vom Sultan empfangen wurde, lobte die Schnelligkeit und Fairness der türkischen Justiz, die er mit »dem amoralischen und korrupten Charakter der französischen Gerichte« verglich.

Obwohl die Venezianer in den Türken die größte Bedrohung ihrer Handelsrouten sahen, sprach man in der Dogenstadt mit Bewunderung und Faszination über das politische System, schreibt die französische Islamspezialistin Lucette Valensi in ihrem Buch *Venise et la sublime porte*. »Es war ein System, in dem alle Teile gleichberechtigt einem Zentrum untergeordnet waren, in dem, mit anderen Worten, eine Struktur herrschte, in der alle Ebenen der Hierarchie voneinander und sie alle zusammen wiederum von der Spitze abhingen. Das Osmanische Reich bildete so ein eindruckvolles Gebäude, dessen Architektur den von Palladio formulierten Schönheitsprinzipien entsprach.«[26]

Die Besessenen

Dass die Türken im 16. Jahrhundert in Europa als grausam galten, hatte noch eine andere Ursache. Zu einem nicht unbedeutenden Teil beruhte ihr Ruf auf der taktischen Ausrichtung der Vorhut des osmanischen Heeres. Diese Vorhut bildeten die Akinci, eine Armee rauer Gesellen, die unter absoluter Missachtung menschlichen Lebens und in der besten Tradition mongolischer Horden mordeten, vergewaltigten, Brände legten und in den Grenzgebieten des Osmanischen und Habsburgischen Reiches gewaltige Panik hervorriefen. Aber Türken gab es unter ihnen kaum.

Die Akinci, die dem Befehl regionaler Kommandanten aus den Grenzgebieten unterstanden, wurden vornehmlich unter Freiwilligen aus Bosnien, Serbien, Kroatien und Albanien rekrutiert. In der türkischen Umgangssprache wurden sie *deli* genannt, die Besessenen. Die Franzosen nannten sie »Männer mit der Sturmsense«; die Deutschen sprachen von *Rennern und Brennern*. Auf ihren kleinen schnellen Pferden stürmten sie mit leichten Waffen (Krummschwert sowie Pfeil und Bogen) durch die Dörfer und steckten sie nach ihren Plünderungen und Morden in Brand. »Sie sind wie Regentropfen, die aus den Wolken herabprasseln«, hatte ein türkischer Janitschar, der an den Feldzügen Mehmeds II. teilgenommen hatte, in seinem Tagebuch geschrieben. »Sie stehlen alles, was in ihre Reichweite gelangt. Sie morden und richten eine derartige Verwüstung an, dass an diesen Orten jahrelang kein Hahn mehr kräht.«

Das häufig gehörte Argument, die Akinci müssten Muslime gewesen sein, weil ihnen das Tragen von Waffen andernfalls nicht erlaubt gewesen wäre, entspricht nicht den Tatsachen. Denn diese Regelung zum Waffengebrauch betraf nur Soldaten, die innerhalb der Grenzen des Osmanischen Reiches kämpften, die Akinci zogen aber außerhalb zu Felde. Sie fielen also nicht unter die Rechtsprechung der Hohen Pforte und deshalb war ihnen eigentlich alles erlaubt.

In ihrer Wildheit und Aggressivität standen die Akinci den christlichen Armeen, die sich etwa zur gleichen Zeit im Plündern und Brandschatzen ergingen, in nichts nach. Einige »Höhepunkte«: Im Juli 1517 wurde die Bevölkerung des niederländischen Asperen vom Piratenheer *De Zwarte Hoop* (Der Schwarze Haufen) unter der Leitung des westfriesischen Rebellen Pier Gerlofs Donia, der den Beinamen Grutte Pier (Großer Peter) trug, niedergemetzelt. Auch die Armee von Maarten van Rossum, die in der ersten Hälfte des 16. Jahrhunderts in den Niederlanden wütete, war für ihre aggressiven Plünderungen berüchtigt. »Das Brandstiften ist die Zierde des Krieges«, lautete sein Motto. Wie die Darstellungen von Jan Cornelisz Vermeyen uns auch heute noch zeigen, artete die Eroberung von Tunis durch das Heer Karls V. im Jahr 1535 in Plünderungen und Gewalttaten aus.

In jenen Jahren wurde Europa auch von der Geißel der Inquisition getroffen. Öffentliche Verbrennungen waren an der Tagesordnung und gerieten zu Volksspektakeln. Im Oktober 1531 wurde in Paris einem Steinmetz, den man der Ketzerei bezichtigte, die Zunge mit einem eisernen Nagel an der Wange festgenietet, bevor man ihn lebendig verbrannte. Zwei Jahre darauf wurden in s'Hertogenbosch zehn Menschen zum Tod auf dem Scheiterhaufen verurteilt, weil man sie verdächtigte, mit Luther zu sympathisieren. Andere enthauptete oder erdrosselte man. In Löwen wurde Antonia von Roesmale 1543 mit einigen anderen lutherischen Frauen lebendig begraben, nachdem man sie der Ketzerei für schuldig befunden hatte. Neun Jahre zuvor hatte man in der Stadt Bolsward im Norden der Niederlande ein Blutbad unter den Wiedertäufern im Kloster Bloemkamp angerichtet. Wer den Überfall überlebte, wurde noch am selben Tag verbrannt. Den Frauen ersparte man diesen Schmerz. Sie wurden ertränkt. »Es wurden gewaltige Gräueltaten begangen. Es gab politische Scharmützel und schreckliche Gewaltausbrüche«, charakterisiert der damalige Ministerpräsident Jan Peter Balkenende diese Periode am 1. September 2005 bei der Eröffnung einer Ausstellung mit Meisterwerken der niederländischen Geschichte im Historischen Museum in Den Haag zusammenfassend.

Als ich den österreichischen Historiker Matthias Pfaffenbichler in Wien auf dieses Thema anspreche, betont er den großen Unterschied zwischen dem »äußerst disziplinierten« osmanischen Heer und den Akinci, die »wild und brutal« agierten, um Panik und Angst zu verbreiten. »Es waren Räuberbanden, die sich vor allem aus Nicht-Muslimen der Balkanländer zusammensetzten, die dem regulären osmanischen Heer in buchstäblichem und übertragenem Sinne das Terrain bereiten sollten«, sagt Pfaffenbichler, ein Experte auf dem Gebiet der Kriegsführung im 16. Jahrhundert. »Da sie keinen Sold erhielten, lebten sie von ihrer Beute. Der Sklavenhandel war für sie am lukrativsten. Sie waren nur an männlichen und weiblichen Sklaven im Alter von 15 bis 35 Jahren interessiert. Wer jünger oder älter war, hatte keinen Markwert und wurde getötet.«

Akinci gab es auch früher schon. Weil sie jedoch vor allem in den Balkanländern angeworben wurden und nach »getaner Arbeit« wieder in ihre Heimatländer zurückkehrten, traten sie erst bei der Schlacht von Mohács im Jahr 1526 richtig in Erscheinung. Auch später, vor und nach der Belagerung von Wien 1529 und beim sogenannten deutschen Feldzug des osmanischen Heeres 1532, waren die Akinci aktiv. Nach Süleymans Rückkehr an den Bosporus führten sie unter der Zivilbevölkerung Razzien bis weit in die Steiermark und nach Niederösterreich durch. Dörfer wurden niedergebrannt, Frauen vergewaltigt, Männer ermordet – kurzum, sie waren eine Bande hemmungsloser Paramilitärs und Söldner. »Letzten Endes war jeder Krieg grausam«, gibt Pfaffenbichler zu bedenken. »Glauben Sie nur nicht, dass die Landsknechte[27] in dieser Zeit ein positiveres Image gehabt hätten.«

Der türkische Zustand

Die jahrhundertelangen Verleumdungen gegen die Türken schlugen sich schließlich auch im Wortgebrauch nieder. Erasmus legte in seinem 1503 erschienenen *Enchiridion militis christiani (Handbuch des christlichen Streiters),* in dem er seine Ideen über das wahre Christentum entwickelte, mit einer bezeichnenden Aussage den Grundstein für den nicht gerade türkenfreundlichen Wortgebrauch. »Einer ist ein Ehebrecher, ein Gottloser, ein Türke. Man verfluche den Ehebrecher, nicht den Menschen; man verwerfe den Gottlosen, nicht den Menschen; man töte den Türken, nicht den Menschen.«[28] »Damit«, erklärt Jan van Herwaarden, »verschiebt sich der Akzent vom äußeren Türken, der als Feind die christliche Welt bedrohte, zu einem ›türkischen‹ Zustand, der jedem Christen innewohnt.«[29]

Auch heute verfügt das Wort *Türke* in verschiedenen europäischen Sprachen über eine negative Bedeutung. Im Spanischen bedeutet *la cabeza de Turco* (der Kopf des

Türken) Sündenbock oder Prügelknabe. Luthers Mitarbeiter Philipp Melanchthon nannte die Türken »rote Juden«. Rot, weil sie wie Bluthunde durch Europa zogen, und Juden, weil sie die Beschneidung von den Juden übernommen hatten. Angesehene Theologen behaupteten hartnäckig, das Wort *Türke* leite sich von *toquere* ab, was »quälen« bedeutet. Wenn ein Franzose *C'est un vrai turc* sagt, will er damit zum Ausdruck bringen, dass der Betreffende kein Mitleid kennt. Jahrhundertelang wurden Kinder in Österreich abends mit den Worten ins Haus gerufen: »Komm, es ist schon dunkel, die Türken kommen.« Die Warnung *Mamma il Turchi* (Mama, die Türken kommen) ist in Italien zu einem geflügelten Ausdruck geworden. Im Deutschen bedeutet *türken* so viel wie jemanden täuschen oder etwas fälschen. Und in seinem Meisterwerk über den Buckligen von Notre-Dame schrieb Victor Hugo 1831: »Ein Türke und eine Fackel genügt, geschriebenes Wort zu vernichten.«[30]

Auch im meistverwendeten niederländischen Wörterbuch, dem *Grote van Dale,* finden sich noch Wortspiele, die sich auf die Türken beziehen. *Aangaan als een Turk* (loslegen wie ein Türke) bedeutet »heftig aus der Haut fahren«, *rijden als een Turk* (fahren wie ein Türke) heißt »schlecht fahren«. Der Begriff *turkenbaan* (Türkenjob) steht für eine schmutzige Arbeit. Ein *Turkenbak* (Türkenbehälter) ist ein Auto, das kaum noch über den TÜV kommt. Vergebens protestierte Sükrü Halûk Akalin, der Vorsitzende des türkischen Sprachinstituts, vor einigen Jahren bei van Dale gegen diese »verletzende Interpretation«. Mit Berufung auf das Diskriminierungsverbot konstatiert der Hochschullehrer nicht zu Unrecht, dass man mit solchen Begriffen »die Feindseligkeit zwischen den Bevölkerungsgruppen schürt und verstärkt«.

Die Türken stehen nach wie vor im Blickfeld der Öffentlichkeit. Im 16. Jahrhundert hatte man mit Gerüchten, Pamphleten, Traktaten und Propaganda einen *odium diabolicum,* einen teuflischen Hass, gegen alles entfesselt, was Süleyman und die Türken betraf; die damals beschworene Türkengefahr hat offensichtlich wenig Aktualität eingebüßt. Soli Özel nennt dieses Phänomen das »Tore-von-Wien-Syndrom« und verweist damit auf die beiden Feldzüge von 1529 und 1683, bei denen die Türken vor den Toren der österreichischen Hauptstadt standen. »Es hat sich kaum etwas verändert. Noch immer herrscht die Vorstellung, die Türkei sei eine Bedrohung, ein zu großes, zu volles und zu islamisches Land. Es geht noch immer um *wir und sie.*«

War Wien das Ziel?

September 1529: Mit einem Mal standen Tausende Kamele vor den Toren Wiens. Voll Angst und Erstaunen schauten die Bewohner, die nicht geflüchtet waren, dem Treiben jenseits ihrer Stadtmauer zu, das eher in ein sommerliches *tableau vivant* eines feierlichen, burgundischen Einzugs in eine flämische Stadt als in die trübe herbstliche Donaulandschaft passte. Man sah Männer mit langen Kaftanen und bunten Turbanen durch die Gegend laufen und bei Westwind waren das Brüllen der Kamele und das Wiehern Zehntausender Pferde bis hin zum Stephansplatz zu hören. Ein paar Tage später war die Stadt von 30.000 weißen Zelten umringt, bestückt mit roten und grünen, meist mit einem Halbmond versehenen Standarten. Es sah aus, als läge Wien plötzlich in Anatolien.

Der Zeltkomplex des Sultans mit seinen farbenfrohen Planen aus Seide und Satin, etlichen Gemächern, deren Fialen mit Knospen aus purem Gold besetzt waren, und den aus Konya mitgebrachten Teppichen ähnelte mehr einem Märchenschloss als einem militärischen Hauptquartier. Für seine Bewachung waren 500 Mitglieder der imperialen Garde abkommandiert. In direkter Nähe befanden sich das Zelt des Großwesirs Ibrahim Pascha und die Unterkünfte von 12.000 Janitscharen. Die übrigen Wesire hatten ihre Zelte in einem Halbkreis um Wien verteilt, an jedem Tor lagerte ein Wesir mit seinen Männern. Auf der anderen Seite der Stadt hatten die Türken die Brücken über die Donau zerstört. Der Handschuh war geworfen. »Genau wie die Wellen des Meeres wird mein Heer nicht aufzuhalten sein«, hatte Süleyman kurz zuvor in einem Brief an den polnischen König geschrieben.

Seither stellt sich immer wieder die Frage, ob Süleyman bei seinem Aufbruch von Konstantinopel am 10. Mai 1529 Wien bereits als Endziel seiner Marschroute im Kopf hatte. Viele Historiker gehen ganz selbstverständlich davon aus, doch konkrete Beweise gibt es nicht. Joseph von Hammer-Purgstall nannte die Militärkampagne einen »ungarischen Feldzug«. Er erläutert jedoch nicht, warum Süleyman den Weg nach Wien im September, nach der Eroberung Budas, eingeschlagen hatte. Dass es dem osmanischen Heer gelang, bis nach Wien vorzurücken, war offenbar Grund genug für die Annahme, dass die Stadt erobert werden sollte.[1] Wien als Hauptstadt einer neuen osmanischen Provinz? Ein Minarett am Stephansdom? Womöglich zwei?

Als ich Matthias Pfaffenbichler, Konservator an der Wiener Hofjagd- und Rüstkammer, in der Neuen Burg aufsuche, bekomme ich eine andere Geschichte zu hören. »Die Türken wollten Wien überhaupt nicht erobern. Und selbst wenn es 1529 dazu gekommen wäre, hätte dies wenig zur Expansion des Osmanischen Reiches beigetragen. Es hätte höchstens zu einer Störung des politischen Gleichgewichts in Europa zugunsten des französischen Königs Franz I. geführt.«

Mit dieser ungewöhnlichen Betrachtungsweise trägt Pfaffenbichler seinen Teil zur Debatte über Süleymans Strategien und Absichten bei. »Wien war damals noch lange nicht die wichtigste Stadt des Habsburgischen Reiches«, konstatiert er. Unrecht hat er damit nicht. Ungeachtet der Schriften mancher Historiker hatte Ferdinand sich 1529 kaum in Wien aufgehalten.[2] Er zog wie sein Bruder Karl V. und der Großvater Maximilian I. mit seinem Hofstaat von Stadt zu Stadt. Wien kam in seinen Reiseplanungen nicht vor. In Zeiten von Pest und Krieg bevorzugte er das weiter westlich an der Donau gelegene Linz. Dort hatte er 1521 die Ehe mit Anna, der Tochter von Wladislaus II. von Ungarn[3], geschlossen und mit dieser Heirat den Grundstein für die spätere österreichisch-ungarische Donaumonarchie gelegt. Und wenn er nicht in Linz war, hielt er sich in Brno oder noch lieber in Böhmens Hauptstadt Prag auf. Dieses Königreich war ihm ebenfalls durch seine Heirat und durch den Tod Ludwigs II. bei Mohács in den Schoß gefallen. Außerdem war Prag die Geburtsstadt seiner Ehefrau, weshalb er dort sein Lustschloss Belvedère bauen ließ.

Es steht außer Zweifel, dass Süleymans vorrückendes Heer wieder einmal einen überwältigenden Eindruck machte. Jahrhunderte später bezeichnet der Historiker Karl Brandi das Heer als eine »so große Streitmacht, als gälte es, endgültig mit der Christenheit abzurechnen«.[4] Aber auch diesmal variieren die Annahmen über die Truppenstärke. In den meisten Quellen geht man von 200.000 bis 250.000 Mann aus. Von Hammer-Purgstalls Schätzungen belaufen sich dagegen auf 120.000 Mann, 20.000 Kamele und 400 Kanonen. Ihm zufolge verfügten die Verteidiger über 16.000 Mann und 72 Kanonen. Pfaffenbichler schließt 200.000 Mann nicht aus, »aber in diese Zahl sind die 100.000 Mann, die für Logistik, Proviant und Transport benötigt wurden, schon eingerechnet«. Wie viele es auch gewesen sein mögen, fest steht, dass eine so große und vor allem exotische Streitmacht in Zentraleuropa nicht mehr gesehen worden war, seit Hannibal im 2. Jahrhundert v. Chr. mit seinen Elefanten die Alpen überquert hatte.

Alle Berichte stimmen darin überein, dass die Soldaten unterwegs mit rauen klimatischen Verhältnissen zu kämpfen hatten. Ununterbrochen regnete es in Strömen. Die Flüsse traten über die Ufer, viele Brücken wurden fortgeschwemmt. Die meisten der gefürchteten schweren Kanonen blieben im Schlamm zurück. Hunderte Soldaten, Pferde und Kamele ertranken. Tagesmärsche von durchschnittlich zwanzig Kilometern wurden längst nicht immer eingehalten. Deshalb kam Buda erst Anfang September, viel später als geplant, in Sicht.

Obwohl die europäischen Herrscher inzwischen über die Truppenbewegungen informiert waren, wiederholten sich die Ereignisse von 1526: Die Sorge war groß, doch niemand griff ein. Wie Ludwig musste sich nun auch Ferdinand selbst um die Verteidigung seines Reiches kümmern. Sein Bruder Karl V. hielt sich zunächst noch in Spanien auf. »Versöhne dich mit Zapolya«, war der einzige Rat, den er Ferdinand erteilt hatte. In Barcelona hatte Karl nach langen Verhandlungen endlich mit Papst Clemens VIII. Frieden geschlossen. Dieser Friedensschluss ebnete den Weg zu einer Verbesserung der Beziehungen, die nach der Plünderung Roms durch Karls Armee im Jahr 1527 ernsthaft gestört gewesen waren. Man gab sich gegenseitig feierliche Versprechen. Der Heilige Stuhl hatte ein Viertel der Kircheneinkünfte für den Kampf gegen die Türken zugesichert. Und Karl hatte seinerseits versprochen, die Christenheit bis zum letzten Atemzug gegen die Angriffe der Ungläubigen zu verteidigen. Für seinen Bruder Ferdinand waren das allerdings nur leere Worte.

Als Süleymans Heer im August 1529 schon ein gutes Stück vorgerückt war, wurde in Cambrai der sogenannte Damenfriede besiegelt. Margaretha von Österreich und Louise von Savoyen vereinbarten die Versöhnung von Karl und Franz. Der französische König sah von seinen Ansprüchen in Italien ab und verzichtete auf seine Lehnsherrschaft über Flandern und Artois. Karl sollte nicht mehr wegen des Herzogtums Burgund aufbegehren. Fast schien es, als könnte es zur Entspannung der politisch schwierigen Beziehungen zwischen den Habsburgern und dem Haus Valois kommen.

Eigentlich hinderte Karl nun nichts daran, seinem Bruder zu helfen – kein Krieg zwischen den christlichen Königen, zudem Frieden mit dem Heiligen Stuhl. Doch er hatte andere Pläne. Als Süleymans Heer schon in der Nähe von Mohács war, ließ Karl sich in Italien mit vielen zahlreichen freudigen Paraden empfangen und versuchte so auf theatralische Weise, in der Poebene seine Macht zu erneuern. Anschließend begab er sich nach Bologna, um gemeinsam mit dem Papst die Details für seine Krönung zum Kaiser des Heiligen Römischen Reiches zu besprechen. Sein Bruder Ferdinand blieb auf sich allein gestellt. Als Einzige stand ihm seine Schwester Maria von Ungarn bei. Sie entsandte 1.500 spanische Elitesoldaten, von denen aber letztlich nur die Hälfte in Wien ankommen sollte, ein Tropfen auf dem heißen Stein.

Anfangs deutete nichts darauf hin, dass Süleyman Wien angreifen wollte. Seine Absichten richteten sich scheinbar wieder einmal auf Ungarn. Im September 1527 hatten deutsche Söldner in Ferdinands Diensten in Buda wieder die Macht an sich gerissen. Das kleine Heer von Zapolya flüchtete und wurde später bei der im Osten Ungarns gelegenen Weinstadt Tokaj besiegt. Im März 1528 wurde János Zapolya von seinem zukünftigen Schwiegervater König Sigismund in Polen aufgenommen, wo er sich in Erwartung besserer Zeiten versteckt hielt; heute würde man sagen, König Sigismund gewährte ihm politisches Asyl.

Unabhängig vom Streit zwischen den beiden Königen Zapolya und Ferdinand, wem die heilige Stephanskrone nun rechtmäßig zustehe, sah Süleyman sich als einzig legitimer Anwärter auf das frühere Königreich. Der Sultan stützte sich dabei auf eine osmanische Eroberungstradition, die in der christlichen Welt unbekannt war: das Recht des Schwertes. Was der Sultan mit dem ihm anvertrauten Schwert des Propheten einmal erobert hat, das gehört ihm. Jedes Dorf und jede Stadt, in denen er sich aufgehalten hatte, deren Boden die Hufe seines Pferdes berührt hatten und in denen sein imperiales Zelt gestanden hatte, gingen automatisch in seinen Besitz über, auch wenn der Sultan sich hinterher zurückgezogen hatte.

»Das Reich ist unser«, hatte Großwesir Ibrahim Pascha geknurrt, als Zapolyas polnischer Gesandter Hieronymus Laski im Januar 1528 nach Konstantinopel gekommen war, um einen Vertrag über Freundschaft und Brüderlichkeit auszuhandeln. Laski meinte, dass Zapolya Ansprüche auf die Burg in Buda geltend machen könnte, aus der er 1527 vertrieben wurde. Ibrahim Pascha reagierte jedoch verärgert. »Wir haben den König erschlagen, seine Königsburg eingenommen, in derselben gegessen und geschlafen. [...] Thöricht sagt man, die Könige seyen Könige durch die Krone. Nicht das Gold, nicht die Edelsteine herrschen [...], was der Säbel erwarb, muß der Säbel behaupten. [...] Wisse, daß wir schärfere Klauen haben als die Falken; wo wir unsere Hände einmal hingelegt, davon ziehen wir nicht ab, es sey denn, daß man sie abhaue.«[5]

Laski, »gleich gewandt in der Führung der Feder und des Schwertes, unruhigen Geistes und wankelmütigen Sinnes«, wie von Hammer-Purgstall schreibt, versuchte sich würdevoll zu verteidigen. »Bei uns krönen die Untertanen ihren König als Zeichen von Treue und Gehorsam«, lautete seine Reaktion. Aber Erfolg hatte er im Topkapi-Palast damit nicht. Am folgenden Tag wurde Laski durch den zweiten Wesir Mustafa Pascha scharf zurechtgewiesen. »Ohne Geschenke bist du also gekommen, nicht um Freundschaft, sondern um Gnade zu flehen«, hatte ihn der Pascha angeherrscht. Abermals erhielt Zapolyas Diplomat eine Lektion in osmanischem Recht des Schwertes. »Sag mir, wie wagte es dein Herr Ofen zu betreten, die von des Sultans Pferdhuf betretene Stätte, den bloß für die Rückkehr unseres Herrn verschonten königlichen Palaste? Unser Gesetz will, daß jeder Ort, wo unseres Herrn Haupt geruht, wo seines Pferdes Kopf erschien, für immer und ewig seiner Bothmäßigkeit unterworfen sey; wenn du ohne Tribut kommst, kommst du von einem Diener. Weißt du nicht, daß unser Herr, einzig wie die Sonne, so Himmel so die Welt beherrscht?«[6]

Trotz dieser Tiraden kehrte Laski als zufriedener Mann zurück, nachdem er beim lebendigen Gott und Jesus dem Erlöser geschworen hatte, dass sein König der Freund von Süleymans Freunden und der Feind seiner Feinde sein würde. Damit hatte sich Süleyman zufriedengegeben. Er dachte in Zapolya einen Handlanger gefunden zu haben, den er brauchen könnte, um seine Befehlsgewalt in Ungarn wiederherzustellen. Siebenbürgen würde unabhängig bleiben, zumindest wenn Zapolya bereit wäre einen Jahrestribut zu zahlen. Im Gegenzug würde er sich wieder König von Ungarn nennen dürfen, sobald Süleyman für klare Verhältnisse gesorgt hätte. Erst später sollte sich zeigen, dass Zapolya mit gespaltener Zunge gesprochen hatte und weniger vertrauenswürdig war, als er es vorgegeben hatte.[7]

Laski durfte also zurückkehren. Ihm wurde freies Geleit gewährt, nicht aber den beiden Gesandten von Ferdinand, die auch über Ungarns Zukunft hatten verhandeln wollen. Sie blieben in den Kerkern am Bosporus zurück und leisteten den Ratten Gesellschaft. Johann Hobordansky (ein Ungar) und Siegmund Weixelberger (ein Deutscher) hatten sich statt in Diplomatie in Arroganz geübt. Sie hatten ihre Forderungen gleich nach ihrer Ankunft hinausposaunt: Unverzüglich sollten die eroberten Gebiete in Ungarn einschließlich Belgrad an Erzherzog Ferdinand zurückgegeben werden. Großwesir Ibrahim Pascha war rot angelaufen, als er die absurde Forderung der beiden Gesandten gehört hatte. »Mit welcher Stirne vermißt sich dein König, sich den *Mächtigsten* zu nennen, angesichts des Kaisers der Osmanen, in dessen Schatten sich die übrigen christlichen Könige empfehlen?«[8], hatte er sie verhöhnt. Auf die mit gepresster Stimme vorgebrachte Frage eines der beiden Gesandten, wer denn diese Fürsten seien, zählte sie der Großwesir auf: die Könige von Frankreich und Polen, der Doge von Venedig und natürlich der Graf von Siebenbürgen. Anschließend merkte er ironisch an, es würde ihn noch am meisten überraschen, dass Ferdinand vergessen habe, Konstantinopel zu beanspruchen.

Nach knapp einem Jahr Haft wurden die beiden Gesandten am 20. März 1529 freigelassen. Süleyman höchstpersönlich gab ihnen Worte mit auf den Weg, die nicht viel Gutes erahnen ließen: »Ihr Herr hat von unserer Freundschaft und Nachbarschaft bislang nichts zu spüren bekommen. Aber das wird sich bald ändern. Sie können ihm berichten, dass ich mit dem Aufgebot aller Kräfte kommen werde und ihm persönlich zurückgeben werde, was er von mir begehrt. Sagen Sie ihm, dass er alles tun sollte, um sich auf unseren Empfang vorzubereiten.«

Meinte der Sultan mit diesen Worten, dass er eine Belagerung Wiens plante? Oder glaubte er Ferdinand in Buda anzutreffen?

Zwei Tagebücher

Vom Feldzug des Jahres 1529 ist ein anonymes türkisches Tagebuch erhalten geblieben. Außerdem zeichnete Ferdinands Kriegssekretär Peter Stern von Labach die Ereignisse aus seiner Sicht auf. Aus dem türkischen Text geht der wahre Grund für den Feldzug nicht hervor. Der Verfasser beschränkt sich auf Tatsachen und kurze Schilderungen der Vorkommnisse, die sich unterwegs ereigneten. Nur wenn der Sultan Besuch bekam, sich die Hand küssen ließ und Geschenke verteilte, berichtet er etwas ausführlicher darüber.

Gleich auf den ersten Seiten werden die schlimmen klimatischen Verhältnisse erwähnt: »Es regnet stark. Es ist so kalt, dass man nicht schreiben kann.« Nach zehn Tagen erreichten sie Edirne. Montag (der 29. Tag): »Ende des Ramadan. Regen. Viele Menschen sind ertrunken. Pferde und Kamele wurden vom Wasser fortgespült und sind umgekommen.« Am 20. Juni kam der Truppenzug in Sofia an. Man erfährt, wo Süleyman sich die folgenden Tage aufhielt, mal am Ufer eines Flusses, mal außerhalb eines Dorfes. Am 14. Juli wurde ein Soldat enthauptet, weil er sein

Pferd in einem Weizenfeld hatte grasen lassen. Eine Woche später brachte ein Bote die Nachricht, dass Schah Tahmasp I. Bagdad angegriffen habe und dass Sulfikar hingerichtet wurde.[9] Am 5. August erreichte man Eszek an der Drau. Dort wurde der kaiserliche Wagen von einigen Ungläubigen angegriffen, »aber die machten sich schnell wieder davon«. Es wurde Befehl gegeben, den Ungläubigen nur Lebensmittel wegzunehmen. Plünderungen und das Legen von Bränden waren verboten, auch Gefangene durften nicht gemacht werden.

Bei Eszek wurde genau wie 1526 eine Brücke über die Drau gebaut. Die starke Strömung erschwerte den Bau und verlängerte den Aufenthalt zusätzlich. Schließlich aber lagen sechs Pontonbrücken nebeneinander. Als die Truppeneinheiten hinübergehen sollten, entstanden Panik und Chaos im Gedränge, weil ein Gerücht besagte, dass die Armee der Ungläubigen in der Nähe sei. Und wieder regnete es wie aus Kübeln. »Das Unwetter ist so heftig und es regnet so stark, dass man es nicht beschreiben kann.« Neun Janitscharen wurden vom Blitz getroffen. Am darauffolgenden Ruhetag wurden ein paar Ungläubige gemeldet. »Sie zeigen ihre Unterwürfigkeit und ihren Gehorsam«, heißt es im Tagebuch weiter.

Am 19. August schloss sich der aus Polen zurückgekehrte János Zapolya gemeinsam mit 6.000 Reitern der osmanischen Streitmacht an. Ausgerechnet in Mohács fand ein pompöses Ritual statt, das später viel Kritik in Ungarn hervorrufen sollte: Zapolya küsste die Hand des Sultans.[10] Der Großwesir, die Wesire, andere Hofwürdenträger, bewaffnete Janitscharen und Sipahi waren dem Protokoll gemäß in und um das Zelt gruppiert. Das Tagebuch erwähnt ein kleines, aber bedeutsames Detail: Als Zapolya zum Sultan geführt wurde, kam ihm dieser drei Schritte von seinem Thron aus entgegen, »eine Geste, die selten zuvor gesehen wurde«. Zapolya erhielt königliche Gaben zur Belohnung, darunter drei Pferde mit goldbestickten Sätteln. »Wieder küsste König János die Hand des Sultans, der direkt danach mit Ibrahim Pascha die Truppen inspizierte.« Am nächsten Tag wird erneut von schweren Stürmen und Regen berichtet. »Versorgungsoffiziere wurden von Ungläubigen überfallen. Bestimmt hundert Mann wurden von ihnen weggeführt.«

Anfang September kam Buda in Sicht. Süleyman gab den Befehl, die Zelte auf dem Weinberg vor der Stadt aufzustellen. Am Sonntag, dem 1. Muharram, dem ersten Tag des neuen islamischen Jahres 936, nahm Süleyman »mit einer Pelzmütze auf dem Kopf« die Burg von Buda in Augenschein. Am nächsten Tag wurden die ersten Schüsse abgefeuert. Die Belagerung dauerte kaum eine Woche.[11] »Am Mittwoch ergaben sich die Ungläubigen. Der Sultan konnte nicht verhindern, dass die Janitscharen sich recht vorlaut an ihn wandten, weil sie für die Eroberung belohnt werden wollten. Zwei Truppenkommandanten wurden sogar von Steinen am Kopf getroffen.« Nachdem am Wochenende wieder Ruhe eingekehrt war, ging Süleyman auf die Jagd. Danach fing es erneut zu regnen an.

In Buda wurde Zapolya oder Kral János, wie er im Tagebuch genannt wird, zum zweiten Mal zum König von Ungarn gekrönt. »Alle Wesire lassen sich vor ihm nieder, sobald er auf seinem Weg zum Padischah vorbeikommt«, so der Tagebuchschreiber weiter. Wie durch ein Wunder war die Krone des Heiligen Stephans aus der Schatzkammer des Sultans aufgetaucht. Weil Zapolyas Schatzbewahrer bestechlich war, ging sie kurze Zeit, nachdem Zapolya sie sich aufsetzen ließ, in Ferdinands Besitz über. Nach der Wiedereroberung Budas 1527 durch die Habsburger blieb die Krone dort zurück. Während Süleymans Heer nordwärts zog, war eine Truppeneinheit von Ferdinands Armee im Frühjahr damit betraut, die Stephanskrone aus Sicherheitsgründen von Buda nach Linz zu bringen. Weit kamen sie aber nicht. Unterwegs wurden die Soldaten überfallen und die Krone gelangte wieder in osmanische Hände. So konnte Zapolya sich ein zweites Mal zum ungarischen König krönen lassen.

Süleyman war auf der Jagd, Zapolya wieder vom Grafen zum König aufgestiegen und eine Streitmacht zog laut türkischem Tagebuch auf schnellstem Weg nach Wien weiter. Mittwoch: Gran (Esztergom); Donnerstag: Neudorf; Freitag: Komorn (Komárno); Samstag: Porokon; Sonntag: Raab (Györ). »Die Stadt hat eine besonders schöne Burg, die nicht zu beschreiben ist. Ein Fürst der Ungläubigen wollte die Brücke in Brand stecken, aber das konnten wir verhindern.« Am nächsten Tag erreichte der Truppenzug die Grenze bei Óvár. »Hier betritt der Sultan glücklich das Deutsche Land. Es brechen Scharmützel mit den Ungläubigen aus, von denen einige einen eisernen Harnisch tragen. Ein Einziger wurde gefangengenommen. Den anderen wurden die Köpfe abgeschlagen.«

Am Sonntag regnete es wieder. Der Chronist fügt feinsinnig hinzu, dies sei eigentlich der Tag gewesen, an dem der Sultan traditionsgemäß nach Konstantinopel hätte zurückkehren sollen, um den Problemen, die der Winter mit sich brachte, aus dem Weg zu gehen. Doch Süleyman entschied sich dagegen und machte damit deutlich, dass er vorhatte, bis nach Wien vorzurücken. Aber wollte er die Stadt wirklich erobern? Am 21. September berichtet Labach, dass sich in der Nähe der Stadt 20.000

Akinci aufhielten und dass die Quartiermacher von Süleymans Heer in Sicht wären. »Der Feind verwüstet die Umgebung und sorgt für eine Unterbrechung der Arbeiten an der Verstärkung der Mauern von Wien und verhindert die Lieferung von Lebensmitteln in die Stadt.« Zwei Tage später wurden außerhalb der Stadtmauern 800 Häuser und einige Klöster und Kirchen zerstört, um deren Nutzung durch die Türken zu verhindern. Die letzten eintreffenden Reichstruppen berichteten, ihnen seien unterwegs 5.000 Flüchtlinge begegnet.

Am Montag, dem 27. September, kam Wien in Sicht. Ein großer Teil der Bevölkerung hatte die Stadt bereits verlassen. Um weitere Fluchtversuche zu verhindern, wurden die Brücken über die Donau zerstört. Auch diesmal hatte Ibrahim Pascha das Oberkommando übernommen und das Heer in 16 Bataillone aufgeteilt, damit je ein Bataillon vor jedem Zugangstor Stellung beziehen konnte. Süleymans imperiales Zelt erhielt einen sicheren Platz in der Nähe des Dorfes Simmering, das damals noch einige Kilometer vor Wien lag. Die Belagerung konnte beginnen, auch wenn es ununterbrochen regnete und die Temperaturen sanken. Schon am Anfang des Herbstes spürte man den Winter.

Am 2. Oktober begann die Schlacht. Die schwersten Angriffe der Türken richteten sich gegen das zentral gelegene Kärntner Tor. Aus Angst vor herumfliegenden Trümmern infolge der explodierenden Minenbomben sowie vor Pfeilen und Kanonenkugeln, die täglich über die Mauern geschossen wurden, wagte sich kein Hund mehr auf die Straßen. Nach dem Augenzeugenbericht eines österreichischen Soldaten, der den Türken zufolge wie die anderen eine Rüstung aus glänzendem Eisen trug, soll es den Angreifern gelungen sein, einen Minenstollen bis unter ein Haus an der sogenannten Freyung zu graben – eine Aktion, die heute als »Heidenschuss« umschrieben wird. Ein Bäckergeselle hatte die Minenbombe entdeckt und entschärft. Aber war das auch wirklich so? An der fraglichen Stelle befand sich tatsächlich eine Niederlassung der Bäckerzunft, allerdings lag das Gebäude viel zu weit von dem von türkischen Minenexperten angelegten unterirdischen Gang entfernt. Der Geselle hat die Mine wahrscheinlich in einem anderen Teil der Stadt entdeckt. Und auch dann lässt sich nicht ausschließen, dass die ganze heroische Geschichte vor allem eine Erfindung der Propaganda gewesen ist.

»Nach ein paar Tagen mit kaltem Wetter und beginnenden Scharmützeln wagen die Ungläubigen eine Attacke, die mit dreißig abgehackten Köpfen und zehn Gefangenen endet«, schreibt der türkische Verfasser des Tagesbuchs. »Vier Tage später rollen fünfhundert Köpfe. Von beiden Seiten wird mit Kanonen geschossen, ein paar Tage später explodieren die ersten Sprengladungen des osmanischen Heers, mit denen Breschen in die Verteidigungsmauern geschlagen werden. Es wird heftig gekämpft, weil aber nur wenige Soldaten an dem Gefecht teilnehmen, wird die Festung nicht erobert.«

»Etwa achthundert Soldaten beginnen in den frühen Morgenstunden eine Offensive, die aber in Blut erstickt wurde«, notiert Labach. »Einige Offiziere adeligen Bluts, darunter die Deutschen Wolf Hagen und Georg Steinpeiss sowie der Spanier García Guzman, werden enthauptet, noch bevor die Sonne aufgegangen ist. In dem Chaos, das daraufhin ausbricht, fallen die Köpfe von noch einmal fünfhundert Verteidigern. Aber auch die Türken müssen beträchtliche Verluste beklagen.«

Dirk Coornhert: Stich vom Ende der Türkischen Belagerung Wiens, 1555/56

Einige Tage später konzentrierten sich die türkischen Angriffe erneut auf das Kärntner Tor, diesmal mit mehr Erfolg, denn der Hauptzugang in die Stadt wurde in Brand geschossen. Die Verteidiger konnten durch zu den Breschen geschleppte Baumstämme mit knapper Not verhindern, dass die Türken in die Stadt eindrangen. In den nächsten Tagen führte das osmanische Heer eine Angriffswelle nach der anderen gegen die Mauern aus. Das schwere Kanonenfeuer vonseiten der Verteidiger ließ die türkische Kavallerie Labach zufolge durch die Luft fliegen.

Obwohl das Kanonenfeuer und die Sprengladungen gehörigen Schaden an den Wehranlagen angerichtet hatten, war das Heer zu keinem entscheidenden Angriff imstande. »Es ist offensichtlich, dass die Angst vor einem Mangel an Lebensmitteln umgeht«, schreibt der türkische Chronist am 12. Oktober. Manche dachten schon über eine Rückkehr nach Hause nach. Der »Tag des Kasim«, traditionell der letztmögliche Tag für den Rückzug des Heeres nach Konstantinopel, war schon vergangen.

In seinem Tagebuch schildert Labach exakt, wo die Breschen geschlagen wurden, wie vernichtend Minen und Kanonen wirkten und an welchen Stellen die Türken in die Stadt vorzudringen versuchten. »Der Augenblick ist gekommen, an dem sich Wien in größtmöglicher Gefahr und Bedrängnis befindet«, lautet seine düstere Schlussfolgerung. Angesichts der Berichte einiger Spione erwartet er die entscheidende Offensive für den 14. Oktober. Labach behält Recht. Süleyman hatte demjenigen, der an diesem Tag als Erster die Flagge mit dem Halbmond auf der Verteidigungsmauer hissen würde, eine stattliche Belohnung versprochen.

Der 14. Oktober, ein Donnerstag, war dem türkischen Tagebuch zufolge »der Tag, an dem die Sonne ins Sternbild des Skorpions wandert«. »Es werden zwei Pulverminen zur Explosion gebracht. Jetzt müssen zwei Breschen gesprengt werden, um den Durchgang in der Mauer zu vergrößern. Dem Padischah wurde gemeldet, dass König Ferdinand sich nicht mehr in der Burg aufhielte.[12] Den in der Burg Zurückgebliebenen wird Gnade versprochen, vorausgesetzt, sie kapitulieren.« Doch offenbar geschah daraufhin nichts Besonderes. Einigen Verteidigern gelang es dennoch, zwei Pferde und drei Kamele zu rauben. »Der Entschluss, nach Konstantinopel zurückzukehren, steht fest«, schreibt der türkische Chronist.

Auch Labach berichtet, dass am 14. Oktober noch heftig gekämpft wurde und dass sogar eine Bresche von achtzig Metern in die Mauer westlich des Kärntner Tors geschlagen wurde. Um drei Uhr nachmittags wurde der Ansturm beendet. »Wien hat den Angriffen der Osmanen mit Erfolg Widerstand geleistet«, folgert Labach. Zwei Tage später wurden die Zelte abgebrochen. Alle Beys küssten die Hand des Sultans und wurden mit Festgewändern ausgestattet. Ibrahim Pascha erhielt ein mit Diamanten besetztes Schwert, vier Kaftane sowie fünf Beutel mit Münzen. Die übrigen Paschas wurden mit je zwei Kaftanen belohnt. Es begann zu schneien. Innerhalb der ramponierten Wiener Stadtmauern wurden drei gefangen genommene Spione des Sultans geviertelt. Während alle Kirchenglocken läuteten, sang man im Stephansdom ein feierliches Te Deum.

Der Rückmarsch, wie er im türkischen Tagebuch geschildert wird, bietet ein Bild von Chaos und Auflösung. Hunderte Soldaten blieben im Sumpf stecken. Ihr Gepäck, Kleidung und Zelte, ging verloren. Dutzende Karren mit Munition und Kanonen blieben im Morast zurück. Bei der Überquerung von Brücken war das Gedränge so groß, dass es Tote gab. Esel und Kamele ertranken. Ein Teil des Heeres verirrte sich. Zahlreiche Soldaten verhungerten. »Es entstand ein Chaos, als ob der Jüngste Tag angebrochen wäre«, schreibt Evliya Çelebi.

Hinter Edirne – inzwischen war es schon Dezember – wurde der sich auflösende Heereszug vom Frost überrascht. Erst am 16. Dezember 1529 war die Quälerei vorbei. »Am fünften Tag der vierzig kältesten Tage kehrte der Padischah glücklich und mächtig von seinem Wiener Feldzug nach Konstantinopel zurück.« In der *Süleymanname* wird Süleymans Rückkehr als ein ruhmreiches Ereignis dargestellt. »Fünf Tage lang feierte die Stadt seinen Sieg über die Österreicher mit einem Fest. Das Volk jubelte dem Sultan zu, weil er dem Feind so großartig und mächtig Angst eingejagt hat, dass dieser nicht mehr in der Lage war, sich ihm im Kampf zu stellen.«[13]

Die Polemik

Die Belagerung ist Vergangenheit, aber die Polemik dauert an. »Wien zu erobern und es danach zu halten, war nicht das Ziel dieses Feldzugs«, wiederholt Matthias Pfaffenbichler am Ende unseres Gesprächs in seinem Arbeitszimmer in der Neuen Burg noch einmal mit Nachdruck. »Es handelte sich vielmehr um eine Strafexpedition, mit der er den Habsburgern seine militärische Macht demonstrieren wollte. Wenn Süleyman wirklich vorgehabt hätte Wien einzunehmen, hätte er sich zunächst zurückgezogen, wie er es 1526 vor Buda getan hatte.«

Pfaffenbichler findet Zustimmung bei Historikern, die sich eingehend mit Süleymans Militärkampagnen beschäftigt haben. Sie kommen zu dem Schluss, dass den ersten Feldzügen des Sultans nicht immer eine vorab geplante militärische Strategie zugrunde gelegen habe und dass das Endziel erst dann festgelegt worden sei, wenn sich der Feldzug schon ein paar Monate hingezogen hatte.[14] Damit ist allerdings immer noch nicht geklärt, warum Süleyman nach der Eroberung Budas – in einer Zeit, in der der Herbst bereits vor der Tür gestanden hatte und die traditionelle Feldzugsaison ihrem Ende zuging – in Richtung Wien aufgebrochen war.

Informationen, die bei der Beantwortung dieser Frage helfen, findet man in der Historiografie des 17. Jahrhunderts bei Ibrahim Peçevi und Evliya Çelebi. Peçevi stützt sich dabei nicht nur auf das, was ihm sein Vater erzählen konnte, sondern studiert auch die Quellen der »Ungläubigen«. Nach seiner Schlussfolgerung sei nicht Wien, sondern Ferdinand das Ziel des ungarischen Feldzugs gewesen. Er verdeutlicht dies mit einem Vorfall, der sich 1528 ereignete, als der Sultan von dem Gesandten Hieronymus Laski Besuch bekam. Peçevi zufolge hatte sich der Sultan während dieser Unterhaltung besonders über die Rückeroberung Budas durch Ferdinand im Jahr 1527 aufgeregt. »Mit Gottes Hilfe kehre ich im nächsten Jahr selbst zurück und vertreibe ihn aus Buda. Wenn er nicht dort ist, finde ich ihn in Wien. Sollte er uns dort töten und uns die von ihm erwähnten Verteidigungsanlagen wieder wegnehmen, dann soll er dies tun. Wenn ich ihn aber töte, nehme ich auch seine übrigen Festungen ein.«

Hier beginnt das große Missverständnis. Peçevi und Çelebi gehen beim Zusammenstellen ihrer Chroniken von den politischen Verhältnissen des 17. Jahrhunderts aus, als Wien sich bereits zur wahren Hauptstadt des Habsburger Reiches entwickelt hatte. In einer deutschen Übersetzung eines ihrer Werke wird Wien sogar der *Occidentalistsche Kayser-Sitz* genannt. Aber 1529 war Ferdinand noch nicht Kaiser. Davon abgesehen war Wien damals noch keine Hauptstadt und erhielt erst 1558 den Titel Kaiserstadt. Und, was noch am meisten zählte, der Erzherzog hatte sich gar nicht in Wien aufgehalten, auch wenn darüber Gerüchte kursierten. Er befand sich im 200 Kilometer donauaufwärts gelegenen Linz.

Pál Fodor und Géza Dávid möchten den Chroniken von Peçevi und Çelebi jedoch »keinen relevanten Wert« zuschreiben. »Sie sind für uns keine einflussreiche Quelle«, sagt Dávid. Er und Fodor meinen, dass Wien seit den 1520er Jahren das Zentrum des Habsburger Reiches war. »Dort befanden sich die wichtigsten Regierungsgebäude. Wien war die Hauptstadt, ungeachtet von Ferdinands Aufenthaltsort. Nicht zu vergessen, dass Ferdinand in osmanischen Quellen immer der König von Wien genannt wurde«, so Dávid weiter.[15]

Trotz der Ansichten von Dávid und Fodor hält Pfaffenbichler an seiner Theorie vom Pufferstaat fest. Ihm zufolge hatte Süleyman nicht geplant, Wien zu erobern und danach bis zum Rhein vorzurücken, was Ferdinand den deutschen Kurfürsten in hochtrabender Propagandasprache vorgetragen hat, als er versuchte, finanzielle und militärische Hilfe zu erhalten. »Aufgrund der Heiratspolitik der Habsburger schien sich Ungarn zu einem starken Staat zu entwickeln und das war den Türken an ihrer Nordgrenze ein Dorn im Auge. Sie wollten einen Puffer zwischen diesen beiden Reichen schaffen, weshalb sie bereits 1526 nach Buda vorrückten und drei Jahre später bis ins Herz des Habsburgischen Reiches vorstoßen wollten. Doch bei seiner Ankunft fand Süleyman in Wien, ebenso wie in der persischen Stadt Täbris im Osten, eine Grenze für das Osmanische Reich. Aus logistischen Gründen ging es nicht weiter.« Diese Theorie wird von der *Süleymanname* unterstrichen. »Der Sultan hatte nicht die Absicht, Wien zu erobern, wohl wissend, dass die Stadt wieder von Ferdinand eingenommen werden würde, sobald er nach Konstantinopel zurückgekehrt wäre.«

Pfaffenbichler fordert seine Historikerkollegen auf, die Karte von Mitteleuropa einmal gut zu betrachten. »Warum haben sie nicht zuerst Pressburg erobert?«, fragt er nicht zu Unrecht. Bei Esztergom an der Donau hörte das Osmanische Reich auf. Fünfzig Kilometer stromaufwärts liegt Pressburg, wo Ferdinand sich zum König von Ungarn ausrufen ließ. Truppen und Kanonen konnten nur mit Mühe weiter über die Donau transportiert werden. Und hätte der Belagerung Wiens ein weiterer, einen ganzen Sommer dauernder Feldzug in Richtung Linz folgen können? Pfaffenbichler schüttelt nachdrücklich den Kopf. »Wien hatte 1529 wirklich keine strategische Bedeutung. Es war noch nicht die Stadt, die es ein paar Jahre später werden sollte. Historiker können schreiben, was sie wollen, aber ich bin überzeugt, dass es Süleyman einzig darum ging, Zapolya im Sattel zu halten und mit ihm gemeinsam aus Ungarn einen Pufferstaat zu machen.«

Und Süleymans schwere Kanonen? Waren sie nicht für die Eroberung Wiens bestimmt gewesen, auch wenn die meisten unterwegs im Morast zurückgelassen werden mussten? Pfaffenbichler meint: »Nein, die hatte er für Buda dabei. Die Stadt liegt ein Stück höher als Wien und ist deshalb viel schwieriger einzunehmen.« Dass Süleyman nach Budas schneller Kapitulation in Richtung Wien weiterzog, kann laut Pfaffenbichler nur darauf hindeuten, dass er den Erzherzog dort vermutete. Er suchte die direkte Konfrontation mit »dem kleinen Wiener König«.

»Es geht uns um Ferdinand, nicht um seine Untertanen«, lautete die Botschaft an die Verteidiger. Jeder Bewohner und jeder Soldat sollte freies Geleit erhalten, wenn sich die Stadt widerstandslos ergeben würde. Es kam keine Antwort, denn Ferdinand weilte in Linz. »Als ihm bewusst wurde, dass Ferdinand nicht in Wien war, war die Stadt für Süleyman nicht mehr interessant«, urteilt der Wiener Historiker

Ernst Petritsch. Er bezieht sich auf offizielle zeitgenössische Niederschriften. »Darin steht, dass Süleyman den König von Deutschland gesucht hatte, weil dieser sich auch König von Ungarn und damit von Buda nannte. Aber der Sultan hat Ferdinand weder in Buda noch in Wien angetroffen. Darum zog er wieder ab.« Die türkischen Chronisten beharren auf ihrer Version, nach der die Belagerung mit dem Wintereinbruch abgebrochen wurde, aber das Ziel letztlich schon erreicht war: Die Ungläubigen waren bestraft worden. Das sei Süleymans Beweggrund gewesen und nicht die Eroberung und Besetzung Wiens.

Petritschs und Pfaffenbichlers Einschätzungen werden von türkischen Historikern geteilt, die für eine erst kürzlich erschienene Publikation über die Geschichte des Osmanischen Reiches verantwortlich sind. Darin schreibt Professor Kemal Beydilli, dass die Militärkampagne von 1529 zum Schutz Ungarns und nicht zum Angriff Wiens gedacht war. »Weil Süleyman unterwegs aber keinerlei Widerstand von einer feindlichen Armee erfahren hatte, setzte das osmanische Heer seinen Weg bis in die Umgebung von Wien fort, wo dann mit der Belagerung begonnen wurde.« Süleyman wollte den Habsburgern und mit ihnen dem christlichen Europa zeigen, wie weit das osmanische Heer gehen konnte. Allerdings habe diese Absicht das Gegenteil bewirkt, meint Beydilli. »Die Belagerung wirkte sich stark auf den Aufbau einer vereinigten, christlichen Front in Europa aus.«

Die Zeltburg

Die Suche nach Erinnerungen aus der Zeit der Belagerung Wiens liefert recht wenige Ergebnisse. Die oft reproduzierte kreisförmige Karte von 1529 hängt im Wien Museum. Eine Handvoll Pfeile, Schwerter und Dolche sind in der Museumssammlung von Matthias Pfaffenbichler ausgestellt. Ein kleiner Fetzen Stoff von Süleymans Zelt im Wiener Heeresgeschichtlichen Museum erweist sich als ein Stück Zeltplane der Belagerung von 1683. In dem zwanzig Kilometer südlich von Wien gelegenen Perchtoldsdorf gibt es ein kleines, aber feines Osmanenmuseum mit Kopien von Gemälden und Karten, die ein Bild von den Belagerungen der Jahre 1529 und 1683 vermitteln.

In der Stadt selbst erinnert die kleine Plastik eines türkischen Sipahi-Reiters am Eckhaus der Kreuzung von Strauchgasse und Heidenschuss an die Legende vom Bäckergesellen, der eine unterirdische Pulvermine der Türken entschärft haben soll.

Der Tscherkessenplatz soll seinen Namen dem türkischen Reiter Çerkes verdanken, der beinahe die Verteidigungsanlagen der Stadt durchbrochen hat. Schottenring und Kärntner Ring sind Bezeichnungen, die angeben, wo sich die wichtigsten Tore der früheren Festungsanlage befanden. In der Votivkirche aus dem 19. Jahrhundert, auf die die Türkenstraße zuführt, befindet sich das Grabmal von Niklas Graf zu Salm[16], der 1529 die Verteidigung der Stadt anführte. Die Reliefs an seiner Tumba zeigen Szenen der Belagerung. Ein Restaurant mit dem Namen »Zum schwarzen Kameel«, den Türkenschanzpark und ein paar Straßennamen – mehr Reminiszenzen an die Ereignisse von 1529 und die zweite Belagerung von 1683 finde ich nicht in der Stadt.

Doch da gibt es das Schloss Neugebäude in Simmering mit seiner ziemlich bizarren Geschichte. »Bei der vierten Haltestelle müssen Sie aussteigen«, empfiehlt mir der Busfahrer, als ich nach meiner Ankunft mit der Schnellbahn in Simmering in den Bus steige, der mich zum Schloss bringen soll. Zu Süleymans Zeiten war Simmering ein Dorf, das etwas weiter als ein Kanonenschuss von Wien entfernt lag, heute ist es ein mit der Stadt zusammenge-wachsener Vorort. Als ich bei der vierten Haltestelle austei-ge, stehe ich im Niemandsland an einer Durchgangsstraße mit viel Verkehr. Hier und da befinden sich ein paar Häuser, ein Mann und eine Frau jäten Unkraut. Auf einem an einen Baum befestigten Pappschild steht, hier werden Blumen ver-kauft. Nichts weist auf ein Zelt hin, einzig die Ankündigung, dass Simmering Besuch vom Circus Safari bekomme.

Ich drehe mich um und folge einem schmalen, asphaltierten Weg, der nach 800 Metern an

Die Belagerung Wiens 1529,
zeitgenössischer Kupferstich von Barthel Beham

einer hundert Meter breiten Wehranlage endet; verfallen und umzäunt ähnelt sie in nichts einem Neugebäude. Innerhalb der Absperrung wird ein Open-Air-Kino vorbereitet. Als sich der Zaun für einen Lieferwagen öffnet, schlüpfe ich mit hinein. Allerdings bringt das nicht viel: ein verlassenes Terrain, bröckelnde Mauern, Kahlschlag überall.[17] Und doch bin ich jetzt etwas aufgeregt, da ich an der Stelle stehe, an der im Oktober 1529 Süleymans Zelt aufgebaut war.

Das Wort *Zelt* ist irreführend. Das Beduinenzelt, das der libysche Diktator Gaddafi bei seinen Auslandsreisen zur Verzweiflung der Sicherheitsleute aufstellen ließ, war im Vergleich zu der Zeltburg des osmanischen Sultans nur ein armseliger Bungalow. Einigen Berichten zufolge benötigte man 6.000 Kamele für den Transport des *otagi-i hümayun,* wie das imperiale Zelt damals genannt wurde. Es handelte sich auch nicht um ein einzelnes Zelt, sondern um einen ganzen, nach dem hierarchischen Vorbild des Topkapi-Palastes aufgebauten Zeltkomplex: ein Hof für das Fußvolk, ein Innenhof für die Würdenträger, ein Versammlungs- und ein Speisezelt sowie ein Privatzelt mit Garten für den Sultan. Es sei »insgesamt viertausend Schritte groß« gewesen, heißt es in einer zeitgenössischen Schilderung.

Die Rückkehr nach Konstantinopel stand fest. Der Wintereinbruch hatte Süleymans Quartiermeister daran gehindert, alles einzupacken und auf die Kamele zu schnüren, sodass die Zeltburg in all ihrer Pracht zurückgelassen wurde. Die Habsburger waren romantisch veranlagt. Solch einen mobilen Palast aus Satin, Seide und Baumwolle, mit goldenen Kugeln auf den Zeltmasten hatten sie noch nie zuvor gesehen. Alle Märchen aus *Tausendundeiner Nacht* schienen in der Simmeringer Heide plötzlich wahr zu werden. Hof und Adel erlagen bald dem Zauber der orientalischen Mode und Pracht. Oft wurden in Schlosstheatern Stücke aufgeführt, in denen als Türken verkleidete Schauspieler mit Schnurrbartmasken den Reichtum der Hohen Pforte imitierten. Neben Furcht kam für Süleyman, der von den Österreichern prompt »der Prächtige« genannt wurde, mit einem Mal auch Bewunderung auf.

Fasziniert von den Geschichten, die im Lauf der Jahre die Runde gemacht hatten – eine geheimnisvoller als die andere –, konnte Ferdinands Sohn Kaiser Maximilian II. seinen Hang zu Pomp, Pracht und Prunk nicht länger unterdrücken. Er gab den Auftrag, an der Stelle, an der die Zeltburg des Sultans gestanden hatte, ein Lustschloss zu bauen. Das Schloss wurde triumphierend Neugebäude genannt, so als wäre Süleymans Zeltkomplex das alte Gebäude gewesen. Mit großer Genauigkeit bediente man sich für die Konstruktion der Formensprache des vormaligen Zelts.

Der einzige Unterschied bestand darin, dass der neue Palast aus Ziegeln errichtet wurde. Außerdem wurden 16 Türme hinzugefügt, die Augenzeugenberichten zufolge so schön waren, dass sie die Sinne betörten. Entstanden war also keine Wehranlage zur Verteidigung Wiens in Kriegszeiten, sondern ein großartiges Denkmal zur Erinnerung an den Tag, an dem der Sultan gezwungen war, sein Prunkzelt zurückzulassen.

Ganz im Renaissancestil der *Delizia,* der Lustschlösser der Familie d'Este in Ferrara, wurde hier ein Lustschloss mit immensen Gärten errichtet, in denen zeitgenössischen Berichten zufolge bestimmt 2.000 Gärtner in Livree arbeiteten. Damhirsche, Löwen, Tiger und Rehe sollen frei herumgelaufen sein. Wenn türkische Gesandte im 17. Jahrhundert an ihrem letzten Reisetag von Pressburg nach Wien an Schloss Neugebäude vorbeifuhren, wollten sie immer schnell noch die Mauern berühren. Dabei sollen sie zu Ehren Süleymans und seiner Belagerung Wiens in Tränen ausgebrochen sein.

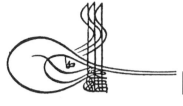

Die Utopie der Weltherrschaft

»Konstantinopel ist der Sitz des Römischen Reiches. Wer Kaiser der Römer ist und bleibt, ist auch Kaiser der ganzen Welt«[1], hatte der griechische Philosoph Georgios Trapezuntios erkannt. Das war allerdings noch vor der Eroberung der Stadt im Jahr 1453. »Der Türkenstaat ist auf der Weltbühne zurzeit der Stärkste«[1], behauptete der französische Humanist Michel de Montaigne knapp einhundert Jahre später. Und wie beurteilt man das heute? »Es gab keine internationalen politischen Aktionen, an der die Osmanen nicht auf die eine oder andere Weise beteiligt waren«, schreibt Halil Inalcik im Rückblick auf die turbulenten Ereignisse des 16. Jahrhunderts. Der osmanische Staat war auf dem politischen Parkett offensichtlich zu einer bedeutenden Macht geworden.

Die osmanische Expansion über drei Kontinente und mehrere Weltmeere lässt sich auf drei Faktoren zurückführen: im militärischen Bereich auf die effiziente Nutzung von Schießpulver, den Einsatz neuer Waffen (u. a. schwerer Kanonen) und auf bessere Schiffe. Außerdem herrschte eiserne Disziplin im Heer. Der Westen erreichte den technischen Kenntnisstand des Osmanischen Reiches erst am Ende des 16. Jahrhunderts, was schließlich große Niederlagen (einsetzend mit der Schlacht von Lepanto im Jahr 1571) herbeiführte und den beginnenden Untergang des Osmanischen Reiches bedeutete. Der zweite Faktor war die Kontrolle über die traditionellen Handelsrouten zwischen Indien und Persien im Osten und Europa im Westen. An dritter Stelle stand die zentralisierte Verwaltung, die unter Süleyman einen hohen Perfektionsgrad erreicht hatte. Anders als im Habsburgischen Reich hatte der Sultan dadurch Zugriff auf alle Einkünfte, die er nach eigenem Belieben und Gutdünken verwenden konnte.

In seinem Drang nach Weltherrschaft fand Süleyman in Karl V. einen Gleichgesinnten – und dieser in ihm. Beide Herrscher teilten die obsessive Neigung, sich an Alexander dem Großen zu messen. Nach der Zerstörung des persischen Weltreiches gut drei Jahrhunderte vor Christus erstreckte sich dessen Imperium vom Nil bis zum Himalaya und vom Balkan bis zum Indischen Ozean. »Es ist ein Reich, dessen Grenzen mit denen des Himmelszelts zusammenfallen«, schrieb man damals. Der Wunsch, diesem Imperium gleichzukommen und es womöglich noch zu übertreffen, war sowohl beim osmanischen Sultan als auch beim habsburgischen Kaiser der Vater des Gedankens. Obwohl jeder der beiden Machthaber bereits über ein Gebiet herrschte, das mindestens so groß wie das Römische Reich war, genügte ihnen das nicht. Es ging nicht nur um Macht und Beute oder die Sicherung der Handelsrouten, sondern vor allem um die unmittelbare Konfrontation von Islam und Christentum, von Dschihad und Kreuzzug.

Beide Herrscher prahlten mit ihren Titeln. Süleyman ließ 1538 nach der Eroberung der Stadt Bender, des heutigen Tighina in Moldawien, feierlich einen Text am Eingangstor der Festung anbringen, der ihn als Sklave Gottes und Sultan dieser Welt bezeichnet. »Ich bin Süleyman, in dessen Name die Hutbe in Mekka und Medina gelesen wird«, konnte man dort etwa lesen. »In Bagdad bin ich der Schah, in den byzantinischen Staaten bin ich der Kaiser und in Ägypten bin ich der Sultan; ich bin es, der seine Flotte in die Meere von Europa, den Maghreb und Indien entsendet.« Im Lauf der Jahre nahm die Herrschaft des Sultans messianische Züge an. Seine Hofchronisten verglichen ihn nicht nur mit Alexander dem Großen, sondern beschrieben ihn auch als »den gerechten Führer, der dem Pfad der heiligen Gesetze des Propheten folgt, von dem er niemals abweicht«. In einem seiner Gedichte fand der Poet Lamii Çelebi die Worte, die der Sultan so gern hörte: »Wir müssen den Tod Alexanders nicht beweinen. Denn dank Allah ist er als Sultan Süleyman zurückgekehrt.« Nur der Sultan war imstande, die Welt von den »Ungläubigen« zu befreien. Er war der legitime Souverän einer Welt, in der es nur eine Religion gab: den Islam.

Die Habsburger, die sich laut Aussage des Briten Paul Coles »weder durch Heldentum noch durch Intelligenz auszeichneten«[2], bedienten sich mit Vorliebe lateinischer Texte, um ihren Anspruch auf die Weltherrschaft zu legitimieren. *Austria est imperium orbis universi,* lautete der Wahlspruch Kaiser Friedrichs III., des Urgroßvaters von Karl V.: Alles Erdreich ist Österreich untertan. *Plus ultra* war Karls Devise: immer weiter. In Gedanken sah er sich in einer Karosse, die von zwei Adlern auf dem Weg zu neuen Eroberungen vorbei an den Säulen des Herkules beiderseits der Straße von Gibraltar zum Ozean gezogen wurde. Sein Sohn Philipp II. ließ Medaillen mit dem Text *Non sufficit orbis,* die Welt ist nicht genug, prägen. Er sah sich selbst als Apollo, als Sonnengott und Lichtsymbol, der mit einem von vier weißen

Pferden gezogenen Wagen in vollem Galopp auf die Sonne zusteuerte, während sich unter ihm Erde und Meere als Weltreich des »gesunden Christentums« erstreckten, dessen Grenzen sich erneut mit denen des Firmaments vereinigen sollten.

Karls Titel beinhaltete 27 Königreiche, 13 Herzogtümer, 22 Grafschaften und neun Herrschaftsansprüche. Als Herrscher »von Gottes Gnaden« nannte er sich unter anderem König von Spanien, Herzog von Brabant und Limburg, Graf von Flandern und Tirol, Herr in Asien und Afrika sowie König von Neuspanien (dem späteren Mexiko) und Jerusalem.

Der letzte, aus dem Erbe seines Großvaters Ferdinand von Aragón stammende Titel hatte zwischen ihm und Süleyman für böses Blut gesorgt. Denn schließlich war der Osmane aufgrund der Eroberung seines Vaters Selim I. Herr und Meister über die heiligen Städte im Nahen Osten. Nicht Karl, sondern Kanuni Sultan Süleyman hatte die Schutzmauern errichtet, die Jerusalem noch immer umgaben.

Euphorisch wurde der habsburgische Monarch als die einzig mögliche Reinkarnation Alexanders des Großen präsentiert. Der Großkanzler Mercurio di Gattinara hatte ihm vor Augen geführt, dass sich ihm mit Genua und Mailand Tür und Tor zur Kontrolle über ganz Italien öffnen würden. Wenn ihre Eroberung gelänge und Rom seinem Einflussbereich angehörte, würde ihm die ganze Welt zu Füßen liegen. In den Fürstenspiegeln über seine »herrlichen und frohen Taten« konnte der Leser erfahren, dass der Kaiser 1529 höchstpersönlich für die Vertreibung der Türken aus Wien verantwortlich gewesen sei. Das war reine Propaganda, denn Karl hatte sich gar nicht in der Stadt blicken lassen. Seit zwei Jahren konnte von herrlichen und frohen Taten überhaupt keine Rede sein: Während Karl sich in Spanien aufhielt, überzog sein Söldnerheer die Stadt des Heiligen Stuhls mit einem endlosen Zug von Gewalt und Plünderungen.

Der Versuch sich an Alexander dem Großen zu messen, erhielt beim Vergleich der Kopfbedeckungen beider Herrscher eine anekdotenhafte Dimension. Dem habsburgischen Kaiser sagte man nach, er trage auf einer eigens für ihn angefertigten Mitra einige Diademe aus Alexanders Besitz. Großwesir Ibrahim Pascha bestand gegenüber seinen europäischen Besuchern wiederum darauf, dass sein Herr einen edelsteinbesetzten goldenen Zeremonienhelm besäße, der direkt von Alexanders Kopf stamme.[3] Süleyman wurde sogar als »großer Thronverteiler der Weltherrscher« bezeichnet, nachdem er seinen Vasallen János Zapolya 1529 wieder auf den Thron des ungarischen Königreiches gehoben hatte.

Mit einer gewissen Geringschätzung veröffentlichte der osmanische Autor Mustafa Çelebi Celâzade die absonderliche Geschichte »des spanischen Königs« Karlo. Denn mehr als diese Königswürde wollte man Kaiser Karl in Konstantinopel nicht zugestehen. »Sie sagen, es sei die Pflicht des Königs, der diese Krone trage, sich andere Könige Untertan zu machen. Nach christlichem Glauben wurde diese Krone aus dem Krummschwert geschmiedet, das der Esel, auf dem Jesus gesessen, trug. Das bedeutet, sie haben sich eines Teils des Krummschwertes bemächtigt, aus ihm eine Art Zipfelmütze gemacht und im Laufe der Zeit wertvolle Steine und Perlen daran befestigt. Damit beansprucht Karlo, der König aller Könige zu sein!«, spottete der osmanische Chronist.

In Gottes Fußspuren

Die Frage, ob Süleyman außer dem Sultans- und Kalifentitel auch den eines *gazi* in der traditionellen Bedeutung des (arabischen) Wortes innehatte, hat unter Historikern, Soziologen, Anthropologen und Theologen zu hitzigen Debatten geführt. Ein Gazi war ein Glaubenskämpfer, bei dem der *gaza,* der Krieg zur Verbreitung des Islams, höchste Priorität besaß. »Der Gazi ist das Schwert Gottes. Er ist der Beschützer und die Zuflucht der Gläubigen«, schrieb man im 15. Jahrhundert. Heute gibt es reihenweise Bücher, Dissertationen, Essays und Artikel über den institutionellen und militärischen Aspekt einer Gesellschaft, die ihr Bestehen vom heiligen Buch des Islams herleitete. Einige der Bewertungen und Perspektiven sind an dieser Stelle relevant. Inalcik nennt das Gaza-Konzept »ein grundlegendes und unveränderliches Prinzip des Osmanischen Reiches«. In ihrem Buch über die Rivalität zwischen Süleyman und Karl betrachtet die türkische Autorin Özlem Kumrular den Dschihad als eines der Grundelemente des islamischen Glaubens, die der Sultan in der Welt verbreiten wollte.[4] Ursprünglich bedeutet der Begriff *jihad* »Anstrengung«, oft gefolgt von den Worten *fi sabil Allah:* »in den Fußspuren Gottes«. »Doch der Koran heiligt die Kriegsführung nicht«, schreibt die britische Autorin Karen Armstrong, eine der bedeutendsten Kommentatorinnen religiöser Fragen, in ihrem Buch über den Islam. »Die Schrift entwickelt zwar die Vorstellung eines gerechten Krieges zur Selbstverteidigung und zur Verteidigung ehrenhafter Werte, sie verurteilt jedoch Mord und Aggression.«[5]

Nach der in Konstantinopel für die Rechtmäßigkeit eines solchen Krieges ange-
führten Interpretation war es erlaubt, mit militärischen Mitteln zeitlich oder räum-
lich unbegrenzt in seinen Anstrengungen fortzufahren, bis die gesamte Welt als ein
islamisches Reich angesehen werden konnte. In diesem Konzept sieht Kumrular
einen entscheidenden Unterschied zwischen dem Dschihad und dem Gaza. »Ers-
terer bezeichnet den als sozialkulturelles, religiöses und politisches Phänomen ver-
standenen Heiligen Krieg, während der Gaza streng genommen seine militärische
Umsetzung ist. Allein die Religion ist Richtschnur allen Handelns. Der Gaza verbie-
tet zum Beispiel die Tötung von am Krieg unbeteiligten Frauen, Kindern, Blinden,
Alten und Priestern jeglichen Glaubens.«

Das Wort *Gazi* wurde zum ersten Mal in einem in Stein gehauenen Text am Tor
einer Moschee im westanatolischen Birgi verwendet. Ob der erste Sultan und Gründer der osmanischen Dynastie der Urheber war, wissen wir nicht, denn aus seiner
Zeit ist kein einziges geschriebenes Dokument überliefert. Osmans Sohn Orhan,
der von 1324 bis 1362 regierte, nannte sich als Erster »Sultan der Gazi«. Etwa einhundert Jahre später bezeichnete Mehmed II. sich ebenfalls als Gazi. Mit Berufung auf
die Scharia entwickelten die sunnitischen Muslime eine vereinfachte Vorstellung
von der Verteilung der Welt. Sie bestand aus dem *dâr al-islam*, dem Haus des Islam,
und dem *dâr al-harb*, dem Haus des Krieges, das in erster Linie den christlichen
Westen bezeichnete. Daneben gab es den Begriff *dâr al-suhl*, das Haus des Waffenstillstands. Er nimmt auf den Koran (Sure 61) Bezug, der besagt, der Muslim möge
dem Wunsch des Nicht-Muslims entsprechen, wenn dieser den Frieden will. Der
türkische Historiker Nuri Yurdusev sieht in diesem Friedenskonzept den großen
Unterschied zwischen Islam und Christentum. Die eine Religion steht der anderen nicht ablehnend gegenüber, zumindest keiner monotheistischen und mit der
Geschichte des Buches, das heißt mit der Geschichte des Alten Testamentes, verbundenen. »Diese Toleranz konnte man dem Christentum nicht nachsagen«, meint
Yurdusev.

Frieden konnte auf zwei Wegen zustande kommen: entweder durch freiwillige Ka-
pitulation oder durch Krieg. Weil das christliche Europa sich gegen die islamische
Expansion zur Wehr setzte, kämpfte das Haus des Friedens gegen das Haus des
Krieges. Jeder Muslim hatte die Pflicht, am *dâr al-harb,* am Heiligen Krieg gegen die
Ungläubigen, teilzunehmen, schreibt Islamkenner Bernard Lewis. »Der islamische
Staat war die einzige legitime irdische Macht. Und die islamische Gemeinschaft war

der einzige Hort der Wahrheit und Erleuchtung, allseits umgeben von der Dunkelheit der Barbarei und des Unglaubens.«

In seinem Essay über den osmanischen Kriegsbegriff führt Mustafa Serdar Palabiyik mehrere Gründe dafür an, warum die Sultane vom 15. bis ins späte 16. Jahrhundert in den Kampf zogen.[6] Die Religion stand an erster Stelle, vor allem in den Kriegen in Zentraleuropa. Als muslimischer Kämpfer verstand sich der Sultan als Diener der Verherrlichung des Islams. Doch während Süleymans Herrschaft kamen auch politische Motive hinzu. Unabhängig von religiösen Doktrinen und Traditionen bewog die Staatenbildung in Europa den Sultan, Allianzen mit den Gegnern der Habsburger einzugehen: Er schloss zunächst ein Bündnis mit Frankreich, seine Nachfolger später mit England und den Niederlanden. Bemerkenswerterweise gab es noch einen dritten Kriegsgrund, den Kemalpaschazâde damals formulierte und als humanitäres Motiv anführte: »Unterdrückte Völker in Europa sollten von ihren Tyrannen befreit werden.«

Der in der Geschichtsschreibung oft zitierte österreichische Historiker Paul Wittek hielt an dem Gaza-Konzept fest. Seiner Auffassung nach waren die Osmanen einzig und allein Glaubenskämpfer. Nicht ihre Rasse verband sie miteinander, sondern ihre religiöse Ideologie.[7] Witteks Zeitgenosse, der türkische Autor Fuat Köprülü, dachte anders darüber. Er interpretierte die militärische Expansion des Reiches als eine unmittelbare Folge des demografischen Drucks auf die türkischen Stämme, die vor dem Heer des Dschingis Khan geflohen waren. Ethnisch betrachtet, waren die frühen Osmanen aus Köprülüs Sicht Türken, eine Eigenschaft, die sie zu einer Ikone der türkisch-nationalistischen Geschichtsschreibung werden ließ.

Inalcik bestätigt das Gaza-Konzept. »Doch der heilige Krieg diente nicht der Zerstörung«, fügt er hinzu, »sein Ziel bestand vielmehr darin, das dâr al-harb, die ungläubige Welt, dem dâr al-islam zu unterwerfen.« Laut Inalcik war und blieb der Heilige Krieg das Grundprinzip des Staates, wobei das Reich sich gleichzeitig auch zum Verteidiger der orthodoxen Kirche und Millionen orthodoxer Christen erhob. »Der Islam garantierte für Leben und Besitz der Christen und Juden, wenn sie gehorsam waren und ihren steuerlichen Verpflichtungen nachkamen. Im Gegenzug stand es ihnen frei, gemäß ihrer eigenen Religion und ihrer religiösen Gesetze zu leben. Das Osmanische Reich konnte sich darum zu einem kosmopolitischen Staat entwickeln, in dem die orthodoxen Christen der Balkanländer mit den Muslimen Anatoliens eine Einheit bildeten.«

In dieser heiklen Diskussion versucht der türkische Historiker Cemal Kafadar das erlösende Wort zu sprechen. Ihm zufolge ließen sich die meisten Historiker und Autoren, die sich mit dem Ursprung des Osmanischen Reiches befasst haben, von den beiden Theorien, nach denen die Osmanen entweder von plündernden Nomaden abstammten oder orthodoxe Anhänger der Gaza-Ideologie waren, in die Irre führen. Sie verwendeten seiner Auffassung nach eine unhistorische, kanonische Definition der Worte *Gazi* und *Gaza*, was dazu führte, dass diese Begriffe mit militantem, religiösem Fanatismus in Verbindung gebracht wurden.

Aus neueren Studien lässt sich schließen, dass Dschihad und Gaza nicht nur einen offensiven, sondern auch einen defensiven Charakter besaßen. »Die Annahme, das Haus des Islams und das Haus des Krieges – das man besser mit Haus der Ungläubigen übersetzt – stünden sich in ewiger Feindschaft gegenüber und alle Muslime müssten deshalb gegen nicht-muslimische Länder Krieg führen, ist nicht länger aufrechtzuerhalten«, meint Kafadar. Seiner Ansicht nach hat sich das Verständnis des Begriffs *Gazi* im Lauf der Jahrhunderte zu einer eher theoretischen Interpretation entwickelt. »Gazi zu sein, gehörte nicht länger zu den elementaren Identitätsmerkmalen eines osmanischen Herrschers. Er war vor allem Sultan, Khan und Cäsar.«[8] Kafadar sagt, es sei an der Zeit, den Ursprung des Gazi-Ethos als historisches Phänomen genauer zu untersuchen, denn das führe zwangsläufig zu der Schlussfolgerung, dass eine Gazi-Gesellschaft nicht exklusiv, sondern inklusiv und flexibel sei.

Vom Krieg leben

In Kâfiristan, im Land der Ungläubigen, wie das christliche Europa in den türkischen Chroniken hieß, wurde Krieg vor allem geführt, um das durch Heiratspolitik Unerreichbare zu erringen: die Erweiterung des Reiches oder einfach Landgewinn. Das 15. Jahrhundert hatte mit dem Hundertjährigen Krieg zwischen England und Frankreich begonnen. Von Papst Julius II. hieß es, er hielte sich öfter auf dem Schlachtfeld als auf seinem Heiligen Stuhl in Rom auf. Französische Truppen drangen 1495 bis nach Neapel vor. 1517, als das Heer Sultan Selims I. Ägypten erobert hatte und das Osmanische Reich zum *cihan devleti* (Weltreich) aufgestiegen war, wütete die Armee des Gelderländer Herzogs Karl von Egmond im südholländischen Asperen. Fortwährend standen sich die Heere Karls V. und Franz' I. gegenüber –

wenn nicht in Italien, dann im heutigen Belgien. In diesen Schlachten und Kriegen ging es um Macht, Beute und Rache. Nur selten spielten religiöse Motive eine Rolle, wie etwa bei der endgültigen Eroberung der iberischen Halbinsel durch Ferdinand von Aragón und Isabella von Kastilien, die sich seither mit dem Segen des Papstes katholische Könige nennen durften, oder bei der Eroberung des Stammlandes der Azteken und Inkas in der Neuen Welt sowie in den sogenannten Schmalkaldischen Kriegen, die Karls Heer 1546/47 in Deutschland gegen die Protestanten führte.

Die Heere der europäischen Herrscher bestanden im 16. Jahrhundert vor allem aus Söldnern, wovor Niccolò Machiavelli warnte. In seinem Hauptwerk *Il Principe* urteilte er, sie seien disziplinlos, unzuverlässig und feige. »Weise Fürsten haben darum diese Truppen immer verschmäht, und sich an die eignen gehalten, und lieber mit den ihrigen verlieren, als mit fremden siegen wollen: sie hielten den Sieg für keinen wahren Sieg, den sie mit anderer Waffen erwürben. [...] Die Erfahrung zeigt, daß nur Fürsten und Republiken mit eigenen Truppen große Erfolge erringen.«[9] Dass man als Herrscher nicht auf eine Söldnerarmee bauen kann, hatte Karl mehrfach am eigenen Leibe erfahren, denn in Deutschland waren viele Soldaten wegen der besseren Bezahlung zu den protestantischen Fürsten übergelaufen.

In seiner Kritik an der veralteten Heeresführung wurde Machiavelli von einem Zeitgenossen unterstützt: von dem bayerischen Humanisten Johannes Turmair, der sich auch Aventius nannte. Turmair plädierte für den Wiederaufbau früherer römischer Kasernen an den Reichsgrenzen, wie ihn die Sultane bereits praktizierten. Nach jeder Eroberung blieb eine Garnison osmanischer Truppen in den eingenommenen Festungen zurück, als Gegenleistung dafür konnte sie mit Ländereien und deren Erträgen rechnen. Ebenso wie Machiavelli riet Turmair den europäischen Herrschern ein Heer ständiger Streitkräfte vorzuhalten, um nicht länger von den Launen der Söldner abhängig zu sein.[10]

Süleyman konnte auf die loyale Unterstützung seiner in Lohn und Brot stehenden Streitkräfte zählen. »Auf jener Seite stehen die unendlichen Mittel des Türkenreiches, ungebrochene Kräfte, Waffenkunst und -übung, lang gediente Soldaten, Siegesgewohnheit, Ausdauer, Eintracht, Ordnung, Disziplin, Anspruchslosigkeit, Wachsamkeit«, schreibt van Boesbeeck in einem seiner Briefe, von Karls Truppen ist er weniger begeistert: »auf unserer Seite Armut des Staates, Verschwendung des Privatmannes, verminderte Kräfte, gebrochener Mut, mangelnde Gewöhnung an Anstrengung und Waffen, trotzige Soldaten, habgierige Offiziere, Verachtung der

Die Sipahi, die Söldner des Sultans in der Schlacht um Wien 1529

Disziplin, Ausschweifung, Leichtsinn und Trunkenheit, Völlerei und das Schlimmste: jenen ist der Sieg, uns die Niederlage vertraut.«[11]

Dass die Auslandspolitik des Osmanischen Reiches unter Süleyman, mit einem
so großen und gut ausgebildeten Heer, auf einer militärischen Strategie beruhte,

bestreitet kaum jemand. Die Türken zogen in den Krieg, als handelte es sich um eine Einladung zu einer Hochzeit, sagte man damals. Ein anerkannter Historiker wie der Brite Colin Imber gelangt in seinem Buch über das Osmanische Reich zu dem Schluss, dass alle Sultane als Feldherren geboren worden seien. »Die Idee des Sultans als Gazi wurde zu einem effektiven Instrument der Legitimation. Denn die epischen Erzählungen über die heldenhaften Taten gegen die Ungläubigen bildeten ein Element der populären muslimischen Kultur.«[12] Jason Goodwin geht in seinem Buch *Lords of the Horizon* noch einen kleinen Schritt weiter. »Das Osmanische Reich lebte vom Krieg. Jeder Gouverneur war ein General, jeder Politiker ein Janitschar, jeder Bergpass wurde bewacht und jede Straße diente einem militärischen Zweck.«[13] Die Osmanen stellt er als blutrünstiges Volk dar, das täglich nach neuen Eroberungen suchte, ähnlich wie einige Jahrhunderte zuvor die Truppen Dschingis Khans, die Tod und Verderben gebracht hatten. »Der Sipahi war unwandelbar ein muslimischer Türke und sowohl im buchstäblichen wie im übertragenen Sinne ein Nachfahre der früheren Gazi. Gib ihm sein Pferd, gib ihm seinen Bogen und brüll ihm den Befehl seines Kommandanten ins Ohr: Auf in den Kampf, meine Wölfe.«

Daniel Goffman, Historiker von der University of Chicago, bezeichnet diese Theorien als schädliche und irreführende Stereotypen, die vermittelten, ein derartiger Militarismus sei charakteristisch für das Ausland und stünde in völligem Gegensatz zu den westlichen Normvorstellungen. Aus seiner Perspektive waren die christlichen Heere Europas kaum weniger eifrig und grausam als das osmanische Heer. Er ist der Meinung, Goodwin sei ein Opfer der »eurozentristischen Mythologisierung« und der in die westliche Legendenbildung eingeflossenen Propaganda, deren einziges Ziel darin bestehe, hervorzuheben, dass alle diese negativen Eigenschaften einen ausschließlich türkischen Charakter hätten.[14] Die in München lehrende Osmanistin Suraiya Faroqhi unterstützt Goffman in dieser Einschätzung. »Wenn wir ein Bild einer osmanischen, zur Gänze auf Kriegsführung ausgerichteten Gesellschaft konstruieren, müssen wir auch davon ausgehen, dass ihr keine Ressourcen mehr für andere Zwecke zur Verfügung standen. Das ist zumindest der Eindruck, den europäische Reisende, die das Osmanische Reich im 16. Jahrhundert besuchten, vermitteln wollten«, schreibt sie in ihrem Buch *The Ottoman Empire and the World around It.* Ihrer Ansicht nach gibt es keinen Grund zu der Annahme, dass sich das Osmanische Reich einzig und allein auf die Kriegsführung gründete, jedenfalls nicht mehr als bei seinen europäischen Feinden. Das ständige Säbelgerassel lasse sich sehr leicht erklären. »Ein erfolgreicher Krieg bildete eines der wichtigsten Elemente in der Politik, ein Machthaber konnte sich in den Augen der herrschenden Klasse mit ihm legitimieren und Ansehen erringen. Das Verhalten der Sultane überschritt hier also durchaus nicht die Grenzen des Üblichen. Zudem wäre es zu vereinfachend, die osmanischen Auslandsbeziehungen auf Kriege zu reduzieren. Friedliche Koexistenzen zwischen dem Osmanischen Reich und europäischen Ländern waren viel häufiger, als es offizielle Ideologien suggerieren.«[15]

Goffman meint: »Die Türken als ein grausames, militaristisches und auf Expansion ausgerichtetes Volk darzustellen, ist typisch für die Art, in der westliche Historiker das Osmanische Reich beschreiben, als ob die unterstellten Eigenschaften aus Sicht des christlichen Europas einem rein fremdländischen Charakter zuzuschreiben und mit europäischen Werten und Normen überhaupt nicht in Einklang zu bringen wären.« Die Konfrontation der beiden Reiche von Gläubigen und Ungläubigen bezeichnet Goffman als einen Clash zweier Kulturen: »einerseits eines aus der Asche von Nomadenstämmen emporgestiegenes Reiches, das die expansionistische Botschaft des Islams als Ideologie dankend annahm, und andererseits des christlichen Europas, das Religion als ideologisches Instrument nutzte, um das eigene Regime zu legitimieren und die Bevölkerung im Kampf gegen den Islam zu mobilisieren«.

Da er sich den Fakten nicht aus europäischer, sondern aus osmanischer Perspektive nähert, gelangt Goffman zu Schlussfolgerungen, die in Europa wenig Widerhall finden. »Historiker beschreiben den Einfall in Anatolien und den Balkan als barbarische Raubzüge. Man könnte aber auch der Ansicht sein, dass damit die Basis für ein neues freiheitliches Imperium gelegt worden war. Der Fall von Konstantinopel wurde immer als eine Katastrophe für die westliche Zivilisation dargestellt. Man könnte darin aber auch das Aufleben des früher von der Stadt ausgestrahlten Glanzes sehen. Das Osmanische Reich wird als Bedrohung der Christenheit angesehen. Doch auch das könnte man anders beurteilen und dem Reich die Bedeutung eines Zufluchtsortes für Flüchtlinge aus dem rauen, intoleranten christlichen Europa zuweisen.«[16]

Eine schändliche Allianz

In der Konfrontation zwischen Islam und Christentum sowie zwischen Sultan Süleyman und Kaiser Karl gab es einen Dissidenten im christlichen Europa: Franz I. »Wenn es um Friede und Eintracht geht, verhält sich der König von Frankreich wie ein Bruder des Kaisers der Türken«, sagte Großwesir Ibrahim Pascha, als er sich einmal lobend über den französischen Herrscher äußerte. Auch Franz beteiligte sich nach Kräften an der Verteidigung der »schändlichen Allianz«, wie die Habsburger sein Techtelmechtel mit den Türken nannten.[17] Einem venezianischen Botschafter gegenüber ließ Franz die Bemerkung fallen, dass er es durchaus gern sähe, wenn der Türke sehr mächtig und auch bereit wäre Krieg zu führen. »Nicht um seiner selbst willen, denn er ist ein Ungläubiger und wir sind Christen, sondern um die Macht des Kaisers zu schwächen.«

Franz, der den Titel »allerchristlichster König« trug, bot alle Mittel auf, um Karls Macht in Europa zu brechen. Von Geburt an standen die beiden europäischen Herrscher in einer obsessiven Rivalität zueinander. Mit einem Schlag veränderten sich im Februar 1525 die Perspektiven und Beziehungen, als Franz in der Nähe der norditalienischen Stadt Pavia von Karls Truppen gefangen genommen wurde. Verzweifelt bat der französische König aus seinem Gefängnis in Madrid Süleyman um Hilfe. Ein Gelegenheitsabkommen würde die christliche Welt zwar schockieren, doch das war ein einkalkuliertes Risiko. Über kurz oder lang wäre alles wieder vergessen, sodass Franz seine Integrität als christlicher Herrscher wahren könnte.

Den Brief mit dem Hilfegesuch sollte ein Gesandter überbringen, doch er kam nie in Konstantinopel an. Er und zwölf seiner Gefährten wurden unterwegs in Bosnien ermordet. Alle Briefe wurden gestohlen und noch dazu die Geschenke für den Sultan: ein mit Edelsteinen verzierter Ring, vier goldene Kerzenleuchter und ein mit Gold beschlagener Gürtel. Im Dezember 1525 traf der Gesandte Jean Frangipani, ein kroatischer Adliger, der im diplomatischen Dienst Frankreichs stand, in Konstantinopel ein. Die Bitte Franz' I., dem Habsburgischen Reich in den Rücken zu fallen, die Habsburger also in Ungarn anzugreifen, war in einem Dokument formuliert, das Frangipani in seiner Schuhsohle eingeschmuggelt hatte. Der Diplomat kehrte mit einem Schreiben zurück, das verpackt in kämpferische Worte zahlreiche Ermutigungen enthielt. Unter Berufung auf seine Vorväter – »möge Allah Licht auf ihre Gräber scheinen lassen« – hob Süleyman hervor, dass das »Erobern von Ländern und Burgen« schon immer ein Wesensmerkmal der osmanischen Dynastie gewesen war. »Unsere Pferde sind Tag und Nacht gesattelt und wir tragen das Schwert immer an unserem Gürtel.«

Während Frangipani am Hof des Sultans die französische Karte ausspielte, unterzeichnete Franz den Vertrag von Madrid, in dem er sich seine Freilassung ausbedungen hatte. Er versicherte Burgund, Genua und Mailand an die Habsburger zurückzugeben und auf seine vermeintlichen Rechte an Flandern, Tournai und Artois zu verzichten. Kaum einen Monat später ließ der französische Herrscher mitteilen, der Vertrag wäre unter Zwang geschlossen worden und deshalb juristisch wertlos. Kurz darauf schloss er sich im Vertrag von Cognac, der auch vom Heiligen Stuhl, Venedig, Florenz und dem aus Mailand vertriebenen Herzog Francesco Sforza unterschrieben wurde, einer gemeinsamen Liga gegen den Kaiser an. Das war Realpolitik in reinster Form. Sie führte zu einem erneuten Krieg und hatte zur Folge, dass Karl weniger Zeit für das Zurückdrängen der Türken blieb, da er sich nun vermehrt dem Kampf gegen seinen Rivalen widmen musste.

In der Zwischenzeit ließ Kaiser Karl keine Gelegenheit aus, den französischen König in Misskredit zu bringen. In Anwesenheit des Papstes bezeichnete er ihn als einen »grausamen, undankbaren Mann, einen Verräter, der vor den Augen Gottes und der Welt Hilfe vom Großen Türken erbeten hatte. Er ist ein verachtenswertes und skandalöses Beispiel eines Menschen, der sich der christlichen Welt gegenüber wie ein Feind verhält.« Das brachte Franz wiederum dazu, den Papst davon in Kenntnis zu setzen, dass er sich einer türkischen Invasion im christlichen Europa nicht entgegenstellen würde. Im Gegenteil, er würde sich mit allen Mitteln daran beteiligen, »um das zurückzuerhalten, was der Kaiser sich erschwindelt hat und mir zusteht«.

In Frankreich wurde der Flirt des Königs mit den Türken mit Argusaugen verfolgt. Als die osmanische Flotte im Oktober 1534, kurz nach Barbarossas Eroberung von Tunis[18], in Marseille anlegte, war die Bestürzung groß. Beim Anblick der Kriegsschiffe und der seltsam gekleideten Besatzung, die zur großen Verwunderung der Bevölkerung jegliches Glas Wein hartnäckig ablehnte, verband sich bei den Einwohnern der französischen Hafenstadt Furcht mit Erstaunen. Triumphal reiste eine osmanische Abordnung zu einem Treffen mit dem König nach Châtellerault in Zentralfrankreich. Die Bischöfe tobten über den prachtvollen Empfang, den man den Türken bereitete. Doch darum scherte der französische Herrscher sich nicht.

Der ersten Zusammenkunft mit den »Ungläubigen« folgte sogar noch eine weitere in Paris und letztlich ein Abkommen über den Austausch ständiger Botschafter.

Zwei Jahre später, 1537, verständigten Süleyman und Franz sich über den Angriff des Habsburgischen Reiches an mehreren Fronten. Das französische Heer sollte in der Lombardei einfallen, während Süleyman von Albanien nach Italien übersetzen würde, um mithilfe der französischen Flotte den König von Neapel zu attackieren. Die Beute würden sich beide Herrscher später teilen. Franz beanspruchte Mailand und für den Sultan sollte Neapels Eroberung das Vorspiel für die Eroberung Roms werden.

Die Operation geriet jedoch zu einem Fiasko. Aufgrund eines Sinneswandels blies Franz I. die französische Invasion in Norditalien im letzten Moment ab und räumte militärischen Aktivitäten in Nordfrankreich, bei denen die Hegemonie über Artois, die Picardie und Flandern auf dem Spiel stand, höhere Priorität ein. Weil die Franzosen ihn im Stich gelassen hatten, unternahm Süleyman nur einen Angriff auf die Insel Korfu, der zudem noch scheiterte. Im Sommer 1538 verhielt Franz sich wie ein Fähnchen im Wind und schloss in Nizza einen Friedensvertrag mit seinem Erzfeind Karl. Da beide sich nicht sehen wollten, musste Papst Paul III. als Vermittler angeblich zwischen den Räumen der beiden Delegationen hin und her pendeln, um den Vertrag zustandezubringen. In diesem Vertrag versicherte Franz, an einem Kreuzzug gegen die Türken teilzunehmen. Süleymans Enttäuschung über den Verlust des französischen Verbündeten war natürlich groß. Er entließ den französischen Botschafter deshalb mit den Worten: »Wie kann ich Ihrem König vertrauen, wenn er ständig von sich behauptet, er sei ein Verteidiger des christlichen Glaubens, und immer mehr verspricht, als er halten kann.«

Doch die Zweckfreundschaft zwischen Franz und Karl war nicht von Dauer. In einem neuerlichen Versuch Karls Pläne zu durchkreuzen, rief Franz 1543 die osmanische Mittelmeerflotte zu Hilfe. Diesmal ging es um die Herrschaft über die Grafschaft Nizza. Ein gemeinsamer französisch-türkischer Angriff auf das habsburgische Heer wäre in diesem Jahr um ein Haar von Erfolg gekrönt worden. Die Legende besagt, Catherine Ségurane, eine Wäscherin aus Nizza, habe sich heldenhaft wie eine wahre Jeanne d'Arc verhalten, als sie dem Feind auf den Barrikaden der Altstadtfestung ihr entblößtes Hinterteil entgegenstreckte. Daraufhin erschraken die Türken – wenn man dieser propagandistisch gefärbten Erzählung Glauben schenken mag – vor dieser Femme fatale so heftig, dass sie die Flucht ergriffen. Catherine

wird in Nizza seither mit einem Straßennamen, einem Flachrelief und einer jähr-
lichen Messe in der Kathedrale Sainte-Réparate geehrt.

Die osmanische Flotte zog sich zurück und konnte im Hafen von Toulon überwintern.[19] Unter Murren mussten Tausende Bewohner der Stadt ihre Häuser räumen, um den Besatzungstruppen Unterkunft zu gewähren. Bis zum Mai 1544 blieb
ein nicht unbedeutender Teil von Toulon unter osmanischer Verwaltung. Die Stadt
verwandelte sich, wie ein empörter Franzose damals schrieb, in ein »wahres Konstantinopel«, mitsamt einer Moschee und einem Sklavenmarkt. Selbst die Hugenotten protestierten, dass sie unterdrückt würden, während die Muslime ihre religiösen Rituale ungehindert praktizieren durften. Kurzum, an diese Phase wird man
in Toulon lieber nicht erinnert. Als ich im verwahrlosten historischen Museum am
Cours Lafayette Informationen und Dokumente aus dieser Zeit erbitte, wirft man
mir einen Blick zu, als hätte ich nach dem Grab von Maria Magdalena gefragt. »Fragen Sie mal im Topkapi-Museum in Istanbul«, lautet die schnippische Antwort des
Konservators. »Dort wissen sie mehr über dieses Thema als wir hier.«

Ein nie ausgetragenes Duell

Welche Rolle nahm Karl V. in diesen Auseinandersetzungen ein? Zu seiner ersten
Pflicht gehörte, Einheit und Frieden in der *universitas christiana* zu wahren. Für
die Franzosen verteidigte er die *ordinatio totius mundi,* er hatte also für Zucht und
Ordnung im ganzen christlichen Reich zu sorgen. Den Protestanten gegenüber war
er für die *concordia hominum* verantwortlich. Sie sahen im Kaiser das verbindende
und Eintracht unter den Menschen stiftende Element. Und den Türken präsentierte
er sich als *defensor fidei,* als Verteidiger des wahren Glaubens, als tapferer Kreuzfahrer, der in seinen Feldzügen gegen die Türken das alte Ritterideal mit der Pflicht zur
Verteidigung des Christentums vereinte.

Mit diesen Aufgaben hatte Karl so viel zu tun, dass man in der Türkei Zweifel
hegte, ob der habsburgische Kaiser tatsächlich auf eine totale Weltherrschaft aus
war. »Für seine Zeitgenossen war es selbstverständlich, ihm diese Expansionsideo-
logie anzuheften«[20], schreibt der türkische Historiker Emrah Safa Gürkan in seiner
Dissertation über osmanische Piraten im Mittelmeer. Laut Gürkan handelte es sich
bei dem Streben nach globaler Hegemonie um einen übersteigerten Wunsch, den

Karls Berater ihrem Herrscher andichteten. Dass Karl selbst anders darüber dachte, lässt sich aus der Tatsache ableiten, dass er diese universellen Ansprüche bei einer Zusammenkunft mit Papst Paul III. bestritten hatte. Die von ihm geführten Kriege hatten defensiven Charakter. »Ihm lag daran, sein Erbe zu bewahren und seine Pflichten als Kaiser zu erfüllen«, schreibt Gürkan.

War er ein Verteidiger der Christenheit oder vertrat er die dynastischen Interessen des Habsburgischen Reiches? Einflussreiche Personen hatten bei Hof in Umlauf gebracht, Karl sei von Gott auserwählt, das Amt eines *imperator mundi,* eines Kaisers der Welt, zu bekleiden. So entstand in der Öffentlichkeit der Eindruck, dass Karl mehr als jeder andere die Personifikation maßloser Herrschsucht sei und das Reich Alexanders des Großen unter ihm wieder auferstehen solle. Auch die auf der iberischen Halbinsel hin und wieder aufgekommenen Gerüchte über Vorbereitungen eines neuen Kreuzzuges gehörten zur kaiserlichen Propaganda. Diese Idee sollte das Ansehen der Herrscherwürde erhöhen, denn mehr als in jedem anderen Land seines Reiches war der Kreuzzug in Spanien als mittelalterliches Ritterideal und logische Konsequenz des Sieges der katholischen Könige über das letzte islamische Bollwerk in Granada im Jahr 1492 lebendig.

Dass Karl anfangs keine Zeit hatte, selbst gegen »die verderbten Türken, die alle deutschen Frauen nach Konstantinopel entführen wollen«, in den Kampf zu ziehen – wie er auf dem Reichstag in Regensburg bitter beklagte –, hatte allerdings einen anderen Grund: Seine Krönung durch Papst Clemens VIII. zum Kaiser des Heiligen Römischen Reiches Deutscher Nation hatte für ihn höhere Priorität. Diese Zeremonie vollzog sich am 24. Februar 1530 in Bologna, nachdem der habsburgische Herrscher kurz zuvor in Italien unter »Lang lebe der Herrscher der Welt«-Rufen eingezogen war. Karl war damals dreißig Jahre alt. In Konstantinopel berichtete der venezianische Botschafter dem Großwesir Ibrahim Pascha von dem feierlichen Akt. Entrüstet äußerte er: »Wie kann ein anderer als der Padischah-i-islam Kaiser sein?« Süleyman war damals gerade zehn Jahre an der Macht.

Auch nach den Eroberungsversuchen von Wien sollte es nie zu einer direkten Auseinandersetzung zwischen den beiden Machthabern kommen. Süleyman versuchte 1532 die persönliche Konfrontation zu provozieren, als er mit einem übermächtigen Heer aus Konstantinopel zu seinem fünften Feldzug in Richtung Ungarn aufbrach. Manchen Berichten zufolge wurde er dabei von 500.000 Soldaten und 30.000 Kamelen begleitet. Celâzade sprach dagegen von 200.000 Mann. Der beeindruckende Feldzug sollte als *alaman seferi,* als der deutsche Feldzug, in die türkische Geschichte eingehen.

Über den Zweck und die Gründe dieses Feldzugs gehen die Meinungen weit auseinander. Handelte es sich um eine Strafexpedition aus Anlass der beiden, kurz zuvor an osmanischen Gesandten verübten Morde? Sollte durch den – übrigens misslungenen – Versuch die Kontrolle über Ungarn zurückzuerlangen Rache für die habsburgische Winteroffensive von 1530 genommen werden? Stand eine erneute Belagerung Wiens bevor? Handelte es sich um eine reine Machtdemonstration? Oder wollte der Sultan Karl tatsächlich in der heutigen Grenzregion von Ungarn und Österreich zu einem Duell herausfordern?

Unterwegs erhielt Süleyman in der serbischen Stadt Nish, 250 Kilometer südöstlich von Belgrad, Besuch von zwei Gesandten des Erzherzogs Ferdinand – »von diesem Sohn eines Bastards, der den Titel Kaiser trägt«, wie Peçevi, der in den Gesandten zwei Untergebene von Kaiser Karl sah, später schreiben sollte. Um seine Pracht und Macht zu demonstrieren, trug Süleyman zu dieser Gelegenheit einen in Venedig angefertigten hochaufragenden Helm, der einer päpstlichen Mitra glich und mit einer geradezu blendenden Fülle von Diamanten, Perlen und anderen Edelsteinen verziert war. Die Diplomaten wurden gezwungen, auf dem Minarett einer Moschee einer Militärparade beizuwohnen, deren Prunk alle Aufmärsche und feierlichen Einzüge Karls übertreffen sollte. Bei diesem Anblick vor Ehrfurcht erschauernd, mutmaßten die Gesandten, die Invasion Europas stünde bald bevor. Welchen Zweck ihre Mission hatte, ist nie klar geworden. Süleyman tat ihren Besuch als einen amüsanten Zwischenfall ab. Kurz darauf schickte er Ferdinand einen Brief mit der beruhigenden Mitteilung nach Wien, sein Feldzug gelte nicht ihm, sondern seinem Bruder, dem König von Spanien, der schon so oft verkündet habe, gegen die Türken aufmarschieren zu wollen. »Aber nun bin ich es, der dank Allahs Hilfe mit meinem Heer gegen ihn zu Felde zieht.«

Bezüglich der Zahlen leicht übertreibend, aber vom pompösen Charakter tief beeindruckt, schilderte ein spanischer Augenzeuge der Parade, wer und was an ihm vorbeigezogen war: Zunächst sah er Ibrahim Pascha (oder Abraym Basso, wie er in dem im Archiv der Nationalbibliothek in Madrid aufbewahrten Dokument heißt). Dem Großwesir folgten 30.000 Kavalleristen und 12.000 Janitscharen. Dann ritt der Große Türke von 300 Bewachern umringt, mit einem hohen Turban und einer goldenen Kette geschmückt auf einem weißen Pferd, das eine Decke aus Blattgold und einen mit Perlen besetzten Sattel trug. Hinter ihm zogen sieben Bezirksvorsteher und weitere 50.000 Reiter vorbei, gefolgt von 25.000 Reitern mit Lanzen. Dann folgten 13.000 Pagen und Abenteurer, »so viele, dass man sie nicht zählen konnte«, danach noch einmal 27 Kutschen mit den Gewändern des Sultans, dann 10.000 Pferde mit dem Proviant des Sultans, gefolgt von 700 kleinen Kanonen und 30.000 Kamelen für den Transport von Pulver und Munition und schließlich 2.000 Kamele für den Transport des Wehrsolds und 800 Männer zum Brotbacken.

Nachdem Belgrad passiert war, schlug das Heer eine neue Route ein. 1526 und 1529 war Süleyman entlang der Donau nördlich gezogen, nun wandten sich die Truppen auf der Höhe von Pécs in nordwestliche Richtung nach Szombathely (Steinamanger). In der Grenzregion zu Kroatien und Slowenien eroberten sie wie im Vorbeigehen ein Dutzend Festungen. Auf seinem Weg erhielt das ohnehin schon beeindruckende Heer noch Verstärkung von den Tataren (den Berichten zufolge 15.000 Mann) und einer noch größeren Gruppe Soldaten aus Bosnien (nach den Berichten 100.000 Mann). Alles schien bereit für die große Schlacht um die Welthegemonie. Die Frage war nur, ob Wien das Endziel sein sollte. Zunächst musste jedoch noch Güns eingenommen werden, das heutige Köszeg an der Grenze zwischen Westungarn und der österreichischen Provinz Burgenland. Erst da wurde deutlich, dass Süleymann ein sogenanntes Sommerheer auf die Beine gestellt hatte, das nicht über die schwere Artillerie verfügte, die für eine längere Belagerung Wiens nötig gewesen wäre.[21]

Der Widerstand der Stadt Güns war heftiger als erwartet. Mit nur einer Handvoll Soldaten in der Festung wurden 19 (nach türkischen Quellen vier) Angriffe abgewehrt. Erst danach wurde die Kapitulation unter der Bedingung unterzeichnet, dass keine Vergeltung geübt werden würde und sich die Truppen zurückzögen. Feierlich wurden die Schlüssel der Stadt in Empfang genommen, Kriegsgefangene ausgetauscht und die türkische Fahne mit dem roten Mond und dem Text »Allah ist der einzige Gott und Mohammed ist sein Prophet« gehisst. Ein bemerkenswertes Detail der Belagerung bestand darin, dass die Stadt von Miklós Jurisic verteidigt wurde, der noch zwei Jahre zuvor als Gesandter Ferdinands von Ibrahim Pascha und Süleyman empfangen worden war.[22] Mit anderen Worten: Die Herren kannten sich bereits.

Inzwischen verfügte Kaiser Karl 120 Kilometer nördlich von Güns in Wien über ein großes Heer aus 90.000 Mann Fußvolk und 30.000 Reitern, »wovon ein Drittel nutzlos ist, weil es sich um alte oder unerfahrene Soldaten handelt«, höhnte der italienische Humanist Paolo Giovio. Der Kaiser ließ sich nicht zu einer Schlacht verleiten. Bei Hofe gestreute Propagandaberichte suggerierten, Karl habe gegen die Empfehlung seiner Ratsherren zu einer Entscheidungsschlacht auf offenem Feld in den Kampf ziehen wollen, Süleyman sei jedoch nicht erschienen. »Nach seiner vorschnell getroffenen Entscheidung, Karl zum Duell zu fordern, hat er kalte Füße bekommen.« Aus osmanischen Quellen ergibt sich eine andere Version. Sie legt ihr Augenmerk auf einen von Süleyman nach Wien geschickten Brief. »Seit Langem wird an deiner Männlichkeit gezweifelt«, schreibt er Karl darin in provokativem Ton. »Es fehlt dir ebenso wie deinem Bruder an Pflichtbewusstsein. Schämst du dich denn nicht vor deinen Soldaten und deiner Frau? Komm zu mir, wenn du ein echter Mann bist.«

Enttäuscht zog Süleyman sich nach Südwesten in Richtung Graz, einer der Residenzstädte Erzherzog Ferdinands, zurück. Aber auch dieses Manöver bewirkte keine Truppenbewegung bei den Habsburgern. Karl blieb, wo er war, sicher im Schutz der Mauern von Wien, die nach der Belagerung von 1529 beträchtlich verstärkt worden waren. Süleyman wagte seinerseits keine weitere Belagerung der Stadt. »Karlo, der sich zum Kaiser krönen ließ, um die Christenheit gegen die Türken zu beschützen, hielt sich wie ein feiger Schakal in seinem Bau versteckt«, schreibt Celâzade später voller Spott in seiner Schilderung der Ereignisse.

Mitte September zog sich das osmanische Heer zurück, ohne dass es zu einem Angriff auf Graz gekommen wäre. Herbst und Winter nahten heran und die Geschehnisse von 1529 hatten gezeigt, dass ein längerer Aufenthalt nicht zu empfehlen war. Die osmanischen Hofschreiber bejubelten den Sieg des Sultans über die Ungläubigen. Westliche Chronisten hingegen unterstrichen den Rückzug eines gedemütigten osmanischen Heeres. Um ihre Enttäuschung zu kompensieren, ergingen sich die Akinci auf dem Rückzug in brutaler Gewalt und Plünderungen. Ihre Raubzüge führten sie bis weit in die Steiermark, wo sie schließlich von einer habsburgischen Heereseinheit vollständig aufgerieben wurden. Celâzade schreibt nahezu poetisch, die Türken hätten sich einer »Anzahl von Mädchen mit zauberhaften Gesichtern und von Knaben lang wie Zypressen und mit tulpengleichen Wangen« bemächtigt, während westliche Kriegsberichte voller Abscheu mehr als 30.000 erbeutete Sklaven, Dutzende niedergebrannte Dörfer und Tausende Tote meldeten. Dies war der negative Höhepunkt eines nie vollzogenen Duells zweier Fürsten, die wie Alexander der Große die Welt beherrschen wollten.

Eine Mutterbrust als Beweis

Im Sommer 1541 verlagerte sich der Kampf um die Weltherrschaft erneut in Richtung Ungarn. Donau und Drau waren über die gesamte Zeit Grenzhüter zwischen dem Christentum und dem Islam gewesen. Grenzen[1] wurden verlegt, Burgen zerstört, Städte erobert oder zurückerobert. Buda (noch immer ohne Pest) hatte unter den häufigen Machtwechseln am meisten zu leiden. In der dritten Woche des Monats August wiederholte sich die Geschichte ein weiteres Mal: Wie schon 1526 und 1529 stand das osmanische Heer vor den Toren der Stadt. Janitscharen und Sipahi lieferten sich Gefechte mit einer österreichischen Truppeneinheit, die Wilhelm von Roggendorf anführte, jener General, der sich 1529 während der Belagerung Wiens tapfer zu behaupten wusste. Die Konfrontation dauerte nicht lange. Roggendorfs Truppen unterlagen schon nach wenigen Tagen und kurze Zeit später starb er an seinen Verletzungen.

Am Freitag, dem 2. September, hielt Süleyman, begleitet von seinen Söhnen Selim und Bayezid und gefolgt von einigen Wesiren und Mitgliedern des Diwans, feierlich in Buda Einzug. Diesmal verfolgte der Große Türke eine andere Strategie. Was in früheren Jahren versäumt worden war, sollte jetzt nachgeholt werden: Buda wurde dem Osmanischen Reich als Stadt und Provinz angegliedert. Die einziehenden Türken hielten bei der Liebfrauenkirche an, wohl wissend, dass es in jeder Hinsicht ein triumphaler Tag war. Lateinische Riten hatten nun Koransuren zu weichen. Es sollte noch bis 1687 dauern, ehe hier wieder aus der Bibel gelesen werden konnte.

In einer *fethnâme*, einer osmanischen Proklamation an die Welt, verkündete der Sultan seine Annexionsabsicht: »In früheren Jahren habe ich Ungarn und seine Hauptstadt Buda mit der Gnade Gottes und dank meines triumphalen Schwertes erobert. Da das Land aber damals weit vom Reich der Muslime entfernt lag und seine Regierung große Schwierigkeiten bereitet hätte, war ich damit einverstanden, dass König János einen Tribut zahlt. Doch der König von Deutschland, der Nachbar von Ungarn, der Ungläubige, dieser Fernandus, der wie ein verfluchter

Ungläubiger andauernd Krieg mit den Anhängern des Islams sucht und der sich immer wie ein rachsüchtiger Rebell aufführt, würde gern König von Ungarn sein. Aus diesem Grund versammelte sein ungläubiger Bruder mit Namen Karlo, König von Hispania, mit der Hilfe anderer Ungläubiger mit lasterhaften Lebenswandeln ein gewaltiges Heer aus den Provinzen, den Brutstätten der Verblendung, und verteilte Gewehre und Waffen auf seinen zahllosen Donauschiffen.«

Unmittelbare Folge der Fethnâme war die Aufteilung Ungarns in drei Gebiete. Zentralungarn wurde osmanische Provinz. Der Nordwesten, das sogenannte »königliche Ungarn«, zählte mit den Regionen, die heute einschließlich der Hauptstadt Pressburg zur Slowakei, Österreich und Kroatien gehören, auch weiterhin zum Habsburgischen Reich. Siebenbürgen blieb, was es war: ein Vasallenstaat der Hohen Pforte. Zwei Jahre später sollte dem Osmanischen Reich mit der Eroberung von Esztergom, der ersten ungarischen Hauptstadt, und Székesfehérvár, der Stadt, in der einst die ungarischen Könige gekrönt wurden und in der sie ihre letzte Ruhestätte fanden, eine weitere Provinz angegliedert werden.

Ein merkwürdiges Ereignis in der Burg von Buda war der Annexion im Sommer 1540 vorangegangen. Am Anfang dieses aufsehenerregenden Vorfalls stand die Nachricht vom Tod des 53-jährigen János Zapolya am 22. Juli, die in Konstantinopel und in Wien für politischen Wirbel sorgte. War der vermaledeite Graf von Siebenbürgen, dem es wohlgemerkt gelungen war, die heilige Stephanskrone gleich zwei Mal aus den Händen Süleymans in Empfang zu nehmen, ebenso kinderlos gestorben wie sein Vorgänger Ludwig II.? In diesem Fall würde das Königreich Ungarn unwiderruflich den Habsburgern zufallen. So nämlich hatte man es in einem Vertrag vereinbart, den Zapolya und Ferdinand in Nagyvárad (heute Oradea in Rumänien) geschlossen hatten, als sie dort 1538 im Geheimen über die Zukunft Ungarns verhandelten. Hatte Zapolya bereut, dass er sich ohne Skrupel an Süleyman verkauft hatte? Hatte er sich, ohne eine Gegenleistung zu fordern, mit seinem Erzfeind versöhnt? Wie auch immer, im Vertrag hatte er sich bereit erklärt, die Macht an Ferdinand zu übertragen, vorausgesetzt, er hätte keine Nachfahren. Nebenbei bemerkt: 1538 war Zapolya noch Junggeselle.

Mit Zapolyas Tod war einer der umstrittensten Fürsten jener Zeit aus dem ungarischen Pantheon verschwunden. Geboren als Herzog von Szepes hat er sich als grausamer, opportunistischer ungarischer Nationalist Geltung verschafft. Bei dem eigennützigen Versuch, nach der Macht zu greifen, hatte er sich 1526 aus der Schlacht

Die Süleymaniye, die nach Süleyman benannte Moschee in Istanbul

Darstellung der Devşirme, Miniatur aus der Süleymanname, anonym, um 1558

Erster Innenhof des Topkapi-Palasts, im Hintergrund das von zwei Türmen eingefasste Tor der Begrüßung, anonym, um 1520, Bibliothek Topkapi-Museum

Matrakçi: Karte von Konstantinopel (in der Mitte die Hagia Sophia und oben links der Topkapi-Palast), um 1537, Bibliothek Topkapi-Museum

Belagerung von Rhodos, Miniatur aus der Süleymanname, anonym, um 1558

Mit dem Schlagen der Kös, der großen Kesselpauke, wurden die Feldzüge angekündigt, Miniatur von Abdülcelil Levnî, 18. Jh.

Belagerung von Wien im Jahr 1529, anonym, 1. Hälfte des 16. Jh., Bibliothek Topkapi-Museum

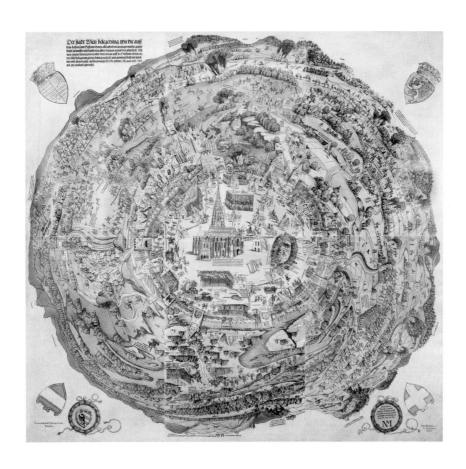

Albert Camesina: Rundansicht von Wien während der ersten Türkenbelagerung 1529, Farblithografie, 1851 (nach einem Holzschnitt von Niklas Meldemann, 1530)

Johann Sigismund von Ungarn mit Süleyman dem Prächtigen, anonym, 1566

Denkmal für Miklós Zrinyi und Süleyman im Park der ungarisch-türkischen Freund-schaft in Szigetvár

Hans Holbein: Die Botschafter, 1533, National Gallery, London

Der Sultan empfängt den habsburgischen Gesandten in Nish (1532), Miniatur aus der Süleymanname, anonym, um 1558

Miniaturmaler im Atelier bei der Arbeit, anonym, 2. Hälfte des 16. Jh., Bibliothek Topkapi-Museum

Blick in die Kuppel der Süleymaniye

Stari Most, die Brücke in Mostar, Bosnien-Herzegowina

Selim II. bei der Ankunft von Süleymans Leichnam nahe Belgrad, anonym,
Topkapi-Museum

bei Mohács herausgehalten. Nach Ludwigs Tod hatte Zapolya als ergebener Diener –
»Schande, oh Schande«, wie später gerufen wurde – die Hand des Sultans geküsst
und konnte als Vasall einen großen Teil Ungarns und Siebenbürgen regieren, bis
Ferdinands Armee ihm seine Pläne vereitelte. Als Erzherzog von Österreich und
König von Böhmen machte Ferdinand seine Ansprüche auf die ungarische Königswürde mit der Wiedereroberung Budas geltend. Zapolya blieb nichts anderes übrig,
als sein Heil in Polen bei seinem zukünftigen Schwiegervater König Sigismund zu
suchen.

Was die Öffentlichkeit am 22. Juli 1540 noch nicht wusste, wurde am folgenden
Tag triumphierend bekannt gegeben. Vier Tage vor seinem Tod hatte Zapolyas Ehefrau Isabella Jagiello, die Tochter von Sigismund, einen Sohn zur Welt gebracht.
Damit war der Vertrag mit Ferdinand ungültig. Aber war das Kind auch wirklich
Isabellas und Zapolyas Sohn? Ferdinand bezweifelte es. Er war außer sich gewesen,
als ihn die Nachricht der Geburt des Sprösslings erreicht hatte. Doch er hätte es
wissen können. Zapolya war nie ein verlässlicher Partner gewesen, wenn es darum
ging, Königreiche untereinander aufzuteilen. Im Oktober 1528 hatte der Ungar mit
Franz I. ein Abkommen über *fraternitas, unio, confederatio et amicitia* (Brüderlichkeit, Einheit, Konföderation und Freundschaft) geschlossen. Bei dieser Gelegenheit
hatte Zapolya feierlich versprochen, bis zum letzten Atemzug gegen den »König von
Böhmen«, wie Franz den Erzherzog von Österreich spöttisch nannte, Krieg zu führen. Ins Kleingedruckte des Vertrags wurde zudem aufgenommen, dass Zapolya den
Sohn des französischen Königs adoptieren würde, so als wäre er sein eigenes Kind,
damit der ungarische Thron nach seinem Tod dem Haus Valois zufallen würde.[2]

In Konstantinopel versammelte sich der Diwan zu einer eilig anberaumten Sitzung. Durch Zapolyas Tod hatte Süleyman in Ungarn einen zwar unzuverlässigen,
aber dennoch wichtigen Vasallen verloren. Die Geburt des Sohnes, wenn es denn
sein Kind war, eröffnete zumindest neue Perspektiven. Beunruhigt sandte der Sultan einen Diplomaten nach Buda, wo die Familie Zapolya inzwischen wieder die
königliche Burg bewohnte. Der Gesandte hatte den Auftrag, unter allen Umständen in Erfahrung zu bringen, ob Zapolya wirklich einen Sohn hinterlassen hatte,
der als Erbe Ansprüche auf Siebenbürgen und auf das Vermächtnis von Matthias
Corvinus geltend machen konnte. Doch wie sollte das in einer Zeit, in der die DNA-
Untersuchung ein noch unbekanntes wissenschaftliches Phänomen war, bewiesen
werden? Zapolyas Witwe Isabella wusste Rat. Zum Entsetzen des Gesandten, des

Hofstaats und ihrer Berater entblößte sie während eines offiziellen Empfangs den Oberkörper und gab dem Kind ganz ohne Scham die Brust. Gierig trank das Baby die Muttermilch. Es bedurfte keiner weiteren Beweise, es war ihr Kind. Alle waren überzeugt, dass der verstorbene Ehemann auch der Vater war. Der Gesandte war dermaßen beeindruckt, dass er niederkniete und die Füße des Babys küsste. Auch für ihn gab es keinen Zweifel mehr. Er kehrte nach Konstantinopel mit der Nachricht zurück, dass der kleine János der rechtmäßige Erbe des verstorbenen Zapolya war. Bis zu seinem Tod 1571 sollte er, wie sein Vater vor ihm, der Graf von Siebenbürgen sein.

Die Hand des Sultans

Ferdinand fühlte sich verraten. Um sein Recht einzufordern, schickte er ein Heer in Richtung Süden. Diesmal gab es keinen energisch auftretenden und arglistigen Grafen, der die Burg verteidigte. Isabella, ihrem Sohn János und dem Hofstaat blieb nur die Flucht. Wieder einmal wehte die habsburgische Fahne in Buda stolz am höchsten Turm der Burg. Mit seiner so gestärkten Verhandlungsposition schickte Ferdinand einen Abgesandten nach Konstantinopel, um dort auszukundschaften, wie es um mögliche Gespräche über den Status von Ungarn stand. Die für Süleyman als Geschenk für die Jagd mitgegebenen Falken fanden regen Anklang. Doch den Bericht des Gesandten, dass ein persischer Kollege europäische Höfe besuchte und anbot, die Welt aufzuteilen – Europa für Karl, Asien für den Schah von Persien – nahm man schlecht auf. Der habsburgische Gesandte wurde eingesperrt und hatte Glück damit. Manch anderer Diplomat war aus Unzufriedenheit über eine solche Nachricht zurückgeschickt worden – ohne Nase und mit abgeschnittenen Ohren.

Für einen erneuten Feldzug gegen Ungarn war es inzwischen zu spät. Der Herbst hatte begonnen und die Jagd lockte. Begleitet von seinen Söhnen Mohammed und Selim sowie einem kleinen Heer von 3.000 Janitscharen brach Süleyman am 1. Dezember 1540 zu seinem Winterdomizil in Edirne auf. Am 4. April 1541 kehrte er nach Konstantinopel zurück. Drei Wochen später wurden 120 Männer und sieben Frauen gefoltert, weil rund eintausend Dukaten in der Staatskasse fehlten, wie von Hammer-Purgstall ausführlich berichtet. Der Großwesir Lüfti Pascha musste wegen dieser Affäre sein Amt niederlegen. Zu seinem Nachfolger wurde Rüstem Pascha, der Schwiegersohn des Sultans, bestimmt; ihm sollte es gelingen, noch einflussreicher als sein berühmter Vorgänger Ibrahim Pascha zu werden. Schließlich brach Süleyman am 20. Juni 1541 zu seinem neunten Feldzug auf. Der habsburgische Gesandte blieb in den Kerkern von Konstantinopel zurück.

Diesmal stand die Offensive unter einem günstigen Stern. Der Angriff auf Buda war nach zwei Monaten beendet. Kurz nach der Rückeroberung der Stadt an der Donau meldete sich die zurückgekehrte Isabella beim Sultan – natürlich in Begleitung des kleinen János'. Über diese Begegnung sind mehrere Versionen im Umlauf, eine prächtiger als die andere.

Laut von Hammer-Purgstall spielte sich das Ereignis am 29. August in der Zeltburg des Sultans ab, genau fünfzehn Jahre nach der Schlacht von Mohács und zwölf Jahre, nachdem Süleyman die Krone auf Zapolyas Haupt gesetzt hatte. Das Baby wurde von drei Damen und einigen Mitgliedern aus Isabellas Hofrat eskortiert. Als das Kind dem Sultan gezeigt werden sollte, fing es fürchterlich zu weinen an. Ende der Geschichte.

Einer zeitgenössischen türkischen Quelle zufolge fand das Treffen ein paar Tage später statt. Der Sohn, der auf einmal drei Jahre alt war, wurde von einer Hofdame begleitet und soll dem Sultan die Hand geküsst haben. Der Chronist macht den kleinen János wegen des Protokolls und aus Propagandazwecken ein paar Jahre älter. In Wirklichkeit aber war er ein Baby von knapp 14 Monaten, das wohl kaum eigenständig die Hand von wem auch immer hätte küssen können. »Nachdem der hier weilende Sohn des Königs von Siebenbürgen und dessen Mutter die Hand des Sultans geküsst hatten, bestätigte er sie in der Herrschaft über ihr Land und ihre Landsleute«, behauptet der Augenzeuge dieser Begebenheit aber hartnäckig.

Eine Miniatur in der *Süleymanname* zeigt ein vertrauliches Gespräch und erinnert eher an eine häusliche Szene als an eine protokollarische Zeremonie. Isabella (und nicht die Hofdame) hält ihr Kind in den Armen, während sie sich mit dem auf einem goldenen Thron sitzenden Sultan unterhält. Laut Arifi, dem Autor der *Süleymanname*, spielten sogar Süleymans Söhne Selim und Bayezid kurz mit dem kleinen János. Von Hammer-Purgstall ergänzt seine Version damit, dass Isabella bei der Zeremonie ein mit blauen und goldenen Buchstaben beschriebenes Dokument überreicht worden sei, in dem der Sultan beim Propheten und bei seinem Schwert schwört, dass er Buda behalten und János die Stadt übergeben würde, sobald dieser mündig sei. Süleyman Pascha, ein gebürtiger Ungar, erhielt das Oberkommando über die Stadt. Mutter und Kind wurden wieder nach Siebenbürgen geschickt.

Ein paar Tage später versuchte Ferdinand ein letztes Mal, seine Ansprüche auf Ungarn geltend zu machen, und auch dieses Mal nicht mit einem Heer, sondern auf diplomatischem Weg. Einige österreichische Gesandte wollten den Sultan während seines Aufenthalts in Buda mit einem kostbaren Geschenk, das zwölf Diener vor Süleymans Thron abstellten, erweichen. Es war eine riesige Uhr, die den Diplomaten zufolge Kaiser Maximilian gehört hatte. Die Uhr zeigte nicht nur die Zeit an, sondern auch den täglichen Stand der Himmelskörper. Die Versuchung war groß. Süleymans reges Interesse für Astronomie war bekannt. Kurz schien er auch angenehm überrascht zu sein. Doch nachdem die beiden Diplomaten seine Hand geküsst hatten, gab Süleyman zu verstehen, dass er nicht bestechlich sei, auch nicht mit einer prachtvollen Uhr. »Was wollen Sie?«, fragte er spitz. Doch die Gesandten erhielten nicht einmal Gelegenheit zu antworten. Ungeduldig richtete der Sultan das Wort an Rüstem Pascha: »Wenn sie nichts zu sagen haben, lass sie gehen.«

In den folgenden Tagen unternahmen die beiden Diplomaten einen letzten Versuch, mit dem Großwesir einen Kompromiss auszuhandeln: Ungarn unter habsburgischer Regentschaft im Tausch gegen einen Jahrestribut von 100.000 Dukaten. Das sei Ferdinands ultimatives Angebot. Rüstem Pascha lächelte. »Kommen Sie mit, ich möchte Ihnen etwas zeigen«, sagte er einladend. Mit viel Gefühl für Details machte der Großwesir die Gesandten auf die Übermacht aufmerksam, mit der das osmanische Heer Buda in Besitz genommen hatte. »Was haben Sie nun gesehen?«, fragte er spöttisch, als der Ausflug beendet war. »Die große Macht des großmächtigen Herrn«, erwiderte einer der beiden Diplomaten demütig. Am nächsten Tag erhielten sie Antwort auf ihre Gesuche: »Der Sultan hat Ungarn mit seinem Schwert erobert. Erst wenn dem Sultan Esztergom und Székesfehérvár zurückgegeben wurden, werden weitere Gespräche geführt.«

Zum Abschluss seines Vorhabens unternahm Süleyman zwei Jahre später seinen zehnten Feldzug. Im Sommer 1542 eroberten die Türken drei wichtige Städte: Pécs, Esztergom und Székesfehérvár und verleibten dem Osmanischen Reich damit eine zweite ungarische Provinz ein. Erst jetzt war für Süleyman die Stunde der Diplomatie gekommen. Trotz seines siegreichen Schwertes sah der Sultan Vorteile im Frieden mit den Habsburgern, denn so würde er sich auf die Ostfront konzentrieren können. Bis es dazu kam, sollten allerdings ein paar Jahre vergehen. Nach langen

Verhandlungen unter der Leitung des habsburgischen, aus den Niederlanden stammenden Gesandten Gerard Veltwyck wurde 1547 mit Ferdinand ein Waffenstillstand geschlossen. Er führte jedoch nicht zur gewünschten Ruhe an der Westfront, da es auch nach seiner Unterzeichnung Angriffe auf die gegenseitigen Hoheitsgebiete gab. Grenzen wurden kaum respektiert. Noch einmal musste eine osmanische Armee nach Ungarn ziehen, um die Ordnung herzustellen. Nach 1552 sollte der größte Teil Ungarns bis 1687 unter osmanischer Herrschaft bleiben.

Eine anachronistische Dualität

Die Auseinandersetzungen um Ungarn bilden den kompliziertesten Abschnitt innerhalb der Geschichtsschreibung über das Osmanische Reich in Europa. Zunächst herrscht eine babylonische Sprachverwirrung über die Namen von Städten und Personen. Buda wird in deutschsprachigen Berichten oft als Ofen bezeichnet, ein Name, den die Stadt noch im späten Mittelalter trug. In türkischen Dokumenten heißt sie Budin. Siebenbürgen steht im Deutschen für Transsilvanien. Pécs heißt Fünfkirchen, Belgrad ist bekannt als Nándorfehérvár, Dubrovnik als Ragusa, Esztergom als Gran, Györ als Raab, Köszeg als Güns, Oseijka als Eszeg und Eger als Erlau. Bratislava heißt Pressburg, aber auch Poszon oder Poszony. Noch verzwickter wird es mit dem unaussprechlichen Székesfehérvár. Im Deutschen heißt es Stuhlweißenburg, die Türken nennen es Estonibelgrad. Ein ähnliches Durcheinander findet sich auch bei den Namen der Protagonisten jener Zeit. Lajos wird zu Louis, Ludwig oder Lodewijk, Johann steht in der deutschsprachigen Geschichtsschreibung für János, woraufhin niederländische Quellen ihn als Johan führen, während die Spanier über Juan schreiben. Wird über Zapolya auf Ungarisch geschrieben, geht es um Szapolyai.

Das sind linguistische Details. Viel komplizierter wird es, wenn die Propaganda die Sicht auf die Interpretationen der Ereignisse bestimmt. Die Anzahl der Fragen, auf die ungarische Historiker eine Antwort schuldig bleiben, und die Anzahl der Antworten, bei denen sich ihre Meinungen grundlegend voneinander unterscheiden, sind beachtlich. Neben den Werken professioneller Historiker zu diesen heiklen Themen gibt es auch Abhandlungen von Hobbychronisten, die ihre schriftstellerischen Schöpfungen mit romantisierten Versionen der heroischen Fakten anreichern.

Durch diese Beiträge ist oftmals eine Parallelgeschichtsschreibung entstanden, die sich mehr auf Nationalismus, Heldentum und Legenden als auf die Tatsachen und deren abgewogene Interpretationen stützte.

In der intellektuellen mit Stift und Papier geführten Schlacht lassen sich zwei Strömungen unterscheiden. Im 19. und 20. Jahrhundert neigten katholische Historiker zu einer pro-habsburgischen Betrachtungsweise der Ereignisse, während ihre protestantischen Kollegen nach Argumenten suchten, die die Habsburger in einem schlechten Licht erscheinen ließen – »eine anachronistische Dualität, die sich bis in die sogenannte marxistische Zeit hielt«, lautet der Kommentar des Historikers Pál Fodor, den ich gemeinsam mit seinem Kollegen Géza Dávid zu einem Gespräch in Dávids Arbeitszimmer in der Loránd-Eötvös-Universität treffe.

Im Ungarn der Vorkriegszeit und der folgenden kommunistischen Periode herrschten zwei Strömungen in der Geschichtsforschung, die von den beiden noch im 19. Jahrhundert geborenen Historiker-Autoritäten Sándor Takáts und Gyula Szekfü vertreten wurden. Takáts, ursprünglich ein Priester, lehnt sich gegen die Habsucht der Kirche und der Habsburger auf. Er meint, Ungarn sei zwischen zwei Mühlsteinen, zwischen den Habsburgern und den Türken, zermahlen worden. Die Grausamkeiten der Türken waren seiner Ansicht nach nicht schlimmer als die Anti-Ungarn-Politik der Habsburger. Ungarn und Türken sieht er als Helden, die Widerstand gegen die habsburgische »Furie« geleistet hätten. Fodor meint dazu: »Die gesamte osmanische Periode in Ungarn wurde somit zu einer Zeit des Heroismus und des Rittertums verklärt. Eigentlich erschuf Takáts eine Welt, die niemals wirklich bestanden hat.«

Szekfü, Takáts' pro-habsburgischer Widerpart, entdeckt in den osmanisch-ungarischen Kriegen den Kampf zwischen Ost und West, bei dem die Spuren einer ungarisch-europäischen Kultur beseitigt wurden. Die türkischen Eroberungen betitelt er als die »Antikultur der Puszta«. Immigration aus Anatolien, die Zerstörung fruchtbarer Böden, osmanische Tyrannei und die türkische Gleichgültigkeit in Bezug auf das demografische Elend – Szekfü prangert alles an. »Vergebens sucht man nach positiven Effekten aus der türkischen Regierungszeit. Es handelt sich hier um zwei gegensätzliche Kulturen, deren natürliche Beziehung von Konflikten geprägt ist«, schreibt der Historiker in seinen Annalen. Seine Schlussfolgerung ist äußerst düster: »Die türkische Herrschaft war die größte und möglicherweise einzige Katastrophe in der gesamten ungarischen Geschichte.«

Karoly Kos, ein auf Kultur und Architektur spezialisierter Schriftsteller, vertritt in dieser Diskussion den Mittelweg der sogenannten Turkophilenbewegung. Seiner Philosophie nach kann das Osmanische Reich als Retter des ungarischen Nationalismus angesehen werden, während er die Habsburger als brutale Unterdrücker schildert. Siebenbürgen stellt für ihn das Symbol für die ungarische Unabhängigkeit und nationale Einheit dar. Vergessen ist der Kuss, mit dem János Zapolya Sultan Süleyman seine Dienste angeboten hat. Trotzdem hat Kos anfangs kein gutes Wort für den Großen Türken übrig. »Für uns Ungarn repräsentiert er den Beginn der osmanischen Herrschaft in Ungarn, einem Leiden, wofür es keine Worte gibt, und dem ununterbrochenen Kampf ums Überleben. Die meisten tragischen Seiten in unseren Geschichtsbüchern fangen mit seinem Namen an.« Bei allem Unheil entdeckt Kos aber auch das Positive. Seiner Ansicht nach habe die osmanische Besatzung die Bildung ihres nationalen Selbstbewusstseins, die Geburt ihres Nationenempfindens und den Beginn der Unabhängigkeitskriege gegen die Habsburger unterstützt.

Verräter oder Nationalheld?

Pál Fodor und Géza Dávid erkennen erhebliche Unzulänglichkeiten in der Darstellung der osmanischen Episode der ungarischen Geschichte. Zahlreiche Quellen blieben wegen der Sprachprobleme außerhalb Ungarns unbeachtet und einheimische Autoren haben sich in der Vergangenheit viel zu sehr auf die eigenen Quellen und zu wenig auf türkische, deutsche und französische Archivdokumente gestützt. Dávid meint: »Im Allgemeinen haben ausländische Historiker kaum etwas von unserer Geschichte verstanden. Da sie kein Ungarisch können, fehlen in ihren Arbeiten etliche Details, was zur Folge hat, dass sie in der Regel nur allgemeine Vorstellungen wiedergeben können. Unsere Aufgabe ist nun, noch unbeachtete Archivdokumente zu sichten, um mit ihrer Hilfe eine stimmige Synthese der beiden Sichtweisen zu erarbeiten.«

Von einem kollektiven *mea culpa* möchten sie sich selbst aber auch nicht ausnehmen. »Allerdings sind die meisten ungarischen Schriftstücke aus dieser Zeit in lateinischer Sprache verfasst. Das sah man jedoch nicht als Hinderungsgrund, die Geschichte unseres Landes auf Ungarisch zu schreiben, was ein großer Fehler war. Wir haben nie viel Wert darauf gelegt, unsere Bücher und Dokumente außerhalb

Ungarns in Englisch oder Deutsch zu publizieren. Das ist typisch für unser Land. Wenn man in Ungarn etwas in Englisch herausgibt, kann man davon ausgehen, dass es nur sehr wenige lesen werden«, erklärt Fodor.

Auf die Frage, ob die Historiker von heute Ungarns Geschichte mittlerweile korrekt darstellen würden, antwortet Fodor zunächst mit einem breiten Grinsen. »Ich fürchte, dass wir noch eine Menge Bücher schreiben müssen, um die vielen Missverständnisse und Fehlurteile zu widerlegen«, sagt er. »Es ist auch nicht leicht, das Bild über die Ungarn, das in der internationalen Literatur im Allgemeinen recht negativ ist, zu verbessern. Hierbei werden immer der mangelnde Widerstand gegen die Türken, die verlorene Schlacht bei Mohács, die Zwietracht des ungarischen Adels und die Rolle Zapolyas angeführt. Als wäre Ungarn ein schlechtes Land gewesen. Aber vor Mohács war es ja geradezu ein wunderbares Land, in dem es sich sehr gut leben ließ.«

Der Leser wird in den Schilderungen über die ungarische Episode des Osmanischen Reiches mit der Aufzählung von Tragödien, zerstörten Kirchen und Städten, geschändeten Frauen und Plünderungen reichlich bedacht. Hat sich nun alles genauso abgespielt oder sollte dieser Teil der Geschichte überprüft und möglicherweise sogar umgeschrieben werden? Fodor schaut mich verzweifelt an. »Wir müssen vornehmlich herausfinden, wer überhaupt von all dem Terror berichtet«, brummt er. »Und außerdem stellt sich die Frage, ob die ungarischen Autoren voneinander abgeschrieben haben oder wer von ihnen neues Material gefunden hat. Bei unseren Untersuchungen stützen wir uns zum größten Teil auf osmanisches Archivmaterial. In einigen Fällen führt das dazu, dass wir den Argumenten unserer Vorgänger beipflichten können, aber manchmal finden wir auch genau das Gegenteil heraus. Häufig müssen wir mit Stereotypen aufräumen. Ein Beispiel: Immer, wenn man auf eine Burgruine trifft, hört man, die Türken seien schuld. Das mag schon stimmen, doch die völlige Zerstörung der Festungsanlagen Anfang des 18. Jahrhunderts haben die Habsburger zu verantworten.«

Als wären Türken nie in Ungarn gewesen, merke ich an, »und …«, doch Pál Fodor unterbricht mich in scharfem Ton: »Die osmanische Besetzung Ungarns war vor allem in der Anfangsphase katastrophal. Das lässt sich nicht leugnen. Eigentlich begannen sie mit den Eroberungen schon im 14. Jahrhundert und nach und nach dehnten sie ihr Reich aus. Die damals gültigen Grenzen wurden von ihnen ständig verletzt. In dieser Zeit, besonders aber im 15. Jahrhundert, wurde der zwischen den

Flüssen Save und Drau gelegene südliche Teil Ungarns verwüstet. Heute liegt dieses Gebiet im Osten von Kroatien und im Westen von Serbien und in der Gegend um die Stadt Temeswar in Westrumänien, die zu Siebenbürgen gehörte. Damals war es der fortschrittlichste Teil des mittelalterlichen Ungarns mit den meisten Bewohnern, florierenden Städten, Handel und Weinbau. Dieses Gebiet war lange Zeit ein Ziel türkischer Plünderer. In Grenzgebieten wird nun einmal geplündert. So besonders war das nun auch wieder nicht.«

Ab jetzt möchte der Historiker die Geschichte seines Landes vollkommen neutral behandeln. Denn letztlich gehört alles zusammen, was sich im 14. und 15. Jahrhundert zutrug. In der internationalen Geschichtsforschung aber liegt der Schwerpunkt meist auf den Jahren 1526 und 1541. »Damals aber sah man die Situation anders«, fährt Fodor fort, »als die Türken das Gebiet erst einmal erobert hatten, wurde die Bevölkerung beschützt. Schließlich handelte es sich um Steuerzahler. Das Leben war also in der zweiten Phase der osmanischen Herrschaft lange nicht so schlimm wie am Anfang. Sogar die Sklaverei hielt sich in Grenzen. Wir wissen, dass damals Berichte über Charakter und Qualität der Sklaven aus den verschiedenen Ländern kursierten. Darin ist zu lesen, dass die Ungarn sehr streitlustig, intelligent und tüchtig seien. Aber auch, dass sie sich immerzu widersetzen würden. Es sei geboten, einem Ungarn zu misstrauen, schrieb ein türkischer Chronist. Möglicherweise wurde die Devşirme auch aus diesem Grund nie in Ungarn eingeführt.«

Anschließend kommt unser Gespräch auf die unvermeidliche Frage, die Ungarn nach wie vor beschäftigt: War János Zapolya ein opportunistischer Nationalist oder ein gerissener Verräter? Besonders der Handkuss, dieser erniedrigende Moment nach der Schlacht bei Mohács, als Zapolyas Lippen die Hand des Sultans berührten, wurde gleich als Verrat verstanden. Das sah seinerzeit auch der Papst so, der Zapolya umgehend exkommunizierte.

Josef Matuz, ein in Budapest geborener Historiker und Orientalist, der bis kurz vor seinem Tod an der Albert-Ludwigs-Universität Freiburg lehrte, war anderer Ansicht: In seinem Essay *Der Verzicht Süleymans des Prächtigen auf die Annexion Ungarns* erklärt er, dass der Sultan nach eigener Auffassung die höchste Würde auf Erden bekleidete. »Nach dem osmanischen Protokoll gehörte nämlich die *Gnade,* dem Sultan [...] die Hand küssen zu dürfen, mit unter die höchsten Auszeichnungen. Nach osmanischer protokollarischer Auffassung wurde Johann Zápolya mit diesem Handkuß folglich nicht erniedrigt, im Gegensatz, hoch geehrt.«[3]

Pál Fodor hat Bedenken. »Es bleibt ein sehr kontroverses Thema. Das war es und das ist es noch immer. Viele Historiker stellen Zapolya negativ dar, weil er nach der Schlacht bei Mohács zwar viel versprach, aber nicht in der Lage war, seine Zusicherungen auch umzusetzen. Ihm wird vorgeworfen, es sei ihm nicht gelungen, das Land zu verteidigen, als die Ungarn eines wahren Führers bedurften, auch wenn er kurz darauf auf legitime Weise zum König gewählt wurde. Aber zur gleichen Zeit wurde eben auch Ferdinand zum König ernannt. Er brauchte Ungarn zur Verteidigung Österreichs. Die beiden haben jahrelang um die Stephanskrone gekämpft. Heute wissen wir, dass Ferdinand nicht gewinnen konnte, weil Zapolya von den Türken unterstützt wurde, was aber auf seine eigene Initiative zurückging. Meiner Meinung nach war das eine fatale Entscheidung, denn mit diesem Moment wurde er zum Vasallen der Türken. Wir können davon ausgehen, dass er die Institution der ungarischen Krone in eine äußerst ungünstige Lage brachte.«

Lieber türkisch als habsburgisch

Ein weiteres umstrittenes Thema, über das sich viele Historiker Wortgefechte geliefert haben, hat religiösen Charakter. Mit der Ankunft der Türken gab es in Ungarn plötzlich drei Religionen[4]. Die Muslime bildeten eine verschwindend kleine Minderheit, die ungarische Bevölkerung blieb christlich. Allerdings breitete sich der Protestantismus auf Kosten des Katholizismus immer weiter aus. »Lieber türkisch als papistisch«, lautete der Schlachtruf der Wassergeusen im Kampf der Niederlande gegen die spanischen Besatzer. »Hier rief man: lieber türkisch als habsburgisch«, bemerkt Fodor. »Denn habsburgisch bedeutete für viele die Rückkehr zum abgeschworenen katholischen Glauben. Von einer Islamisierung, wie sie beispielsweise in Bosnien stattfand, kann in Ungarn keine Rede gewesen sein. Um 1570 waren mehr als drei Viertel der ungarischen Bevölkerung zum Protestantismus übergetreten. Sie waren derart von ihrem neuen Glauben überzeugt, dass der Calvinismus als die nationale Religion der Ungarn betrachtet werden kann.«

Dass keine Islamisierung der einheimischen Bevölkerung stattfand, hat laut Fodor mehrere Gründe: »Eine Ursache war, dass die Protestanten schnell an Einfluss gewannen. Die Bauern fühlten sich vom Adel im Stich gelassen, der ihnen immer viel versprochen hatte, wenn es um ihren Schutz ging. Gleichzeitig befand sich die katholische Kirche in einem Prozess der Spaltung, sodass die Anhänger von Luther und Calvin im uneinigen Ungarn noch mehr Zulauf bekamen.« Géza Dávid, der sich vor allem mit demografischen Fragen beschäftigt, nennt einen weiteren Grund: »Die Anzahl der Türken in Ungarn und damit ihr Einfluss auf das Land, war gering. Auf dem Höhepunkt waren es schätzungsweise 50.000 Türken – zu wenig, um bei einer Gesamtbevölkerung von 850.000 Ungarn Einfluss auf deren Alltag, Kultur und Religion auszuüben. Die meisten Muslime kamen außerdem aus Bosnien oder anderen Balkanländern wie Serbien, Bulgarien, Griechenland und Albanien. Für gewöhnlich spricht man von ihnen als Türken, besser wäre es aber, von Osmanen zu sprechen. Schließlich waren es Untertanen des Osmanischen Reiches mit unterschiedlicher Herkunft.«

Pál Fodor fügt den Worten seines Kollegen ergänzend hinzu: »Die meisten Muslime, die sich in Ungarn niederließen, waren Soldaten, die recht isoliert in den Kasernen lebten. Anders ausgedrückt, die Ungarn hatten kaum Gelegenheit, Kultur und Religion der Besatzer kennenzulernen.« Dass die vom Christentum zum Islam übergetretenen Ungarn ihre früheren Kirchen mit Steinen bewerfen mussten, nimmt er gelassen zur Kenntnis. »Ja, davon habe ich auch schon gehört. Es passt zu der Geschichte, dass man keine Kirchenglocken mehr läuten durfte. Das behaupteten vor allem die Katholiken. Priester und Mönche wurden nun einmal als Handlanger oder Spione der Habsburger und des Papstes betrachtet. Protestanten wurden eher geduldet, da sie überzeugte anti-habsburgische Gefühle hegten.«

Letzten Endes blieben die Ungarn aber doch Ungarn? Fodor antwortet: »Auf jeden Fall. Es herrschte ein viel größeres Nationalbewusstsein als zum Beispiel in Bosnien. Die Ungarn blieben ihren christlichen Werten treu. Aus unseren Untersuchungen geht hervor, dass es großen Widerstand gegen eine Islamisierung gegeben hat. So wissen wir aus einem osmanischen Schriftstück, dass der Kadi 1545 in Szeged die Scharia einführen wollte. Die einheimische Bevölkerung setzte sich massiv dagegen zur Wehr, denn sie meinten, sich unmöglich an die islamische Gesetzgebung halten zu können. Diejenigen aber, die sich doch hinter den Kadi stellen wollten, wurden aus der Gemeinde verbannt. Eines Tages wurde ein Ungar zu Stockhieben verurteilt. Hunderte Bürger stürmten daraufhin das Haus des Kadis und teilten ihm mit, dass ein Ungar niemals zulassen könne, Stockhiebe von einem Muslim zu bekommen.«

In den Briefen Süleymans an Ferdinand heißt es, ständig sei es zu Grenzverletzungen gekommen und Plünderer seien festgenommen worden. Süleyman bedauerte, dass die Türken bei Rechtsangelegenheiten keine christlichen Zeugen zulassen konnten. Diese Aussage deutet durchaus auf die Anwendung der islamischen Gesetze in manchen Gegenden hin. »Ja«, sagt Fodor, »aber nur bei den dort lebenden Muslimen. Im osmanischen Ungarn war es eher die Ausnahme, dass Muslime und Protestanten gleichzeitig vor dem Kadi erscheinen sollten. Eigentlich nutzte man damals <u>zwei Rechtssysteme</u>. Auf der einen Seite gab es das ungarische System, auf der anderen Seite wendeten die Türken bei ihren Untertanen das osmanische Recht an.«

Dass die Türken trotz des Protestantismus als Urheber alles in Ungarn angerichteten Bösen in die Geschichte eingegangen sind, hat nach Ansicht der beiden Historiker andere Ursachen: »Diese Vorstellung entstand im 19. Jahrhundert, als der Kampf gegen die Türken zum Sinnbild für den Widerstand gegen die Unterdrücker wurde«, erklärt Géza Dávid. »Deshalb gibt es hier auch so viele Denkmäler und Gemälde von ungarischen Helden, die die Türken mit Füßen treten. Dabei ging es ihnen gar nicht um die Türken aus dem 16. Jahrhundert. Der <u>Türke w</u>ar vielmehr <u>in der Zeit, in der die Habsburger das Sagen hatten, zu einem Symbol der Unterdrückung geworden</u>.«

Fodor meint: »Generationen von Historikern stellten die Türken immer als Feinde dar. Sie waren Fremde, die nie als neue Machthaber akzeptiert wurden. Das Land gehörte uns Ungarn, jedenfalls in den Augen der führenden Elite. Und als es im 17. Jahrhundert in Wirklichkeit zwei parallele Machtstrukturen im osmanischen Ungarn gegeben hat, wurden sie schon gar nicht als neue Herrscher anerkannt. Auf der einen Seite stand die türkische Regierung, auf der anderen wuchs die Zusammenarbeit zwischen den lokalen Autoritäten im dreigeteilten Ungarn, denn zusammengenommen bestand das ungarische Vaterland aus drei Teilen. Das hatte eine nur minimale osmanische Kontrolle im Alltag der Ungarn zur Folge.«

Bleibt nur noch die Frage, ob Mohács für das Überleben Ungarns wirklich so verheerend gewesen ist, wie in der Regel behauptet wird. Pál Fodor sucht gewissenhaft nach einer Antwort. »Mohács war eine Wunde im Nationalbewusstsein«, lautet seine Formulierung und sofort fügt er hinzu: »Aber trotz Besatzung und Dreiteilung des Landes blieb Ungarn auch nach Mohács als Nation intakt. Dem Staat gelang das Überleben, auch später unter dem Habsburger Herrscherhaus. Das gilt auch für das ungarische Regierungssystem. Langsam, aber sicher konnte die Herrschaftsform im 16. und 17. Jahrhundert wieder in den von den Türken besetzten Gebieten eingeführt und eine eigene Infrastruktur aufgebaut werden. Das hört sich wie eine

Fiktion an, ist aber wahr. Nur in kultureller Hinsicht büßte Ungarn seine Größe ein. Der Glanz war verblasst. Im 16. Jahrhundert sehnten die Ungarn sich nach den glorreichen Zeiten unter König Matthias zurück, dem goldenen Zeitalter ihrer Geschichte. Das änderte sich erst im 19. Jahrhundert, als man in der osmanischen Vergangenheit eine Parallele zum Widerstand gegen die Habsburger sah. Die Türken wurden in der öffentlichen Meinung nicht länger als Feinde, sondern als Freunde betrachtet. Gemeinsam sollten Ungarn und Osmanen gegen die österreichischen Unterdrücker aufmarschieren. Das Image der Türken wandelte sich in der zweiten Hälfte des 19. Jahrhunderts zum Positiven. Erst im 20. Jahrhundert veränderte es sich unter dem Druck der öffentlichen Meinung erneut und der Türke erschien in den Geschichtsbüchern wieder als der ewige Feind.«[5]

Gül Baba

Kaum türkischer Einfluss, verhältnismäßig wenig Muslime, aber eineinhalb Jahrhunderte osmanischer Herrschaft und als Erinnerung einen ewigen Feind: Ist in Budapest noch irgendetwas davon zu sehen? Eher nicht. Als ich mich im Történeti Múzeum, dem historischen Museum der ungarischen Hauptstadt, erkundige, wird mir als Besucher lediglich mitgeteilt, dass Süleyman die Burg nach der Schlacht bei Mohács besetzt und ausgeräumt hat. Mehr Informationen gibt es nicht. Doch Geschichten über die Ereignisse von 1526 machen die Runde, wie die später entstandenen, einander widersprechenden Schilderungen über Plünderung und Brandstiftung. Es gibt aber auch andere Berichte, zum Beispiel den eines gewissen Pál Enyedi, der Anfang des 17. Jahrhunderts behauptete, dass die »Bibliothek von König Matthias sich noch immer in Buda befindet« und dass es bezüglich der kostbaren Sammlung von Büchern und Manuskripten keine nennenswerten Verluste zu vermelden gab. Das trifft allerdings nicht zu. Inzwischen weiß man, dass Sultan Abdülhamid II. 1887 viele wertvolle, geraubte Manuskripte an Buda zurückgegeben hat. Die aus der Burg mitgenommenen bronzenen Kerzenleuchter verblieben in der Hagia Sophia, während die Bronzestatuen von Diana, Apollo und Herkules in den Privatbesitz von Großwesir Ibrahim Pascha übergegangen waren. Im Museum verliert man aber auch darüber kein Wort, der Fokus liegt hier nämlich auf der Niederlage des ungarischen Heeres bei Mohács. Ludwig sei »wie ein Held im Gefecht« gestorben. Dass er in die Flucht geschlagen wurde und dann unter seinem zu Fall gekommenen Pferd im Sumpf erstickte, ist ein nicht ganz so heroisches Ende.

Auch die Ereignisse von 1529 erfahren in diesem Museum eine auf den Nationalstolz zugeschnittene Interpretation. Nicht Süleyman und Ibrahim Pascha eroberten Buda auf ihrem Weg nach Wien ein zweites Mal, es war vielmehr János Zapolya, der die Stadt in jenem Jahr eingenommen hatte. »Mit türkischer Hilfe«, wird noch hinzugefügt. »Prompt wies er alle Deutschen [gemeint sind wahrscheinlich deutschsprechende Einwohner, H. B.] aus, denn er vertraute ihnen nicht.«

Etwas aufschlussreicher ist eine alte Karte von Buda, auf der man erkennen kann, wo während der osmanischen Herrschaft die insgesamt zehn Moscheen gestanden haben, die Sultan-Süleyman-Moschee, die Sieges-Moschee, die Zentral-Moschee, die Pascha-Moschee, die Janitscharen-Aga-Moschee, die Palast-Moschee, die Bade-Moschee, die Murad-Pascha-Moschee, die Hadschi-Sefer-Moschee und die Osman-Bey-Moschee. Zehn Moscheen? Der türkische Chronist Evliya Çelebi zählte im 17. Jahrhundert doch 34 Moscheen und drei Derwischklöster, als er Buda besuchte. Wo diese übrigen 24 Moscheen gestanden haben, darüber informiert das Museum nicht. Ein Buch über die osmanische Zeit in Budapest oder über das Osmanische Reich gibt es auch nicht zu kaufen. Einen Museumskatalog vielleicht? »Daran wird schon seit vielen Jahren gearbeitet«, erzählt mir die Dame, die über das Sortiment des Museumshops wacht. »Es tut mir leid, aber das, was Sie suchen, führen wir nicht«, fügt sie entschuldigend hinzu.

Hat sich denn kein einziger Türke in Budapest verewigt? Haben sie bis auf das Wort *török* (Türke) keinerlei Spuren hinterlassen? Géza Dávid kommt beim Nachzählen auf zwölf, höchstens fünfzehn ungarische Wörter türkischen Ursprungs. Selbst das türkische Gebäck Baklava wurde durch den österreichischen Strudel verdrängt. Und auf kultureller Ebene? Die türkischen Bäder von Budapest sind natürlich sehr bekannt, wie das Rudas-Bad, das im Auftrag von Pascha Sokoli Mustafa errichtet wurde. In diesem majestätischen Badehaus am Ufer der Donau erinnert eine Gedenktafel mit der Aufschrift Szokoli Musztafa und den Jahreszahlen 1566–1578 an seine Erbauung.

Darüber hinaus ist nichts mehr vorhanden, weder eine osmanische Fassade noch die Überreste eines Minaretts. Das ist wenig. Von den einst 34 Moscheen ist kein Stein mehr zu sehen. Im ungarischen Nationalmuseum (Magyar Nemzeti Múzeum) stoße ich schließlich auf einen Hinweis – an der den Awaren gewidmeten Wand. So-

174

viel ich weiß, waren die Awaren ursprünglich ein türkisch-mongolisches Nomaden-volk, das in der Mitte des 6. Jahrhunderts aus den zentralasiatischen Steppen nach Europa zog und sich letztendlich mit den Slawen und Germanen vermischte. Doch auch das scheint nicht zu stimmen, denn den Museumskoryphäen zufolge waren die Awaren »Asiaten, die vor den Türken, die sie als ihre Diener angesehen haben, geflüchtet sind«.

Eine kleine Ecke im Saal 6 ist mit ein paar an die osmanischen Zeiten erinnern-den Abbildungen bestückt. Und tatsächlich hängt hier ein Gemälde von Szulejmán szultán neben einem Porträt von Erzherzog Ferdinand. Einige Tage später entdecke ich auf einem Gemälde im Szépmüvészeti Múzeum, dem Budapester Museum für Schöne Künste, eine türkische Fahne. Es handelt sich um eine Jahrmarktszene von Pieter Balten. Die Fahne hängt an der Fassade eines Bordells. Entsprechend der Pro-paganda des 16. Jahrhunderts war der rote Halbmond ein Symbol allen Übels.

Auch im Straßenbild ist außer drei Namen nur wenig mit der Geschichte des Wor-tes *török* Verbundenes zu finden: Török utca, Mecset (Moschee) utca und Gül Baba utca. Die letztgenannte Straße führt zum Standbild von Gül Baba, einem türkischen Derwisch-Heiligen, der 1541 in Süleymans Gesellschaft in Buda ankam und kurz nach der Belagerung starb. Im Auftrag des Paschas von Buda wurde sein Sarkophag in einem kleinen Mausoleum, in der sogenannten Türbe, aufgestellt. Diese letzte Ruhestätte wurde 1686, als die Habsburger die Herrschaft wieder innehatten, in eine Kapelle umfunktioniert und den Jesuiten geschenkt. Die Grabstätte blieb jedoch ein bescheidener Wallfahrtsort für Muslime, sodass ihre ursprüngliche Bestimmung 1885 wiederhergestellt wurde.

Nach einem mühevollen Aufstieg entlang der nach ihm benannten Straße, einem hügelaufwärts führenden, düsteren Weg, stehe ich dem Standbild von Gül Baba Auge in Auge gegenüber. Ich lese, dass die Türbe wegen Umbauarbeiten geschlossen ist. Der Platz aber ist reine osmanische Poesie. In seiner Donaubiografie schreibt der italienische Schriftsteller Claudio Magris, Gül Baba stehe auf seinem Sockel »gewiß nicht mit dem hochmütigen Blick des ehemaligen Herrschers, sondern mit der heite-ren Distanz dessen, der in Allah ruht«[6]. Dieser Ort erinnert mich an Eyüp, den Hügel am Goldenen Horn in Istanbul, auf dem der Fahnenträger des Propheten begraben wurde. Heilige Orte regen immer die Fantasie an. Dafür muss man kein Pilger sein.

Als mich ein anderer Weg wieder hinunter in den Lärm der Stadt und zur Straßen-bahn führt, die mich über die Margaretenbrücke ans andere Ufer der Donau bringen wird, laufe ich durch einige Rosenrabatten. Wenigstens diese Blütenpracht haben die Bewohner des Viertels den Türken zu verdanken. Das Viertel heißt Rószadomb oder Rosenhügel. Wie könnte es auch anders sein; denn das türkische *Gül Baba* heißt »Vater der Rosen«.

Die Legende vom Goldenen Apfel

Kizil Elma'da görüşmek üzere. Beim goldenen Apfel werden wir uns wiedersehen. Mit diesen prophetischen Worten verabschiedete Süleyman seine Soldaten, nachdem er mit seinem Heer von einer Schlacht in Ungarn nach Konstantinopel heimgekehrt war. In den Soldatenliedern der Janitscharen wurde der Rote Apfel als Symbol für Ruhm und eine sich weit über die bestehenden Reichsgrenzen hinaus ausdehnenden Macht besungen. »Wir zerstören, wir stürzen den König vom Thron und ziehen weiter nach Kizil Elma.«

Kizil Elma (oder *qyzl elma*) bedeutet wörtlich »Roter Apfel«. In der Geschichtsschreibung über das Osmanische Reich ist dieser Begriff aber auch mit »Goldener Apfel« übersetzt worden.[1] In den Legenden aus früheren Zeiten ist damit das mystische Abendland gemeint, das weit entfernt in Europa gelegene Land, das es noch zu erobern galt. Im Sprachgebrauch wandelte sich Kizil Elma zu einer Metapher für den nächsten bevorstehenden Sieg – zuerst über Belgrad, dann über Buda und anschließend über Wien, wonach die mystische Frucht fast wie von selbst nach Rom übersiedelte. Denn schließlich war die Stadt am Tiber, »die Hauptstadt der Ungläubigen«, lange Zeit das anvisierte Endziel der osmanischen Expansion.

»Auch als späte Angehörige einer völlig gewandelten Welt vermögen wir zu erfühlen, was dem einfachen Janitscharen Kizil Elma bedeutete«, schreibt der Wiener Historiker Karl Teply, »ein unaussprechlich herrliches Ziel, irgendwo in den Ländern der Christen. Heiliger Eifer im Glaubenskampf, Gier nach Beute, das Abenteuer der Ferne, Träume von persönlichem Ruhm und der Größe des ›ewigwährenden Reiches der Osmanen‹ flossen in diesem Zeichen zusammen – wie ja Kizil die Bedeutungen gold und rot wie Blut in sich schließt.«[2] Teply ist einer der wenigen, die sich mit den Ursprüngen der verschiedenen christlichen, byzantinischen und osmanischen Legenden über den Kizil Elma befasst haben. Seine Schlussfolgerungen finden nicht überall Beifall, weil manche von ihnen in Grenzbereiche des Fantastischen vordringen.

In seinem Buch *Türkische Sagen und Legenden um die Kaiserstadt Wien* geht Teply bis zu den drei Königen zurück, die Jesus kurz nach seiner Geburt in Bethlehem gehuldigt hatten. Der Legende nach hatte Melchior dem Jesuskind damals einen goldenen Apfel aus dem Erbe Alexanders des Großen geschenkt. Die Kugel, die angeblich in Indien gefunden worden war, wurde als eine Allegorie der Welt dargereicht.

In den ältesten türkischen Quellen steht Kizil Elma bei den Uralvölkern für das Streben nach Glück. Im 6. Jahrhundert nach Christus wurde Glück durch Macht ersetzt. In diesen Jahren zogen die Oghusen aus Zentralasien in das Gebiet östlich des Kaspischen Meeres, das von den Hasaren bewohnt wurde. Der Legende nach befand sich auf dem Hauptmast des seidenen Zelts ihres Khans ein goldener Apfel, den man ähnlich wie den Giebelschmuck an altsächsischen Bauernhäusern anbrachte, um böse Geister und Unheil fernzuhalten. Bei den Hasaren galt die Kugel als absolutes Herrschaftssymbol. Die Oghusen glaubten fest daran, die Hasaren erst dann besiegt zu haben, wenn sie die goldene Kugel in ihren Besitz gebracht hätten.

In der Ikonografie des christlichen Europas geht der rote oder goldene Apfel auf den Reichsapfel und damit auf ein aus römischer Zeit stammendes Symbol zurück. Anfangs galt die goldene Kugel als das Attribut Jupiters. Kaiser Augustus ließ sich mit der Weltkugel (mit den drei Kontinenten Afrika, Asien und Europa) in seiner linken Hand darstellen. Später wandelte die Kugel sich zum Reichsapfel, mit dem europäische Kaiser und Könige sich gern abbilden ließen. Auf manchen Bildnissen sieht man Karl den Großen mit einem Zepter in der linken und dem Reichsapfel in der rechten Hand. Nachdem Granada 1492 aus der Gewalt der letzten Mauren in Spanien zurückerobert worden war, erhielt der Granatapfel einen Platz auf dem Wappenschild des spanischen Königs. Kaiser Karl wurde mit der Kette des Ordens vom Goldenen Vlies, seiner Krone, seinem Schwert und dem Reichsapfel porträtiert. Im ungarischen Königreich wurde der Ikonografie der Macht noch ein Zepter und ein Königsmantel hinzugefügt. 1519 porträtierte Albrecht Dürer Kaiser Maximilian I. von Österreich mit einem roten Granatapfel in der linken Hand. Hatte er die Stelle des Reichsapfels eingenommen? Oder war er ein stummer Hinweis auf die Eroberung Granadas im Jahr 1492 durch das Heer Isabellas von Kastilien und Ferdinands von Aragón? Dann wäre der Granatapfel das Wahrzeichen für den Sieg über den Islam.

Machtsymbolik und die Thematik der Weltherrschaft waren auch in das Denkmal Kaiser Justinians eingegangen, das jahrhundertelang vor der Hagia Sophia gestanden hatte. Der Herrscher saß auf seinem Pferd und hielt in der linken Hand den von seinen römischen Vorgängern übernommenen goldenen Apfel. Kurz vor der Eroberung der Stadt am Bosporus durch Mehmed II. im Jahr 1453 soll der Reichsapfel zu Boden gefallen sein, ein Vorfall, dem die Griechen eine apokalyptische Bedeutung zusprachen. Manch einer erinnerte sich wieder an die einstigen Worte Justinians: »Wer mich zu Fall bringt, muss hier entlangkommen.« Das war das Ende des Byzantinischen Reiches. Seither stand der Goldene Apfel metaphorisch für die zukünftigen Eroberungen des osmanischen Sultans.

Gerade mit dieser gängigen Theorie tut sich Teply besonders schwer. Er meint, Justinians Reichsapfel sei nicht erst 1453, sondern schon viel eher zu Boden gefallen. In einer von ihm entdeckten Reisebeschreibung von 1403 befindet er sich noch auf seinem Platz, während aus einer Schilderung von 1427 hervorgeht, dass er zu dieser Zeit nicht mehr zu sehen war. Teply leitet daraus eine Verflechtung alter türkischer Sagen mit Geschichten aus der byzantinischen Vergangenheit ab. Ein türkisches Element der Legendenbildung geht seiner Ansicht nach auf Konstantinopels Eroberung von 1453 zurück. Kurz nach dieser hatte man das Grab von Eyyûub el Ansari gefunden, des Fahnenträgers des Propheten Mohammed, der während der Belagerung der Stadt im 7. Jahrhundert ums Leben gekommen war. Gestützt auf kaum zurückverfolgbare Quellen erzählt Teply die unwahrscheinliche Geschichte, man habe in der Hand des Fahnenträgers einen goldenen Stein aus Sonnenmaterie entdeckt. Einen Meteoriten vielleicht? Mit ihm konnte man angeblich wie mit Ali Babas Lampe Wunder vollbringen. Mag das nun wahr sein oder nicht, Teply räumt dem Stein in den Kizil-Elma-Erzählungen jedenfalls einen prominenten Platz ein.[3]

Der jüngste Tag

Im Gegensatz zu Teply halten renommierte Historiker, die sich mit der Geschichte des Osmanischen Reiches befasst haben, offenbar nicht viel von Legenden und Sagen, die über Generationen hinweg mündlich überliefert wurden. Autoren wie Caroline Finkel, André Clot, Colin Imber und Halil Inalcik erwähnen die Apfellegende in ihren Veröffentlichungen über das osmanische Herrscherhaus mit keinem Wort, von Hammer-Purgstall hingegen schon. Er insistiert, dass Rom die einzige Stadt sei, die in einem Atemzug mit Kizil Elma genannt werden könne. Mit der Eroberung dieser Stadt wäre auch die Christenheit besiegt.

Bernard Lewis, der sich wie von Hammer-Purgstall auch nicht leicht zu voreiligen Spekulationen hinreißen lässt, äußert sich ebenfalls zur Apfeltheorie. Er schließt sich der Interpretation an, der Goldene Apfel sei eigentlich eine Metapher für sonnenbeschienene Kirchenkuppeln. »Angeblich leitete sich der Name vom Anblick der goldenen Kuppel einer großen Kirche ab. Diese befand sich in einer Stadt, die noch zu erobern war. Die Stadt des Goldenen Apfels bildet das endgültige Ziel der türkisch-islamischen Eroberung. Wäre der Kizil Elma eingenommen, wäre auch der Dschihad vollendet und die Weltherrschaft des Islams verwirklicht.« Lewis zufolge war Konstantinopel wegen der goldenen Kuppel der Hagia Sophia die erste zu erobernde Stadt. Danach wurden Budapest, Wien und Rom anvisiert, letztere, weil die Renaissancekuppel des Petersdoms als Himmelskuppel der Christenheit Schutz gewährte.

Es ging also um Rom. Aus einem Brief des Venezianers Giacomo de Langushi wissen wir, dass die Ambitionen Mehmeds II. über die Eroberung Konstantinopels hinausgegangen war. Der Venezianer schreibt: »Jeden Tag lässt er sich römische und andere historische Erzählungen vorlesen, Texte, die von Päpsten und Kaisern, den Königen von Frankreich und den Lombarden verfasst wurden oder von ihnen berichten. Begierig sucht er nach Informationen über die Lage Italiens, den Sitz des Papstes und des Kaisers und die Zahl der Königreiche in Europa, von dem er eine Karte mit den Eintragungen der Staaten und Provinzen besitzt.«

Das Heer Mehmeds II. war bereits in Otranto auf dem italienischen Stiefel gelandet, als der plötzliche Tod des Sultans es zur Rückkehr zwang. Mehmeds Sohn Bayezid II. war im Begriff, Italien zu erobern, musste seine Pläne jedoch zurückstellen, als sein Bruder Cem erst von den Johannitern auf Rhodos und später vom Papst und dem französischen König Karl VIII. als Geisel genommen wurde.[4] Nachdem das französische Heer 1495 ohne allzu große Probleme Neapel erreichen konnte, wurde behauptet, Rom wäre sicherlich von den Türken erobert worden, wenn Bayezid seine Pläne realisiert hätte, bevor den Franzosen ihr so weites Vordringen nach Süden gelungen wäre.

In Volkserzählungen verlagert sich der Kizil Elma 1529 nach Wien. Während der Belagerung der Stadt erteilte Süleyman angeblich den Befehl, den Stephansdom zu schonen, da in wenigen Tagen eine Moschee und sein Turm ein Minarett sein sollte. Um die Beschädigung des Gebäudes bei einem Beschuss zu verhindern, ließ er eine Kanonenkugel aus purem Gold gießen und in die Stadt bringen, um sie auf der Kirchturmspitze zu befestigen. Wie man sich erzählt, gab der abergläubische Ferdinand noch in derselben Nacht den Befehl, die goldene Kugel dort anzubringen. Die Belagerung wurde Mitte Oktober eingestellt. Der Stephansdom blieb unbeschädigt. Die goldene Kugel ist nie gefunden worden und der Turm wurde niemals zum Minarett.

In Wien erzählt mir der Historiker Ernst Petritsch noch eine weitere Legende über den Stephansdom. »Es hieß, Süleyman würde sich zurückziehen, sobald die Verteidiger Wiens den achtzackigen Stern und den Halbmond auf der Turmspitze des Stephansdom befestigt hätten. Damit hatten sie kein Problem, denn in der katholischen Interpretation dieser Symbolik ging es schließlich um das Verhältnis von Papst und römisch-deutschem Kaiser. Der Halbmond stand für den Mond des Kaisers, der sein Licht vom Papst empfing, versinnbildlicht durch die Sonne als achtzackigem Stern.«

Neben Wien wurde manchmal auch Köln genannt, Rom aber blieb in den Legenden um den Goldenen Apfel die Endstation. »Wenn Rom erobert ist, werde ich den Edelleuten in Venedig, die den Sultan so sehr schätzen, einen Besuch abstatten«, bemerkte Ibrahim Pascha einmal großspurig einem venezianischen Gesandten gegenüber. Erst als Süleyman mit zunehmendem Alter Erfahrungen mit den logistischen Beschränkungen seines ausgedehnten Reiches gesammelt hatte, geriet Rom aus seinem Blickfeld – jedoch nicht in den Erzählungen. Evliya Çelebi schrieb lange Zeit nach Süleymans Tod noch über die *beç kizilelmasi* (den österreichischen Roten Apfel) und den *rim papa kizilelmasi* (den Roten Apfel des Papstes), womit Wien und Rom gemeint waren, die beiden Städte, die seiner Ansicht nach auf der Wunschliste der Sultane vor und nach Süleyman fehlten.

Çelebis Zeitgenosse Ibrahim Peçevi behauptete sogar, Kizil Elma sei kein Fantasieort, sondern eine real existierende Stadt, die nicht in Italien, sondern in Ungarn liege. Diese Stadt hieß Qyzyl Qapona. »Die gesamte Bevölkerung der Stadt, ob jung oder alt, versammelte sich an einem bestimmten Tag des Jahres auf einem offenen Feld. Dort sangen sie unter der Leitung eines Priesters ein Lied über die Heere des mächtigen Sultans, die nach Qapona ziehen und dort noch ein letztes Mal vor dem mit diesem Sieg einsetzenden Fall des Reiches triumphieren würden.«

Teply berichtet von einer ähnlichen, im 15. Jahrhundert in Europa kursierenden Geschichte, einer Variante der byzantinischen Legende, die mit dem Zusammenbruch des Osmanischen Reiches endet. Teply beruft sich auf die Reiseberichte des Bartholomäus Georgievics, eines kroatischstämmigen Soldaten, der in der Schlacht von Mohács 1526 gefangen genommen wurde. Während seiner Gefangenschaft in Anatolien war ihm eine Geschichte angeblich türkischen Ursprungs zu Ohren gekommen: »Unser Kaiser wird kommen, um das Land der Ungläubigen zu erobern und den Goldenen Apfel in seinen Besitz zu bringen. Wenn die Christen ihr Schwert sieben Jahre später nicht erheben, wird er zwölf Jahre regieren. Er wird Häuser bauen, Weingärten pflanzen, die Gärten mit Hecken säumen und Kinder zeugen. Zwölf Jahre, nachdem er den Apfel errungen hat, wird sich das Schwert der Christen erheben. Dann werden die Türken die Flucht ergreifen«, schreibt Georgievic und merkt dazu an, die Prophezeiung sei zwar nicht im Koran zu finden, »aber in anderen Büchern, denen hohe Autorität zukommt.«

Ein Gleichnis ist auch im Warnruf des deutschen Astrologen Johann Lichtenberger enthalten. Die türkische Eroberung Konstantinopels interpretierte er als den in der biblischen Offenbarung prophezeiten Beginn des letzten Angriffs der apokalyptischen Völker Gog und Magog. Lichtenberger weissagte, die Türken würden über Deutschland herfallen wie Ratten über ein verlassenes Schiff. Die osmanische Invasion, die mit Gräueltaten und Wehklagen einhergehe, sei unabwendbar. Doch in seiner Prophezeiung gab es auch einen Hoffnungsschimmer. Sobald sie Köln erreicht hätten, sei es um die türkische Geißel geschehen. »Beim Goldenen Apfel von Köln werden der Sultan und seine Scharen umkommen und erwürgt werden«, sagt er voraus. Der Bezug des Goldenen Apfels zur Stadt Köln ergibt sich Telpys Auslegung zufolge aus der goldenen Kugel, die sich auf der Turmspitze des Kölner Doms befand.

In Analogie zu Georgievics und Lichtenbergers Voraussagen präsentierte der ungarische Dichter János Baranyai Decsi (Johannes Decius Barovius) in der zweiten Hälfte des 16. Jahrhunderts eine eigene Variation dieses Themas. In einem seiner Werke schildert er, wie die Türken entsprechend ihrer eigenen göttlichen Prophezeiung vertrieben werden, sobald sie den Goldenen Apfel in ihren Besitz gebracht haben. »Was der goldene Apfel ist, weiß niemand«, schreibt Baranyai Desci, »ob es Györ ist, Wien, Rom oder Köln. Nur Gott und die Zeit werden es offenbaren.«

Ein Mann mit einer Mission

Diskussionen über den Goldenen Apfel enden unter Historikern immer in derselben alten Polemik. Hätte Wien erobert werden müssen? Sollte Ungarn als Pufferstaat fungieren? Mehmed Ipsirli, der türkische Spezialist für die Verwaltungsstrukturen des Osmanischen Reiches im 16. Jahrhundert, hält nichts von der Theorie einer ungarischen Pufferzone. »Das Osmanische Reich war auf Expansion in Europa ausgerichtet, die bereits mit dem ersten Sultan Osman I. begann. Die Feldzüge im Osten dienten eher dazu, Probleme in diesen Grenzregionen zu beseitigen. Der Fokus lag weiterhin auf Europa.«

Das stärkere Interesse von Süleymans Vater Sultan Selim an einer Ostexpansion betrachtet Ipsirli nur als Fingerübung. »Das war ein Vorspiel zu den späteren Westfeldzügen. Generell lässt sich sagen, dass die Sultane immer vorrangig an Europa interessiert waren. Dorthin richtete sich ihr Augenmerk. Nachdem Mehmed II. Konstantinopel erobert hatte, sagte er: ›Wir haben die Tochter, jetzt fehlt noch die Mutter.‹« Ipsirli würde übrigens keineswegs bestreiten, dass die Pläne zur Einnahme Roms in Süleymans Regierungszeit etwas in den Hintergrund getreten seien. »Sie waren nicht mehr so konkret wie früher, aber die Strategie war dennoch auf die Eroberung von ganz Europa ausgerichtet, also auch auf Rom. Das Ziel bestand darin, den Islam wieder nach Europa zu bringen. Darum ging es.« Der goldene Apfel übersiedelte von Wien nach Rom.

Der türkische Historiker Necdet Sakaoglu, der mehrere Bücher sowohl über den Topkapi-Palast als auch über das Osmanische Reich geschrieben hat, tendiert zu einer anderen Auffassung. Seiner Ansicht nach hatte die vollständige Eroberung Europas keine Priorität für Süleyman. »Er wollte, genau wie sein Großvater Bayezid und sein Vater Selim, eine gegen das Osmanische Reich gerichtete Länderallianz verhindern. Der Westen drohte ständig mit Kreuzzügen. Um sie zu vereiteln, wurden kleine Truppen aus Elitesoldaten zusammengestellt, die die Grenzregionen erkundeten. Sie sollten den Eindruck erwecken, als sei das osmanische Heer auf dem Vormarsch. Tatsächlich bestand ihre Aufgabe nur darin, das Gelände zu sondieren und die günstigsten Furten und bequemsten Bergpässe zu markieren. Süleymans militärische Strategie zielte darauf ab, einen Gegenangriff zu verhindern.« Für Sakaoglu besteht kein Zweifel: Der Goldene Apfel kam über Buda nie hinaus.

Suraiya Faroqhi schließt jedoch nicht aus, dass Süleyman sehr wohl über Ungarn hinaus wollte: »Die Vorgehensweise des osmanischen Heeres war Mitte des 16. Jahrhunderts so effektiv, dass die Eroberung Zentraleuropas und Italiens eine realistische Möglichkeit darstellte«[5], schreibt sie in ihrem Buch *Approaching Ottoman History*. Ihrer Ansicht nach lag ein wichtiger Grund für Süleymans militärische Vormachtstellung in der Uneinigkeit seiner europäischen Widersacher. »Der

Sultan war nicht oder kaum von wechselnden Koalitionen abhängig, um die sich die europäischen Herrscher, der Papst und andere politische Führer immer eifrig bemühen mussten. Zudem war die Unzufriedenheit über die regierenden Herrscher in einigen europäischen Ländern so groß, dass der niedere Adel und die Bauern aus pragmatischen Beweggründen durchaus bereit waren, sich auf die Seite der Osmanen zu schlagen. Schlechter, als es ihnen damals ging, konnte es kaum werden. Darüber hinaus verhielt der Sultan sich gegenüber Ungläubigen erheblich toleranter als die Katholiken gegenüber protestantischen Ketzern.«

Pál Fodor, Autor des Buches *In Quest of the Golden Apple,* hält daran fest, dass Süleyman – völlig im Einklang mit der Theorie vom Goldenen Apfel – von Beginn an geplant hatte, zunächst Ungarn, danach Wien und schließlich Westeuropa zu erobern. Buda sollte als Brückenkopf für weitere europäische Eroberungen dienen. »Ungarn war von entscheidender Bedeutung. Man sah in ihm ein überaus reiches Land, in dem man fette Beute machen konnte.«

Warum sich Süleyman mit der Annexion Ungarns als Provinz des Osmanischen Reiches bis zum Jahr 1541 Zeit gelassen hatte, lässt sich laut Fodor leicht erklären. »Nach der Schlacht von Mohács wurde der Angriff auf Wien beschlossen. Dieser endete, wie wir wissen, in einem Fiasko. 1532 drohte sich die Geschichte zu wiederholen. Meiner Ansicht nach handelte es sich hierbei um einen zweiten Versuch Wien zu erobern, auch wenn es in jenem Jahr zu keiner wirklichen Belagerung kam. Das Heer hatte sich bei Güns ruhig verhalten, weil es die Nachricht erhalten hatte, dass vor Wien ein gewaltiges habsburgisches Heer läge. Die Türken wagten nicht anzugreifen. Dennoch bestand das ursprüngliche Ziel dieses Feldzugs abermals in der Eroberung Wiens.«

Ein zweiter Grund für den notwendigen Rückzug des Heeres waren laut Fodor die Probleme an der Ostfront. »Sie hielten Süleyman zehn Jahre lang davon ab, einen weiteren Angriff auf Wien zu planen. Das erwies sich als strategischer Fehler. Denn während dieser Zeit konnten die Habsburger die Verteidigung und die militärischen Strukturen der Stadt so reorganisieren, dass sie dem osmanischen Heer in der Mitte des 16. Jahrhunderts besser gewachsen waren. Buda wurde dem Osmanischen Reich zwar 1541 einverleibt, aber das war eigentlich schon zu spät. In diesen für Europa entscheidenden Jahren beging Süleyman zudem noch den Fehler, an zwei Fronten zu kämpfen, was ihn teuer zu stehen kam. In den 1520er Jahren konnte er noch alle militärischen Kräfte an der Westgrenze konzentrieren. Seit den 1530er Jahren hingegen musste er sich den Problemen an der Ostfront und im Mittelmeer gleichzeitig widmen. Denn als Karl die osmanischen Besitztümer in Nordafrika angriff, zwang er Süleyman, eine dritte Front zu eröffnen. Seitdem wurde die Chance einer endgültigen Eroberung Wiens und damit auch Europas immer geringer.« Welcher Schluss lässt sich daraus ziehen? Pál Fodors Lippen kräuseln sich in einem triumphierenden Lächeln. »Aus heutiger Sicht kann man eigentlich sagen: Europa ist dem Iran zu großem Dank verpflichtet. Hätten die Perser damals nicht so verbissen an der Ostgrenze gekämpft, wäre ganz Europa überrannt worden.«

Ein Trick

Und all die spekulativen Legenden um den Kizil Elma, die Teply in seinem Buch zusammengetragen hat? Von ihnen hält Pál Fodor nicht viel. Für ihn beginnt die Legendenbildung mit dem Fall des Reichsapfels von Justinians Reiterstandbild. »In Süleymans Zeit wurde der Kizil Elma zielgerichtet für den Dschihad eingesetzt. Natürlich war ein vages Endziel gut geeignet, den Eroberungsgeist wachzuhalten. Es ist deshalb auch kein Zufall, dass die beiden zentralen Themen der osmanischen Kriegsideologie – das Denken, das sich mit dem Dschihad, und jenes, das sich mit dem Kizil Elma befasst – in der antichristlichen Politik des Herrschers und der Moral der Janitscharen eng miteinander verbunden sind.«

Den Meteoriten, den Teply in Ayoub al-Ansaris Hand gelegt hatte, betrachtet Fodor als Trick. Seiner Ansicht nach gibt es kein überzeugendes Beweismaterial für diese Theorie. Auch in seinen Quellenstudien haben sich keine Hinweise darauf gefunden, dass die Osmanen die Theorie des Kizil Elma mit der Eroberung Kölns in Verbindung gebracht hätten. In Teplys Quelle, dem Werk Peçevis, hat Fodor zudem noch ein Plagiat entdeckt. Denn Peçevi habe seine Geschichte fast wörtlich aus einem im 16. Jahrhundert entstandenen Werk des Autors Gáspár Heltai abgeschrieben.

Was Bartholomäus Georgievic während seiner Gefangenschaft über den Kizil Elma hörte, kann nach Fodor nicht als türkische Quelle interpretiert werden. »Die sogenannte türkische Prophezeiung, die später mehrfach publiziert wurde, ist sehr populär geworden. Denn ihr zufolge sagten die Türken selbst ihren endgültigen Untergang vorher. Aber dank neuerer Forschung muss man an der Authentizität der Quelle und dem türkischen Ursprung dieser Legende zweifeln. Alles weist darauf hin, dass sie auf zeitgenössische apokalyptischen Prophezeiungen aus Europa zurückgeht.« Anders gesagt, lag die Quelle in Deutschland und gelangte über Ungarn in die Türkei.

Fodor ist sich sicher: »Das wesentliche Element des Kizil Elma ist seine Unbestimmtheit. Die letzte Eroberung musste zwangsläufig so weit wie möglich in die Zukunft verlegt werden, damit sich die bevorstehenden Siege und der ankündigte Untergang des Osmanischen Reiches nach der Einnahme des Kizil Elma so spät wie möglich vollziehen.« Fodor hält daher auch an dem Schema Konstantinopel, Buda und Wien fest. Die letzte Stadt in dieser Reihe sei ein mystischer Ort, an dem das Osmanische Reich untergehe. Rom sei dieser Reihe erst viel später, in der Mitte des 17. Jahrhunderts, hinzugefügt worden.

»Süleyman und sein Großwesir beschlossen – vermutlich schon im Herbst 1527 – einen Krieg um die Herrschaft über ganz Europa zu führen. Sie entschieden sich Schritt für Schritt vorzugehen. Ein Vormarsch auf Wien sollte der Macht der Habsburger in Mitteleuropa den Gnadenstoß versetzen. Obwohl sie den Plan in einzelnen Teilen veränderten, bildete dieses Konzept fast bis zu seinem Tod das zentrale Element von Süleymans Mitteleuropapolitik.«

Die Einschätzung Matthias Pfaffenbichlers, des Wiener Experten für Kriegsführung im 16. Jahrhundert, steht Pál Fodors entschiedener Auffassung diametral entgegen. Beide konfrontiere ich mit einer Bemerkung aus van Boesbeecks viertem Brief, dass Süleyman sich drei Dinge wünsche: die Vollendung seiner eigenen Moschee, den Wiederaufbau der Aquädukte in Konstantinopel und die Eroberung Wiens. Die beiden ersten Wünsche seien in Erfüllung gegangen. Über Wien pflege er hingegen nur wie über eine persönliche Schmach und Schande zu sprechen, schrieb van Boesbeeck. Bestand also doch die Absicht, die österreichische Stadt an der Donau zu erobern?

Pál Fodor und Géza Dávid halten daran fest: ohne Wien keine völlige Herrschaft über die Habsburger. Matthias Pfaffenbichler ist anderer Auffassung. Seiner Ansicht nach war Wien 1529 nicht das Ziel; auch 1532 nicht, als Süleyman während seines sogenannten deutschen Feldzugs Güns erobert hatte und Wien die nächste Etappe zu werden schien?

»Wien hatte seit 1529 als habsburgische Residenz an Bedeutung gewonnen«, meint Pfaffenbichler, «1532 war das einzige Jahr, in dem sich Kaiser Karl in Wien mit einem großen Heer blicken ließ. Süleyman wollte ihn zu einer Schlacht auf offenes Gelände locken. Aber so weit kam es nicht. Die Eroberung von Güns bildete nur einen Vorwand, um die habsburgischen Truppen zur Befreiung der Stadt zu bewegen. Güns wurde wohlgemerkt von tausend Mann verteidigt, wohingegen Süleymans Heer 200.000 Mann zählte. Warum dauerte diese Belagerung dann so lange? Nur um zu sehen, ob Karl und Ferdinand reagieren würden. Als das nicht gelang, schickte Süleyman die Akinci, die Tod und Verderben brachten, eine erneute Provokation, die das kaiserliche Heer zu einer Reaktion veranlassen sollte. Kaiser Karl rührte sich jedoch nicht.«

Und die Theorie vom Goldenen Apfel? »Ach, jeder hat so seine eigenen ideologischen Idealvorstellungen«, sagt Pfaffenbichler. »In dieser Hinsicht hatte die Theorie des Kizil Elma für die Türken sicher eine strategische Bedeutung. Aber ich weigere mich zu glauben, dass Wien erobert werden sollte und dass Europa einer Annexion durch das Osmanische Reich dann ungeschützt ausgeliefert gewesen wäre.«

Wo ist das Massengrab?

Es lässt sich nicht leugnen, dass Propaganda, Lügen und Legenden sich in die Geschichtsschreibung über das Osmanische Reich eingeschlichen haben. In dieser Hinsicht sind die Sagen, die sich um den Kizil Elma ranken, trotz aller Differenzen über deren Deutung nur eine weitere unschuldige Projektion und sie beruhen auf oftmals nicht mehr nachvollziehbaren Ereignissen und Symbolen aus einer längst vergangenen Epoche. Schwerer wiegt es, wenn Fakten nachträglich fingiert werden und die Historiografie einen überwiegend nationalistischen Unterton bekommt. So schaffte es eine Geschichte über die recht unspektakuläre Belagerung einer ungarischen Burg, die damals nur eine unter vielen Belagerungen gewesen ist, bis in die Zeitung – als Feuilletonbeitrag voll Heroismus, Romantik, verdrehter Tatsachen und Unstimmigkeiten. Basierend auf einem noch älteren Gedicht lieferte der Beitrag außerdem die Grundlage für einen historischen Roman, der an ungarischen Schulen zur Pflichtlektüre wurde.

Schauplatz des glorreichen Romans über Helden, Widerstand und Liebe ist die etwa 130 Kilometer östlich von Budapest gelegene Stadt Eger, von den Habsburgern Erlau genannt und in die türkischen Annalen als Egri eingegangen. Während Süleyman sich 1552 auf die östliche Front gegen die Perser konzentrierte, erlitt das osmanische Heer in Eger eine relativ unbedeutende Niederlage. Ein paar Jahrzehnte später wurde die Festungsanlage schließlich doch noch eingenommen und die Stadt dem Osmanischen Reich einverleibt. Das war eine in der osmanischen Expansionsgeschichte insgesamt unbedeutende Kriegshandlung, wäre Eger nicht dank des Feuilletonbeitrags und des darauf basierenden Buches zu einem Höhepunkt der nationalen Heldenverehrung in Ungarn geworden.

Schon im frühen Mittelalter war Eger für die katholische Kirche in Ungarn ein bedeutender Ort.[1] Die ersten Erwähnungen als Bischofssitz gehen auf das Jahr 1004 zurück. Die noch heute das Stadtbild prägende Basilika zählt seit jeher zu den wichtigsten ungarischen Sakralbauten. Mit seinen Thermalbädern und der Natur um die Burganlage war Eger zudem als ein Ort bekannt, an dem man gut verweilen konnte. Im 15. Jahrhundert war König Matthias Corvinus hier ein gern gesehener Gast. Dank seiner aus dem italienischen Ferrara stammenden Ehefrau Beatrice d'Este wurde ihr achtjähriger Neffe Ippolito ohne Schwierigkeiten zum Bischof von Eger ernannt. Und tatsächlich ließ sich der Prälat hin und wieder auch dort blicken, nachdem er Kreisel, Fibel und Knabenhemd gegen Schild, Schwert und Soutane getauscht hatte. Bei seinen seltenen Besuchen wurde Ippolito für gewöhnlich von einer Gruppe Aristokraten begleitet, die gute Gründe hatten, um nach Eger mitzureisen: die Jagd, der Wein und die Bäder.

Gejagt wurden hauptsächlich Vögel, von denen es in der wasserreichen Umgebung etliche gab. Obwohl sich der Wein der lokalen Anbaugebiete schon damals nicht mit den Weinen aus dem östlicher gelegenen Tokaj messen konnte, wird heute noch immer viel Aufhebens um ihn gemacht. Es heißt, der Wein sei wie Stierblut. Zumindest wurde er so mit viel Gefühl für Dramatik in den ungarischen Chroniken beschrieben, nachdem die Türken die Burganlage 1552 belagert hatten. Das Blut, das den Verteidigern damals von den Backenbärten rann, wurde von den Angreifern als die letzten Tropfen jenes Stierbluts angesehen, mit dem die Ungarn sich Mut angetrunken hatten.

Aus verschiedenen Gründen kam Eger im 16. Jahrhundert auch über seine kirchliche Vergangenheit hinaus eine gewisse Relevanz zu. Die Stadt war zu einer wichtigen Zwischenstation auf der Handelsroute zwischen Buda und dem pro-osmanischen Siebenbürgen geworden. Außerdem hatte die Festungsanlage wegen ihrer strategisch günstigen Lage im unruhigen Grenzgebiet der drei ungarischen Teile an Bedeutung gewonnen. Nach der Wiedereroberung Budas 1541 erstreckte sich der osmanische Teil bis in ein Gebiet etwas nördlich von Buda. Ungefähr 120 Kilometer östlich davon verlief in Richtung Süden die Grenze zu Siebenbürgen (dem heutigen Grenzgebiet von Ungarn, der Ukraine und Rumänien). Nördlich des ungarischen Teils des Osmanischen Reichs erstreckte sich der letzte Gebietsabschnitt des früheren Königreichs Ungarn, das unter habsburgischer Herrschaft gestanden hat (die heutige Grenzregion zwischen Ungarn und der Slowakei). Die Hauptstadt dieses Gebiets war Pressburg. Eger wurde sowohl von den Habsburgern und den Ungarn, als auch von den Türken ständig attackiert.

Ferdinands 1542 unternommener Versuch Buda ein weiteres Mal einzunehmen, bildete den Ausgangspunkt für die später dramatisierten Ereignisse, die zehn Jahre danach in Eger stattfinden sollten. Die habsburgische Invasion scheiterte, hatte aber die Aktivierung des osmanischen Heeres zur Folge. Von Konstantinopel aus gab Süleyman den Paschas vor Ort den Befehl, die Habsburger noch weiter zurückzudrängen. Die sich daraufhin in den kommenden Jahren ereignenden Vorfälle gingen als Burgenkriege in die ungarische Geschichte ein: Es kam zu einer raschen Folge von Festungseroberungen. Bastion um Bastion, Ort um Ort, Burg um Burg wurden eingenommen, bis das osmanische Heer im September 1552 vor den Toren von Eger stand.

Die Geschehnisse dieses Jahres werden im örtlichen Touristenführer in lebhafter Prosa veranschaulicht. Eger wird nach dem Fall von Buda 1541 als »wichtigster Verteidigungspunkt« jener damals noch Ungarn zugehöriger Region aufgeführt. Als den Burghauptmann István Dobó 1551 die Nachricht erreichte, dass die Türken einen Angriff vorbereiteten, hatte er schon einen großen Vorrat an Nahrung, Munition und Pech anlegen lassen. Unter dem Kommando von Ahmed Pascha war das osmanische Heer Wochen zuvor aus Edirne aufgebrochen. Unterwegs hatte es Temeswar (heute die rumänische Stadt Timisoara) erobert. Vor den Toren Szolnoks, etwa 150 Kilometer südlich von Eger, hatten die in Buda stationierten Truppen Ali Paschas sich ihm angeschlossen. Am 6. September wurde die Burg von Szolnok ohne Gegenwehr eingenommen. Das bedeutete einen enormen Rückschlag für Dobó, denn er hatte nicht genügend Zeit, ausreichend viele Soldaten zu versammeln.

»Den Dokumenten zufolge«, so geht die Darstellung im Reiseführer weiter, »standen Dobó 1.935 Männer und Frauen zur Verfügung, um sich gegen zwei vereinte türkische Heereszüge von 80.000 Mann zur Wehr zu setzen.«[2] Die Belagerung begann am 14. September. »Da es vor Ort nur wenige Söldner gab, musste Dobó unter den Bauern der umliegenden Dörfer nach Freiwilligen suchen, die etwas Erfahrung in der Handhabung von Gewehren hatten.« Am 29. September fand der erste ernstzunehmende Angriff auf das sogenannte Alte Tor statt. Es hielt stand. Daraufhin änderten die Türken ihre Strategie: Mit ihren gefürchteten *shahi-zarbzen*-Kanonen[3] beschossen sie systematisch die Mauern und Bastionen. Ähnlich wie Süleyman Jahre zuvor auf Rhodos boten die türkischen Befehlshaber den Verteidigern während einer Waffenruhe ein Friedensabkommen an: Wenn die Verteidiger kapitulierten, würde man ihnen kein Haar krümmen. Dobó lehnte ab. Hegedús, ein Leutnant unter Dobó, war dem großzügigen Angebot gar nicht so abgeneigt. Prompt wurde er gehängt – kein Denkmal für ihn. Die Kameraden, die ihm zur Seite gestanden hatten, sollten niemals wieder etwas hören können, weder Kanonenschüsse noch die Stimmen ihrer Kinder: Ihnen wurden die Ohren abgeschnitten.

Am 4. Oktober führte ein Volltreffer zu einer Explosion im Pulvermagazin; sie forderte viele Tote und verursachte einen erneuten Angriff der Türken. Aber Dobó, der unerschrockene Held der Geschichte, hielt die Stellung auch bei einem letzten Großangriff auf die Festung am 12. Oktober. »Die Burg war in einem dermaßen schlechten Zustand, dass ihre weitere Verteidigung eigentlich unmöglich war«, heißt es weiter. Am 17. Oktober geschah das Wunder: Das osmanische Heer zog sich zurück. Die Feldzugsaison war vorüber. Ali Pascha kehrte nach Buda zurück, Ahmed Pascha überwinterte in Belgrad.

Die Schilderung im Touristenführer wird aber fortgesetzt: »Der Sieg sorgte für eine echte Sensation in Europa. Während der 38 Tage fielen auf türkischer Seite 8.000 Soldaten. In der Burg starben 300 Verteidiger, 200 wurden verwundet. Die Belagerung verursachte beträchtlichen Schaden an der Burg. Jeder wusste, dass das Gefecht noch nicht vorüber war. Der Vormarsch der Türken war nicht gestoppt, sondern nur aufgeschoben worden.«

Warum Dobó jahrelang Zeit gehabt hatte, Nahrung, Pech und Munition einzulagern, aber versäumte, Truppen für die Verteidigung zu rekrutieren, wird nicht berichtet. Auch der Umstand, dass Dobó im letzten Moment noch versucht hatte, Bauern aus der Umgebung anzuwerben, mutet mit dem Wissen, dass 80.000 Soldaten die Burg bereits von der Außenwelt abgeriegelt hatten, merkwürdig an. Am 12. Oktober 1596 wurde Eger schließlich doch noch von den Truppen Sultan Mehmeds III. erobert. Die Stadt sollte 91 Jahre unter osmanischer Herrschaft bleiben. Aus jener Zeit stammt das 41 Meter hohe Minarett, das sich im Stadtzentrum nach wie vor stolz als das nördlichste Zeichen des Islams erhebt. Von den übrigen Moscheen, die während des knappen Jahrhunderts der türkischen Präsenz errichtet worden waren – es müssen über zehn gewesen sein –, ist nichts mehr zu sehen, wohl aber von den türkischen Bädern. Sie verleihen Eger immer noch etwas von seinem früheren Glanz.

Török Fürdö

Dank der stark mineralischen Quellen und den Besuchen von Matthias Corvinus war Eger vor, während und nach der osmanischen Besatzungszeit bis weit über die Grenzen hinaus für seine Thermalbäder bekannt. Das öffentliche Schwimmbad speist sich aus einer Warmwasserquelle in der Stadt. Neben dem Schwimmbad befindet sich ein Gebäude mit der Aufschrift *Török Fürdö*, und tatsächlich: Es handelt es sich dabei um ein türkisches Bad. Eigentlich ist es für Patienten mit Rheuma, Arthritis oder Schmerzsyndromen sowie zur Rehabilitation bestimmt, doch Einwohner und Touristen können es zu bestimmten Zeiten ebenfalls nutzen. In Eger gibt es auch einen Hamam, oder zumindest dessen Überreste. Es ist die Ruine eines früher einmal imposanten Schwitzbades, eine trostlose Erinnerung, die in Reiseführern heute kaum Erwähnung findet.

»Unter diesem schützenden Dach liegen die Reste des Valid Szultána Fürdö«, lese ich auf dem Schild vor dem verriegelten Terrain, während ich auf den Mann warte, der mir dem Vernehmen nach alle meine Fragen beantworten kann. Das Dach bietet weniger Schutz, als das Schild suggeriert. Es ist aus Asbest. Dem Text ist auch zu entnehmen, dass das Bad nach der Ehefrau des Sultans benannt ist, das heißt, nach der Ehefrau von Mehmed III., dem Urenkel Süleymans. Außerdem steht in dem dreisprachigen Text, hier seien während der türkischen Besatzungszeit zwei Bäder errichtet worden: dieses Dampfbad sowie ein Warmwasserbad neben dem heutigen Schwimmbad. »Nach den ersten archäologischen Ausgrabungen begann man 1983 mit der teilweisen Restaurierung des Gebäudes. Die vollständige Instandsetzung wird hoffentlich in nicht allzu ferner Zukunft erfolgen.«

Zum verabredeten Zeitpunkt kommt der Stadtarchäologe Laszlö Fodor mit grauem Bart, gebräuntem Gesicht und einem warmen Lächeln angeradelt. Schon seit mehr als 45 Jahren gräbt und sucht er im Erdboden von Eger nach türkischen Spuren. Er kennt hier jeden Quadratmeter. An allen Stellen, an denen er noch so kleine Funde vermutet, stößt er den Spaten in die Erde. Kaum hat er das Gitter geöffnet, das die Ausgrabungsstätte von der Straße trennt, verfällt er in eine wahre Litanei über sein Hamamprojekt. »Irgendwann stand hier einmal ein Haus und die Bewohner wussten nicht, dass sie über einem türkischen Bad lebten«, erzählt er mit einer Begeisterung, als hätte er das erst am Tag zuvor entdeckt. »Als sie den Innenhof, der nur von den Hühnern genutzt wurde, ausheben wollten, stießen sie auf die Reste einiger Umkleideräume.« Vorsichtig zwischen den Überresten des Hamam manövrierend, zeigt er, wie es hier früher ausgesehen hat. Dort befand sich die Eingangstür, hier das Vestibül, an dieser Stelle das Becken, in dem die Besucher Hände und Füße waschen konnten, daneben die Überbleibsel eines Ofens, mit dem das Wasser erwärmt wurde. Es ist noch fast alles zu erkennen, die in Stein gehauenen Leitungen, durch die das warme Wasser lief, das System zur Trennung giftiger und nicht giftiger Dämpfe, die »Fußbodenheizung«, das zentrale Bad mit der Kuppel darüber, in jeder der vier Wände eine Nische. Kurz gesagt: In der Zeit, als das Dampfbad noch funktionstüchtig war, muss es ein perfekter Hamam gewesen sein.

So begeistert der Archäologe auch erzählt, nach einiger Zeit wird deutlich, dass er auch unter einer unvermeidlichen Frustration leidet. Seit Beginn der Ausgrabungen im Jahr 1958 sind die Restaurierungsarbeiten und der Forschungsstand nicht viel weiter vorangekommen. Das Dach aus Wellasbest wurde 1983 zur Vorbereitung von Restaurierungen installiert, die immer noch nicht begonnen haben. Drei Jahre hatte man für das Projekt eingeplant. »Der türkische Präsident war hier zu Besuch. Aber außer ein paar schönen Worten hat das nichts gebracht. Im Moment befinden wir uns in einer Art Vakuum. Ich weiß nicht mehr, an wen ich mich noch wenden soll, um die Restaurierung des Hamams in die Tat umzusetzen«, erzählt er jetzt mit trauriger Stimme.

Der türkische Präsident sagte seinerzeit eine Finanzierungshilfe in Höhe von fünfzig Prozent der Kosten zu. Die andere Hälfte sollte der ungarische Staat zahlen. Das Problem ist die endgültige Nutzung. Die Türken wollen, dass das Bad wieder als Bad genutzt werden kann. Die Ungarn wollen hingegen ein Museum daraus machen. So blieb es allein bei mündlichen Versprechungen, nichts wurde zu Papier gebracht. »Jedes Mal, wenn in Budapest eine neue Regierung mit neuen Ministern die Arbeit aufnimmt, muss ich wieder von vorn anfangen.«

Es ist also kein Geld vorhanden. Hat denn die ungarische Regierung, die Provinz, bei der er angestellt ist, oder die Gemeinde kein Interesse an der Restaurierung des Hamams? Fodor zuckt ratlos die Schultern. »Es ist genau wie bei der Burg. Das Terrain ist groß. Allein kann ich hier nicht mehr viel ausrichten. Nur wenn Geld für ein Team bereitgestellt wird, kann etwas getan werden. Es mangelt einfach an der Finanzierung.«

Oder hat es etwas damit zu tun, dass die Türken in Eger nicht gern gesehen sind? Fodor antwortet schnell: »Nein, nein, das glaube ich wirklich nicht. Schließlich haben wir ziemlich viele Gemeinsamkeiten, besonders auf kulturellem Gebiet. Aber es ist überall das Gleiche. Es gibt Sieger und Besiegte. Die Ungarn waren letzten Endes die Sieger, und das bedeutet weniger Interesse an den Besiegten.«

Géza Gárdonyi

Sieger und Besiegte. Das ist der Anfang einer Geschichte, in der sich Fakten und Fiktionen vermischen. Wo man in Ungarn auch geht und steht, in jeder Buchhandlung, die etwas auf sich hält, liegt gewiss ein Exemplar von dem Buch der Bücher, geschrieben von Géza Gárdonyi. Und wenn es nicht die ungarische Fassung ist, dann eine deutsche oder eine englische. Gárdonyi ist kein x-beliebiger Autor. Als Mitarbeiter verschiedener Zeitungen und als talentierter Novellenschriftsteller wurde er 1910 Mitglied der auch heute noch hochangesehenen Akademie der Wissenschaften. In seinem Privatleben war er nicht ganz so erfolgreich. Seine 1885 geschlossene Ehe wurde 1892 geschieden. Danach zog er sich gemeinsam mit seiner Mutter nach Eger zurück. Hier wurde das Fundament für das populärste Buch der ungarischen Geschichte gelegt: *Egri csillagok (Sterne von Eger).*[4]

»Die Belagerung von Eger 1552 war ein erstaunliches Ereignis«, so beginnt der Klappentext, mit dem der Roman angepriesen wird. »Eine kleine ungarische Garnison unter dem Befehl von István Dobó leistete fast sechs Wochen lang Widerstand gegen eine enorme türkische Armee und zwang sie, sich in Schande zurückzuziehen. Dobó wurde ein gefeierter Held. Wenig ist aber über den brillanten Pulverexperten Gergely Bornemissza bekannt, dessen einfallsreiche Tricks für die Demoralisierung der Türken verantwortlich waren.« Der Verlag beschreibt Gárdonyis Roman als eine »überzeugende Mischung aus Geschichte und Fiktion«. Es handelt sich um »einen ungarischen Literaturklassiker, beliebt bei Jung und Alt«, oder, wie es George Cushing in seinem Vorwort zur englischen Ausgabe schreibt: »Dieses Buch enthält alle Zutaten für eine gute viktorianische Abenteuergeschichte für Jungs.«[5] Als würde Oliver Twists Bruder aus Eger stammen.

2006 wurde der Roman in einer populären Fernsehsendung zum beliebtesten und meistgelesenen Buch Ungarns proklamiert. Es handelt sich um ein ungarisches Äquivalent zu Dan Browns *Sakrileg:* jede Menge Historie, aber längst nicht immer korrekt wiedergegeben. Man hat es schnell gelesen. Beim Schreiben machte Gárdonyi es sich zugegebenermaßen nicht leicht. Er studierte Archivmaterial in Budapest, Wien und Istanbul. Die meisten Protagonisten in seinem Roman haben wirklich gelebt, außer dem türkischen Soldaten Jumurdzsák (oder Yumurdjak in der englischen Ausgabe), der als Entführer zweier ungarischer Kinder vorgestellt wird. Nach und nach entwickelt er sich zu einer Metapher für alles Böse, was den Türken angedichtet werden kann. Das ist dem Autor so gut gelungen, dass *Jumurdzsák* in Ungarn lange Zeit ein Schimpfwort war, das man seinem Feind an den Kopf warf.

Das Buch besteht aus fünf Teilen, in denen die Geschichte von Gergely Bornemissza und seiner Jugendliebe Éva Cecey erzählt wird. Gergely war damals wirklich in Eger am Widerstand gegen die Türken beteiligt. Sein romantischer Lebenslauf ist jedoch von A bis Z erfunden, so auch die Entführung von Gergely und Éva, jener Geliebten, die am Ende, als die osmanischen Kanonen die Festung von Eger ernsthaft beschädigen, wie ein *deus ex machina* an seiner Seite steht. Über viele Seiten führt Gárdonyi den Leser von der Eroberung Budas 1541 zur Belagerung Egers 1552, wo die Fantasie des Autors die historischen Fakten schließlich hinter dem Horizont der Leidenschaft und des Ruhms versinken lässt.

Im Vorwort der englischen Ausgabe versucht George Cushing diese Geschichtsklitterung noch mit dem Mäntelchen der literarischen Freiheit zu bedecken. Er schreibt: »Gárdonyis größte Leistung ist, historische Fakten so gekonnt mit Fiktion zu vermischen, dass Generationen von Lesern diese Erzählung, oder zumindest einen großen Teil davon, als real angesehen haben.« Eine Anekdote besagt, Gárdonyis Sohn habe den Vater manches Mal dabei beobachtet, wie er am Fenster seines Arbeitszimmers stand und auf die Festungsanlage hinabblickte, die die Türken 1552 einnehmen wollten. Eines Tages habe der Sohn den Vater sagen hören, dass die Ungarn ein falsches Bild von den Ereignissen der türkisch-ungarischen Zeit hätten. »Wenn nur irgendjemand einmal all diese Persönlichkeiten [gemeint sind die Widerstandshelden, H. B.] hervorzaubern könnte, sodass wir ihnen in die Augen sehen, ihre Worte vernehmen und den Rhythmus ihres Herzschlags hören könnten«, soll Gárdonyi gesagt haben. Als Romantiker war er ganz ein Kind seiner Zeit.

Den Leser erwartet in Gárdonyis Buch eine Mischung aus Liebe, Kummer, Versprechungen und Kriegselend, bis Gergely Bornemissza am Ende seine zurückgekehrte Éva einem *Sissi*-Film würdig in die Arme schließt. In Wirklichkeit nahm das Leben von Bornemissza einen anderen Verlauf. Nach dem Sieg erhielt er die Befehlsgewalt über die Burg. Kurz darauf wurde er in einen Hinterhalt gelockt, gefangen genommen und von türkischen Soldaten aufgehängt. Dobó, der Held von Eger, zog fort und wurde 1553 zum Graf von Siebenbürgen ernannt, das in jenen Jahren wieder einmal unter dem Schutz der Habsburger stand. Sein Leben sollte wenig heldenhaft enden. Des Verrats beschuldigt, wurde er in Pressburg eingekerkert und nach einigen Jahren Gefangenschaft zurück auf seine Burg in Levá, dem heutigen slowakischen Levice, geschickt. Dort starb er 1572.

Eger sollte ihn indessen nicht vergessen. 2007 fand man seine Gebeine nach ausgiebiger Suche in einer Gruft der Kirche eines slowakischen Dorfes namens Dobóruszka, das früher zum Landgut von István Dobó gehört hat. »Als ich die Nachricht hörte, war ich stolz darauf, Ungar zu sein«, sagt Laszlö Földesi-Szabó, der Vorsitzende des Verwaltungsrats der über den Nachlass von István Dobó wachenden Stiftung. Ob die Knochen in dem Sarkophag aber wirklich vom Helden von Eger stammen, wird man nie erfahren. Da die Versuche mögliche Nachfahren von Dobó aufzuspüren nicht erfolgreich waren, kann keine DNA-Analyse durchgeführt werden. »Das Skelett ist unvollständig und die verbliebenen Knochen befinden sich in einem schlechten Zustand. Daher ist es auch schwierig, anthropologische Tests durchzuführen«, erklärt die Anthropologin Ildikó Pap. »Aber wir sind ziemlich sicher, dass dies Dobós Knochen sind.«

Eine falsche Welt

Trotz der Jubelstimmung, die Europa nach der Niederlage der Pascha-Armee 1552 ergriffen haben muss, findet Eger in den meisten Büchern über das Osmanische Reich kaum Beachtung. In ihrem Werk *Osman's Dream* bezeichnet Caroline Finkel die Stadt lediglich als diejenige, die 1596 von den Türken erobert wurde. André Clot und Fairfax Downey behalten in ihren Biografien über Süleyman jeweils den deutschsprachigen Namen bei und nennen sie Erlau. Aber auch bei ihnen geht es nur um die Ereignisse von 1566, als der Sultan nach Eger reisen wollte, seine Pläne unterwegs jedoch änderte. Sie verlieren kein Wort über das Jahr 1552.

In der *Süleymanname* taucht der Name Erlau nur beiläufig neben einer Miniatur auf, die dem Betrachter ein Bild von der Eroberung von Temeswar gibt, einer Stadt, die nun im äußersten Westen Rumäniens liegt. In der Mitte des 16. Jahrhunderts gehörte diese Stadt zu einer langen Reihe ungarischer Festungsanlagen, von denen die meisten während der Burgenkriege vom osmanischen Heer unter dem Befehl Ahmed Paschas erobert wurden. »Seine Siege an der westlichen Front wurden von seinem misslungenen Versuch überschattet, Erlau, eine strategisch wichtige Stadt im Norden Ungarns, einzunehmen. Im Jahr 1596 wurde Erlau von Süleymans Urenkel Mehmed III. schließlich doch noch erobert.«[6] So endet der Bericht über Eger im Epos über die Sultane.

Wir müssen uns also mit dem Roman von Géza Gárdonyi begnügen, das heißt, mit einer ungarischen Mischung aus Fiktion und Wahrheit. Gleich zu Anfang konfrontiert der Autor seine Leser mit jenem Heroismus, der sich wie ein roter Faden durch die ungarische Geschichte zieht. »Schon von Kindesbeinen an habe ich immer nur im Krieg gelebt«[7], legt Gárdonyi seinem Protagonisten István Dobó in den Mund. Er fügt hinzu: »So haben die Ungarn nun einmal seit Anbeginn der Welt gelebt.« Wenn Erinnerungen an die Schlacht bei Mohács 1526 auftauchen, hat Gárdonyi in seinem Versuch, dem ungarischen Widerstand etwas mehr Konturen zu geben, keinerlei Schwierigkeiten mit Übertreibungen. Dort soll das Blut von 24.000 Ungarn für das Vaterland vergossen worden sein. In Wirklichkeit reichte Ludwigs Armee lange nicht an diese Zahl heran. Zudem hat seine Armee nicht einmal aus ungarischen Soldaten bestanden, sondern vor allem aus Söldnern aus Bosnien, Kroatien, Österreich und Deutschland.

Als das osmanische Heer schließlich vor Eger steht, sehen die Verteidiger laut Gárdonyi eine Streitmacht von »150.000 Tigern mit menschlichem Antlitz, zerstörungswütige wilde Tiere. Vielleicht sogar 200.000. Die meisten von ihnen waren seit frühester Kindheit im Schießen mit Pfeil und Bogen sowie mit Gewehren, im Mauerklettern und in anderen militärischen Disziplinen ausgebildet. Ihre Schwerter kamen aus Damaskus, ihre Harnische waren aus Derbenter Stahl, die Lanzen von meisterlichen Handwerkern in Hindustan geschmiedet, ihre Kanonen stammten von den besten Schmieden in Europa. Sie hatten Unmengen an Pulver, Kanonenkugeln, Gewehren und Waffen. Ihre Gier nach Blut war teuflisch.«

In den Jahren, in denen Gárdonyi an seiner zuerst als Feuilletonbeitrag in einer Zeitung veröffentlichten und später zum Roman umgeschriebenen Geschichte *Sterne von Eger* arbeitete, suchte Ungarn nach Helden, mit denen man sich identifizieren konnte. Gárdonyi fand diese Identifikationsfiguren in den Werken seines Zeitgenossen Sándor Takáts, der in seinen Publikationen eine Spur von nationalistischem Heroismus einfließen ließ. In dieser Welt fühlte Gárdonyi sich zu Hause. In seinem

Roman beschreibt er die Belagerung Egers als eine erhabene Form ungarischen Rittertums. Dobó wurde zur Personifikation von Heldenhaftigkeit und Nationalstolz. Er und seine tapferen Kameraden hätten zehn-, nein, hundert- oder sogar zweihunderttausend Türken besiegt, was seit den Zeiten von König Matthias nicht mehr vorgekommen war. Mit Erscheinen des Buches war die Schande von Mohács vergessen. Ungarn erwachte. Die schwülstigen, kurz nach 1552 gedichteten Verse des Poeten und Troubadours Sebestyén Tinódi Lantos über die Heldenhaftigkeit von Eger, die Gárdonyi zweifellos kannte, wurden genauso wieder aus den Archivregalen geholt wie das lange Lobgedicht, das der Dramatiker Mihály Vörösmarty im 19. Jahrhundert den Ereignissen gewidmet hatte.

Bronzerelief der Schlacht von Eger 1552 in der restaurierten Festungsanlage

Der Roman von Gárdonyi erschien 1899. Gut ein Jahrhundert später ist er noch immer Pflichtlektüre an ungarischen Grundschulen. Jede Schulklasse unternimmt mindestens einmal im Jahr eine Klassenfahrt nach Eger. Selbstverständlich steht dort für Gárdonyi ein Denkmal. Sein Buch ist auch in Bronze gegossen und hat einen Ehrenplatz in einem Stadtpark erhalten. Die Wohnung des Schriftstellers gehört zu den meistbesuchten Domizilen in Ungarn. Blumenläden machen gute Geschäfte mit dem Verkauf von Sträußen, die als Ehrerweisung auf Gárdonyis Grab niedergelegt werden.

Auf dem nach ihm benannten Platz in der Innenstadt von Eger, von dem man die Burg auf einem Hügel liegen sieht, befindet sich das Denkmal für István Dobó. Stolz und heldenhaft steht er da, das Schwert emporgestreckt. Ein Verteidiger der Festung und eine Frau, die beide mit Steinen nach den anatolischen Angreifern werfen, stehen ihm zur Seite. Das imposante Monument ist von einer bronzenen Kette umgeben, in die türkische Halbmonde eingearbeitet sind, als ob das Osmanische Reich für immer und ewig in Ketten gelegt wäre. An anderer Stelle auf dem Platz vor dem Rathaus steht das Monument für die Grenzsoldaten, die hoch zu Pferd gegen die türkischen Eindringlinge kämpfen. In der restaurierten Festung erinnert eine Bronzetür mit einem Relief an die Belagerung. In der Burg wird der Besucher mit inszenierten Gefechten konfrontiert, mit einem Modell der Befestigungsanlage von 1552 und der Kopie eines Porträts von Sultan Süleyman. Als wäre das nicht schon genug, werden in einigen Geschäften Aufkleber und T-Shirts mit grotesken Abbildungen verkauft. Stämmige Frauen, die einen Türken mit einem einzigen Fausthieb niederstrecken, ein ungarischer Soldat, der mit seinem Schwert drei Türken über die Klinge springen lässt, und wie zerlumpte Strauchdiebe aussehende Türken, die verschlagen herumlungern. Geschäft ist Geschäft in Eger, auch wenn es um die Aufrechterhaltung des negativen Türkenbildes geht.

Tausende Tote?

Aber hat es wirklich Tausende Tote gegeben? Der Stadtarchäologe Laszlö Fodor lag darüber nächtelang wach. Wo sind die Gebeine? Wie oft er den Erdboden innerhalb und außerhalb der Festungsmauern auch umgrub, auf ein Massengrab, wie es in Mohács gefunden wurde, ist er nie gestoßen. Aber Reste der Moschee und des Minaretts innerhalb des Festungswalls hat er entdeckt. Dank Evliya Çelebi weiß man, dass es dort einen alten Friedhof gegeben hat, der neben der Moschee lag. Laut Çelebi machten die Türken einen großen Bogen um ihn, weil sie Angst vor den katholischen Geistern hatten.

»Wer ein Skelett findet, muss das melden«, hat Laszlö Fodor stets angemahnt. Ein paar Grabstätten mit den Leichen ungarischer Bürger, die im 16. Jahrhundert bestattet wurden, hat man entdeckt. Aber verstümmelte Gebeine von Soldaten, die durch Kanonenkugeln oder Schwerthiebe ums Leben kamen, fand man so gut wie gar nicht. »Auf dem Friedhof bei der Basilika haben wir 3.000 Leichen ausgegraben. Darunter war nur ein einziges Skelett mit einer abgehackten Hand. Bei 14 Skeletten wurden Verwundungen festgestellt, die von einem Schwert herrührten. Mir scheint dies recht wenig zu sein. Das bedeutet, die Hinweise, mit denen bewiesen werden könnte, dass tausende Menschen bei der Belagerung ums Leben kamen, sind nur unzureichend.«

Und was ist mit Gräbern von den Frauen, die die Burg so tapfer verteidigt haben sollen? Fodor kichert: »Frauen haben immer eine wichtige Rolle gespielt.« Und dann ernsthaft: »Wir haben nur Inschriften mit den Namen einiger Frauen gefunden. Sonst nichts.«

Als ich ihn frage, was diese Feststellungen zu bedeuten haben, sagt er beinahe entschuldigend, dass er als Archäologe spreche, nicht als Historiker. In dieser Funktion hat er noch einen weiteren Grund, an den Geschichten über das heldenhafte Verhalten der Burgverteidiger zu zweifeln. »Die Festungsanlage hatte eine Grundfläche von 16 Hektar, die den Erzählungen zufolge von 2.000 Menschen bewohnt wurden. 800 davon waren Soldaten, die übrigen waren Hausfrauen, Bauern, Kinder, Arbeiter und Kleinunternehmer. Wie aber in Gottes Namen sollte man 16 Hektar mit nur 800 Soldaten verteidigen? Wie konnten sie sich gegen 70.000 Türken oder gar gegen 200.000 Türken behaupten? Um eine so große Festungsanlage zu verteidigen, brauchte man mindestens doppelt so viele Soldaten, also 1.600.«

Laut Fodor wurde zwar gekämpft, aber nicht so lange, wie es die zeitgenössischen Berichte glauben machen wollen. Seinen Quellen zufolge gab es 14 Kilometer von Eger entfernt ein türkisches Lager mit gerade einmal 7.000 Soldaten. Von ihnen kamen nur die Elitetruppen nach Eger und bildeten einen Ring um die Festung. Dass sie Kanonen mit sich führten, mit denen sie versuchten, Schwachstellen der Festungsmauern zu beschießen, ist eine Darstellung, an der Laszlö Fodor nicht zweifelt. Ebenso wenig stellt er die Behauptung infrage, Dobó sei ein exzellenter Soldat gewesen, der gemeinsam mit seinen Getreuen dazu in der Lage gewesen sei, die Breschen in der Mauer immer wieder zu reparieren. »Aber ich gehe davon aus, dass die Belagerung nicht so lange gedauert hat. Die geschätzten 70.000 türkischen Soldaten gab es in ganz Ungarn, aber nicht hier. Sie befanden sich irgendwo im Land. Nach Eger wurde nur ein Zehntel des Heeres geschickt.«

Die Belagerung scheint also eher eine Legende als ein historisches Faktum zu sein. Fodor will sich ein Hintertürchen offenhalten. »In gewisser Weise schon«, murmelt er, aber man merkt, dass er eigentlich kein Wort der ganzen Geschichte glaubt. Für ihn steht fest, dass der Roman von Gárdonyi zur Legendenbildung beigetragen hat. »Gárdonyi hat es verstanden, eine Menge Material in den Archiven von Wien und Istanbul zu sammeln. Aber trotz all dieser Informationen hat er keine historische Abhandlung, sondern einen Roman geschrieben. Darin kommen Personen vor, die nie existiert haben. Im Großen und Ganzen können wir feststellen, dass in allen Romanen zahlreiche Details vorkommen, die nicht von Fakten gestützt werden. Gárdonyi hat die beiden Belagerungen der Jahre 1552 und 1596 miteinander vermischt. In seinem Buch aber geht es ausschließlich um die erste Belagerung.«

Stille. Eine himmlische Ruhe breitet sich an diesem normalen Werktag wie ein seidener Vorhang über die Provinzstadt aus. Wir sitzen im Innenhof der Burg, von der Fodor jeden Quadratzentimeter kennt, unweit des Denkmals für Gárdonyi. Touristen sind an diesem ersten Oktobertag kaum unterwegs. Die aus Deutschland stammenden Kanonen, mit denen Dobó die Festung verteidigte, sind noch immer in Ankunftsrichtung des Feindes ausgerichtet. Die Festung, der einstige Schauplatz von Kanoneneinschüssen und Hilferufen, gleicht nun einer Oase. Fodor schüttelt den Kopf und entschuldigt sich dann dafür, dass die Ergebnisse aller Ausgrabungen noch nicht in einen offiziellen Bericht eingegangen sind. Mehr kann und will er nicht sagen. Ein einziges Mal ließ er sich zur Teilnahme an einer Fernsehsendung zu diesem Thema verleiten. »Es war für mich eine sehr unangenehme Erfahrung. Ich wurde um ein Interview mit dem ungarischen Fernsehen gebeten. Dabei wollten sie aus meinem Mund hören, dass es 1552 kaum oder gar keine Toten zu beklagen gab. Aber ich habe mich geweigert. Die Programmgestalter waren auf Sensation aus, auf Polemik, und daran wollte ich nicht mitwirken. Ein Wissenschaftler, und das bin ich schließlich, kann nicht einfach irgendetwas sagen, ohne dass es ausreichendes Beweismaterial gibt.«

Aber hatte sich Gárdonyi nicht auf Archivuntersuchungen seiner Zeit gestützt? Oder ist sein Kenntnisstand mittlerweile überholt? Sind weitere Schriftstücke aufgetaucht? Hat sich die wissenschaftliche Forschung verbessert und neue Fakten ans Licht gebracht? Muss die Geschichte nicht … Fodor fällt mir ins Wort. »Natürlich ist Geschichte nichts Statisches«, stellt er fest, »aber nochmals: Gárdonyi war ein Romanautor. Wir können keinesfalls voraussetzen, dass das, was er geschrieben hat, hundertprozentig wahr ist. Es bleibt ein Roman. Er vertritt darin den Grundsatz, die Festung sei dermaßen gut verteidigt worden, dass die Türken sich zurückziehen mussten. Darauf will er von Anfang an hinaus. Eine Vielzahl von Türken kämpfte in seinem Buch gegen wenige Verteidiger, die Burg war groß und dennoch konnten sie sich die Türken von Leib halten.«

Mit einem letzten Gruß an das Lebenswerk Gárdonyis schlendern wir über den Hof an großen Bäumen entlang zum Grab des Schriftstellers. Nicht weit davon entfernt steht der Springbrunnen, auf dessen Grund Fodor vor Jahren einen Talisman mit persischer Inschrift im Boden gefunden hat. Er zeigt mir, wo einmal die erste Burg gestanden hat. Dort entdeckte er noch 300 Gräber von Bewohnern aus dem 10. und 11. Jahrhundert. Aber auch hier fanden sich keine Gebeine mit abgehackten Armen. Bevor wir zu einer Führung am Modell der Festungsanlage, der in Szene gesetzten Belagerung und der Kopie eines Süleymanporträts hineingehen, frage ich ihn, ob es möglicherweise auch Rivalitäten zwischen Archäologen und Historikern gibt. Schließlich gräbt er in der Erde und dann stellt sich heraus, dass seine Ergebnisse nicht mit den Behauptungen der Historiker korrespondieren.

Er nickt: »Historiker konstruieren oftmals nicht gesicherte Ereignisse. Sie gelangen allzu leicht zu Schlussfolgerungen, ohne über alle Fakten und Beweise zu verfügen. Jeder versucht, sein eigenes Fach über das des anderen zu stellen, um seine eigene Position zu verteidigen. Ich glaube allerdings, dass Archäologen etwas objektiver an die Sache herangehen als Historiker, die in ihrer Berufsausübung häufig exhibitionistisch sind. Einige denken sich etwas aus. Sie möchten immer etwas beweisen. Unser Beruf ist, sagen wir mal, eher eine saubere Angelegenheit.«

Das Symbol des Widerstands

Nach meiner Rückkehr nach Budapest frage ich Pál Fodor, wie er zu dieser ganzen Geschichte steht: Keine Spur von Massengräbern, und dann die Verteidigung der Burg. Lebten dort wirklich 2.000 Menschen? Wie viele von ihnen waren Soldaten? Hätten angesichts der enormen Grundfläche und der Tatsache, dass Platz für Hunderte Tiere war, nicht viel mehr Menschen dort wohnen müssen?

Pál Fodor zuckt mit den Schultern. »Aus den Dokumenten, die wir gesichtet haben, geht hervor, dass die Burg durchaus von 2.000 Mann verteidigt wurde. Dass es sich nur um 800 Soldaten gehandelt hat, wie suggeriert wird, glaube ich nicht. Aber das hat Gárdonyi auch nicht geschrieben.«

Gárdonyi schreibt von 200.000 Türken, die die Burg belagert haben sollen. Das geht Fodor zu weit: »Stark übertrieben«, findet er. »Das osmanische Heer, das in ganz Ungarn zurückgelassen worden war, bestand aus höchstens 40.000 Mann. Eigentlich waren es drei Heereszüge. Als die Belagerung Egers begann, war das Heer schon beträchtlich geschrumpft, es waren zu diesem Zeitpunkt keinesfalls mehr als 30.000 Mann. Wir dürfen nicht vergessen, dass es in jener Zeit Dutzende Belagerungen gegeben hat. Und nur bei zweien mussten die Türken eine Niederlage einstecken.«

Diese Erkenntnisse haben nicht verhindert, dass der Roman von Gárdonyi ein riesiger Erfolg wurde und weiterhin ist. Die Fakten sind der Fiktion gewichen. In Eger werden heute Abbildungen verkauft, die das bestätigen. Ich zeige Fodor die Aufkleber, die ich dort gekauft habe. Er schaut sie mit Befremden an und schmunzelt. »Das sind Karikaturen der Wirklichkeit«, ruft er erstaunt. »Jedes ungarische Kind glaubt daran«, ist meine Reaktion. Er nickt. »Leider ist das so. Die Wurzeln dieses Romans gehen zurück ins 16. Jahrhundert und auf das lange Gedicht, das Sebéstyén Tinódi Lantos zwei Jahre nach der Belagerung verfasst hat und das später in jedem noch so entlegenen Winkel des ungarischen Königreichs gelesen und vorgetragen wurde. Die Belagerung Egers und der Widerstand wurden dadurch im Bewusstsein der Ungarn verankert. Das Gedicht verdeutlicht, wie die Ungarn sich gegen die Türken zur Wehr setzen konnten. Eger wurde zum Symbol des Widerstands und blieb es das 16. und 17. Jahrhundert hindurch. Gárdonyi musste das nicht einmal erfinden, seine Geschichte stützt sich auf dieses Gedicht. Als er den Roman schrieb, hatten die Ungarn ein starkes Verlangen nach glorifizierenden Geschichten. Das Trauma von Mohács sollte dem Sieg von Eger weichen. Was damals fehlte, war ein Erfolgserlebnis. Gárdonyi hat als Einziges nur diese Geschichte verewigt, indem er sie in eine literarische Form gegossen hat. Sie hat in hohem Maße der Sehnsucht nach Helden und ihrer Verehrung entsprochen, Helden, die ihr Leben für ihr Land und den Glauben gegeben haben.«

Als ich den Soziologen Pál Tamás mit den anti-türkischen Aufklebern aus Eger konfrontiere, weiß er kurz nicht, was er davon halten soll. »Interessant«, murmelt er in die Stille hinein. »Wissen Sie, in den 1980er Jahren, noch zu kommunistischen Zeiten, gab es bei uns ein beliebtes Kinderlied, das von einem verletzten Vogel handelte. Ein türkischer Junge hatte ihm den Flügel gebrochen. Ein ungarischer

Junge tat sein Bestes, um den Flügel wieder zu heilen, damit der Vogel weiter fliegen konnte. Damals kam es zu einer lang anhaltenden Debatte über die Frage, wie in Gottes Namen es möglich ist, eine andere Nation in einem Kinderlied zu beleidigen. Nun denn, das passiert in Eger jetzt offenbar wieder. Es ist ein Fall von lokaler Dummheit. Obwohl ich bei solchen Sachen empfindlich bin, würde ich dem hier jedenfalls nicht allzu viel Bedeutung beimessen.«

Doch kommt in Ungarn offenbar niemand um Gárdonyis Roman herum. Pál Tamás meint: »Tja, was soll ich sagen? Das ist das Buch, das wir lesen müssen, wenn wir zehn Jahre alt sind. Aber niemand kann das als Literatur wirklich ernst nehmen. Es steht in der Schule auf deiner Literaturliste. Bedauerlicherweise hat es dennoch Einfluss auf den dualistischen Teil unserer Geschichtsschreibung, wenn es um uns und die anderen geht. Menschen brauchen immer wieder einen Fremden. Hier in diesem Fall handelt es sich um einen abstrakten Fremden. Es wäre anders, wenn der Roman in Deutschland oder den Niederlanden spielen würde. Dann könnte man sich zumindest fragen, ob der türkische Straßenfeger vielleicht ein Nachfahre des Türken ist, der irgendwann einmal etwas bei einem Raubzug gestohlen hat. Hier kann man keine Vergleiche anstellen. In Ungarn gibt es keine Türken. Die wenigen, die hier sind, arbeiten fast alle in der Gastronomie. Es sind sehr geschätzte und überall akzeptierte Mitbürger.«

Der lange Weg zum Frieden

»Das wichtigste Streben aller Diplomatie ist das nach Frieden«, schrieb Bernard du Rosier, der spätere Erzbischof von Toulouse, 1436 im *Ambaxiator*, dem unserer Kenntnis nach ersten Handbuch für den diplomatischen Dienst in Europa. Da immer wieder Krieg geführt wurde, nicht selten an mehreren Fronten gleichzeitig, kam es ebenso oft, wenn nicht sogar öfter, zu diplomatischen Bemühungen, die in erster Linie auf ein Friedensabkommen oder einen Waffenstillstand abzielten. Häufig wurden diese Verträge aus pragmatischen Gründen geschlossen. Benötigte Süleyman Truppen für Militäraktionen gegen den Irak oder Persien, war es günstiger, wenn es an der Westgrenze seines Reiches ruhig blieb. Umgekehrt konnte Kaiser Karl es sich nicht leisten, gleichzeitig gegen die deutschen Protestanten und das französische Heer in Luxemburg, Flandern, der Picardie und Artois Krieg zu führen. Zudem standen ihm mit Barbarossa in der Mittelmeerregion sowie in Nordafrika und mit Süleymans Heer in Ungarn zwei osmanische Fronten gegenüber. Die Realpolitik rückte immer stärker in den Vordergrund und führte zu mühsam vereinbarten Friedensverträgen, nach deren Bruch schon bald wieder eine Menge Erklärungsbedarf auf die Diplomaten zukam.

Den Osmanen galt der Koran als Richtschnur für die Aufnahme diplomatischer Beziehungen. Mit Ungläubigen auf diplomatischer Ebene über politische Fragen zu verhandeln, sahen sie im Prinzip als unmoralisch an. Doch der Pragmatismus (sprich: Opportunismus) gewann häufig die Oberhand über die Prinzipien. Doch manchmal regten sich auch Zweifel. Als der habsburgische Gesandte Justus de Argento Ende 1547 mit einem von Karl V. und Ferdinand I. unterzeichneten Friedensvertrag nach Konstantinopel zurückkehrte, fragte der Großwesir, ob beide Herrscher denn bei Gott, dem Propheten, dem Stammvater und dessen Schwert geschworen hätten. Daraufhin beteuerte de Argento, die Formel »Wir geloben es aufgrund unseres kaiserlichen und königlichen Wortes« besage eigentlich das Gleiche. Die Formulierung

»mit dem Schwert erobert« hatte für die Türken eine weitreichende Bedeutung, denn sie brachte zum Ausdruck, dass Allah in seiner allmächtigen Güte das Schwert des Sultans zum Sieg geführt hatte und die gegnerische Partei einem solchermaßen erkämpften Sieg schon aus diesem Grund höchsten Respekt zeigen musste. Auch auf der Gegenseite begann man zu zweifeln. Als ein Waffenstillstand 1533 in greifbare Nähe rückte, fragte Karl sich, ob er im Namen des christlichen Reiches mit den Muslimen in Konstantinopel verhandeln dürfe. Schließlich gelang es dem Kaiser, das Problem mit der pragmatischen Einstellung zu umgehen, dass ein Friedensvertrag letztlich doch der ganzen Christenheit zugutekommen würde. Der Zweck heiligte die Mittel. Die Idee hätte direkt von Machiavelli stammen können. Nur ein einziges Mal erwähnte Süleyman die Existenz des »Propheten Jesus«, als er Maximilian II., der seinem Vater Ferdinand I. im Juli 1564 nachgefolgt war, an einen Vertrag erinnerte, der besagte: »Jedes Jahr werden 30.000 ungarische Dukaten an meine glückliche Schwelle gesandt, damit beginnend mit dem 1. Juni des Jahres 1562 der Zeitrechnung des glanzvollen Propheten Jesus, über ihm seien Segen und Heil.«[1]

Ein Austausch von Diplomaten war nach der in Konstantinopel herrschenden Ansicht nur auf gleichberechtigter Ebene möglich. Da sich jedoch kein Staat, kein Königreich und keine Republik mit dem Osmanischen Reich messen konnte, gab es zunächst nur eine Ad-hoc-Diplomatie. Es dauerte Jahrhunderte, bis man sich zu ständigen diplomatischen Vertretungen im Ausland entschloss. Wenn der Sultan überhaupt Gesandte ins Ausland schickte, beauftragte er am liebsten konvertierte Juden und Christen, die bei Hofe eine herausragende Stellung bekleideten. Da sie keine Ungläubigen mehr waren, war dies durchaus mit der Scharia vereinbar. Zudem konnten sie mit ihren ausländischen Gesprächspartnern in deren Muttersprache verhandeln, was sicherlich seine Vorteile hatte.

Die Abgesandten wurden als *çavüs* bezeichnet. In den osmanischen Büchern findet man sie unter Namen wie Ibrahim Çavüs oder Ahmed Çavüs. Ihr Aufgabenbereich war begrenzt: Entweder überbrachten sie eine *ahdnâme,* ein Dekret, in dem ein Handelsvertrag, eine sogenannte Kapitulation, vereinbart wurde, oder man sandte sie mit einer Fethnâme oder *zafernâme* aus, einem manchmal auch in Versform verfassten Bericht über die jüngsten Siege des Sultans auf dem Schlachtfeld; von den Franzosen wurde er als *Bulletin de Victoire* bezeichnet. Gelegentlich schickte man auch einen Gesandten nach Wien oder Venedig, um den Diplomaten eine Einladung zu einem der sagenhaften Feste zu überbringen, wie etwa zur

Hochzeit von Süleymans Schwester Hadice mit dem Großwesir Ibrahim Pascha im Jahr 1524 oder zu den Feierlichkeiten anlässlich der Beschneidung von Süleymans Söhnen Selim, Mehmed und Mustafa im Jahr 1530.

Prinzipiell wurden ausländische Gesandte in Konstantinopel sehr rücksichtsvoll behandelt, doch wurde ihnen nicht immer diplomatische Immunität gewährt. »Das Kommen und Gehen Eures Gesandten in Freundschaft und Feindschaft wird nicht behindert oder verwehrt, solange in seinen Worten kein Widerspruch ist«[2], schrieb Sultan Süleyman mehrmals in seinen Briefen an Erzherzog Ferdinand. Blieb ein Gesandter länger, als es für notwendig erachtet wurde, oder hielt seine Versprechen nicht ein, konnte seine Bewegungsfreiheit mitunter eingeschränkt werden. Verhaftungen waren keine Seltenheit. Selbst nachdem Süleyman und Ferdinand 1547 einen fünfjährigen Waffenstillstand geschlossen hatten, wurde der österreichische Gesandte Johann Maria Malvezzi noch für zwei Jahre eingekerkert. Der Grund lag auf der Hand: Ferdinand hatte den Waffenstillstand gebrochen, obwohl Malvezzi das Gegenteil zugesichert hatte.

Süleyman sprach mehrere Sprachen, aber weder Französisch, Italienisch noch Deutsch. Daher wurde häufig ein *Dragoman*[3] genannter Dolmetscher eingesetzt. In der Gilde der Dolmetscher waren vornehmlich Sklaven beschäftigt, die über das Kul-System in der Hierarchie weit aufgestiegen waren. Sie sprachen neben ihrer Muttersprache (eine der slawischen Sprachen, Ungarisch oder Griechisch) nicht nur osmanisches Türkisch, Arabisch und Persisch, sondern auch Latein und verschiedene europäische Sprachen. Da sie ein hohes Ansehen genossen und in der Regel gut über die Geschehnisse bei Hofe informiert waren, entwickelten die Dolmetscher sich zu wichtigen Akteuren in den diplomatischen Beziehungen. Ihre bedeutsame Rolle verleitete sie hin und wieder, ein doppeltes Spiel zu spielen oder zu spionieren. Außerdem zeichneten sie oft für die neuesten in der Hauptstadt kursierenden Gerüchte verantwortlich. Manche von ihnen neigten dazu, Dokumente und Gespräche, die sie übersetzen sollten, irreführend oder tendenziös zu interpretieren.

Der flämische Gesandte Cornelis de Schepper, der im Auftrag der Habsburger unterwegs war, bekam es etwa mit dem aus Griechenland stammenden Yünus Bey zu tun, der sich Erzherzog Ferdinand in einem auf Italienisch verfassten Brief als *interpreto dell' eccelsa Porta del Gran Signor* vorgestellt hatte. Und van Boesbeeck musste sich mit dem aus Polen stammenden Ibrahim Bey auseinandersetzen, auf den er nicht gut zu sprechen war: Weil van Boesbeeck unter dem Verdacht stand,

Briefe zu unterschlagen, hatte man eines schönen Tages einen Packen an ihn gerichteter Briefe aus Brüssel abgefangen. Unter ihnen befand sich auch ein Brief seines Freundes Hieronymus de Cock, dem damaligen Sekretär des Hauses Burgund. Ob der Brief in einem flämischen oder brabantischen Dialekt oder in Niederländisch verfasst war, ist nicht bekannt. Doch offensichtlich gelang es Dragoman Ibrahim Bey nicht, den Inhalt zu entziffern. Daher nahm er an, es müsse sich um eine Geheimschrift handeln und der Brief müsse zweifellos sehr bedeutsam sein.

Nach Rücksprache mit dem Sekretär des Bailo und den Paschas übergab man den Brief einem hochbetagten Patriarchen, den man dank seiner Fremdsprachenkenntnisse in der Lage wähnte, den geheimnisvollen Inhalt zu entschlüsseln. »Der Patriarch erklärte, er kenne auch nicht einen Buchstaben: das sei weder griechisch, nach lateinisch noch hebräisch noch chaldäisch«[4], schreibt van Boesbeeck später. Letztendlich gab man van Boesbeeck den Brief zurück, ohne seinen Inhalt zu kennen. Van Boesbeecks Verhältnis zu dem Dragoman hatte sich dadurch nicht gerade verbessert. Ibrahim Bey sollte als ein Mann in die Geschichte eingehen, dem nicht zu trauen war: »Für Geld war er zu allem bereit. Er war der gefährlichste Feind Österreichs und der Christenheit«, sagte man nach seinem Tod 1571 über ihn.

Der einzige ständige diplomatische Vertreter am osmanischen Hof war der Bailo; alle zwei Jahre wurde er ausgetauscht. Seine wichtigste Aufgabe bestand nicht etwa in der Förderung des Friedens, sondern in der Vertretung der Handelsinteressen der *Serenissima Republica,* wie die allerdurchlauchtigste Republik Venedig damals genannt wurde. Zu diesem Zweck verfasste er sogenannte *dispacci,* wöchentliche Berichte, die häufig detailliert und weit über Handelsbelange hinaus auf Ereignisse, Gerüchte und Intrigen bei Hofe eingingen. Der Bailo nutzte ein Informanten-Netzwerk, zu dem auch die jüdischen Ärzte gehörten, die gewöhnlich freien Zugang zum Topkapi-Palast hatten. Nach Ablauf seiner Dienstzeit erstattete er dem venezianischen Senat in den *relazione* mündlichen Bericht. Diese Berichte begannen üblicherweise mit der Standardfloskel *Il Sultano Solimano è patrone di gran parte del mondo,* gefolgt von einem Überblick über die politischen, militärischen und ökonomischen Verhältnisse im Osmanischen Reich während der Dienstjahre des Bailos. Venedig wurde so zur ersten Adresse für politische Nachrichten und den neuesten Klatsch aus Konstantinopel, bevor diese sich in ausgeschmückter Form über Europa verbreiteten.

Die erste größere diplomatische Delegation aus Europa traf 1534 in Konstantinopel ein. Es handelte sich um die *Goodwill-Tour* einer französischen Abordnung, die

die türkisch-französischen Freundschaftsbande mit einem Handelsvertrag besiegeln sollte. Sie wurde von dem erfahrenen Diplomaten Jean de la Forêt geleitet, der außer Französisch auch fließend Griechisch, Italienisch und Latein sprach. Zunächst ging de la Forêt in Nordafrika an Land, um sich mit Barbarossa zu treffen. Der Gesandte schenkte dem Admiral der osmanischen Flotte fünfzig Schiffe mit der Bitte, die spanischen Küsten Kaiser Karls »auf jede erdenkliche Weise« unsicher zu machen. Im Mai traf der Diplomat dann schließlich mit einer Botschaft von Franz I. in Konstantinopel ein: Im Tausch gegen eine Million Goldstücke, »eine Summe, die dem Grand Seigneur überhaupt keine Schwierigkeiten bereiten wird«, würde der französische Herrscher die christliche Welt für seinen Kampf gegen Karl mobilisieren, »bis er keinen Widerstand mehr leisten kann«. Daraufhin vereinbarte man eine gemeinsame Militäroperation gegen Italien. Die Franzosen sollten die Lombardei angreifen, während die Türken an die Tradition der Eroberung von Otranto durch Süleymans Urgroßvater Mehmed II. anknüpfend am italienischen Stiefel einfallen sollten.

Um seinen guten Willen zu bekunden, begleitete de la Forêt das osmanische Heer 1535 zu einem Feldzug gegen die Perser nach Aserbaidschan. Nach seiner Rückkehr im Jahr 1536 ratifizierte der Sultan den Vertrag. Im Kleingedruckten war festgehalten, dass die osmanische Flotte die französischen Häfen anlaufen dürfe, was sie 1554 in Toulon auch tat. Im Gegenzug wurde den Franzosen gestattet, ständige diplomatische Vertretungen in Konstantinopel, Damaskus und Kairo einzurichten. Von einer Gegenseitigkeit konnte hierbei jedoch noch keine Rede sein,[5] denn das Osmanische Reich eröffnete seine erste ständige Vertretung erst 1793 – eine Ehre, die zunächst London, später Wien, Paris und Berlin zuteil wurde. Bis dahin hielt der Sultan ein System ständiger Residenzen im christlichen Europa für »zumindest verwerflich, wenn nicht gar lächerlich«[6], schreibt der türkische Historiker Nuri Yurdusev in seinem Essay *The Ottoman Attitude toward Diplomacy*.

Das Ritual

Das Überreichen von Geschenken bildete einen wichtigen Bestandteil des diplomatischen Protokolls in Konstantinopel. Die Präsente wurden *peskes* genannt und es handelte sich um Gaben, die ein untergeordneter Würdenträger einem höherrangigen überbringt, zum Beispiel Elefanten, Reiherfedern (als Machtsymbol), Falken,

Kamele oder die Schlüssel einer vom osmanischen Heer eroberten Stadt: Alles, was für Prunk und Macht stand, konnte Teil dieses Geschenkrituals sein. Uhren und Uhrwerke wurden am meisten geschätzt. Deren ausgefeilte Technik, die ursprünglich in Frankreich oder der Schweiz entwickelt worden war, war im Osmanischen Reich noch unbekannt. Der aus den Niederlanden stammende habsburgische Gesandte Gerard Veltwyck konnte dem Brauch nichts abgewinnen. In einem Schreiben an Kaiser Karl beklagte er sich über die horrenden Kosten dieser »schlechten Gewohnheit«, die seiner Meinung nach einen Großteil des Budgets der diplomatischen Delegation verschlang.

Als Veltwyck 1545 in Konstantinopel eintraf, empfahl man ihm, das Vertrauen der Paschas und von Süleymans Ehefrau Roxelana durch großzügige Geschenke zu gewinnen. »Bring Uhren mit. Dann wird alles gut«, lautete der wohlgemeinte Rat. Nachdem Veltwyck Ende 1547 tatsächlich mit einem Friedensvertrag zurückgekehrt war, riet man seinem Nachfolger Justus de Argento eindringlich, einen Uhrmacher aus Wien nach Konstantinopel zu entsenden. Doch woher kam diese Gier nach Uhrwerken und Uhren? »Es war ein Modetrend«, erklärt mir Alain Servantie in einem Café im Schatten des Berlaymont-Gebäudes der Europäischen Kommission in Brüssel. Der in der belgischen Hauptstadt stationierte französische Diplomat Servantie hat sich eingehend mit de Scheppers und Veltwycks Tätigkeit in Konstantinopel beschäftigt. »Karl mochte Uhren ebenfalls, und das war Süleyman bekannt. Er bevorzugte aus Augsburg stammende Uhren«, meint Servantie. »Der französische Botschafter schenkte dem Sultan Uhren, die klein wie Ringe waren und zum Teil eigens für Süleyman angefertigt wurden. Dass der Sultan auch um einen Uhrmacher bat, war nicht besonders überraschend. Denn in seinem Reich wusste damals noch niemand mit Uhren umzugehen.« Erst Jahre später, 1559, entwickelte der osmanische Astronom und Ingenieur Taqi al Din, der zu seiner Zeit als größter Wissenschaftler der Welt galt, ein auf einer konischen Spirale basierendes Uhrwerk mit einem Glockenton. Die Uhr zeigte nicht nur die vollen Stunden, sondern auch die Wochentage und die Mondzyklen an.

In jenen Jahren folgten die Reisen der Diplomaten einer festen Route. Häufig machten sie zunächst in Venedig und Ragusa Station, um dort die neuesten Nachrichten in Erfahrung zu bringen. Von Wien nach Konstantinopel – eine Entfernung von 1.675 Kilometern – reiste man teils über Land, teils auf der Donau. Die Route von Belgrad nach Sofia führte über eine alte, von den Türken neu gepflasterte

Römerstraße, die auch manches Mal genutzt worden war, um mit dem Heer auf schnellstem Weg nach Ungarn vorzurücken. Je nach Wetterlage, Umfang der Delegation und Anzahl der Kutschen dauerte die Reise zwischen drei und vier Monaten. Oft konnten die Abordnungen ohne Weiteres aus fünfzig Diplomaten, Ärzten, Übersetzern und Dienstboden bestehen.

Auf ihrer Reise durch den Balkan übernachteten die Gesandten in Herbergen und sogenannten Karawansereien, in von den Türken angelegten Raststationen. Als van Boesbeeck das erste Mal in einem solchen Gasthaus nahe der serbischen Stadt Nish logierte, konnte er kaum fassen, was er sah. In seinem ersten Brief beschrieb er die Karawanserei als einen großen offenen Hof, in dem Gepäck, Kutschen, Pferde, Esel und Kamele standen. Die Gäste sollten auf einer den Hof umgebenden Mauer schlafen. Wer mit dieser Gewohnheit vertraut war, entrollte einen Teppich und legte seinen Mantel darauf, der Sattel diente ihm als Kopfkissen. »Es gibt hier nichts Geheimes, alles geschieht in der Öffentlichkeit«, klagt van Boesbeeck und fügt hinzu: »Diese Art der Unterkunft war mir zuwider, vor allem weil die Blicke der Türken ständig auf uns gewandt waren, indem sie unsere Gewohnheiten und Bräuche anstarrten.«[7]

Dass gewisse Sitten zuweilen Reaktionen hervorriefen, die in Widerspruch zu den eigenen Erwartungen standen, wurde 1566 bei einem diplomatischen Empfang in Konstantinopel auf fast schmerzhafte Weise deutlich. Gemäß ihrer üblichen Etikette wollten die Gesandten beim Eintritt in die Gemächer des Sultans ihren Hut abnehmen. Türkische Diener wiesen die Gesandten jedoch hastig darauf hin, ihre Hüte besser wieder aufzusetzen, da der Sultan diese Geste andernfalls als Aufforderung sie zu enthaupten auffassen könnte. Auf den Stichen in der *Süleymanname,* die den Empfang europäischer Gesandter zeigen, sind alle Anwesenden deshalb mit ihren Kopfbedeckungen abgebildet, die Türken mit Turban, die Europäer mit schwarzen Hüten.

Abgesehen von der Unwirtlichkeit der Karawansereien und der Gefahr, auf dem Weg von Strauchdieben ausgeraubt zu werden, kam es auch vor, dass manche Gesandte ihr Ziel gar nicht erreichten. Kurz nach seiner Inthronisation entsandte Süleyman im Jahr 1520 Behram Çavus nach Ungarn. Er wurde jedoch unterwegs überfallen und alles, was von ihm zurückkehrte, waren seine Nase und seine Ohren. Das war dem Sultan Grund genug, Belgrad anzugreifen – »den Schlüssel, der die Tür zu Ungarn öffnete«, wie er später schrieb. Der erste Gesandte, den Franz 1525 zu Süleyman entsandte, wurde auf seiner Reise durch Bosnien umgebracht. Und im Juli 1541 wurde der französische Gesandte Antoine de Rincon[8] gemeinsam mit seinem Begleiter César Fregoso auf seinem Weg nach Konstantinopel in der Nähe von Pavia ermordet. Französische Historiker vermuten, dass der Mord auf Karls Befehl begangen wurde. Noch in der Annahme, der Gesandte sei mit dem Leben davongekommen, beklagt sich Süleyman bei Ferdinand über diesen Vorfall in einem Brief vom 21. September 1541: »Ein Gesandter des Königs von Frankreich, der unterwegs zu meiner erhabenen Pforte war, wurde auf dem Weg von Deinem Bruder, dem König Karl, gefangengenommen. Jenen Gesandten sollst du ebenfalls entlassen; wenn Du den Wunsch nach Freundschaft hegst, so mußt du meinem erhabenen Befehl entsprechen.«[9] Doch dazu war es bereits zu spät.

Cornelis de Schepper

Karl bevorzugte für seine nach Konstantinopel entsandten Friedensmissionen Diplomaten aus den Niederlanden, denn sie waren verlässlich und verfügten über weitreichende Sprachkenntnisse. Anfänglich wurden diese niederländischen Gesandten als Vertreter Ferdinands und nicht als Repräsentanten seines Bruders vorgestellt. »Die Diplomaten mussten über Ferdinands Anspruch auf den Thron von Ungarn und die Situation der Protestanten in Deutschland informiert sein«, berichtet Alain Servantie. »Deutsche Sprachkenntnisse waren deshalb von Vorteil. Man wollte eine Ablehnung der Gesandten, wenn sie ausschließlich als Botschafter des Kaisers auftraten, vermeiden, denn Süleyman erkannte diesen Titel nicht an.«

Der erste flämische Gesandte, der nach Konstantinopel reiste, war der 1502 in Nieuwpoort geborene Cornelis de Schepper (lateinisch: Cornelius Duplicius Scepperus). Er war der Enkel eines Admirals von Philipp dem Guten und Sohn des Dünkirchener Bürgermeisters. Nach seinem Studium in Paris belegte er einen Kursus an dem berühmten Collegium Trilingue, dem Dreispracheninstitut in Löwen, an dem Latein, Griechisch und Hebräisch unterrichtet wurde. Dort freundete sich de Schepper mit Erasmus von Rotterdam an, mit dem er später einen regen Briefwechsel führte. 1526 trat er in den Dienst Kaiser Karls ein, wobei ihm in den ersten Jahren nur eine bescheidene Rolle zukam, da er im Schatten von di Gattinara und de Granvelle, den beiden Vertrauensmännern des Kaisers, stand. Vor allem aufgrund seiner Sprachkenntnisse – er beherrschte Niederländisch, Französisch, Deutsch, Latein, Italienisch und Spanisch – entsandte man ihn im Mai 1533 zu Verhandlungen mit Süleyman.

Im »Palast des Großen Türken« wurde de Schepper sich gleich bei seiner ersten Unterredung mit Großwesir Ibrahim Pascha am 27. Mai 1533 dessen dominanter Rolle bewusst.[10] Neben kryptischen Bemerkungen und kritischen Fragen setzte sich der Großwesir vor allem durch Wichtigtuerei, Hochmut und Schläue in Pose, wie von Hammer-Purgstall später ähnlich schrieb. Nachdem de Schepper erklärt hatte, er sei im Namen seines Herrschers gekommen, der den Sultan als seinen Bruder betrachte, brachte man die zentralen Probleme zur Sprache: die griechische Stadt Coron und Ungarn. Coron war im Jahr zuvor von dem aus Genua stammenden Admiral Andrea Doria, der ebenfalls im Dienst Karls V. stand, eingenommen worden.[11] Diese Eroberung wurde von den Türken als Ouvertüre eines möglichen Angriffs auf Konstantinopel interpretiert. Ungarn war für Süleyman nach wie vor ein heikles Thema, da Ferdinands Truppen Buda zurückerobert hatten. Mit einem gewissen Sarkasmus fragte Ibrahim Pascha de Schepper, warum der Erzherzog keinen Anspruch auf Ungarn erheben könne, um dann selbst die Antwort zu geben: »Weil der König von Ungarn [Ludwig II., H. B.] nicht in seinem Bett, sondern auf dem Schlachtfeld gestorben ist. Sein Reich gehört uns. Wir haben es mit dem Schwert erobert.«

Um seinen Gästen deutlich zu machen, worin die Macht des Osmanischen Reiches wirklich bestand, unterhielt Ibrahim Pascha sie nach einer Tasse Tee und dem Austausch einiger Höflichkeiten mit einer Allegorie, die leicht aus Machiavellis Feder hätte stammen können: »Der Löwe ist das am meisten gefürchtete der Tiere. Doch was ihn gefangen hält, ist nicht die Macht, sondern die List des Menschen und das Futter, das er von seinen Wärtern bekommt. Sie benötigen einen Stock, um ihm einen Schrecken einzujagen. Außer seinen Wärtern darf niemand ihn füttern. Kein Fremder würde das wagen. Ein Herrscher ist wie ein Löwe. Seine Wesire und Minister sind seine Wärter. Ich, Ibrahim Pascha, zähme meinen Herrn, den großen Kaiser, wie der Wärter einen Löwen zähmt. Mein Stock ist das Zepter der Wahrheit und der Gerechtigkeit. Kaiser Karl ist ebenfalls ein Löwe. Es wäre besser, wenn seine Botschafter ihren Herrn auf ähnliche Weise zähmen würden.«

Doch damit waren seine Prahlereien noch nicht beendet. »Ich kann aus einem Stallknecht einen Pascha machen. Wenn ich will, kann ich Länder und Reiche verschenken, ohne dass mein Herr darüber auch nur ein Wort verliert«, fuhr der Großwesir fort. »Wenn er etwas befiehlt und ich es nicht gutheiße, wird es auch nicht ausgeführt. Und wenn ich etwas befehle und er das Gegenteil anordnet, geschieht doch mein Wille und nicht der seine. Krieg und Frieden liegen in meiner Hand. Ich verteile die Schätze. Sein Reich, seine Länder, seine Schätze, alles, ob groß, ob klein, ist mir anvertraut und ich kann damit tun, was ich will.«

»Es hat den Anschein, als liege alle Macht in den Händen Ibrahim Paschas«, schrieb de Schepper tags darauf in einem Brief an den Kaiser. Der niederländische Diplomat war zu dem Schluss gelangt, der Großwesir wäre wohl der einzige, der den Sultan beeinflussen konnte. Damit hatte er nicht unrecht, auch wenn de Schepper nicht ahnte, dass Ibrahim Pascha seinem eigenen Hochmut drei Jahre später zum Opfer fallen sollte.

Nachdem der Großwesir seine Macht wort- und anspielungsreich zum Ausdruck gebracht hatte, erteilte er Karl eine Rüge. Auf einen von Karls Briefen verweisend, den ihm de Schepper bei seinem ersten Aufenthalt übergeben hatte, fragte er erzürnt, wie der Kaiser sich erdreisten könne, sich König von Jerusalem zu nennen. »Weiß er denn nicht, dass der Große Kaiser [= der Sultan] Herr über Jerusalem ist? Will Kaiser Karl meinem Herrn sein Land streitig machen? Will er ihm auf diese Weise seine Verachtung zeigen?« Und damit war er mit seinen Tiraden noch lange nicht am Ende. »Ich habe vernommen, dass einige hohe christliche Herren Jerusalem als Bettler verkleidet aufsuchen. Glaubt Karl denn, sich König von Jerusalem nennen zu dürfen, wenn er sich in Bettlerkleidung dorthin begibt?« spottete der Großwesir. »Zudem nennt er sich auch noch Herzog von Athen, obwohl es sich dabei in Wirklichkeit um eine kleine Provinz handelt, die uns gehört. Mein Herrscher braucht sich seine Titel nicht zu stehlen. Er hat Hoheitszeichen, die ihm tatsächlich zustehen.«

Einen Monat später, am 23. Juni, gewährte Süleyman de Schepper eine Audienz. In seinem Tagebuch berichtet der Gesandte detailliert über diesen Empfang. Zunächst wurde die Delegation in einen großen, »mit sehr schönen Tapisserien ausgeschmückten« Saal geführt. In ihm saßen die drei Paschas, Ibrahim zur Linken, Kasim zur Rechten und Ayas Pascha in der Mitte. »Der mächtigste von ihnen ist Ibrahim Pascha«, schreibt de Schepper, »gegen ihn wagt niemand ein Wort zu sagen. Nachdem wir ihn begrüßt und uns als Brüder und Freunde des Königs vorgestellt hatten, stellte man zwischen uns ein Bänkchen und darauf eine große runde silberne Schale als Tischchen. Man brachte Brot und legte es in diese Schale. Danach wurden die Schöße der Paschas und auch die unsrigen mit bunten Seidentüchern bedeckt. Sodann wurde Waschzeug gereicht, zunächst Ibrahim, dann den anderen und schließlich uns. Man trug kleine runde Schüsseln auf, ähnlich denen, die man in Deutschland mit Essig gefüllt zum Fisch reicht. Sie enthielten in Essig eingelegte

Gurken und einige kandierte Rosen.« Danach gab man dem Gesandten eine kleine
Serviette, ein Messer und einen Holzlöffel sowie eine Schüssel mit geschnittenem
kaltem Rebhuhn. »Ibrahim Pascha gebot uns zu essen, was ich tat, obwohl ich sehr
wenig Appetit hatte. Nachdem die Schüsseln wieder abgetragen worden waren,
brachte man eine andere Schüssel mit allerlei Geflügel, dann eine weitere mit einen
ganzen Rebhuhn. Immer, wenn eine Schale aufgetragen wurde, hob man den Deckel
von der vorhergehenden. Anschließend servierte man mehrere Gerichte mit Zitro-
nenreis, manche Gänge waren mit Granatapfel, andere mit Zucker gekocht worden.
Und danach gab es noch manches andere. Später bot man Ibrahim Pascha auf einer
silbernen Schale ein Getränk in einem Türkisbecher an. Während er trank, blieben
wir und die anderen Paschas sitzen. Dann reichte man uns und den Paschas ein
Getränk in silbernen Bechern ebenfalls auf einer silbernen Schale: Es war gesüßtes
Wasser, das sie Sorbet nannten. Ibrahim drängte mich häufig zuzugreifen und sagte, er würde überhaupt nur uns zu Liebe etwas essen. Indem er sich mir zuwandte,
sagte er: ›Sie sind schüchtern und nachdenklich.‹ Und weil ich wusste, dass er diese
Heuchelei schätzen würde, antwortete ich, für einen jungen Mann würde sich nichts
so sehr ziemen wie Schüchternheit, was ihm ausnehmend gut gefiel.«

Der liebenswürdigen Begrüßung folgte die Realität des Protokolls. Man diktierte
de Schepper, mit welchen Worten er den Sultan begrüßen solle. »König Ferdinand,
Ihr Sohn, behält alles, was er besitzt, für sich. Und alles, was Sie besitzen, belässt er
Ihnen, denn Sie sind sein Vater. Er wusste nicht, dass Sie das Königreich Ungarn behalten wollten, sonst hätte er dort keinen Krieg geführt. Aber weil Sie sein Vater sind
und es Ihnen am Herzen liegt, wünscht er Ihnen Glück und Gesundheit. Er zweifelt
nicht daran, dass Sie als sein Vater ihm zu diesem Reich verhelfen werden.«

Auf de Scheppers Beteuerung sich den Text eingeprägt zu haben, wurden beide
Gesandte zum Gemach des Sultans geführt. »Der Kaiser saß auf einem ziemlich
hohen Thron, der ganz mit einem goldbesticktem Stoff bespannt und mit kostbaren
Steinen übersät war«, fuhr de Schepper in seinem Tagebuch fort. »Es lagen überall
zahlreiche Kissen von unschätzbarem Wert. Die Mauern des Gemachs waren mit
azur- und golddurchsetzten Mosaiken bedeckt und die Außenseite des Kamins war
aus massivem Silber sowie mit Gold verkleidet. An einer Seite des Raumes ergoss
sich eine Fontäne aus der Wand; mit einen goldenen Trinkbecher konnte man dieses Wasser auffangen. Die Wände der umgebenden Galerien waren allesamt ebenfalls mit Mosaiken verziert. Nachdem ich eingetreten war und die vorgeschriebenen

Verbeugungen gemacht hatte, küsste ich das Gewand des großen Kaisers auf der Höhe seiner Knie. Auf solche Ehrbezeugungen legen sie großen Wert.«

De Schepper beschrieb seinen Gastgeber als eine »starke Persönlichkeit, von großer Statur, mit brauner Hautfarbe, einem gut proportionierten runden Gesicht, mit einem kurzen Abstand zwischen Nase und Mund, einem kräftigen Bartwuchs, wenn auch nicht an seinem Kinn, und mit Augen eines Falken«. Süleyman war im Gegensatz zu seinem Großwesir kurz angebunden. Der Dragoman übersetzte seine Worte. Süleyman versicherte de Schepper zu erhalten, was seinen sechs Vorgängern verwehrt geblieben war: Frieden – »nicht für sieben oder fünfundzwanzig Jahre, sondern für hundert, zweihundert, dreihundert Jahre, ja sogar für alle Ewigkeit, zumindest, wenn der König den Waffenstillstand nicht bricht«.

Demütig erklärte der Diplomat dem Sultan, dass Kaiser Karl ihn in keiner Weise beleidigen wollte, als er sich König von Jerusalem nannte. Einen Moment lang trat Stille ein. Dann verdeutlichte Süleyman durch eine Geste, dass er die Erklärung akzeptierte und der Frieden in greifbare Nähe gerückt war. Nun fehlten noch die Unterschriften von Karl und Ferdinand. Beim Verlassen des Saales gewährte man de Schepper die große Ehre, die Hand des Sultans zu küssen; sein österreichischer Kollege van Zara musste sich mit dem Mantel des Sultans begnügen.[12]

Mit dem von Süleyman diktierten Friedensvertrag begab de Schepper sich zu Kaiser Karl, der sich zu jener Zeit in Monzón in Aragón aufhielt.[13] Dort teilte der Herrscher ihm mit, ein mögliches Abkommen mit dem Großen Türken wäre nur rechtsgültig, wenn es auch vom Papst als dem Oberhaupt der christlichen Welt unterzeichnet werde. Am 26. April 1534 kehrte de Schepper mit der erforderlichen Ratifikation nach Konstantinopel zurück. Aber er kam zu spät. Mittlerweile war Coron wieder von den Türken erobert worden. Ferdinands Anspruch auf Ungarn wurde nicht anerkannt. Und Verhandlungen mit dem Vertragsarchitekten Ibrahim Pascha waren nicht mehr möglich, denn er hielt sich zur Vorbereitung eines Feldzugs gegen den Irak in Aleppo auf. Zwei Paschas und Admiral Barbarossa empfingen den Botschafter mit einem Festessen. Doch schon vor dem Dessert bestürmten sie ihn mit Fragen: Wen repräsentierte de Schepper denn nun eigentlich, den Kaiser, den Erzbischof oder den Papst? Die nächste Begegnung mit Süleyman endete in absoluter Uneinigkeit. Mit heftigen Worten kritisierte der Sultan seinen abwesenden Großwesir, der für den Text des Vertrages verantwortlich war. Wie war es nur möglich, dass Karl dort als »souveräner Herrscher« bezeichnet wurde? Schließlich konnte doch nur einer der Souverän sein, und zwar er, der Sultan. Diese Kritik war ein erstes Anzeichen dafür, dass der Sultan sich nicht mehr bedingungslos auf die Politik seines Großwesirs verließ. De Schepper hatte das Nachsehen. Alles im Vertrag Ausgehandelte und Vereinbarte drohte nun von einer Bö aus Richtung des Bosporus hinweggefegt zu werden. Am 2. Juni 1534 zog de Schepper Bilanz und schrieb: »Herr, die Türken wollen weder Waffenstillstand noch Frieden.«

Gerard Veltwyck

Was de Schepper verwehrt geblieben war, erreichte Gerard Veltwyck[14] nach zweijährigen Verhandlungen im Jahr 1547 schließlich doch: ein fünfjähriges Friedensabkommen. Aber das war nicht einfach gewesen. Aus den in österreichischen und spanischen Archiven lagernden Dokumenten[15] und den Briefen, die Sultan Süleyman damals geschrieben hatte, ergibt sich ein verwirrendes Bild, nicht nur, weil die Verhandlungen sich dahinschleppten, sondern auch, weil Faktoren wie die Konflikte an der österreichisch-ungarischen Grenze und die Gerüchte über Truppen- und Flottenbewegungen sie beeinflussten. Außerdem wurde das Bild von Spionage, Intrigen, Bestechungen, Kritik an den Machenschaften des französischen Gesandten und gelegentlichen bizarren Berichten über die Geschehnisse am osmanischen Hof geprägt.

Veltwyck wurde 1505 in Utrecht als Sohn von zum Christentum konvertierten Juden geboren. Aufgrund seiner Studien in Löwen (ebenfalls am Collegium Trilingue), in Paris und Rom beherrschte Veltwyck zahlreiche Sprachen, zu denen Niederländisch, Hebräisch, Französisch, Italienisch, Latein und Griechisch zählten. Auch auf Deutsch konnte er sich verständigen. Karl war durch das Staatssekretariat Marias von Ungarn und de Granvelle auf ihn aufmerksam geworden. Im November 1544 entsandte er ihn nach Konstantinopel, wo er etwa ein halbes Jahr später ankam.

Der Zeitpunkt war entscheidend. Kurz nach seiner Ankunft unterzeichneten Karl V. und Franz I. den Frieden von Crépy-en-Laonnois, mit dem die Jahre während Krieg zwischen dem katholischen Kaiser und dem christlichen König ein Ende fand.[16] Veltwyck hatte den Auftrag, mit einem dauerhaften Friedensvertrag zurückzukehren. Das war ganz in Süleymans Sinn. Da er Ungarn dem Osmanischen Reich bereits einverleibt hatte, wollte er seine Hände nun für eine Offensive gegen Persien frei haben. Der Kaiser seinerseits wollte in Deutschland klare Verhältnisse im Kampf gegen die Protestanten herstellen. Doch letztlich gingen etwa zwei Jahre ins Land, bis der von beiden Seiten erwünschte Vertrag bestätigt und unterzeichnet wurde. Während dieser Zeit übermittelten Eilboten die neuesten Nachrichten nach Europa, beispielsweise über die schwere Niederlage Süleymans gegen das persische Heer, einen Brand in Mekka, Überschwemmungen in der Nähe von Edirne und ein Erdbeben in Amasya. Es blieb sogar Raum für Frivolitäten (»Der Sultan hat einige Schauspieler und Sängerinnen entlassen.«) und aktuelle Neuigkeiten über die Hofintrigen im Allgemeinen und über Roxelanas Rolle sowie die Fehde zwischen den Söhnen des Sultans im Besonderen.

In dem mühsamen Verhandlungsprozess blieb die Rolle von Ungarn und Siebenbürgen der entscheidende Punkt. Anfangs forderte Ferdinand den Sultan auf, Siebenbürgen an die Christenheit abzutreten, doch später war er mit dem Status quo einverstanden. Unterdessen lag man im Streit über die Höhe der steuerlichen Abgaben an die Staatskasse des Sultans. Immer wenn eine Einigung zum Greifen nahe schien, kam etwas dazwischen. Österreichische Truppenbewegungen in Siebenbürgen wurden von Konstantinopel als Einfallsversuche interpretiert. Habsburgische Gesandte mussten daraufhin die Haltlosigkeit dieser Gerüchte beschwören. Das meiste Gerede wurde von den Franzosen verbreitet, die nichts unversucht ließen, um den Friedensvertrag zu unterminieren. Irgendwann schlugen die Wellen des Streits so hoch, dass Karl Süleyman deutlich machte, Siebenbürgen müsse jetzt und für alle Zeiten dem christlichen Herrschaftsgebiet angehören, »denn eine türkische Besetzung könnte die ganze Christenheit mobilisieren«, warnte er.

Trotz des türkischen Misstrauens blieb Veltwyck optimistisch. Nicht nur ein kurzfristiger Waffenstillstand, sogar ein langfristiges Friedensabkommen schien ihm durchaus möglich. Vielleicht spielte auch der Zorn der Türken über Franz' Friedensschluss mit Karl eine Rolle, von dem der Sultan nichts gewusst hatte. Veltwyck folgerte daraus, dass Karls Macht in Konstantinopel nun höhere Bedeutung zugemessen wurde als in der Vergangenheit. Veltwycks Position blieb jedoch prekär. Seine Briefe wurden von Großwesir Rüstem Pascha und Dragoman Yunus Bey verfälscht. Um die Verhandlungen nicht zu gefährden, konnte Veltwyck aber nichts dagegen unternehmen.

Die Zeit verstrich, ohne dass ein Vertrag zustande kam. Im November 1546 berichtete Veltwyck, er wäre nach seiner Rückkehr aus Wien zwei Monate in »einer stinkenden fensterlosen Karawanserei« gefangen gehalten worden. Verhandlungen erwähnte er mit keinem Wort mehr. Stattdessen berichtete er über den portugiesischen Gewürzhandel, einen Anstieg der Importe von Handelsgütern aus Ägypten um dreißig Prozent und über die Neuigkeit, dass die Perser Basra erobert hätten. Das neue Jahr begann mit neuen Gerüchten. Man erzählte sich, der Sultan bereite einen großen Krieg vor. Die französischen Gesandten streuten die Nachricht, unter Karls und Ferdinands Führung formiere sich eine anti-türkische Liga, die vom Papst, dem Dogen von Venedig und Heinrich VIII. unterstützt werde. Sicherheitshalber stellte man Veltwyck erneut unter Bewachung, sodass bei ihm eingehende und von ihm verschickte Schreiben nicht immer ihr Ziel erreichten.

Im Frühjahr 1547 verbreitete der venezianische Bailo die Nachricht, Kaiser Karl hätte die Protestanten im Schmalkaldischen Krieg besiegt.[17] Im Topkapi-Palast wurde daraufhin eilig eine Sitzung des Diwans anberaumt. Karls Sieg interpretierte man als Vorbote eines habsburgischen Angriffs auf das Osmanische Reich. Veltwyck versuchte, Rüstem Pascha zu überzeugen, dass es sich genau umgekehrt verhielt. Der Krieg in Deutschland wäre im Wissen des französischen Königs geführt worden und hätte ausschließlich den Sieg über die protestantischen Aufrührer zum Ziel gehabt. An nichts sei Ferdinand und Karl mehr gelegen, als an einem dauerhaften Frieden, lautete Veltwycks Botschaft. Doch das Blatt wendete sich erst, nachdem sich durch zwei Ereignisse neue Perspektiven eröffneten: Zum einen starb Franz I., zum anderen lief der Bruder des persischen Schahs ins türkische Lager über. »Die Friedensschancen sind höher als je zuvor«, schrieb Veltwyck in einem Brief. Und damit sollte er Recht behalten. Kurze Zeit später schlug der Sultan in zwei Briefen einen fünfjährigen Waffenstillstand vor, dessen Bedingungen innerhalb von drei Monaten ratifiziert werden sollten.

Der erste Brief richtete sich an Karl, auch wenn Süleyman sich nach wie vor weigerte, dessen Kaisertitel anzuerkennen: »Du, der Du der König des Landes Spanien, Karl, bist«. In diesem Schreiben wiederholte Süleyman, es gebe über Ungarn nichts zu verhandeln. »Und das Land Ungarn ist unser Land, das durch die hohe Gnade Gottes, Lob sei Ihm und erhaben ist Er, von unserem siegreichen Schwert erobert wurde.«[18] Dem unter habsburgischer Herrschaft verbliebenen Teil Ungarns, dem sogenannten königlichen Ungarn, wurde ein jährlicher Tribut von 30.000 Dukaten auferlegt. Darüber hinaus sollte Karl sich verpflichten, keinen Angriff auf die nordafrikanische Küste zu unternehmen.

Im zweiten Brief, der sich an »Du, der Du der König des Landes der Österreicher, Ferdinand, bist«, richtete, lobte der Sultan Veltwyck als »Vorbild der Würdenträger der christlichen Glaubensgemeinschaft«. Es war die Antwort auf den von Veltwyck aus Wien mitgenommenen Brief. »Ihr habt an meine hohe glücksverheißende Schwelle und an meine hohe Pforte, die weit wie das Meer ist, und die der Aufgangsort des Glücksgestirns ist, und die geküsst ist von den Lippen der Hosrowen und der Quail, […] Euren Brief geschickt.«[19] Auch Ferdinand offerierte der Sultan einen fünfjährigen Waffenstillstand, wobei er die Bedingung stellte, dass der Vertrag sowohl vom französischen König (»dem Ruhmvollen der großen christlichen Fürsten«) als auch vom Dogen von Venedig mitunterzeichnet werden sollte, da sie »zu meiner Pforte, der Wohnstätte des Glücks, in Freundschaft und Zuneigung stehen«.

Mit diesen beiden Briefen wurde Veltwyck, in Erwartung seiner baldigen Rückkehr nach Konstantinopel, zurückgeschickt. Der Sultan hatte noch einmal betont, die Tür seines Palastes stünde den Gesandten Karls und Ferdinands jederzeit offen. »Niemandes Kommen und Gehen wird behindert. So Gott der Erhabene es will, möge euer Gesandter wieder an unsere Schwelle, den Zufluchtsort der Welt, geschickt werden, damit mein großherrliches Vertragswerk in allen Einzelheiten gewährt werde.«[20] Das nicht in die Briefe Aufgenommene wurde Veltwyck bei einer letzten Unterredung mit dem Großwesir mitgeteilt: Der Friede sei ein Gnadenakt des erhabenen Sultans. »Das ist bedenklich«, schrieb Veltwyck in einem vorausgeschickten Eilbrief, »aber es darf der Ratifizierung nicht im Wege stehen.«

Karl und Ferdinand unterzeichneten in Augsburg und Wien das von Süleyman verfasste fünf Jahre während Friedensabkommen. Der Wiener Gesandte Justus de Argento, Veltwycks Nachfolger, kehrte mit dem Vertrag, den auch der Doge und der französische König anerkannt hatten, an den »Zufluchtsort der Welt« zurück. Der Kontrakt hatte jedoch nur drei Jahre Bestand. Im Dezember 1550 bekundeten die Türken, dass sie über die jüngsten Eroberungen zweier tunesischer Küstenorte durch Karls Heer – sie bezeichneten sie als »schwerwiegenden Vertragsbruch« – äußerst erzürnt seien. »Es steht fest, daß der Freundschaft und dem Frieden Schaden erwachsen ist«[21], schrieb Süleyman in einem Protestbrief an Ferdinand. An seinen Bruder Karl schrieb er kein Wort mehr.

Ein halbes Jahr später machte man Ferdinand für den Mord an einem türkischen Gesandten verantwortlich. Am 21. Juli 1551 schickte der inzwischen wieder nach Konstantinopel zurückgekehrte Malvezzi einen pessimistischen Bericht nach Wien. Ein bevorstehender Krieg erschien ihm immer wahrscheinlicher. Und damit sollte Malvezzi Recht behalten. Die Invasion von Ferdinands Heer in Siebenbürgen stellte für Süleyman einen Grund dar, den Friedensvertrag aufzukündigen. Er reagierte verbittert: »Dass unsere Freundschaft ein Ende gefunden hat, geht erneut auf dich zurück.«

Ogier Ghiselin van Boesbeeck

Da Malvezzi die Vorbereitung eines Angriffs auf Siebenbürgen durch das habsburgische Heer immer abgestritten hatte, wurde er im sogenannten Schwarzen Turm gefangen gesetzt. Erst nach zwei Jahren kam er wieder auf freien Fuß. In Ferdinands Auftrag sollte er mit neuen Friedensangeboten ein weiteres Mal nach Konstantinopel reisen. Doch er kam nicht weit. Malvezzi strandete an der Grenze, weigerte sich weiterzureisen und berief sich dabei auf seinen Gesundheitszustand. Es ist allerdings wahrscheinlicher, dass er einen neuerlichen Zwangsaufenthalt im Schwarzen Turm fürchtete.

Das war der Zeitpunkt, zu dem der viel zitierte Ogier Ghislin van Boesbeeck in den diplomatischen Kreisen von Konstantinopel seine Aufwartung machte. Er wurde 1520 (oder 1521) als außereheliches Kind von George Ghiselin II., Heer van Boesbeeck, in Komen in Französisch-Flandern geboren und studierte in Löwen, Bologna und Venedig. 1552 hatte van Boesbeeck sein Entree am Hof Ferdinands, den er mehr schätzte als Karl, da er den österreichischen Herrscher in Religionsfragen für toleranter hielt. Genau wie seine Vorgänger machte er die Erfahrung, dass die Pfade der Diplomatie recht steinig sein konnten. Als er nach einer langen, strapaziösen Reise in Konstantinopel eintraf, teilte man ihm mit, er müsse in die Prinzenstadt Amasya, in der sich der Sultan nach einem gescheiterten Feldzug gegen die Perser momentan aufhalte, weiterreisen. Der einzige diplomatische Erfolg, mit dem van Boesbeeck nach seiner Rückkehr aufwarten konnte, war ein sechsmonatiger Waffenstillstand und ein »versiegelter Brief in einer Hülle aus Goldfäden« an seinen Auftraggeber.

Im Januar 1556 reiste van Boesbeeck wieder nach Konstantinopel. Der Großwesir Ahmed Pascha, der ihn noch in Amasya empfangen hatte, war mittlerweile wegen Inkompetenz und Korruption abgesetzt und stranguliert worden. Das hatte die Rückkehr des zuvor seinerseits abgesetzten Rüstem Pascha zur Folge. Die Begegnung mit ihm endete nicht gerade einträchtig, denn als der Großwesir den Brief las, den

Ferdinand van Boesbeeck mit auf den Weg gegeben hatte, geriet er über das geringe Entgegenkommen des österreichischen Herrschers so in Rage, dass er den Befehl erteilte, den Gesandten in der Karawanserei, in der er logierte, gefangen zu halten.

Während es an der türkisch-österreichischen Grenze erneut zu Scharmützeln kam, brach für den Diplomaten eine lange Zeit des Wartens an, die er teils in Gefangenschaft, teils in eingeschränkter Freiheit verbrachte. Ohne eine Entscheidung über sein Schicksal gefällt zu haben, reiste Süleyman zum Überwintern nach Edirne. Die einzige Kommunikation zwischen den Österreichern und dem Hof bestand aus wutschnaubenden Mitteilungen des Großwesirs, der entrüstet fragte, ob dem habsburgischen Diplomaten und seinen Gesellen das ihnen gereichte Essen nicht genüge. Enttäuscht habe van Boesbeeck an Ferdinand geschrieben, wie schwierig und unwürdig es für einen frei geborenen Menschen sei, mit diesem Volk zu verhandeln.

Letztlich blieb van Boesbeeck, wenn auch nicht immer unter glänzenden Bedingungen, bis zum Sommer 1562 zunächst in Edirne und später in Konstantinopel. Er erhielt in dieser Zeit die Erlaubnis, ein eigenes Haus zu mieten. Um die Zeit totzuschlagen, nahm er dort so viele Tiere auf, dass das Haus allmählich einem Zoo ähnelte. Er unternahm Ausflüge, erhielt gelegentlich Hausarrest und folgte dem Sultan ein weiteres Mal nach Edirne. Eine Pestepidemie führte zum Tod seines Arztes Willem Quackelbeen. Erst nachdem Süleymans Sohn Bayezid und dessen Kinder im Kampf um den osmanischen Thron ums Leben gekommen waren, fand der Sultan wieder Zeit für neue Friedensverhandlungen. Ende August 1562 verließ van Boesbeeck die Stadt am Bosporus, in der er als Geisel des Friedens gewartet hatte, bis man ihm endlich akzeptable Angebote unterbreitete, »mit günstigeren Bedingungen als je zuvor«, wie der Großwesir ihm strahlend versicherte.

Albert de Wijs, ein aus Amersfoort stammender Gesandter, den van Boesbeeck als »ein[en] ehrenwerte[n] in guter Wissenschaft wohl gebildete[n] Mann«[22] beschrieb, musste gegen seinen Willen als Geisel zurückbleiben. De Wijs starb 1567 in der Hauptstadt des Osmanischen Reiches, kurz nachdem er aufgrund van Boesbeecks Weigerung nach Konstantinopel zurückzukehren dessen offizieller Nachfolger geworden war. Der Frieden war für einen Augenblick zum Greifen nahe. Doch dies währte nicht lange. Vier Jahre, nachdem van Boesbeeck Konstantinopel verlassen hatte, entsendete Süleyman sein Heer wieder an die Grenzen des habsburgischen Reiches.

Die Prinzenstadt

Amasya »liegt an zwei gegenüberliegenden Hügeln an beiden Ufern des durchfließenden Iris – er schneidet die Stadt in der Mitte – und daher hat man fast wie auf den Stufen eines Amphitheaters von den herumziehenden Hängen die Aussicht auf den Fluß, sowie der eine Teil auf den offen vor ihm liegenden anderen.«[1] Mit diesen Worten erinnerte sich Ogier Ghiselin van Boesbeeck an seine Ankunft in der Stadt im zentralöstlichen Anatolien, am Yesilirmak oder Grünen Fluss gelegen, der damals auch Iris genannt wurde. Weil Süleyman den Winter 1554/55 nach seinem dritten persischen Feldzug gegen die Safawiden in Amasya verbrachte, blieb den Gesandten, die zu einer Audienz empfangen werden wollten, nichts anderes übrig, als dorthin zu reisen. Van Boesbeecks Aufenthalt fiel mit einem Ereignis von historischer Bedeutung zusammen, das sich in Amasya zutrug: die Unterzeichnung eines Friedensvertrags – nicht die Art von Abkommen, die dem Gesandten für die Habsburger vorschwebte, sondern ein dauerhafter Waffenstillstand zwischen den Streitkräften von Sultan Süleyman und Schah Tahmasp von Persien.

Eigentlich hatte van Boesbeecks Reise bereits im Jahr zuvor in London begonnen, wo er am 25. Juli 1554 der Trauung von Philipp II. mit Maria Tudor beigewohnt hatte. Zurück in Lille hatte er die Nachricht vorgefunden, dass er sich unverzüglich nach Wien begeben sollte. Seine Reise mit dem Postpferd war voller Gefahren und führte oft über kaum passierbare Wege, wie er später in einem seiner Briefe schrieb. Bei der Unterredung mit Ferdinand erhielt er den Auftrag, sich nach Konstantinopel zu begeben, um mit dem Sultan über einen Friedensvertrag zu verhandeln. Dabei sollten die Ansprüche des Erzherzogs auf Siebenbürgen wieder Priorität haben.

In Wien gesellten sich van Boesbeecks Arzt Willem Quackelbeen und Hans Dernschwam zu ihm. Am 20. Januar 1555 erreichten die Männer Konstantinopel, wo van Boesbeeck erfuhr, dass sich Süleyman in Amasya aufhalten und dort auch noch einige Monate bleiben würde. Nach einem dreimonatigen Aufenthalt am Bosporus brach die Gesellschaft, der sich nun auch der ungarische Bischof Antal Vrancic und der Admiral der habsburgischen Donauflotte, Franciscus Zay, angeschlossen hatten, nach Amasya auf – eine Reise, die noch einmal dreißig Tage in Anspruch nahm.

Das alles trug sich in einer Zeit zu, als beide Hauptakteure im Kampf um die Welthegemonie zunehmend an Ermüdungserscheinungen und am Älterwerden zu leiden begannen. Karl V. war 55 Jahre alt und hatte bei seinem letzten Feldzug gerade die französische Armee erfolgreich aus dem Hennegau verdrängt.[2] Schon bald würde er abdanken und sich nach Spanien ins Kloster von Yuste zurückziehen. Der 60-jährige Süleyman war noch fit genug für seinen dritten Feldzug gegen die Safawiden in Persien. Franz I. war bereits 1547 gestorben. Sein Nachfolger auf dem französischen Thron war Heinrich II., der genau wie sein Vater eine anti-habsburgische und pro-osmanische Politik betrieb. Wenn es um Ungarn ging, gab es immer noch Kriegsdrohungen. Trotzdem herrschte auf beiden Seiten der Wunsch nach Ruhe und Frieden, auch wenn diesem Verlangen eher pragmatische Motive zugrunde lagen.

Am 7. April näherte sich die Reisegesellschaft um van Boesbeeck ihrem Ziel. »Von Bagdlicza bis Amasya erhebt sich zu beiden Seiten ein hohes Gebirge. Zu unserer rechten Seite fließt schönes klares Wasser in die Stadt«[3], notiert Dernschwam in seinem Bericht. Zuvor passierten sie eine hohe Steinbrücke, die nicht einmal für einen einzigen Wagen geeignet war. Dernschwam schreibt weiter: »Wo man in den Felsen nicht weiterkommt, wurde ein Fußweg herausgehauen. Dort, wo noch Bodenfläche frei ist, werden Wein, Obst und Gemüse angebaut. In der Stadt selbst gibt es eine Holzbrücke, bestimmt 80 Schritte lang. Links und rechts am Eingang stehen zwei alte schöne Kirchen.« (Dernschwam schreibt Kirchen, meinte aber natürlich Moscheen.) Van Boesbeeck vergleicht die Gebäude in Amasya mit denen in Spanien. »Um der Schönheit willen braucht man sie nicht zu besichtigen«, urteilt er. »Die Häuser haben flache Lehmdächer, auf denen die Bewohner im Sommer schlafen.«[4] Beide erwähnen in ihren Reiseberichten einen großen bei ihrer Ankunft wütenden Brand, »den die Janitscharen wie üblich unter Kontrolle brachten, indem sie die benachbarten Häuser niederrissen«[5].

Dernschwam füllte die ersten Tage in der Stadt damit aus, herumzulaufen, Besichtigungen durchzuführen und sich Notizen zu machen. Schnell kam er auf ein beliebtes Thema zurück: den Wein. Als passionierter Weintrinker muss er in einem Land, in dem der Koran den Alkoholgenuss verbot, mächtig gelitten haben. Schon in Konstantinopel hatte er eine erste Enttäuschung erfahren müssen. »Es gibt hier zwar viele Tavernen, in denen Wein ausgeschenkt wird, aber dort dürfen keine Gäste oder Fremden eintreten. Nur Juden und Griechen schenken Wein aus. Die Türken dürfen das nicht, aber außer den Soldaten trinken sie heimlich viel.«[6] Nach seiner Ankunft in Amasya, sah er zwar Weinberge, aber keine Tavernen. Erst nach langer Suche stieß er auf einen Griechen, der in Schilfrohrhütten gelagerten Wein verkaufte. Den Wein hatte er von anderen Griechen bekommen, »aber recht teuer«[7].

Zu seiner eigenen Überraschung stand er dem Sultan, den er immer Kaiser nannte, eines Tages Auge in Auge gegenüber. Dernschwam war Zeuge der traditionellen Freitagsprozession, die den Sultan zur »Kirche mit den zwei Türmen« führte,[8] der nach Bayezid II. benannten Moschee mit zwei Minaretten am südlichen Flussufer. »Der Sultan war grün gekleidet, ihm voran trabten sieben nicht berittene Pferde, deren Sättel und Geschirr mit Goldstücken bedeckt waren.« Die Prozession wurde angeführt von »drei Baschas, gekleidet in mit Goldfaden bestickter Seide, wie es bei den Türken Brauch ist«.[9]

Mit den Worten *Et Amasya patria fuit Strabonis*[10] erinnert Dernschwam an den im Jahr 64 vor Christus in Amasya geborenen griechischen Historiker, Geografen und Philosophen Strabon. Auch van Boesbeeck widmet ihm eine Zeile.[11] Beiden war außerdem nicht entgangen, dass hoch oben auf dem Felsen eine heute auch noch teilweise vorhandene Festung stand, »hier liegt eine türkische Besatzung«, schreibt van Boesbeeck, »entweder mit Blick auf Völkerstämme in Asien, die der türkischen Herrschaft nicht allzu sehr zugetan sind, oder als Schutz gegen die Perser, die trotz der großen Entfernung bei ihren Beutezügen bis hierher vorgedrungen sind.«[12]

Und doch hat van Boesbeeck ein wichtiges Detail übersehen, als er die Briefe nach seiner Rückkehr in Europa schrieb. Denn 1555 wurde das Bild Amasyas wie schon seit Jahrhunderten von einigen hoch oben in die Felswände gehauenen Gräbern der pontischen Könige bestimmt, die in hellenistischer Zeit von 333 vor bis 26 nach Christus ihren Sitz in der Stadt hatten. Allerdings beschreibt Dernschwam die »fünf Gräber von heidnischen Königen, die in die Berge gehauen waren«[13] und fügt seinen Aufzeichnungen noch eine kleine Skizze bei.

Gleich beiden war aber entgangen, dass die osmanischen Prinzen ihre ersten Erfahrungen als Statthalter und Befehlshaber in Amasya gesammelt hatten. Zwar schreibt van Boesbeeck in seinen Briefen ausführlich über Süleymans ältesten Sohn Mustafa, doch dass er bis zu seiner Hinrichtung im Jahr 1553 Gouverneur von Amasya gewesen ist, interessierte van Boesbeeck wohl nur am Rande,[14] während Dernschwam es gleich mehrmals erwähnt. Schon in Konstantinopel hatte der Augsburger notiert, dass der Sultan seinen Sohn Mustafa und dessen Mutter – »eine Beischläferin aus der Krim (wenn ich nicht irre)«[15] – dorthin geschickt hatte. Nach seiner Ankunft in Amasya schreibt Dernschwam über das Haus »am Fuß der Berge«, in dem Mustafa gewohnt haben soll. »Es ist ein einfacher Bauernhof, umgeben von einem großen Garten. Der Eingang mit seiner Holztür ist aus getrocknetem Mist gemauert. Im Hof steht ein neues Gebäude, das nur aus einem einzigen Raum besteht.«[16] Es war demnach sicherlich kein Palast, sondern vielmehr ein aus einfachem Material gebautes Bauernhaus. Über die Tradition von Amasya als Ausbildungsstätte nicht nur für Mustafa, sondern für die Prinzen mehrerer Osman-Generationen berichtet er nicht. Dieses Renommee ging auf die strategisch günstige Lage der Stadt zurück.

Bevor Süleyman die Macht übernommen hatte, grenzte die Provinz Rum mit ihrer Hauptstadt Amasya an das Reich der Safawiden. Türkische Städte wie Kars und Van, die heute oft das Ziel touristischer Ausflüge sind, gehörten genau wie Täbris lange Zeit zu Persien. Weil es in diesem Teil Anatoliens ständig zu politischen, oftmals von Grenzkonflikten begleiteten Spannungen kam, war Amasya zu einer wichtigen Garnisonsstadt geworden, in der die Prinzen erste militärische Erfahrungen sammeln konnten. Kemalpaschazâde schreibt, dass Amasya zur Zeit Bayezids II. sogar der bevorzugte Posten für einen Prinzen war. Der Aufenthalt in dieser Stadt verlieh seinem Lebenslauf ein hohes Ansehen.

Mustafa war 25 Jahre alt, als er im Mai 1541 zum Gouverneur ernannt wurde. Amasya hatte als Prinzenstadt damals schon an Bedeutung verloren. In der Umgebung und in den Nachbarstädten Sivas und Tokat herrschte große Unruhe infolge der zunehmenden Macht der fanatischen Kizilbasch, die mehr der schiitischen Ideologie zugetan waren und deshalb als Ketzer betrachtet wurden. Das bloße Gerücht, dass die Kizilbasch einen Anschlag in dieser Region vorbereiteten, war für Süleymans Vater Selim Anlass genug, eine Strafexpedition nach Amasya zu schicken. Dabei wurden Berichten zufolge 6.000 Menschen aus der Stadt und den umliegenden Dörfern getötet. Der Gouverneurssitz wurde zeitweilig nach Sivas verlegt. Selim brach kurz darauf als Erster mit der Kronprinzentradition. Er schickte Süleyman stattdessen als Gouverneur in das näher bei Konstantinopel gelegene Manisa. Ende 1526 kam es in Amasya wirklich zu einem Aufstand der Kizilbasch, weshalb sich Süleyman und sein Heer übereilt aus dem gerade eroberten Buda zurückzogen. Ein Jahr später schlug Großwesir Ibrahim Pascha die Revolte nieder.

»Guisel guisel«

Van Boesbeeck war nach Amasya gekommen, um über einen Friedensvertrag zu verhandeln. Eine Audienz beim Sultan wurde ihm jedoch nicht gewährt. Dieses Privileg war dem persischen Botschafter vorbehalten, der am 17. Mai 1555 eintraf, fast eineinhalb Monate nach van Boesbeecks Ankunft. Er wurde mit ausgesuchter Zuvorkommenheit behandelt. »Ein alter grauer Mann mit langem Bart und mehr als hundert Personen im Gefolge«[17], notiert Dernschwam. Zuvor waren Sultan Süleyman und Schah Tahmasp zu dem Schluss gelangt, dass der Sieg auf dem Schlachtfeld einer *mission impossible* gleichkam. Unter den gegebenen Umständen war ein Friedensvertrag die beste Lösung – das war orientalische Realpolitik.

Noch ein dritter Gesandter traf in diesen Tagen aus dem Ausland ein: der französische Botschafter Michel de Codignac. Er sollte dafür sorgen, dass die Friedensverhandlungen möglichst günstig für Frankreich verliefen. De Codignac war mit der Parole nach Amasya gereist, keine allzu großen Zugeständnisse an die Habsburger zu machen. Durch einen Frieden mit dem Osmanischen Reich hätten die Habsburger die Hände frei, um wieder ungehindert in französische Gebiete einzufallen. Ein Abkommen mit Tahmasp käme Frankreich hingegen gelegen. Denn damit hätte der Sultan genügend Zeit, Energie und ein ausreichend großes Heer für einen erneuten Angriff auf das Habsburgische Reich. So wurde Amasya im Mai 1555 kurzzeitig zur »Hauptstadt der Welt«.

Aufgrund der Anwesenheit der persischen Delegation und der Aufdringlichkeit des französischen Botschafters spielte van Boesbeeck nur noch die Rolle eines Statisten. Erst nach langem Warten und Drängen wurde er schließlich von Süleyman zu einer Audienz empfangen. Wie in Konstantinopel lag der Sultan auf einem niedrigen Diwan, umgeben von prachtvollen Kissen und kostbaren Teppichen. »Neben ihm lag ein Bogen mit Pfeilen. Sein Gesichtsausdruck war alles andere als freundlich und von einer verhaltenen Strenge, die doch voller Würde war.« Die Behandlung, die van Boesbeeck während der ersten Unterredung erfahren musste, erinnerte ihn in nichts an das ihm vertraute diplomatische Protokoll. Nachdem er den Empfangsraum betreten hatte, wurde er dem Sultan durch einige Kammerherren, die seine Arme gut festhielten, vorgeführt. Das war so üblich, seit ein Kroate seinen Gastgeber Sultan Murat während einer Unterredung umgebracht hatte.[18] Vermutlich wollte Süleyman an diesem Unruheherd kein Risiko eingehen.

Vom Ablauf der Unterredung gibt es zwei Versionen: die des Sultans, festgehalten in einem Brief an Ferdinand, und die von van Boesbeeck. Der habsburgische Gesandte fasste seine Audienz mit einiger Geringschätzung in Worte. Nachdem er »der Form halber« die Hand des Sultans geküsst hatte, wurde er, ohne dem Sultan den Rücken oder irgendeine andere Hinterseite seines Körpers zuzuwenden, zur gegenüberliegenden Wand geführt. Ferdinands Forderungen habe er mit Argumenten »voller Würde und Freimut« präsentiert. Doch, notiert er später, der Sultan hatte sie »wenig günstig aufgenommen –, so antwortete er widerwillig weiter nichts als ›Guisel, guisel‹, das heißt: schön, schön. So wurden wir nach Hause entlassen.«[19]

Nach wochenlangem Warten bekam van Boesbeeck Besuch von einem Abgesandten des Sultans, der ihm einen kostbaren Kaftan schenkte und ihm die Einladung zu einem weiteren Vorsprechen überreichte. Für seine fünf Bediensteten waren laut Dernschwam »fünf aus schlechter Seide gewebte Röcke«[20] bestimmt. Am folgenden Tag wurde van Boesbeeck erneut zum Sultan bestellt. Das Resultat war dürftig. Anlässlich des Gesprächs mit Oyeryüz a Büzbeg (dem türkischen Kollegen Ogier Ghiselin van Boesbeecks) schrieb Süleyman am 31. Mai 1555 einen ausführlichen Brief.[21] Darin wird das Desinteresse, das van Boesbeeck dem Sultan zunächst unterstellt hatte, widerlegt. Der Sultan war mit einem Waffenstillstand einverstanden, vorausgesetzt, seine Bedingungen wurden erfüllt. Ferdinands Forderung, Siebenbürgen wieder unter christliche Führung zu stellen, war jedoch tabu.

Frustriert über ein so dürftiges Ergebnis erfuhr van Boesbeeck zähneknirschend, dass der Sultan einen lang anhaltenden Waffenstillstand mit dem Schah geschlossen hatte. »Dem persischen Botschafter wurde sofort der Friede gegeben, um uns, mit denen man mehr Umstände haben würde, Sorge einzuflößen«[22], schreibt er in seinem ersten Brief. Van Boesbeeck kam deshalb zu dem Schluss, dass wohl auch der Waffenstillstand mit dem Schah die Verhandlungen mit den Habsburgern erschweren könnte. Dass der persische Gesandte mit Wertschätzungen überhäuft wurde, die ihm selbst versagt geblieben waren, nimmt er reserviert zur Kenntnis: »Übrigens pflegen die Türken nach beiden Seiten maßlos zu sein, ob sie nun den Freunden Ehre erweisen oder den Feinden Verachtung.«

Der Friedensvertrag

Mit dem Friedensvertrag von Amasya wurde der Erzfeind zum guten Nachbarn. In Konstantinopel galt Schah Tahmasp immer als Ketzer, weil er genau wie sein Vater Ismail dem schiitischen Islam angehörte, der alle religiöse Legitimität Ali, dem Schwiegersohn und Neffen des Propheten Mohammed und seinen Nachfahren zuschrieb, und nicht den ersten drei Kalifen Abu Bakr, Umar und Utmán. Ismail war 1502 als 15-Jähriger an die Macht gekommen und hatte im selben Jahr Aserbaidschan und die Stadt Täbris (die heutige Hauptstadt des iranischen Ost-Aserbaidschan) erobert. Danach wurden in rasantem Tempo einige ans Kaspische Meer grenzende Provinzen sowie der nördliche Teil Syriens, Bagdad (1508) und ein Gebiet im Südosten Irans annektiert, das bis nach Herat reicht, einer Stadt, die heute im Westen Afghanistans liegt.

Was Süleyman anfangs von seinen persischen Feinden hielt, wissen wir aus einem Brief, den er am 1. Dezember 1549 nach Wien geschickt hat. Darin bezeichnet er die Söhne Ismails als Teufel und Feiglinge. Tahmasp, der seinem Vater 1524 auf den Thron folgte, als er gerade einmal zehn Jahre alt war, nennt er »irrgläubiger Anführer der Kizilbaschs, des Gesindels, das dem Irrglauben frönt, das das Feuer des Aufruhrs und der Verderbtheit entfacht, das die Pfade der Gebote und Überlieferungen unterbindet und die von der Ketzerei überwucherte verfluchte Sekte der Schia verbreitet, wodurch das Licht ihrer Herrschaft von der Flamme des wahren Glaubens getrennt ist.«[23]

Um den wahren islamischen Glauben bis weit hinter Tigris und Euphrat verbreiten zu können, hatte Süleyman 1534 seinen ersten Feldzug gegen die Safawiden unternommen. Die siegreichen Feldzüge von Belgrad, Rhodos und Mohács sollten sich an der Ostfront fortsetzen. Zuerst wurden die Perser aus der Region um Erzurum im Osten Anatoliens zurückgedrängt, anschließend wurde der Irak dem Osmanischen Reich angegliedert. Der zweite Feldzug hatte in den Jahren 1548 und 1549 stattgefunden, er hatte aber nicht zu der beabsichtigten Eroberung des Persischen Reiches geführt. Nur das Gebiet um die Stadt Van, im äußersten Osten Anatoliens, kam unter osmanische Herrschaft.

Der dritte Feldzug hatte den Sultan bis nach Jerewan, der heutigen Hauptstadt Armeniens, geführt und vor die Tore Nachitschewan, der heutigen Hauptstadt der fast vollkommen unabhängigen, aber stark mit Aserbaidschan verbundenen gleichnamigen Kaukasusregion. Weiter kam Süleyman nicht. Um eine direkte Konfrontation mit den Türken zu vermeiden, setzte Tahmasp äußerst konsequent die Taktik der verbrannten Erde ein: Wohin das osmanische Heer auch vorstieß, alles war verbrannt, vernichtet und verlassen. Häuser, Ernten, Vieh: Alles, was den Soldaten zur Verpflegung und Unterbringung von Nutzen hätte sein können, war in Flammen aufgegangen; keine Beute, keine Menschen (alle waren geflüchtet oder getötet worden), keine Möglichkeit, die Vorräte aufzustocken. Auf diese Weise erkannte Süleyman auch die östlichen Grenzen seines Reiches und kam zu dem Schluss, dass weitere Kriegshandlungen sinnlos sein würden. Ein Friedensabkommen schien die einzige Lösung zu sein und war auch unverzichtbar, um die Aufmerksamkeit wieder den anderen Reichsgrenzen sowie einer drohenden Revolte der Kizilbasch in Amasya zuwenden zu können.

Schon auf dem Rückweg empfing Süleyman am 26. September 1554 während eines Aufenthalts in Erzurum den persischen Gesandten Korchi Basch Schah Kulu. Einen Tag später hatten sich beide Parteien auf einen vorläufigen Friedensvertrag geeinigt. Darin stand in unmissverständlichen Worten, was die habsburgischen Diplomaten zuvor schon in Konstantinopel gehört hatten: Alles mit dem Schwert Gewonnene wird nicht abgetreten. In diesem Fall bedeutete es, dass die Städte und Regionen, die zunächst von den Kizilbasch besetzt worden waren und anschließend vom osmanischen Heer erobert wurden, niemals von anderen beansprucht werden konnten. Sollte sich der Schah nicht mit den Bedingungen einverstanden erklären, drohte der Sultan mit der erdrückenden Übermacht seines Heeres zurückzukehren und Städte wie Täbris und Ardabil dem Erdboden gleichzumachen.

Am 10. Mai wurde für die Ankunft des persischen Botschafters Ferukhzade Bey der rote Teppich ausgerollt. Er kam nicht mit leeren Händen. In mehreren Quellen aus jener Zeit ist die Rede von exorbitant teuren Geschenken für den Sultan. Van Boesbeeck konnte seinen Augen nicht trauen. Missbilligend schreibt er sorgfältig mit: »Teppiche der feinsten Sorte, babylonische Zelte, von innen in vielerlei Farben bestickt, Geschirr und Sattelzeug von erlesener Arbeit, edelsteingeschmückte Krummsäbel aus Damaskus und Schilde von wunderbarer Zierlichkeit«[24]. Aus einiger Entfernung sah van Boesbeeck neidisch zu. Das Glanzstück war ein herrlich verzierter Koran, »der ihre Zeremonien und Gesetze enthält, wie sie Mohammed nach ihrem Glauben im Anhauch göttlicher Eingebung erlassen haben soll«, notiert er später. Van Boesbeeck nahm an, dass der Gastgeber ein derartiges Geschenk sehr schätzen würde.

Tags darauf trat der ebenfalls in Amasya weilende Diwan zusammen, um die Friedensbedingungen noch einmal im Detail zu besprechen. Ausgangspunkt war der Grundsatz *uti possidetis,* das heißt, die zu diesem Zeitpunkt tatsächlich bestehende Situation: Was mit dem Schwert erobert worden war … Der Irak blieb osmanisch, aber der Sultan sah von seinen Ansprüchen auf Aserbaidschan ab. Georgien und Armenien teilten die Osmanen und die Perser sich untereinander auf, eine Maßnahme, die bis zum heutigen Tag zu politischen und militärischen Spannungen im Kaukasus führt. Die Forderung des Schahs, den schiitischen Gläubigen auf ihrer Pilgerreise freies Geleit nach Mekka, Medina und Kerbela (Irak) zu garantieren, wurde erfüllt.

Ins Kleingedruckte des Vertrags wurde aufgenommen, dass Tahmasps, nach seinem Großvater Ismail benannter Sohn sich als Gefangener ins Landesinnere von Persien begeben musste. Van Boesbeeck berichtete in seinem vierten Brief, der junge Mann stelle mit seinem aggressiven Charakter eine Gefahr für den Frieden dar. Als »er zur Welt kam, soll Ismail eine Faust voller Blut der Mutter gestreckt haben«[25], das war dem habsburgischen Gesandten zu Ohren gekommen und deshalb hatten die Perser Ismail eine große Zukunft als Kriegsheld vorausgesagt, eine Zukunft, die dem Vater offenkundig nicht beschieden war. Tahmasp lungerte van Boesbeeck zufolge eher in seinem Palast herum, wo er sich, »eingeschlossen in den Mauern seines Palastes, unter seinen Haremsweibern vergnüge an deren Schmeichelkünsten« und sich dem Müßiggang hingab. Obwohl seine Herrschaft durch Verbrechen, Wegelagerei und Hemmungslosigkeit geprägt war, sahen seine Untertanen den Schah als einen Heiligen an und verwendeten das Wasser, mit dem er sich die Hände gewaschen hatte, zur Heilung von Krankheiten.

Der Vertrag einschließlich des Kleingedruckten erhielt die volle Unterstützung des Botschafters Michel de Codignac. Jetzt, da die Ruhe an die Ostfront zurückgekehrt war, hoffte der französische Gesandte seinem König berichten zu können, dass die Türken im Kampf gegen das Habsburgische Reich mehr denn je an seiner Seite stehen würden. Ein Treffen der diplomatischen Vertreter beider Länder endete einigen Quellen zufolge in einer heftigen Auseinandersetzung, weil die Franzosen entdeckt hatten, dass van Boesbeecks Gefolgsleute Versuche unternommen hatten, osmanische Wesire mit Gold zu korrumpieren. Sie sollten den Sultan vom Nutzen eines Friedenabkommens mit den Habsburgern überzeugen, sodass er das persische Reich doch noch erobern könnte. Aber Lobbying und Bestechungen hatten keinen

Erfolg. Als einziges Resultat konnte van Boesbeeck die lange Rückreise nach Wien mit einem Brief antreten, in dem der Sultan einen Waffenstillstand von einem halben Jahr in Aussicht stellte. Mehr hatte der Diplomat nicht erreicht.

Süleymans Aufenthalt in Amasya endete dagegen mit einem doppelten Erfolg. Die Bedrohung eines Aufstands durch die Handlanger der Kizilbasch war eingedämmt und außerdem hatte er mit einem seiner größten Feinde Frieden geschlossen. Dennoch war er nicht vollkommen beruhigt. In einem Brief an Schah Tahmasp hob er den Ruhm beider Reiche hervor. Der Friede werde von seiner Seite aus eingehalten und es werden keine Aktionen unternommen, die zu Konflikten zwischen regionalen Führern beiderseits der Grenze führen könnten, es sei denn, die Bedingungen des Vertrags würden von persischer Seite verletzt werden.

Mit der Unterzeichnung des Friedensvertrags und der Aushändigung des Briefes an van Boesbeeck war Amasyas Rolle als zeitweilige Hauptstadt der Welt beendet. Am 2. Juni 1555 brachen die Delegationen zu ihren jeweiligen Residenzen auf. Zurück in Konstantinopel spürte Süleyman sein zunehmendes Alter. Seine Aufmerksamkeit richtete sich primär auf die Einweihung des architektonischen Meisterwerks des Architekten Sinan: die dem Sultan gewidmete Moschee. Darüber hinaus bildete nur der Bruderzwist zwischen Bayezid und Selim einige Jahre später einen weiteren Höhepunkt. Erst nachdem der Streit um die Thronfolge mit der Ermordung Bayezids und seiner Söhne auf radikale Weise beendet wurde und die Familienprobleme gelöst waren, interessierte Süleyman sich wieder für einen Friedensvertrag mit den Habsburgern. Diesmal lenkte der Sultan ein. Mit dem Wissen, dass die Österreicher bei näherer Betrachtung auf ihren Anspruch auf Siebenbürgen verzichten würden, konnte er einem dauerhaften Frieden zustimmen, auch wenn zunächst noch ein paar Einzelheiten in den ungarischen Grenzgebieten »geregelt« werden mussten. Kaum war das Abkommen geschlossen, schlug die osmanische Flotte im Mittelmeer, einer Region, die nicht in den Vertrag aufgenommen worden war, zu. Malta war das wichtigste Ziel. Doch die Belagerung von 1565 musste ohne greifbare Ergebnisse abgebrochen werden.

Um sein Ansehen als Gazi zurückzugewinnen, blieb dem Sultan als Einziges ein neuer Feldzug gegen die vermaledeiten Habsburger übrig. Van Boesbeeck hatte schon vorausgeahnt, dass er den ungarischen Boden mit 200.000 Reitern zertrampeln und drohen würde, jeden Augenblick in Österreich einzufallen. Auch die übrigen Teile Deutschlands habe er bedroht. Unter den drei Kontinenten, in die die Erde aufgeteilt ist, gebe es keinen, der nicht zur Vernichtung der Habsburger beitrage, meinte van Boesbeeck, und dass Süleyman alles, was ihm im Weg stehe, wie ein Blitz treffe, hinwegfege und zerstöre.

Der Palast

Amasya ist noch immer, was es einmal war: eine bildschöne Stadt am Yesilirmak, eingebettet zwischen Gebirge und Geschichte. Der Friedensvertrag mit den Persern besitzt auch heute noch eine gewisse Gültigkeit, denn die damals festgelegten Grenzen zwischen dem Osmanischen Reich und Persien entsprechen den heutigen Grenzen zwischen der Türkei und dem Iran. Aber darauf legt man in Amasya wenig Wert. Mehr Aufmerksamkeit erfährt Atatürk. Mit einem ihm gewidmeten heldenhaften Standbild im Stadtzentrum wird jeder Passant daran erinnert, dass der Gründer der Republik im Jahr 1919 in Amasya sein Unabhängigkeitsmanifest verfasst hat. Auch Strabon wurde ein Denkmal gesetzt, denn er wurde schließlich hier an den Ufern des Grünen Flusses geboren.

Von Süleyman aber findet man keine Spur. »Für uns war er nicht die wichtigste Persönlichkeit gewesen. Als Prinz erhielt er nicht hier, sondern irgendwo anders seine Ausbildung«, wiegelt Muzaffer Doganbans, der Direktor des Archäologischen Museums, während unserer Unterhaltung in seinem Büro ab. Als ich sage, dass Süleyman doch wenigstens so etwas wie einen Schatten in Amasya hinterlassen haben muss, lächelt er breit. »Doch ja, so wurde er genannt: Gottes Schatten auf Erden. Das 16. Jahrhundert ist sicherlich die wichtigste Periode in der Geschichte Amasyas gewesen. Aber auch wir können uns nur an die Berichte von Dernschwam und van Boesbeeck halten, um herauszufinden, was damals geschehen ist. Wir wissen noch zu wenig, um die Geschichte bis in alle Einzelheiten rekonstruieren zu können. Vieles liegt in Archiven und im Erdboden verborgen. Am liebsten würde ich das alles erforschen, so wie Sie. Aber leider habe ich dafür weder die Zeit noch das Geld.«

In wenigen Tagen herauszufinden, wo sich die Ereignisse von 1555 abgespielt haben, ist schwierig. Große Brände in den Jahren 1603 und 1721 haben die meisten Häuser und öffentlichen Gebäude, die van Boesbeeck und Dernschwam im 16. Jahrhundert gesehen haben, zerstört. Die Residenzen der damaligen Grundherren im Hatuniye-Viertel am Nordufer des Flusses wurden durch Holzhäuser im typischen

Stil der osmanischen Architektur des 19. Jahrhunderts ersetzt, die über das Ufer hinausragen. Dahinter rattert mehrmals täglich ein Zug vorbei, der die Verbindung mit der am Schwarzen Meer gelegenen Stadt Samsun unterhält. Hinter den Schienen beginnen die steil aufragenden Berge. Knapp fünfzig Meter oberhalb von ihnen befinden sich die Gräber der pontischen Könige, die der Stadt einen Hauch von Ewigkeit verleihen. Vom Gouverneurspalast, der in Höhe der Königsgräber auf einem Plateau gebaut war, stehen nur noch Mauerreste des »Damenpalastes«. Vermutlich war hier der Harem für die Prinzen untergebracht.

Hat Süleyman den Winter 1554/55 möglicherweise auf dieser Anhöhe verbracht? Muzaffer Doganbas glaubt das nicht. »Der Palast ist in diesem Winter infolge von Regenfällen und Erdbeben nicht bewohnbar gewesen«, weiß er zu berichten. »Deshalb wohnte Süleyman nicht weit von der Bayezid-Moschee in einem gewöhnlichen Haus am Südufer. Aber auch von diesem Haus ist nichts mehr übrig.« Natürlich gab es noch das Otagi-i hümayun, das imperiale Zelt, mit dem der Sultan immer auf Reisen ging. In seiner Süleyman-Biografie schreibt André Clot, der Sultan habe seine Gäste in einem Zelt empfangen.[26] Clot muss sich dabei auf die *Süleymanname* bezogen haben. Auf einer Miniatur sieht man, wie die persische Delegation in einem etwas außerhalb Amasyas am Flussufer aufgeschlagenen Zelt begrüßt wurde. Aber ob dies das Truppenlager war, das van Boesbeeck und Dernschwam sahen, als sie die Stadt am 2. Juni verließen, ist eine nicht mehr zu beantwortende Frage.

Eine andere Miniatur in der *Süleymanname* gibt die Begegnung zwischen Süleyman und dem persischen Botschafter vom 10. Mai 1555 wieder, den Tag, an dem der Sultan mit Geschenken überladen wurde. Der anonyme Miniaturmaler zeichnete ein Haus mit mehreren Räumen. Im Begleittext wird vom Amasya-Palast gesprochen, aber es kann genauso gut ein osmanisches Patrizierhaus sein, auf das der Maler einige Kuppeln und Türmchen gesetzt hat, um dessen Ansehen zu erhöhen.

In Dernschwams Schilderung geht es um »ein Haus mit vielen kleinen Räumen an der Außenseite, versehen mit zurückgesetzten Fenstern«.[27] Das könnte das Haus sein, auf das Museumsdirektor Doganbas sich bezieht. Drinnen sah Dernschwam Teile des Sultanzelts liegen. »Es gibt viele dieser Zelte. Die Zeltstangen sind so dick wie der Baum eines Webstuhls«, stellt er fest. Schließlich kam er zu dem Schluss, dass für den Transport aller Zubehörteile bestimmt tausend Kamele nötig waren.

Eine Seite weiter schreibt Dernschwam über »die Burg«. Anscheinend meint er damit das Gebäude, in dem er die Zelte liegen sah und in dem er auch eine schwere und massive Sänfte entdeckte. An ihren vier Seiten waren Gitterstäbe angebracht, die er auch vor Fenstern gesehen hatte und über die man eine Decke oder ein durchsichtiges Seidentuch legen konnte. Der Metallkäfig machte offensichtlich großen Eindruck auf Dernschwam. Mindestens sechs Maulesel oder Kamele waren für den Transport erforderlich.

Um noch mehr Verwirrung über die Unterkunft von Süleyman und seinen Gästen zu stiften, schreibt Mikheil Svanidze in einem aktuellen Bulletin der Nationalen Akademie der Wissenschaften von Georgien, dass die persischen Diplomaten in »einem eigens für sie ausgesuchten Palast«[28] untergebracht waren. Ob dies die »Burg« war, die Dernschwam nannte, bleibt ein Rätsel. In seinen Briefen schreibt van Boesbeeck keine Silbe über ihre eigene Unterkunft in Amasya. Dernschwam berichtet von einer Herberge. Dagegen sei die persische Delegation in mehreren Häusern untergebracht gewesen, die für diesen Besuch schnell bereitgestellt worden wären. Vermutlich haben sich Herberge und Häuser an dem Ufer befunden, wo auch der beschädigte Gouverneurspalast gestanden hat.

Das Schicksal

Am Südufer, an dem es viele Gärten und öffentliche Gebäude gegeben hat, ist mehr erhalten geblieben. Von den elf von Dernschwam gezählten Moscheen existieren noch einige mit ihren charakteristischen Seldschukfassaden, verziert mit geometrischen Formen. Die »Kirche mit den zwei Türmen«, die Bayezid-Moschee mit den beiden Minaretten, ist dank einer gewissenhaften, von der UNESCO finanzierten Restaurierung auch heute noch der architektonische Höhepunkt der Stadt. In der Birmarhane, einem Hospital, in dem geistig behinderte Patienten im 14. Jahrhundert einer auf Musik basierenden Therapie unterzogen wurden, ist heute das Konservatorium untergebracht. Auf der anderen Uferseite weiter stromaufwärts befindet sich die 1448 eingeweihte und mit Kuppeln versehene Büyük-Aga-Koranschule. Auf dem Hof lesen dort noch immer Dutzende Schüler die Suren. Ihre Köpfe bewegen sich dabei ununterbrochen von hinten nach vorn und wieder zurück – im gleichen Rhythmus wie die Köpfe der orthodoxen Juden vor der Klagemauer in Jerusalem.

Die Bayezid-Moschee, die 1485 eingeweiht wurde, erinnert an jenen Prinzen, der am längsten in Amasya gelebt hat. Als er sieben Jahre alt war, wurde der spätere

Sultan Bayezid II. 1454 von seinem Vater Mehmed II. zum Statthalter ernannt. Er sollte 27 Jahre in Amasya bleiben. Die Moschee war in jenen Jahren von Gärten, Medresen und Dienstgebäuden umgeben. 1555 war das für Sultan Süleyman und seine Wesire der einzig würdige Raum zum Empfang einer großen Delegation ausländischer Gäste. Ein bisschen eifersüchtig, weil er selbst nicht eingeladen war, erwähnt van Boesbeeck in einem seiner Briefe ein Bankett, das »in den Gärten von Ali Pascha« veranstaltet wurde. Dabei muss es sich um die Gärten rund um die Moschee gehandelt haben.

In den Jahren, in denen Amasya Prinzenstadt gewesen ist, hat es vermutlich weitaus mehr Dienstgebäude gegeben. Dies jedenfalls lässt sich aus der Studie der Historikerin Petra Kappert schließen.[29] Die Prinzen kamen nie allein. Sie wurden von einem Hofstaat, einem Sekretär und, wenn möglich von Dichtern und Miniaturmalern begleitet, die ihre Fähigkeiten in Manuskripten, Schriftstücken und Jahreschroniken festhielten. Auch dank ihrer Arbeit hat Amasya einen Status erworben, der den Bau von verhältnismäßig vielen Moscheen und Medresen rechtfertigte. Am Ende des 15. und zu Beginn des 16. Jahrhunderts erlebte die Kalligrafie eine solche Blüte, dass Amasya als bedeutendste Stadt auf dem Gebiet der Schönschreibekunst angesehen werden konnte.

Scheich Hamdullah sollte in seiner Geburtsstadt Amasya einen vollkommen neuen Stil der Kalligrafie entwickeln. Als Prinz Bayezid 1481 Sultan wurde, nahm er den Künstler nach Konstantinopel mit. Auch heute kann man die Kunst des Hofkalligrafen noch in den Inschriften der Bayezid-Moschee in Istanbul sowie in einigen Kalligrafiealben und in einem Koran, die im Topkapi-Museum aufbewahrt werden, bewundern. Auch die Poesie erhielt dank der Gedichte von Mihri Hatun, der Tochter des Kadis von Amasya, neue Impulse. Anfangs wurde die Dichterin wegen ihrer literarischen Begabung gepriesen. Später aber gab es Gerede, weil sie in ihren Werken die Namen ihrer Liebhaber aus den örtlichen Literaturkreisen preisgab. Diese Herren mussten dann zügig erklären, dass es sich um rein platonische Liebesbeziehungen gehandelt habe. Mihri Hatun starb 1506 unverheiratet.

Am stolzesten ist man in Amasya aber auf die Prinzenzeit. Sieben Kronprinzen stehen heute in Bronze gegossen als nationale Helden verewigt gemeinsam mit Strabon nebeneinander am Flanierufer des Flusses Yesilirmak – sieben Bronzebüsten von Sultansöhnen, die die Geschichte des Osmanischen Reichs geprägt haben. Zwei von ihnen wurden in Amasya geboren, darunter auch Süleymans Vater

Selim. Vier von ihnen wurden im Jugendalter zum Gouverneur der Provinz Rum berufen.

In dem als Hofsaal eingerichteten Obergeschoss des Shahzadah-Museums wird man ebenfalls von den Prinzen begrüßt. Dank eines technischen Tricks kommen sie, einer nach dem anderen, in einem Videofilm zu Wort. Prinz Bayezid erklärt, welchem Umstand er seinen Erfolg zu verdanken hatte. »Nach einer Unterrichtsstunde im Bogenschießen sagte mein Vater, dass ich genauso geradlinig sein müsse wie der Pfeil. Verbiege dich nie wie ein Bogen. Wenn du so bist wie der Pfeil, erreichst du immer dein Ziel.« Der väterliche Ratschlag über Geradlinigkeit blieb nicht ohne Folgen. 1389 wurde der Prinz als Sultan Bayezid I. gekrönt und erhielt den Beinamen »der Blitz«. Er war der erste Prinz, der seine Erziehung in Amasya genossen hatte.

Ihm sollten noch sechs Kronprinzen folgen, unter ihnen Süleymans Enkel Murad III., der 1567 zum letzten Gouverneur von Amasya ernannt wurde. Die übrigen fünf aber brachten es nie zum höchsten Amt, da sie vorzeitig beseitigt wurden. »Wir wären Sultane gewesen, wenn wir mit der Möglichkeit gesegnet gewesen wären«, sagt Prinz Mustafa, der älteste Sohn Süleymans, ein wenig mitleidig in dem Videofilm. »Doch das Schicksal wollte es anders.«

Das Schicksal? Tatsächlich lag es nicht an Allahs Wille oder am Schicksal, dass er den Thron nicht besteigen konnte, sondern weil sein Vater es nicht gewollt hatte.

Die Kunst der Macht

»Der Anblick des türkischen Hofes ist großartig, aber noch großartiger wirkt der Sultan selbst«, schreibt der venezianische Botschafter Bernardo Navagero 1533. »Der Glanz all des Goldes und der Edelsteine blendet die Augen. Seide und Brokat glitzern in funkelnden Strahlen. Was an Süleyman am meisten ins Auge springt, sind weniger seine wallenden Gewänder oder sein hoher Turban, was ihn unter seinesgleichen einzigartig macht, ist die Haltung eines wahrhaft großen Kaisers.«

Pracht, Prunk und Stolz in Konstantinopel, die Hochzeitsfeiern von Süleymans Schwester und seiner Tochter, die Beschneidungsfeierlichkeiten seiner Söhne, pompöse Empfänge von Gesandten: Um die Außenwelt zu beeindrucken, ließ der Sultan kaum eine Gelegenheit aus, sich selbst in betörendem Luxus darzustellen. Das blieb in Europa nicht unbemerkt. Ob es sich um einen Erzherzog, Grafen, König, Kaiser oder den Papst handelte, sie waren alle in Überfluss und Luxus aufgewachsen. Und doch interessierten sie sich, ob aus Bewunderung oder aus Neid, auch für den Prunk des anderen, selbst wenn er der größte Feind war. Trotz des propagandistischen Zerrbildes in den anti-türkischen Pamphleten, die den Akzent auf die Gräueltaten des Krieges legten, wurde Süleyman in den europäischen Herrscherhäusern als Großer Türke und Großherr gerühmt. Im Englischen wurde daraus *The Magnificent,* ein Ausdruck, der in anderen europäischen Sprachen oft als »der Große« oder »der Prächtige« übersetzt wurde. Im strahlenden Glanz der Diamanten, des Goldes und des Satins spiegelten sich Kultur, Reichtum und Geltung. Darin bestand die Kunst der Macht.

Die öffentliche Zurschaustellung von Pracht war eines der Charakteristika dieser Periode des Osmanischen Reiches, die stärker von Kultur und Wissenschaft geprägt war, als man es in Europa anfänglich wahrhaben wollte. Das Fundament hatte Süleymans Urgroßvater Mehmed II. gelegt. Damit Konstantinopel wie einst wieder wissenschaftliches Ansehen genießen konnte, hatte er unmittelbar nach der Eroberung der Stadt byzantinische Gelehrte kommen lassen. Schulwesen und Bildung ge-

238

nossen hohe Priorität. Inspiriert von der Renaissance studierte man die klassischen Werke der Antike und beauftragte griechische und westeuropäische Autoren damit, Biografien der Kaiser zu verfassen, die Konstantinopels Ruhm begründet hatten. Später verebbte diese Neugier auf Kunst und Wissen für kurze Zeit, da Mehmeds Sohn Bayezid und dessen Sohn Selim sich mehr für das Kriegshandwerk interessierten. Süleyman dagegen präsentierte sich ebenso wie sein Urgroßvater als Mäzen. Miniaturen, Kalligrafie, Buchillustrationen und Buchbinderei, Keramik, Fliesen, Textilien, Teppiche, Goldschmiedekunst, Kartografie, Holzverarbeitung und vor allem Architektur erreichten, was Kreativität, Stil und Ausführung angeht, in seiner Regierungszeit ihren Höhepunkt. »In dieser Phase bilden europäische, islamische und türkische Traditionen eine Synthese. Es ist die Geburt eines weltweit einzigartigen künstlerischen Vokabulars«[1], jubelt Esin Atil im Katalog zu ihrer Ausstellung *The Age of Sultan Süleyman the Magnificent,* die 1987 und 1988 in Washington, D C, und New York zu sehen war.

Was sich damals noch hinter den Rauchwolken der Schlachtfelder verbarg, tritt heute deutlich zutage: Während Süleymans Sultanat erlebte das Osmanische Reich sein Goldenes Zeitalter. »Obwohl die Kriegsführung hohe Kosten verursachte, gab es noch genügend finanzielle Ressourcen für Kultur und Architektur«, folgert Suraiya Faroqhi. Bei der Präsentation von Prunk und Pracht spielten Waffen und Rüstungen eine geringere Rolle als in den europäischen Herrscherhäusern. Harnische waren den Türken fremd. In Europa galt die Heraldik als Kunstform, in Konstantinopel sah man hingegen in Helm und Schwert Kunstobjekte. Einige herrlich mit Edelsteinen und Korantexten verzierte Schwerter gehören zu den Glanzstücken des Topkapi-Museums. Süleyman leitete seinen absoluten Herrschaftsanspruch vom Schwert des Propheten Mohammed, dem Zulfikar, her, das ihm während seiner Inthronisation 1520 angelegt worden war.

Für europäische Herrscher hatte das Schwert eine religiöse Bedeutung, die auf die ersten Kreuzzüge zurückging. Mit dem Schwert in der Form des Kreuzes Christi wurde die Christenheit verteidigt. Auf einem Stich aus dem Jahr 1531 sieht man, wie Karl das Schwert empfängt, mit dem er gegen den Feind in den Kampf ziehen soll. Die Darstellung ist mit einem Text aus dem zweiten Buch der Makkabäer versehen: »Nimm das heilige Schwert, das Gott dir schenkt. Mit ihm wirst du die Feinde schlagen.«[2] Die Schilde waren oft verschwenderisch mit goldgefassten allegorischen Darstellungen verziert; ebenso waren die Helme oft reinste Kunstwerke, während der Harnisch als politische Aussage den Willen des Herrschers zur Verteidigung des katholischen Glaubens symbolisierte. Kurzum, die Rüstungen entwickelten sich zu wahren Kunstsammlungen. Die Porträtmalerei, die den Herrscher vorzugsweise in seiner Rüstung auf einem stolzen Pferd zeigte, sowie Stiche mit allegorischen Darstellungen und Wandteppiche, die historische Ereignisse wiedergaben, komplettierten die Imagepolitik. Tizians 1548 geschaffenes Monumentalgemälde, das Karl V. im Schmalkaldischen Krieg gegen die Protestanten nach dem Sieg von Mühlberg zeigt, untermauert den Gedanken, dass triumphale Herrscher eigentlich Götter in Uniform seien.

Sich die Tradition der römischen Kaiser zum Vorbild nehmend, wetteiferten König, Kaiser und Sultan in ihrem Mäzenatentum miteinander. Wie mit der Kunst der Macht wollten sie auch mit den Kunstsammlungen des Machthabers prahlen. Doch dabei ging es um die Macht der Kunst, der Kunst als Symbol der eigenen Größe, die zugleich als Waffe der psychologischen Kriegsführung um die Weltherrschaft eingesetzt wurde. In Europa wurden in italienischen und deutschen Ateliers gefertigte Waffen als Prunkobjekte bei Turnieren, offiziellen Empfängen und Paraden eingesetzt. Süleyman bediente sich ähnlicher Mittel, wenn er sich bei Paraden, den wöchentlichen Freitagsprozessionen und dem Auszug des Heeres aus Konstantinopel einem größeren Publikum präsentierte.

In kleinerem Rahmen – bei offiziellen Besuchen aus dem In- oder Ausland – genügten ihm Gemälde und Miniaturen. Große Gemälde waren in der Welt des Islams aus religiösen Gründen unüblich, doch die Miniaturmaler leisteten in ihren Ateliers Tag und Nacht Überstunden. Sie arbeiteten mit großer Präzision an der detaillierten Bebilderung der Heldentaten des Herrschers, die später in die offizielle Geschichtsschreibung eingingen: Darstellungen des Sultans während der Schlacht, beim Empfang eines ausländischen Gesandten, auf der Jagd, bei einer musikalischen Soiree, bei einer Sitzung des Diwans und als Anführer seines Heeres: allesamt Szenen, die im Osmanischen Reich genau wie in Europa die Kunst der Macht symbolisierten.

Dieser Umgang mit der Machtsymbolik erreichte seinen Höhepunkt 1532 in der serbischen Stadt Nish, als Süleyman zwei habsburgischen Gesandten den in Venedig hergestellten Helm präsentierte, der aufgrund seiner pontifikalen Form und seines Schmucks aus Dutzenden von Edelsteinen und Diamanten den Ruhm des Osmanischen Reiches widerspiegeln sollte. Der im Auftrag von Großwesir Ibrahim Pascha gefertigte Helm war einzigartig, meint Gülru Necipoglu aufgrund ihrer Studien zu

den Details dieses Prunk-
stücks.³ Er ragte wie eine
mehrstufige Rakete auf und
verfügte über sieben Ringe,
die mit zwölfkarätigen Perlen besetzt waren. Zwischen
dem eigentlichen Helm und
der traditionellen Aigrette
(dem Federbusch) hatte
man, als Symbol für Süleymans Herrschaft über die
vier Himmelsrichtungen,
vier Kronen eingearbeitet.
Das ganze war mit gut 50
Diamanten, 47 Rubinen, 27
Smaragden und 49 Perlen
besetzt. »Eine Trophäe von
Alexander dem Großen«,
hatte Ibrahim Pascha ver-
logen geprahlt, denn natürlich sollten die Gesandten
mit der Nachricht heim-
kehren, dass der Helm den

Holzschnitt eines unbekannten Künstlers aus Venedig,
um 1532

Glanz und vor allem die Symbolik der Tiara des Papstes und der Krone des Kaisers
übertraf. Alles, was Kunst und Macht repräsentieren konnte, war in diesen Helm
eingearbeitet worden.

Die Nakkashane

Süleyman war in einem kulturell geprägten Umfeld aufgewachsen. In seiner Jugend
hatte er in Trabzon das Goldschmiedehandwerk erlernt. Einige Jahre später war er
nach Berichten Vertrauter mehrerer Sprachen mächtig, zu denen Arabisch, Persisch und der osttürkische Dialekt Çagatay zählten. In manchen Quellen wird auch

erwähnt, dass er recht gut Bosnisch sprach – ein zusätzlicher Hinweis darauf, dass seine Mutter, wie allgemein angenommen wird, aus Bosnien stammte – und kaum Mühe mit dem Griechischen hatte. Sein Sprachgefühl nutzte er auch zum Verfassen von Gedichten. Seine literarischen Leistungen konnten sich in Eleganz und Stil zwar nicht mit den Werken berühmter Hofdichter wie Baki und Fuzuli messen, doch waren seine Gedichte von »einer Aufrichtigkeit, die uns vor allem anrührt, wenn wir aus seinen Gedichten einen Unterton der Bescheidenheit herauslesen«[4], schreibt der 1901 verstorbene britische Orientalist E. J. W. Gibb, der meistzitierte Experte auf dem Gebiet der osmanischen Poesie. Unter seinem Pseudonym Muhibbi dichtete Süleyman so manche Strophe, in der er seine unendliche Liebe zu Gott und zu seiner Ehefrau Roxelana zum Ausdruck brachte. »Glückselig ist dieser Geliebte, wenn er im Schatten Ihrer Zypressen weilen darf. In Ihrer Abwesenheit ist der Baum des Paradieses mein kostbarster Besitz.« Oder: »Ich bin der Sultan der Liebe. Rechts und links fließen meine Tränen; sie marschieren wie meine Truppen.«

Es bleibt die Frage, warum Süleyman in Europa als der Prächtige in Erinnerung geblieben ist, während das Augenmerk in der Türkei eher auf seinen gesetzgeberischen Leistungen liegt. Günsel Renda, die den europäischen Einfluss auf die osmanische Kunst zu einem ihrer Spezialgebiete zählt, lächelt, als ich sie das bei einem Gespräch in der Lounge des Pera-Museums in Istanbul frage. »Eigentlich müssten Sie diese Frage den Europäern stellen«, entgegnet sie mir zunächst. »Aber nun gut, bei uns wird er der Gesetzgeber genannt, weil er über außergewöhnliche administrative und politische Fähigkeiten verfügte. Er gilt als Begründer dessen, was wir heutzutage als Verfassung bezeichnen würden, als Urheber der gesamten juristischen und sozialen Struktur dieses immensen Reiches und seiner zentralisierten Verwaltung. Niemals zuvor waren so viele öffentliche Einrichtungen, wie Wasserwerke, Moscheen und Krankenhäuser entstanden, Institutionen, die der Verwaltung und dem sozialen Wohlergehen dienten. Mehmed wurde in Europa zwar der Eroberer genannt [sie gibt diesen Hinweis mit einer gewissen Geringschätzung, H. B.], aber eigentlich war dieses System schon während seines Sultanats entworfen worden, umgesetzt wurde es allerdings erst während Süleymans Regierungszeit.«[5]

Dass Zeitgenossen wie van Boesbeeck und Machiavelli dieses Verwaltungssystem sehr bewunderten, überrascht sie nicht: »Machiavelli war in Italien nicht besonders beliebt. Seine Kenntnisse beruhten nur auf Hörensagen. Van Boesbeeck hielt sich hingegen mehrere Jahre in Konstantinopel auf, reiste durch Anatolien und kann als exzellenter Augenzeuge der tatsächlichen Gegebenheiten im Osmanischen Reich gelten. Vergessen Sie nicht, dass es nirgendwo in Europa solch ein zentralistisch orientiertes Regierungssystem gab. Die Berichte, die die europäischen Gesandten ihren Herrschern darüber bei ihrer Heimkehr lieferten, hinterließen einen starken Eindruck.«

Dass in Europa vor allem die Schönen Künste, die die Gesandten beschrieben, Eindruck machten, findet Günsel Renda nicht weiter erstaunlich: »Dank des zentralen Verwaltungssystems hatten Kunst und Kultur damals gerade einen Höhepunkt erreicht, sodass diejenigen, die dem Sultan oder einem seiner Großwesire in dieser Zeit einen Besuch abstatteten, geblendet von all dieser Pracht nach Hause zurückkehrten. Den Eindruck, den man sich vom höfischen Leben, den Prozessionen und nicht zuletzt von der militärischen Struktur des Osmanischen Reiches machte, verstärkte diese Wahrnehmung noch. Daher können wir heute vom Goldenen Zeitalter des Osmanischen Reiches sprechen. So wurde man sich in Europa der Existenz eines Reiches bewusst, das man zunächst als barbarisch dargestellt hatte, nun aber allmählich als eine Zivilisation wahrnahm, mit einer Kultur, die sich von der des christlichen Europa unterschied. Immer häufiger wurden in Europa türkische Motive im Textilbereich und in der Keramik aufgegriffen. Dürer interessierte sich sehr für orientalische Gewänder und verewigte sie in zahlreichen Stichen. Auch Rembrandt besaß eine Sammlung von Darstellungen östlicher Motive. In biblische Szenen tauchten Figuren in türkischer Kleidung auf. Denn was ist die Bibel? Eine Sammlung von Geschichten, die sich im Orient und in dessen Zentrum Jerusalem abspielen. Und da Jerusalem in dieser Zeit osmanisch war, war das Bild vom Orient eigentlich ein osmanisches Bild.«

Kontakte zur Renaissancekunst hatte es schon früher gegeben. Mehmed hatte sich nach der Eroberung Konstantinopels 1453 von Gentile Bellini porträtieren lassen. Bayezid hatte Verbindungen zu da Vinci und Michelangelo. Suchte Süleyman auch solche Kontakte? »Bayezid war in Bezug auf das Bild als großformatige künstlerische Ausdrucksform doch schon etwas zurückhaltender. Wohl gab es in der Welt des Islams kein Verbot, Bücher wie den Koran zu illustrieren. Aber man fürchtete, ein Gemälde könnte womöglich angebetet werden wie in der christlichen Welt. Und das musste vermieden werden. Das war das Prinzip, das auch für Süleyman galt«, meint Renda.

Zwei völlig unterschiedliche Konzepte … »Ihr hattet die Renaissance«, erklärt Renda, »die auf Individualität, dem Humanismus, der Wiederentdeckung der griechischen und römischen Antike und der Philosophie fußte. In Europa gab es viel mehr unabhängige Staaten, vor allem in Italien, und auch wenn diese oft miteinander in Konflikt standen, hatten sie doch alle eines gemeinsam: die Renaissance. Das Osmanische Reich war hingegen viel eher eine nach innen gewandte, von der Außenwelt abgeschottete Gesellschaft. Wobei wir nicht vergessen dürfen, dass die Ursprünge der Renaissance viel weiter zurückreichen. Es waren die Omijaden, die die Philosophie und die antike Wissenschaft und Kultur zwischen dem 8. und 11. Jahrhundert nach Spanien brachten, und deren Kenntnisse sich später in lateinischen Übersetzungen über ganz Europa verbreiteten. Und es waren die Kreuzfahrer, die mit neuen Impulsen, Entdeckungen und neuem Wissen aus der arabischen Welt zurückkehrten.«

Bücher über die Kunst der Renaissance und die osmanische Kultur beschreiben vornehmlich, wie erstere von letzterer beeinflusst wurde. Gab es aber auch Einflüsse in umgekehrter Richtung? Rendas Ansicht nach durchaus. »Viele Zeugnisse der Renaissancekunst, wie die Porträts von Karl V. und Franz I., erreichten den osmanischen Hof in Form europäischer Stiche; diese hat der osmanische Maler Nigari wiederum für seine Bildnisse verwendet. An den Gobelins von Pieter Coecke van Aelst zeigte Süleyman hingegen kein Interesse. Das hing sicherlich mit der offiziellen Doktrin zusammen, den Schwerpunkt nicht auf großformatige Gemälde zu legen. Andererseits belegen Manuskripte, die in Privatarchiven gefunden wurden und die nicht für die breite Öffentlichkeit bestimmt waren, dass es durchaus eine gewisse Bewunderung für die europäische Malerei gab. Die Propaganda, für die man in Europa Gemälde nutzte, wurde im Reich der Sultane ebenfalls, jedoch auf andere Weise betrieben. Hier waren es die Miniaturen und Handschriften, die die Siege bezeugen sollten. Doch waren diese ausschließlich für die Augen der Wesire und anderer Würdenträger bei Hofe bestimmt.«

Und wie verhielt es sich mit den Schönen Künsten, deren Gestaltungskonzepte den europäischen Gesandten so fremdartig erschienen? »Alle Kunstformen wie Architektur, Keramik, Teppiche und Miniaturmalerei gelangten während Süleymans Sultanat zu voller Blüte. Ganz im Sinne der zentralistischen Verwaltung des osmanischen Staates konzentrierte man die Hofgilde der Handwerker in Konstantinopel. Zu ihnen gehörte auch eine Gruppe von Künstlern, die prägend für die Normen und Motive der Illustrationen in Handschriften und Wandgemälden waren.«

Wir kommen jetzt auf ihr Spezialgebiet zu sprechen, auf die berühmten *nakkashane*, die höfischen Ateliers mit ihrem speziellen Stil innerhalb der osmanischen Ikonografie. »Anhand der Manuskripte, in denen die Entlohnung vermerkt

wurde, können wir fast alles zurückverfolgen. So konnte ich in einigen Fällen feststellen, wer für bestimmte Teile gewisser Illustrationen verantwortlich war und aus
welchem Gebiet des Reiches diese Personen stammten. Einige kamen aus Ungarn
und Bosnien, andere aus Isfahna und Täbris. Wir kennen heute zwar ihre Namen,
aber weil sie in den Nakkashane arbeiteten, mussten sie sich den Regeln und Normen des Kollektivs unterwerfen. Studiert man die in Süleymans Zeit entstandenen
Illustrationen jedoch gründlicher, kann man an winzigen Details der Perspektive
oder der Schatten trotzdem erkennen, ob der betreffende Illustrator aus dem Westen
oder aus dem Osten des Osmanischen Reiches stammte.«

Auf die gleiche Weise hat auch Orhan Pamuk diese Details in seinem Buch *Mein
Name ist Rot* analysiert und beschrieben. Renda nickt bestätigend. »Pamuk ist dabei äußerst akribisch vorgegangen. Er muss eine Unmenge von Büchern über osmanische und persische Kunst gelesen haben. Alle Einzelheiten darüber, wie man
damals zeichnete und wie Illustratoren einander Konkurrenz machten, sind korrekt
wiedergegeben. Letztendlich wollte sich doch jeder innerhalb des Kollektiv von den
anderen unterscheiden.«

Ehl-i hiref

»Es gibt keine osmanische Bildkunst, zu der wir mit unserem heutigen Geschmack
leicht Zugang hätten«, schreibt Pamuk in seinem Buch über Istanbul. »Die osmanischen Maler«, so fährt er fort, sahen Istanbul »nicht als Volumen oder als Anblick,
sondern als Oberfläche oder Stadtplan«[6], lautet seine knappe Erklärung. Günsel
Renda hat den osmanischen Miniaturen eine Reihe von Studien gewidmet. Sie versteht den Miniaturmaler als Illustrator, dessen Aufgabe darin besteht, eine Erzählung getreu dem Text des Erzählers und in den Grenzen, die ihm der Islam auferlegt,
bildlich darzustellen. »Eine Miniatur«, sagt sie, »ist im Grunde ein Gemälde, eine
Darstellungsform, die sich allerdings viel kleinerer Figuren bedient.«

Anders als in der europäischen Malerei, in der der Künstler mit Licht und Schatten, mit Farbtönen und Perspektive arbeitete, gestaltete der Miniaturmaler Personen
und Objekte ähnlich abstrakt wie in der persischen Miniaturkunst, die ihm als Vorbild diente. Er verwandelte die dargestellten Soldaten, Gesandten und höfischen
Würdenträger in dekorative Elemente. Die Gesichter zeigten keine oder kaum eine

Regung, auch das Gesicht des Sultans nicht. Frauen wurden in der Regel mit einem winzig kleinen Mund, mandelförmigen Augen und zarten Augenbrauen dargestellt. Die leuchtenden Farben mussten nicht der Realität entsprechen. Pferde konnten blau und Gewässer lila sein. Die Figuren wurden zweidimensional wiedergegeben und mussten nicht in Relation zu den Gegenständen in ihrem Umfeld stehen. Jedem Teil der Komposition kam die ihm gebührende Aufmerksamkeit zu. Oft waren die Figuren so gruppiert, dass man die Miniatur aus mehreren Blickwinkeln betrachten konnte. Wurde der Sultan dargestellt, war die Größe der anderen abgebildeten Figuren streng hierarchisch geordnet. Man bediente sich einer naiven Version der Bedeutungsperspektive, die auch der Renaissancemaler Andrea Mantegna in seinen Fresken in der toskanischen Stadt Mantua angewandt hatte. »Aber dennoch gelang es den Miniaturmalern, sich mit ihren Auffassungen von denen der westlichen Maler abzusetzen, die ja gerade alles daran setzten, Natur und Menschen so realitätsgetreu wie möglich darzustellen«, schließt Günsel Renda.

Einer dieser Miniaturmaler war der in Bosnien geborene Matrakçi (der ursprünglich Nasuh al-Silahî hieß).[7] Seine Werke sind unter dem Namen *Beyan-i Mezanil-i Sefer-i Irakeyn* in einem Buch versammelt, in dem die Raststationen von Süleymans Heer auf dem Feldzug in den Irak und nach Persien in den Jahren 1534/35 dargestellt sind. In Europa wurde Matrakçi durch seine »Kartierung« Konstantinopels bekannt. Seine Darstellungen wirken, als seien sie nicht von dieser Welt. Die Art, in der er mit Formen, Richtungen und Perspektiven spielt, zeugt von einem beispiellosen Vorstellungsvermögen. Er arbeitete mit der sogenannten Vogelperspektive. Seine Miniaturen zeigen keine Skyline, keine Silhouette, kein Panorama, sondern eine in leuchtender Farbigkeit gestaltete »Luftaufnahme«, die fast wie ein »Google Maps«-Ausdruck aus dem 16. Jahrhundert wirkt. Moscheen, Kirchen, Paläste, Medresen, Basare, Monumente, Obelisken und Häfen: Alles, was in dieser Zeit eine gewisse Bedeutung hatte, erfasste Matrakçi mit einer bewundernswerten Präzision. Da er dem Goldenen Horn mehr Bedeutung als dem Bosporus zumaß, stellte er es auch breiter dar. Vier Segelschiffe unterstreichen die Rolle der Stadt als Handelsmetropole. Die einzelnen Bereiche gab er aus zwei unterschiedlichen Perspektiven wieder. Der ummauerte Teil mit seinen sieben Hügeln, auf denen sich alle wichtigen Gebäude befanden, lässt sich nur gut betrachten, wenn man die Miniatur in eine horizontale Position bringt, während man die Miniatur zur Betrachtung des Galata-Viertels, das auf der anderen Seite des Goldenen Horns liegt, hochkant stellen muss.

In beiden Stadtteilen hat Matrakçi Häuser, Straßen und einzelne Gebäude in zwei-dimensionaler Perspektive eingezeichnet, ohne Überlappungen entstehen zu lassen, unbedeutende Häuser hat er weggelassen. So wie Muslime ihre Gebete grundsätzlich in die gleiche Richtung sprechen, nämlich nach Mekka, hat Matrakçi die Fassaden aller Gebäude in ein und dieselbe Richtung zum Betrachter ausgerichtet. Dahinter lassen sich weitere Häuserkonturen erkennen. Menschen gibt es nicht, denn es geht um die Architektur der Stadt. Das Ergebnis ist ein wunderbares historisches Dokument aus den Jahren 1537/1538.

Matrakçi gehörte zu einem Künstlerkollektiv, das sich in unmittelbarer Nähe des Topkapi-Palastes angesiedelt hatte. Alle Künstler- und Kunsthandwerkergilden waren in der sogenannten *ehl-i hiref* organisiert, der Gemeinschaft der Talentierten. Man konnte als Lehrling aufgenommen werden und sich nach und nach zum Meister emporarbeiten. Die Mitglieder standen auf der Lohnliste des Sultans und wurden täglich entlohnt, worüber genau Buch geführt wurde. Aufgrund dieser Unterlagen konnten Forscher wie Günsel Renda vielfach Zuschreibungen der jeweiligen Buchillustrationen vornehmen. Denn es war damals nicht üblich, sein Werk zu signieren. Jede Gilde, vor allem jene der Illustratoren, arbeitete anonym unter der Leitung eines »Meisters«, der über Stil und Ausführung entschied und diese kontrollierte. Aus einem Dokument von 1526 geht hervor, dass die Ehl-i hiref aus vierzig Gilden mit insgesamt 600 Mitgliedern bestanden hat. Etwa ein Jahrhundert später hatte sich die Zahl der Mitglieder in den Gilden auf 2.000 erhöht. Von überall her kamen talentierte Künstler nach Konstantinopel. Diejenigen aus dem Osten stammten vor allem aus Herat und Täbris, den früheren persischen Zentren der Miniaturmaler. Nachdem Süleymans Vater 1517 den Nahen Osten erobert hatte, kamen die Miniaturmaler auch aus Damaskus und Kairo. Rumeli, der europäische Teil des Osmanischen Reiches, war durch Künstler aus Bosnien, Ungarn und sogar aus Österreich vertreten. Durch diese Heterogenität entstand in Konstantinopel ein völlig neuer Stil, der sowohl auf persische als auch auf türkische und europäische Motive zurückgriff.

Die besten Künstler arbeiteten in den oben erwähnten Nakkashane, den Hofateliers. Hier entwickelte sich ein grafischer Stil, der der osmanischen Ikonografie einen eigenen Charakter verlieh und sich von ähnlichen Stilen islamischer Nachbarländer unterschied. Esin Atil schreibt dazu: »Die Nakkashane-Künstler brachten nicht nur neue, originelle Stile und Themen hervor, die für das dekorative

Vokabular dieser Zeit charakteristisch wurden. Sie waren es auch, die die Miniatur als Darstellungsform historischer Ereignisse und Persönlichkeiten neben der Erzählung weiterentwickelten.«[8]

Zu diesen Erzählungen gehörte auch ein Genre, das Mehmed II. eingeführt hatte: die sogenannte *shehnamecilik,* die Kunst der kaiserlichen Erzählung. Mit Heldenepen und Miniaturen wurden die Glanzpunkte aus dem Leben des Sultans in illustrierten Büchern verewigt. In ihnen schrieb man dem Sultan zwei Qualitäten zu: Als Soldat musste er über die physischen und militärischen Eigenschaften des leidenschaftlichsten aller Glaubensstreiter und unbesiegbaren Gazi verfügen. Zudem wurde er aber auch als mystischer Führer dargestellt, der überragende Fähigkeiten und geheimnisvolle Kräfte besaß.

Eines dieser Bücher, die *Süleymanname,* entstand unter der Leitung des Hofbiografen Fethullah Arif Çelebi, genannt Arifi. Sein offizieller Titel *shanameci* bedeutet Autor des *shahname,* des Buchs der Könige. Die *Süleymanname,* der fünfte Teil der Geschichte der osmanischen Dynastie (Shahname-i Al-i Osman), gehört heute zu einer der wichtigsten Quellen zur Geschichtsschreibung im Osmanischen Reich während Süleymans Sultanat. Sie besteht aus 617 Foliobögen mit jeweils vier Spalten und 15 Zeilen pro Spalte und ist mit 69 Miniaturen illustriert.

Arifi kam mit seinen Aufzeichnungen nur bis ins Jahr 1555. Seyyid Lokman, der seine Nachfolge als Biograf antrat, beschrieb die letzten zehn Jahre in seinem Buch *Tarih-i Sultan Süleyman.* Der Miniaturmaler Nakkas Osman entwickelte hierfür eine osmanische Variante des europäischen Realismus, einen an der Wahrnehmung orientierten Stil der Miniaturkunst, der mehr auf der Wirklichkeit als auf Fantasie beruhte. Er war ein Meister der pathetischen Darstellung hierarchisch aufgebauter Szenen, die einen plastischen Eindruck von der majestätischen Prachtentfaltung des Staates vermitteln sollten. Seine Miniaturen von Süleymans letztem Feldzug, von Süleymans Tod und der Inthronisation Selims II. sind gute Beispiele dafür.

In der Illustrationskunst unterschied man zu Süleymans Zeit zwei Stile. Der »alte« Stil war von Shah Kulu entwickelt worden, einem Künstler, der aus Bagdad stammte und seine Lehrjahre in Täbris verbracht hatte. Später lebte er einige Jahre in Amasya, bis er kurz nach Süleymans Thronbesteigung 1520 in die Nakkashane eintrat. Als Vorsteher der Gilden entwickelte er den sogenannten Saz-Stil, der von einer mythologischen Interpretation der Erzählungen geprägt ist, die von Schamanen in Zentralasien verbreitet wurden. Darin geht es um das Böse und das Gute.

Ersteres wird durch Löwen, Drachen oder blutrünstige Fantasietiere symbolisiert, während Letzteres mit Blüten und Blätterkompositionen versinnbildlicht wird. In der Nachfolge Shah Kulus entwickelte Kara Memi einen dekorativen Stil, in dem die Monster dem sogenannten Quatre-Fleurs-Motiv wichen, das aus einer Hyazinthe, einer Rose, einer Nelke und einer Tulpe bestand. Kara Memi hatte das Motiv ähnlichen, in Persien verwendeten Schmuckelementen entliehen, die ihrerseits chinesischen nachempfunden worden waren. In der Keramikkultur der Stadt Iznik, dem früheren Nicea, wurde die Tulpe besonders gern als dekoratives Element eingesetzt, weil sich in ihrem türkischen Namen *lale* die Laute des Wortes *Allah* wiederfinden. Zudem weisen ihre Umrisse von oben betrachtet sehr starke Ähnlichkeit mit der arabischen Schreibweise des Namens Allah auf. Aus diesem Grund sind viele Innenwände von Moscheen mit Fliesenfeldern verkleidet, in denen die Tulpe dominiert.[9]

Durch Eleganz und Verfeinerung entwickelte Ahmed Karahisari einen neuen kalligrafischen Stil. Gleich einem Mönch hatte er es sich zur Lebensaufgabe gemacht, einen Koran in diesem Stil zu gestalten. 1540 begann er mit der Schreibarbeit. Sein Adoptivsohn Hasan führte sie im Jahr 1593 zu Ende. Karahisari ist zu verdanken, dass man auch heute noch sagt: Der Koran wurde in Mekka offenbart, die Kunst des Vortrags wurde in Kairo entwickelt, doch die Schreibkunst, die die Suren in Buchform festhalten, wurde in Konstantinopel vollendet.

Eine ähnliche Meisterschaft, allerdings auf dem Gebiet der Kartografie, erlangte der später auch in Europa berühmte osmanische Flottenadmiral und Geograf Piri Reis, ein Zeitgenosse des flämischen Kartografen Gerard Mercator. Die Karten, die Reis 1513, 21 Jahre nach der sogenannten Entdeckung der Neuen Welt durch Kolumbus, von den beiden Teilen Amerikas anfertigte, rufen noch heute Erstaunen hervor. Eines seiner bedeutendsten Werke war das *Kitab-i Bahriye* (das Buch des Meeres), in dem er alle damals verfügbaren Informationen über die von ihm befahrenen Meere zusammengetragen hatte: Es enthält 129 Kapitel, die alle mit Karten ausgestattet sind. Ungeachtet der Schmähungen von Erasmus von Rotterdam, die Türken seien ungebildete Barbaren, stellt es ein wahres Meisterwerk einer hoch ausgebildeten Zivilisation dar.

Die Süleymaniye

Mehr als Matrakçi, Shah Kulu, Ahmed Karahsari oder Piri Reis gilt Sinan als Personifikation von Süleymans Sultanat. »Einen göttlichen Architekten« nannte man ihn in Konstantinopel. Vom »Michelangelo der Türkei« sprach man in Europa. Im *Tezkiretü'l-bünyän,* einem Werk über Sinans Leben und die Bauwerke, die er hinterlassen hat, bezeichnet ihn sein Biograf und Freund Mustafa Sai Çelebi als *Koça Mimar* – als den großen erhabenen Architekten. Im Lauf seines Lebens diente Sinan nicht nur Süleyman, sondern auch dessen Sohn Selim II. und dessen Enkel Murad III. Sinans Name wird mit etwa 480 Monumentalbauten in Verbindung gebracht, dazu gehören 94 große und 52 kleinere Moscheen, 47 Religionsschulen, 41 Hamams, 35 Paläste, 22 Mausoleen, 20 Karawansereien, 17 öffentliche Küchen, acht Brücken, sechs Aquädukte und drei Krankenhäuser.[10]

Sinan wurde etwa 1490 in einem Dorf in Kappadokien geboren. Seine griechischen Eltern mussten erdulden, dass ihr Sohn für die Devşirme ausgewählt und als Sklave nach Konstantinopel mitgenommen wurde. Dort wurde er Soldat im Janitscharenkorps, das Süleyman zu den Belagerungen von Rhodos und Wien, der Schlacht bei Mohács und den Feldzügen im Irak, in Moldawien und Korfu begleitete. Da er seine Fähigkeiten als talentierter Architekt und Ingenieur während dieser Feldzüge unter Beweis stellen konnte, ernannte man ihn 1538 zum Hofarchitekten. Zehn Jahre später erteilte ihm Süleyman den Auftrag des Jahrhunderts, in ähnlichen Worten, mit denen 1506 Papst Julius II. Bramante zum Bau des Petersdoms ermutigt hatte: »Sinan, du wirst Geschichte schreiben. Die schönste, höchste, eindrucksvollste Moschee, die je erbaut wurde, wird für immer mit deinem Namen verbunden sein.« Danach fügte Süleyman drohend hinzu, die Moschee müsse die Hagia Sophia mindestens an Größe, Glanz und Umfang übertreffen.

In seinem Werk *Tabka ül-Memalik ve Derecat ül-Mesalik* berichtet Mustafa Çelebi Celâzade, der Architekt habe ein Grundstück auf dem höchsten der sieben Hügel mit Blick auf das Goldene Horn ausgewählt, ein Grundstück, das damals noch zum alten Palast von Mehmed II. gehört habe. Die Erwartungen waren hoch. 1550 sandte der venezianische Botschafter einen Brief an den Dogen, in dem er einen Kommentar des Großwesirs Rüstem Pascha während eines vertraulichen Gesprächs wiedergibt. »Heute hat man mit den Fundamenten der Moschee des derzeit lebenden und regierenden Sultans Süleyman begonnen. Dafür wurde ein riesiger

Teil des alten Palastes an den Rand des Hügels verlegt. Sie soll größer, schöner und besser ausgeschmückt werden als alle Moscheen, die bisher erbauten wurden.« Evliya Çelebi schreibt später, das Hämmern der Spitzhacken, mit der die Baugrube ausgehoben wurde, müsste wohl noch auf der anderen Seite der Welt zu hören gewesen sein.

Selbst Pierre Gilles konnte nicht übersehen, dass etwas Großes im Gange war. Als er 1551 nach seinem zweiten Aufenthalt in Konstantinopel abreiste, konnte er beobachten, wie 17 Säulen des Hippodroms auf den Hügel transportiert wurden. »Sie bauen nun mit dem elegantesten Marmor, den sie aus den verschiedenen Gebieten des türkischen Reiches zusammengetragen haben«, berichtete Gilles, wobei er sich nicht den abfälligen Hinweis verkneifen konnte, dass es sich seiner Ansicht nach nicht um eigens gebrochenen Marmor handele, sondern um gebrauchte Stücke, die nicht nur aus byzantinischen Prinzen- und Herrscherpalästen, sondern auch aus Griechenland und Ägypten stammen würden.

Zeitgenössischen Berichten zufolge dauerte es wohl drei Jahre, bis 3.000 Sklaven das Terrain eingeebnet hatten. Am 13. Juni 1550, dem vom Hofastronom empfohlenen Tag, konnte mit dem eigentlichen Bau begonnen werden. In Begleitung des Großmuftis Ebussuud Efendi legte Sultan Süleyman symbolisch den Grundstein, dann wurden Texte aus dem Koran verlesen. Für Süleyman begann an diesem Tag die Ewigkeit. Wie es sein innigster Wunsch gewesen war, würde der Bau für immer an seine größten Taten erinnern. Sinan hatte mittlerweile die ganze Welt nach Baumaterial absuchen lassen. Er ließ beigefarbenen Kalkstein aus den Steinbrüchen von Marmara sowie Eisen und Schiefer aus dem Balkan herankarren. Die Fliesen für die Dekoration trugen das Gütezeichen von Iznik. Das farbige Fensterglas für die *qibla*-Mauer kam aus Venedig. Die Marmorsäulen stammten aus Alexandria und aus Baalbek im Libanon, wo man auch einige Säulen für die Hagia Sophia gefunden hatte. Und aus den Teppichwebereien Anatoliens kam der Bodenbelag.

Trotz aller Vorbereitungen kam man bei Weitem nicht so schnell voran wie geplant. Es kursierte das Gerücht, die Schatztruhe des Sultans sei leer. Als Schah Tahmasp dies zu Ohren kam, schickte er Süleyman prompt einen Korb voller Edelsteine mit der Botschaft, dass er mit ihrem Verkauf den weiteren Bau seiner Moschee finanzieren könne. Süleyman war wütend und fühlte sich von diesem scheinheiligen Geschenk des Schahs, der zu jener Zeit noch sein Erzfeind war, gekränkt. Daher gab er Sinan den Auftrag, das Geschenk beim Bau der Moschee zu verarbeiten. Der

Legende nach ließ Sinan den Korb mit den Edelsteinen, ohne mit der Wimper zu zucken, in eine der Stützwände einmauern.

Die Jahre verstrichen. Süleyman zog zu einem dritten Feldzug an die Ostfront und schloss 1555 in Amasya mit Tahmasp Frieden. Doch die erhoffte Nachricht, die Moschee sei zur Einweihung bereit, ließ weiter auf sich warten. Sinans Feinde hatten das Gerücht gestreut, er sei zu sehr mit anderen Bauaktivitäten beschäftigt, um diese Baustelle täglich zu besuchen und die Arbeiten zu leiten. Als Süleyman sich dessen eines Tages selbst vergewissern wollte, traf er Sinan in dem riesigen Raum unter der Kuppel mutterseelenallein eine Wasserpfeife rauchend an. Der Sultan entbrannte vor Wut über eine derartige Gottlosigkeit in seiner Moschee, doch Sinan beteuerte ihm, er sei gerade bei der Arbeit. Mit dem Rauch seiner Wasserpfeife prüfe er die Ventilation, um zu vermeiden, dass der Rauch der 4.000 Öllampen nach der Einweihung der Moschee die weißen Wände verfärbe. Noch immer nicht beruhigt, verlangte Süleyman, dass Sinan ihm nun endlich sagen solle, wie lange es noch dauern würde. »Zwei Monate«, lautete Sinans Antwort. »Keinen Tag länger«, raunzte Süleyman. Genau zwei Monate später, im Oktober 1557, wurde die Süleymaniye-Moschee eingeweiht.

Am Tag der Feierlichkeiten überreichte Sinan dem Sultan die goldenen Schlüssel des Hauptportals. Einen Augenblick herrschte Totenstille. Die als Zeugen des Zeremoniells geladenen Gäste hielten den Atem an, bis der Sultan die Stille brach. »Nicht ich, sondern du solltest dieses Haus Gottes, das du erbaut hast, öffnen«, waren seine Worte. Sinan erhielt die Schlüssel zurück, öffnete die Pforte und – ein Raunen der Bewunderung ging durch die Reihen, als die Anwesenden das Licht sahen, das sich durch die 138 Fenster im Raum unter der Kuppel Bahn brach.

Sinan hatte das Haus des göttlichen Lichts geschaffen. Ein vollkommenes Bauwerk, »ein Leitstern der Gottesfürchtigen«, wie es im Koran heißt. Sinan hatte nicht nur die prächtigste Moschee erbaut, die man in Konstantinopel je gesehen hatte, sondern an der Außenseite der Qibla-Mauer auch zwei Mausoleen für den Sultan und seine Ehefrau Roxelana errichten lassen. An einer anderen Stelle auf dem Gelände waren in streng geometrischer Anordnung fünf theologische Schulen errichtet worden. Eine dieser Medresen war den Gebildeten vorbehalten, die sich in die dem Propheten zugeschriebenen überlieferten Worte und in die zahllosen Kommentare zu den Korantexten vertiefen wollten. Die Schulen wurden von einem Hospital, einer Kindertagesstätte, einer öffentlichen Küche, einer Karawanserei, einem Hamam und einer Reihe von Läden sowie von Nebengebäuden ergänzt, die heute von den Inhabern von Gaststätten und Kramläden genutzt werden.

Der Jubel über Sinans Meisterwerk war grenzenlos. Den Mittelteil der Moschee verglich man mit dem Garten des Paradieses. In den vier kolossalen roten Granitsäulen sah man die vier Pfeiler des Islam. Die vier jeweils siebzig Meter hohen Minarette verkörperten die vier sunnitischen Kalifen, während die Kuppel das Dach des Islams repräsentierte. Der *şadirvan,* der rituelle Waschplatz inmitten der offenen Vorhalle, wurde mit den Wasserspeichern des Paradieses verglichen, in die die himmlischen Flüsse mündeten. Die Blumenmotive auf den Fliesenfeldern verstärkten den paradiesischen Eindruck. Das Licht, das Sinan durch die Fenster einließ, rahmte einen Vers des Korans, der Gott als Licht des Himmels und der Erde pries.

Blick auf den Brunnen für rituelle Waschungen
in der Vorhalle der Süleymaniye

Die Kuppel, das charakteristischste Element der neuen Moscheearchitektur, das die osmanischen Moscheen seit dem 16. Jahrhundert von klassischen arabischen und persischen Moscheen unterschied, hatte Sinan sich von der Hagia Sophia abgeschaut. »Die Kuppel symbolisierte in allen Mittelmeerländern Macht und Reichtum, und darüber hinaus auch die Heiligkeit«, sagte Gülru Necipoglu vor einigen Jahren in einer Fernsehdokumentation. »Das Pantheon in Rom und die Hagia Sophia in Konstantinopel stellen Höhepunkte der römischen und byzantinischen Baukunst dar. Es gibt sogar eine Parallele zur Entwicklung der Renaissance in Italien. Das Bauen monumentaler Kuppeln und das Übertrumpfen der Antike wurde in beiden Kulturen zu einem Ideal«, meint Necipoglu. Sinan variierte zwischen größeren und kleineren Kuppeln, sodass eine pyramidenförmige Silhouette entstand, die zu einem Charakteristikum seines Stils wurde. Während die Strebepfeiler bei anderen Gebäuden immer rechtwinklig nach außen ragten, konnte er diesen plumpen Eindruck durch einen gestuften Aufbau vermeiden und damit die Pyramidenform sogar noch unterstreichen. Dadurch wirkte der Bau eher zierlich als massiv. »Das illustriert, was Sinan als sein höchstes ästhetisches Ziel bezeichnete: die Kombination einer kraftvollen Konstruktion mit ästhetischer Eleganz und Verfeinerung«, erklärt Necipoglu.

Um das Raumkonzept der Moschee zu intensivieren, hatte Sinan wesentlich mehr Fenster eingesetzt, durch die das Tageslicht in den Innenraum eindringen konnte. »Selbst auf ebener Erde, dort wo die Gläubigen beten, findet sich eine Öffnung nach draußen«, erklärte die türkische Kunsthistorikerin Jale Erzen in derselben Dokumentation. »Die Fenster werden nach unten hin immer größer. Die Beziehung des Gläubigen zur Moschee hat auch einen ausgesprochen physischen Aspekt. Er zieht seine Schuhe aus, berührt den Boden mit seiner Stirn und hört die Stimme des Imam. In Sinans Bauten waren die Klangqualität und die Absorption der Geräusche durch die runde Form ebenfalls sehr bewusst konzipiert.«

Oberhalb des Nordportals der Moschee wird Süleymans Bedeutung für die Menschheit in der Gründungsinschrift in sehr eleganten Schriftzeichen hervorgehoben. In der Handschrift des Kalligrafen Hasan b. Ahmed al-Karahisari wurde dort eingemeißelt, Süleyman sei Gottes Sklave, »der prächtige Kalif voller göttlicher Glorie, der die Anordnungen des verborgenen Buches erfüllt und die Entscheidungen in den bewohnten Regionen aller Himmelsrichtungen in die Tat umsetzt, der mithilfe des allmächtigen Gottes und seines segenreichen Heeres die Länder des Ostens und des Westens erobert, der Herr der Königreiche der Welt, der Schatten Gottes über allen Völkern, der Sultan der Sultane der Araber und Perser, der Verkünder der Gesetze und Kodizes des Sultans und der zehnte der osmanischen Sultane«.

In ihrem Buch über Sinans Jahrhundert sieht Gülru Necipoglu den Mittelteil der Moschee dank seines stärker zentralisierten Raumkonzepts als »eine strukturelle

Kritik und eine Rationalisierung des Bauschemas der Hagia Sophia«[11]. Während das Interieur der früheren Basilika von funkelnden Mosaiken dominiert wird, ist der Innenraum der Süleymaniye von einer zurückhaltenden Ornamentierung, viel weißem Stein und einer rigorosen Geometrie geprägt. Sie verfügt also über ein Schema, in dem die architektonischen Formen die strukturelle Kraft akzentuieren. Die Galerien, die Mosaike und die gestaffelten Fenster erzeugen in der Hagia Sophia das viel gepriesene mystische Licht. In der Süleymaniye dringt das helle Tageslicht direkt und gleichmäßig bis unter die Kuppel vor, was es als göttliches Licht erscheinen lässt.

Sinan wurde in der Folge als »Philosoph des Jahrhunderts, zu dessen Schülern sich viele, selbst Aristoteles, gern gezählt hätten«, in den Himmel gelobt. Mustafa Sai Çelebi fand kaum Worte, um die göttliche Weisheit seines Meisters zu beschreiben: »Seine Minarette und Säulen sind wie Zypressen. Sein Marmor mit den Wellenmustern ist wie der Ozean. Seine Arkaden erheben sich in den Himmel wie Regenbögen. Die kleinen Gewölbe ragen aus der Oberfläche eines Meeres voller Wohlgefallen. Die großen Gewölbe erscheinen wie aus der Erde geschnitzte Berge. Die Kuppeln erinnern an himmlische Sphären und die Innenhöfe kommen Paradiesgärten gleich.«[12]

Aber ist die Süleyman gewidmete und von ihm in Auftrag gegebene Moschee damit auch größer als die Hagia Sophia? Höhnisch spottete Sai Çelebi über die Kritik der »Architekten der Ungläubigen« wie er die europäischer Baumeister nannte, die behauptet hatten, kein Muslim sei imstande, die Domkuppel der Hagia Sophia zu übertreffen. Doch Sai Çelebi sollte erst bei späteren Bauten Recht bekommen. Die Kuppel der Hagia Sophia hat einen Durchmesser von 31,24 Metern und eine Höhe von 55,60 Metern. Die Kuppel der Süleymaniye hat jedoch nur einen Durchmesser von 27,50 Metern und eine Höhe von 47 Metern. Der Gebetsraum der Süleymaniye besteht aus einem Quadrat von 57 Metern Seitenlänge. Das Mittelschiff der Hagia Sophia misst 73,50 mal 69,50 Meter. Erst als Sinan 1574 die von Süleymans Sohn Selim in Auftrag gegebene Selimiye-Moschee in Edirne erbaute, wurden die Abmessungen der Hagia Sophia durch eine Kuppel mit einem Durchmesser von 31,28 Metern knapp übertroffen.

Die Bewunderung für die Süleymaniye fiel deswegen aber nicht geringer aus. Als Evliya Çelebi die Moschee in Begleitung einer Gruppe europäischer Architekten knapp hundert Jahre später besuchte, kamen seine Gäste aus dem Staunen nicht heraus. »Jedes Kunstwerk und jedes Gebäude ist schön, doch nie sind zwei gleich«, bemerkte einer von ihnen vorsichtig. »Aber bei dieser Moschee wurde sowohl das Interieur als auch das Exterieur auf eine charmante Art und Weise gestaltet. In ganz Europa haben wir nirgendwo ein so vorbildliches Gebäude gesehen, das wissenschaftlich und geometrisch so perfekt war«, lautete nach Aussagen Çelebis der Kommentar eines anderen. Als Çelebi darauf drang, doch einen Vergleich mit der Hagia Sophia anzustellen, schien man Äpfel mit Birnen vergleichen zu wollen. Die ältere Hagia Sophia, erklärten die Europäer, sei schließlich ein altes Gebäude, das zwar größer sei, sich aber in Hinblick auf Gefälligkeit, Eleganz, Klarheit und Charme nicht mit Sinans erhabener Kreation messen könne.

»Gott sei gepriesen«

Die Einweihung der Süleymaniye stellte nicht nur einen Meilenstein in Sinans Werk dar, sondern auch in Süleymans Leben, das sich gerade veränderte oder sich eigentlich schon verändert hatte: weniger Luxus, mehr Bescheidenheit. Die Wende hatte sich 1536 nach dem Tod Ibrahim Paschas vollzogen. Dass der Großwesir in Ungnade gefallen war, ließ sich unmittelbar auf den Druck zurückführen, den man in konservativen Kreisen auf den Sultan ausgeübt hatte. Bei den Mullahs herrschte die Auffassung, die Prunksucht des Großwesirs ließe sich nicht mit den Prinzipien des Korans vereinbaren, die Schlichtheit und Bescheidenheit forderten. Bezeichnend für seinen Hang zu äußerlichem Prunk waren die drei Bronzelöwen, die Ibrahim Pascha 1526 als Kriegstrophäen im Palast von Matthias Corvinus in Buda erbeutet und feierlich vor seinem Palast aufgestellt hatte. Unmittelbar nach seiner Exekution wurden die Standbilder von der wütenden Menge zerstört.

Voller Trauer über den Tod des Mannes, mit dem er jahrelang befreundet gewesen war, hatte der Sultan sich mehr und mehr zurückgezogen. Die Pracht, die Ibrahim Pascha ins Palastleben eingeführt hatte, zerfiel. Die Jahre gingen ins Land. Süleyman führte ein fast asketisches Leben, das von Einfachheit und religiösen Pflichten geprägt war. Roxelanas Tod 1558, ein Jahr nach der Vollendung seiner Moschee, sollte diesen schlichten Lebensstil noch weiter verstärken.

Van Boesbeeck schreibt in seinem vierten Brief, Süleyman werde nicht nur strenger in Glaubensangelegenheiten, sondern auch abergläubischer. Saitenspiel und

Knabengesang wurden auf Anraten einer Wahrsagerin, die im Topkapi-Palast als Heilige galt, verbannt. »Darauf zerbrach er alle Musikinstrumente und warf sie ins Feuer, mochten sie auch in herrlicher Kunst mit Gold und Edelsteinen verziert sein«, schreibt van Boesbeeck.

Unter Mitwirkung des neuen Großwesirs Rüstem Pascha wurde im Topkapi-Palast eine strenge Sparpolitik eingeführt. »Was unsere Händler unter Ibrahim Pascha in einer Woche bei Hof verkaufen konnten, können sie nun in zwei Jahren kaum loswerden«, klagte Bailo Bernardo Navagero. Die kostbaren Kaftane des Sultans, der im Ruf stand, täglich ein neues Gewand zu tragen, blieben in den Schränken. Musik und Wein kamen auf die schwarze Liste. Seine Sammlung von chinesischem Porzellan aus der Yüan- und der Ming-Dynastie (die heute einen der Glanzpunkte der Ausstellung in den früheren Küchen des Topkapi-Palastes bilden) wurde durch Teller aus gebranntem Ton ersetzt. Die Macht wurde gewahrt, die Kunst begann jedoch zu verblassen. Aber auch die Tradition der klassischen osmanischen Kultur mit einer eigenen Identität, die sich von der Kultur Europas und Persiens unterschied, blieb gewahrt. Von ihr würde man auch Jahrhunderte später noch sprechen.

Süleymans Rückkehr zu Einfachheit und Askese ging mit einer Verschlechterung seines Gesundheitszustandes einher. Marcantonio Donini, der in den Jahren von 1559 bis 1562 als Sekretär des venezianischen Bailo fungierte, schreibt darüber in einem seiner Briefe. »Seine Majestät, so teilte er uns mit, war viele Monate derart schwach gewesen, dass er dem Tod nicht mehr fern war. Er litt sehr unter Wassereinlagerungen, hatte geschwollene Beine, litt an mangelndem Appetit und bekam ein aufgedunsenes, hässlich verfärbtes Gesicht. Im März dieses Jahres war er vier- oder fünfmal ohnmächtig geworden. Einmal war seine Ohnmacht so heftig, dass seine Diener glaubten, er sei plötzlich gestorben. Allgemein wird vermutet, dass sein Tod nicht mehr lange auf sich warten lässt. Auf die Nachricht über den Tod seines Sohnes [er meint Bayezid, H. B.] habe er gesagt: ›Gott sei gepriesen, dass ich noch sehen konnte, wie die Muslime von dem Elend befreit wurden, das sie ereilt hätte, wenn meine Söhne um den Thron gekämpft hätten. Nun kann ich die restliche Zeit meines Lebens ruhigen Herzens verbringen, statt in Verzweiflung zu leben und zu sterben.‹«

Der letzte Feldzug

Am 1. Mai 1566 (nach islamischer Zeitrechnung im Jahr 973) führte Sultan Süleyman, nachdem er dem Schlachtfeld jahrelang den Rücken gekehrt hatte, seine
13. Militärkampagne an. Die junge Generation hörte in Konstantinopel zum ersten
Mal die pompöse Marschmusik der Janitscharen. Bis Pera hallten die Echos der Kös,
der großen Kriegspauke, und der Zimbeln. Wie ein Lauffeuer verbreitete sich die
Neuigkeit in der Stadt: Der Löwe von Rum, der Padischah von Topkapi, der Hüter
der Welt, Kanuni Sultan Süleyman Han, machte sich wieder zu einem Feldzug auf.
Ihm voraus marschierte das Musikkorps und sein Großwesir schritt hinter ihm, wie
es die Tradition verlangte. Ihm folgten der dritte, vierte und fünfte Wesir. Dann
reihten sich die Würdenträger der Hohen Pforte ein: die beiden Oberrichter, der
Kommandant der Janitscharen sowie Dichter und Chronisten, die unterwegs die
Heldentaten des Sultans festhalten sollten. Den Abschluss bildete eine beeindruckende Heerschar. Tausende Menschen passierten so in einem feierlichen Auszug
das Imperiale Tor auf dem Weg zu neuen Triumphen. Nur der zweite Wesir fehlte
bei diesem Appell. Er war bereits vor einem Monat vorausgeschickt worden, um die
Sipahi von Rumeli darüber in Kenntnis zu setzten, dass sie sich in Belgrad einzufin-
den hatten. Der Krieg war auf dem Vormarsch.

Was trieb Süleyman an? Woher nahm er die Leidenschaft, im Alter von 72 Jahren
noch einmal eine Militärkampagne zu befehligen, die ihn viele Monate lang über
schwer passierbare Wege zu feindlichen habsburgischen Festungen führen sollte?
Seine Gesundheit war schon seit Jahren Gegenstand von Sorge und Gerüchten.
Mehrmals wurde sein angeblicher Tod dementiert. War das der Grund, warum er
sein Heer noch einmal anführen wollte, um als wahrer Gazi auf dem Feld der Ehre
zu sterben? Wie dem auch sei, allen war klar, dass der Sultan ein betagter Mann mit
körperlichen Gebrechen war. Weil er unter Gichtanfällen litt und die Schmerzen
ihn daran hinderten, aus eigener Kraft zu laufen oder zu reiten, musste er diesmal in
einer Sänfte in den Kampf ziehen.

Der Feldzug begann wie eine Strafexpedition. Die Defterdars, die Finanzminister, hatten festgestellt, dass Wien den im Vertrag vereinbarten Jahrestribut für den Frieden an den Grenzen nicht gezahlt hatte. Auch die sich ständig wiederholenden Grenzverletzungen von Armeeeinheiten der Habsburger hatten den Zorn des Sultans geweckt.

Wollte Kaiser Maximilian II., der zwei Jahre zuvor den Thron bestiegen hatte, ihn etwa provozieren? Musste die habsburgische Staatskasse aufgefüllt werden? Ein Dreivierteljahr vorher hatte Süleyman sich am 29. Juli 1565 noch in einem Brief an Maximilian II. (»ruhmreichster der mächtigen christlichen Fürsten«) über die Attacken des habsburgischen Heeres im Grenzgebiet von Siebenbürgen beklagt. Sollte es zu einer Verlängerung des Friedensvertrags kommen, müsse der habsburgische Kaiser schnellstens einlenken. »Sie werden aus tiefstem Herzen unseren großherrlichen Vertrag erfüllen und respektieren. Die Grenzen von Szigetvár und Eger sowie alle anderen Grenzen sind festgelegt«, mahnt der Sultan in dem Brief. Einige Absätze danach kam die Drohung. Wenn die österreichischen Truppen sich nicht unverzüglich zu ihren ursprünglichen Stellungen zurückziehen würden, wäre die Freundschaft mit der Hohen Pforte gefährdet. »Handlungen, die gegen Frieden und Ordnung verstoßen, werden nicht länger toleriert. Bleibt es aber bei den Feindseligkeiten, werden entsprechende Maßnahmen ergriffen.«

Der ausgebliebene Jahrestribut war ein guter Vorwand. War es aber auch der wichtigste Grund für einen Feldzug? Obwohl es keine Beweise gibt, soll Süleymans Tochter Mihrimah ihren Vater dazu gebracht haben, als wahrhaftiger Gazi an der Spitze seiner Truppen den Ungläubigen im christlichen Europa wieder einmal eine Lektion zu erteilen. Möglicherweise wollte der Sultan seinem Volk und seinen Feinden zeigen, dass er trotz seines fortgeschrittenen Alters in der Lage war, eine siegreiche Militäraktion anzuführen. Das ist nicht ganz unwahrscheinlich, denn die schmerzhafte Niederlage, die sein Heer und seine Flotte im Jahr zuvor vor der Küste Maltas bei einem Aufeinandertreffen mit Johannitern hatte einstecken müssen, hatte seinem Ruf sehr geschadet. Zwar hielt sich Süleyman während der Belagerung Maltas in Konstantinopel auf, der Prestigeverlust war deshalb aber nicht geringer. Ein weiterer militärischer Erfolg sollte seinen schwindenden Einfluss wieder Geltung verschaffen.

In Europa hatte sich in der Zwischenzeit einiges verändert. Viele von Süleymans Feinden der ersten Stunde waren bereits gestorben. Erasmus und Luther waren längst tot, Karl V. hatte 1558 an seinem Ruhesitz im spanischen Yuste den letzten Atemzug

getan. Die Kaiserkrone hatte er schon Jahre zuvor seinem Bruder Ferdinand übergeben, der sie wiederum an seinem Sohn Maximilian weitergereicht hatte. In Spanien
und den Niederlanden verteidigte Philipp II. das religiöse Erbe der Katholiken mit
harter Hand. Die Inquisitionstribunale machten Überstunden. Der Ruf nach einer
Gegenreformation, der im Zuge des Konzils von Trient aufgekommen war, wurde immer lauter. Nach dem Tod von Süleymans Bundesgenossen Franz I. regierte
Heinrich II. Frankreich und nach dessen Tod Caterina de Medici, die Mutter seiner
drei minderjährigen Söhne. In Deutschland vergrößerten die Protestanten ihren
Einflussbereich. In Frankreich breiteten sich die Proteste der Hugenotten weiter
aus. Während Süleyman unterwegs war, kam es in den Niederlanden zu einem Aufstand der sogenannten Wassergeusen. Im Geheimen wurden Vorbereitungen für
den Bildersturm getroffen. Durch Europa schwirrten Widerstandsgerüchte – nicht
nur gegen die Türken.

Maulwurfshügel

In Belgrad, auf Rhodos, in Mohács, Buda, Bagdad, Aleppo und Täbris hatten die Hufe
von Süleymans Pferd die Erde berührt. In allen Windrichtungen hatte sein Schwert
triumphiert, doch am meisten wohl in Ungarn. War Buda 1529 und 1541 das Ziel seiner
Feldzüge gewesen, so diesmal Eger; nicht nur, um die schmachvolle Niederlage des
osmanischen Heeres von 1552 zu rächen, sondern auch, weil die Handelsroute, die von
Buda über Eger nach Siebenbürgen führte, ständig von habsburgischen Soldaten und
österreichischen Strauchdieben angegriffen wurde. Die Festung könnte nach der Einnahme als Stützpunkt für weitere Strafexpeditionen gegen die Habsburger dienen.

Trotz der günstigen Prophezeiung des Hofastronomen stand der Feldzug in Richtung Norden unter keinem guten Stern. Als ob es sich um die Wiederholung des
furchtbaren Feldzugs von 1529 handelte, regnete es unterwegs in Strömen. Großwesir
Sokollu Mehmed Pascha war dem zweiten Wesir zwar nachgeeilt, um mit seinen
Pioniertruppen den Weg zu ebnen, doch auch er konnte nicht verhindern, dass die
von Ochsen gezogenen Kanonen immer wieder im Schlamm stecken blieben. Dutzende Kamele, die Zelte, Proviant und Munition beförderten, überlebten die rauen
Wetterbedingungen nicht. Die Moral der Soldaten erreichte ihren Tiefstand und die
Gichtanfälle des Sultans häuften sich. Einem Sonnenstrahl gleich erhellte sich kurz

die Stimmung, als ein Bote die Nachricht überbrachte, dass Süleyman Urgroßvater geworden sei. Der glückliche Vater Murad, Selims Sohn, bat seinen Großvater, dem jüngsten Spross der Osman-Dynastie einen Namen zu geben. Um den Propheten zu ehren, gab Süleyman bekannt, dass das Kind Mohammed heißen solle.

Nach 49 Tagen voller Mühen wurde bei der im Nordosten Belgrads gelegenen Stadt Zemun, wo die Save in die Donau mündet, für ein paar Ruhetage das Lager aufgeschlagen. Dort empfing Süleyman János Sigismund, Sohn des 1540 gestorbenen János Zapolya, Graf von Siebenbürgen, den er zuletzt 1541 nach der Eroberung Budas gesehen hatte. Drei Mal kniete der inzwischen erwachsene János vor dem Sultan nieder, der auf einem goldenen Thron in seinem Zelt saß. Drei Mal befahl Süleyman ihm, aufzustehen und reichte ihm die Hand zum Kuss, eine Geste, die selten zuvor gesehen wurde. In Anwesenheit von 400 adligen Getreuen gelobte János dem Sultan während der kurzen Zeremonie ewige Treue. Seine Worte wurden von fürstlichen Geschenken begleitet: zwölf reich verzierte Vasen und ein Edelstein im Wert von 50.000 Dukaten. Mühsam und mit schmerzverzerrtem Gesicht stand der Sultan auf und murmelte etwas, was von einigen Anwesenden als »mein geliebter Sohn« festgehalten wurde. Seinerseits beschenkte Süleyman seinen Gast mit einem mit Edelsteinen verzierten Sattel sowie einigen ebenso reich besetzten Schwertern.[1]

János Sigismund verließ das Lager mit den Worten, die er gern hören wollte. Der Sultan beteuerte, dass er sich alle Mühe geben werde, um ihn wie damals seinen Vater zum König von ganz Ungarn ausrufen zu lassen. Gemeinsam diniert wurde an diesem Abend nicht. Mit Rücksicht auf den schwachen Magen des Sultans hatte der Großwesir angeordnet von einem Abendessen abzusehen. Womöglich würden die Gäste die Magenkrämpfe des Sultans als einen Giftanschlag deuten. Missverständnisse entstanden in Zeiten von Unsicherheit schnell.

Kaum war das Lager in Zemun abgebrochen, meldete ein Bote, dass Miklós Zrinyi, der Kommandant der Festung in Szigetvár, ein osmanisches Lager überfallen habe. Dabei seien der türkische Gouverneur und sein Sohn ums Leben gekommen, außerdem habe Zrinyi viel Geld erbeuten können. Die Nachricht schlug ein wie eine Bombe. Der Sultan war fuchsteufelswild. Noch am gleichen Tag gab er den Befehl, die Marschroute zu ändern. Erst musste Zrinyi zur Verantwortung gezogen werden, danach sollte der Feldzug gegen Eger weitergeführt werden.

Die Stimmung des Sultans hob sich auch unterwegs nicht. Als er bei Vukovár, das heute im äußersten Osten von Kroatien liegt, den Befehl gab, den Bau einer

Brücke über die Donau vorzubereiten, erfuhr er, dass das bereits geschehen war. Der Quartiermeister hatte in seinem Eifer mit seinen Pioniertruppen zwei Tagesmärsche an nur einem Tag bewältigt. Als Süleyman davon erfuhr, geriet er in Wut. »Köpfen«, lautete sein Befehl. Doch der Großwesir konnte den Sultan überzeugen, dass der Quartiermeister nicht den Gehorsam verweigert und vor der Erteilung eines Befehls gehandelt hatte. »Im Gegenteil«, erläuterte Sokollu Mehmed Pascha, »indem zwei Tagesmärsche an einem Tag bewältigt wurden, konnte der Eindruck geweckt werden, dass Sie als Oberbefehlshaber noch die Kondition haben, schnell vorzurücken.« Das Leben des Quartiermeisters wurde verschont. Es dauerte 17 Tage, bis eine von 118 Schiffen getragene Pontonbrücke angelegt war.

Als das Heer am 4. August nur noch einen Tagesmarsch von Szigetvár entfernt war, zeigte Süleyman ein weiteres Mal seine Entscheidungsgewalt über Leben und Tod. Diesmal hatte nicht der Quartiermeister seinen Zorn geweckt, sondern Arslan Pascha, der Gouverneur von Buda, der auf eigene Faust und ohne vorhergehende Rücksprache eine ungarische Festung der Habsburger belagert hatte. Diese Militäraktion endete nicht nur in einem totalen Fiasko, darüber hinaus gelang den Habsburgern ihrerseits, von den osmanischen Belagerern zwei Burgen zu erobern. »Bring mir seinen Kopf«, lautete der Befehl des Sultans. Arslan Pascha meldete sich aus freien Stücken, aber der Sultan wollte ihn nicht mehr sehen. »Du hast zwei Festungen an die Ungläubigen verloren«, herrschte der Großwesir ihn am nächsten Morgen an. Arslan Pascha schwieg. Er wusste, was ihn erwartete. »Das Todesurteil ist schon gefällt. Du Verfluchter«, schimpfte der Großwesir. Kurze Zeit später erschien der Henker. »Mach es schnell«, waren Arslan Paschas letzte Worte. Er starb an dem Tag, an dem Sultan Süleyman triumphal in Pécs einzog.

Nur einen Tag später, am 5. August, erreichten sie Szigetvár. »Burg auf einer Insel« lautet die wörtliche Übersetzung des Namens. In Wirklichkeit bestand die Burg aus drei Inseln, die im Fluss Almás lagen. »Maulwurfshügel«, soll Süleyman die Burg höhnisch genannt haben. Auch bei diesem Feldzug lässt sich schwer einschätzen, wie groß das osmanische Heer tatsächlich gewesen ist, die meisten Historiker gehen jedoch von 90.000 Soldaten aus. Zrinyi soll 23.000 Soldaten zur Verfügung gehabt haben. Einmal mehr brachte das Wetter Nachteile mit sich, doch diesmal betraf es die Verteidiger. So viel es unterwegs auch geregnet hatte, so trocken war es im Süden Ungarns. Für Zrinyi war das ein herber Schlag: Die Wassergräben rund um die drei Maulwurfshügel waren nahezu ausgetrocknet.

Zwei der »Inseln« wurden sofort völlig zerstört, zum Teil sogar von Zrinyi selbst in einer Verzweiflungsaktion, der Taktik der verbrannten Erde. Daraufhin vergruben sich seine Truppen buchstäblich und im übertragenen Sinn wie Maulwürfe auf der dritten Insel, auf der die Burg stand. Auf dem Burghof wurde ein gigantisches Kreuz als Zeichen des wahren Glaubens aufgestellt. Zur Begrüßung der Türken hatte man rote Tücher an die Burgmauern gehängt. Als Zrinyi ein paar Tage später gemeldet wurde, dass der Sultan auf einem nahegelegenen Hügel gesehen worden war, wurden Willkommensschüsse abgefeuert. Zynischer hätte der Empfang nicht sein können.

Kurz schien es, als sollte sich die Geschichte von Eger wiederholen. Trotz der Verluste, der Kanoneneinschüsse und Landminen hielt Zrinyi heldenhaft stand. »Süleyman raste vor Wut«, schreibt Fairfax Downey in seiner romantisierenden Süleyman-Biografie. »Seine Raserei ließ die Adern an seiner Stirn anschwellen. Er würde die widerspenstigen Ungarn niedermetzeln. Sein Schwert würde nicht eher ruhen, bis in den Ruinen von Szigetvár kein Ungläubiger mehr am Leben war.«[2]

Nachdem sich der Sultan wieder beruhigt hatte und einige Tage relativ friedlich verstrichen waren, unternahm die osmanische Seite einen Versuch, Zrinyis Truppen zu verleiten, die Waffen ohne weiteres Blutvergießen zu strecken. Mit Pfeilen wurden Botschaften auf Kroatisch, Deutsch und Ungarisch, in denen Zrinyi der Posten des Gouverneurs von Dalmatien, Kroatien und Slowenien angeboten und seinen Soldaten freies Geleit versprochen wurde, über die Festungsmauern geschossen. Noch am gleichen Tag kam die Antwort in Form von Kanonenkugeln.

Um sich als Heerführer zu zeigen, setzte Süleyman alles auf eine Karte und bestieg sein Pferd, persönlich wollte er das Zeichen zum Angriff geben. Es war der 29. August, jener Tag, an dem der Sultan sein Heer 1526 und 1541 zu den Siegen in Mohács und Buda geführt hatte. In Szigetvár sollte die ungarische Trilogie vollendet werden. Doch es kam anders. Nachdem er seine Truppen mit einem lauthals verkündeten »Allah« dazu aufgerufen hatte, bis zum letzten Atemzug zu kämpfen, kam es Fairfax Downey zufolge zu »einem fürchterlichen Gefecht«. Immer wieder wogten die Angriffe auf die Festung zu. Doch die Attacken führten allen Anstrengungen zum Trotz nicht zum gewünschten Ergebnis. Süleyman verfolgte die Kämpfe schon nicht mehr. Ausgebrannt und am Ende seiner Kräfte hatte er sich in sein Zelt zurückgezogen. Er war nicht mehr auf seinem Posten, als eine türkische Mine eine enorme Bresche in die Mauern der Bastion schlug. Himmelhohe Flammen erhellten die dunkle Nacht. Das flackernde Licht drang bis ins Zelt des osmanischen

Monarchen. Doch Süleyman konnte es nicht mehr sehen. Eine Woche später, in der Nacht vom 5. auf den 6. September, neun Tage bevor sein 47. Jahr als zehnter Sultan des Osmanischen Reiches beginnen sollte, erlosch das Licht seines Lebens. Gottes Schatten auf Erden verlor sich im Dunkel. Süleyman war gestorben.

Unverzüglich gab Großwesir Sokollu Mehmed Pascha, der Ehemann einer Enkelin des verstorbenen Sultans, den Befehl, niemand dürfe erfahren, dass Süleyman das Zeitliche gesegnet hatte. Dieser Befehl wurde nicht nur erteilt, um das Aufkommen von Unruhen in der Armee zu vermeiden, sondern auch, um kein politisches Vakuum in Konstantinopel entstehen zu lassen. Die Leiche des Sultans wurde noch am gleichen Tag entkleidet, einbalsamiert und »verborgen«. Der Arzt, der bei all dem half, wurde erdrosselt, um zu verhindern, dass er etwas preisgeben konnte. Das Zelt wurde hermetisch verschlossen. Nur der Großwesir und zwei Vertraute des Verstorbenen waren befugt, das Zelt zu betreten. Niemand sonst wusste, was sich darin zugetragen hatte.

Der plötzliche Tod des Sultans bedeutete nicht, dass die Belagerung abgebrochen wurde. Im Gegenteil, in den frühen Morgenstunden des 7. Septembers wollte der Großwesir das Zeichen zum entscheidenden Angriff geben. Doch es kam nicht mehr dazu. Innerhalb der stark beschädigten Burgmauern hatte Zrinyi seine letzten 600 Soldaten um sich versammelt. Er wusste, dass die Burg nicht eine Stunde länger zu halten war. Um den Hals trug er die goldene Familienkette und auf dem Kopf seinen »Sonntagshut«, goldbestickt und mit Federn geschmückt. Unter seinem Wams befand sich ein Lederbeutel mit hundert Dukaten. »Damit niemand, wenn er mich auszieht, sagen kann, er habe nichts gefunden.« Den Schlüssel des letzten Tores steckte er zu den Dukaten. »Solange ich meine Hand bewegen kann, wird niemand an den Schlüssel und das Gold kommen. Nach meinem Tod soll die Beute einstecken, wer will.«

Von vier mit Gold beschlagenen Schwertern suchte er sich das älteste aus. »Mit diesem Schwert«, sagte er, »habe ich Ehre und Ruhm errungen. Mit diesem Schwert werde ich auf mich nehmen, was das göttliche Gericht über mich verkündet.« Ohne Helm und ohne Schild saß er auf dem Pferd an der Spitze seiner verbliebenen Truppen. Das Tor wurde geöffnet. »Im Namen Jesus Christus«, brüllte er drei Mal hintereinander. Im vollen Galopp ritt er hinaus, wo ihn das osmanische Heer bereits erwartete. Es dauerte keine zwanzig Sekunden, bis ihn zwei Kugeln in die Brust und ein Pfeil in den Kopf trafen. Noch lebend schleppten die Janitscharen ihn zu einer der Kanonen und banden seinen Kopf vor die Mündung des Kanonenrohrs.

»Feuer«, befahl der Großwesir. Auge um Auge, Zahn um Zahn, Kopf um Kopf. Ohne das Wissen, dass Süleyman ihm in den Tod vorangegangen war, starb der Löwe von Szigetvár auf dem ungarischen Feld der Ehre.

Die Nachrichten verbreiteten sich schnell. Und doch blieb selbst Maximilian II. über Süleymans Tod anfangs noch im Ungewissen. Sein kaiserliches Heer hatte Wien am 12. August 1566 verlassen. Es schien, als wolle der habsburgische Monarch das verwirklichen, was Karl V. und auch sein Vater Ferdinand II. zu vermeiden gewusst hatten: ein direktes Duell mit dem Heer des Sultans. Doch weiter als bis Győr auf halbem Wege zwischen Pressburg und Esztergom kam die Armee nicht. Dort wartete der Kaiser auf Meldungen über den weiteren Vormarsch des osmanischen Heeres in Richtung Norden. Als Maximilian erfuhr, dass Zrinyi bei der Belagerung von Szigetvár gefallen war und sich die osmanischen Streitkräfte aus unbekannten Gründen aus der eroberten Stadt zurückgezogen hatten, machten sich die Habsburger auf den Weg nach Wien.

Wieder war eine direkte Konfrontation zwischen den Machthabern des Osmanischen und des Habsburgischen Reiches ausgeblieben. Wieder hatte es das Schicksal mit Europa gut gemeint – wie schon 1481, als sich das osmanische Heer, das schon bis in den Stiefel Italiens vorgerückt war, nach dem Tod Mehmeds II. nach Konstantinopel zurückbegeben musste, wie im Jahr 1532, als Süleyman in der Nähe von Güns ein Duell mit dem Heer von Karl V. provozieren wollte, wie 1537, als eine französisch-osmanische Offensive gegen Italien im letzten Moment abgeblasen wurde. Wäre es diesmal zu einem Kampf gekommen, hätte Maximilian zweifellos eine Niederlage einstecken müssen. Sein Heer war 25.000 Mann stark, das von Süleyman mindestens vier Mal so groß. Die Eroberung Wiens, das inzwischen feste Residenzstadt der Habsburger war, hätte danach kaum noch Probleme bereitet. Dass Europa davongekommen war, verdankte es Süleymans Ableben.

Zwischenfälle bei der Thronbesteigung

Es waren keine geringen Probleme, die Großwesir Sokollu Mehmed Pascha nach der Einnahme Szigetvárs mit Einfallsreichtum und Befehlsgewalt zu lösen hatte. Die Tradition wollte, dass die Janitscharen nach dem Tod des Sultans nicht nur einen Extrasold erhielten, sondern auch in Rang und Stand vom Thronfolger bestätigt würden. Um Unruhe im Elitekorps zu vermeiden, lag es sehr im Interesse des Groß-wesirs, den Tod des Sultans noch länger geheim zu halten. Zunächst musste Sü-leymans einziger noch lebender Sohn Selim, der sich seit 1562 als Gouverneur in Kütahya in Zentralanatolien aufhielt, so schnell wie möglich vom Tod des Vaters in Kenntnis gesetzt werden.

Mit List und Geschick wurde in der Welt der Eindruck erweckt, Süleyman lebe noch. Schriftliche Befehle an das Heer wurden mit gefälschten Unterschriften ver-sehen. In derselben Weise wurden offizielle Bekanntmachungen mit der Meldung, dass Szigetvár in osmanische Hände gefallen war, an den Dogen von Venedig, den Schah von Persien, dem Kadi von Mekka und dem König von Frankreich geschickt. Den Soldaten und den Mitgliedern des Hofstaats, die nicht an dem Komplott der Geheimhaltung beteiligt waren, wurde mitgeteilt, dass der Sultan unter geschwolle-nen Füßen und an einer schwachen Gesundheit leide, weshalb er nicht in der Lage sei, dem traditionellen Freitagsgebet beizuwohnen. Erst wenn er sich völlig erholt hätte, würde das Zeichen zum Rückmarsch nach Konstantinopel gegeben werden.

Drei Wochen zog sich diese bizarre Situation hin. Das Heer murrte, wurde vom Großwesir aber mit strenger Hand geführt. Der verstorbene Sultan blieb in seinem imperialen Zelt versteckt. Man wartete auf Selim. Die Nachricht von den tragischen Ereignissen in Szigetvár hatte ihn inzwischen, acht Tage nach dem Tod des Vaters, erreicht. Drei Tage später stand er bereits mit einer imponierenden Streitmacht am Ufer des Bosporus, bereit, an das gegenüberliegende Ufer zu gelangen. Kurz kam es noch zu Verwirrungen, weil Selims Schwester Mihrimah noch nichts von den Neuigkeiten wusste. Boten und Würdenträger kamen und gingen mit Nachrichten aus dem Palast, bis das imperiale Caïque endlich, gemäß dem Protokoll, am Steg des Topkapisaray anlegte – genau wie es sich am letzten Tag im September 1520 zugetragen hatte.

Zwei Tage später brach Selim nach Belgrad auf. Von Sofia aus verschickte er die of-fizielle Nachricht vom Tod des Vaters und von seiner Thronbesteigung nach Persien, Venedig, Frankreich und Ragusa. Philipp II. sollte erst am 25. Oktober 1566 erfahren, dass Süleyman gestorben war, nachdem ein Bote über Neapel in El Escorial ange-kommen war.[3] Unterwegs vereinbarte man, dass Selim den Leichnam seines Vaters in Belgrad erwarten sollte. Am 24. Oktober wurde das Heer über Süleymans Tod in-formiert. Genau 48 Tage nach seinem Ableben las man *Al Fatihah*, die erste Sure aus dem Koran, vor: »Im Namen Gottes, des Erbarmers, des Barmherzigen. Lob sei Gott, dem Herrn der Welten, dem Erbarmer, dem Barmherzigen, der Verfügungsgewalt besitzt über den Tag des Gerichts. Dir dienen wir, und dich bitten wir um Hilfe. Führe uns den geraden Weg, den Weg derer, die du begnadest hast, die nicht dem Zorn verfallen sind und nicht irregehen.« Der Koranleser konnte die Sure wegen des Stimmengewirrs der Janitscharen kaum in Ruhe vortragen. Was war mit dem Extrasold? Wo blieben die Geschenke? Das Heer murrte und grollte, auch als der Großwesir, die Wesire und Minister – alle in Schwarz gekleidet – den Sarg mit dem Leichnam des Sultans feierlich an den Sohn und Nachfolger Selim übergaben. »Nicht ein Wort über uns«, empörte sich der Anführer der Soldaten. »Warum habt ihr das getan, Wesire? Wir werden den Schuldigen finden. Und dich, Sultan, treffen wir am Heuwagen.«

Was sollte das bedeuten: »Dich treffen wir am Heuwagen«? Kaum hatten sie Edirne für die letzte Etappe ihres Rückwegs nach Konstantinopel verlassen, stoppte die Prozession. »Was ist los?«, rief der Großwesir. »Ein Heuwagen versperrt den Weg. Wie können nicht weiter«, lautete die Antwort. Das war es also. Der Heuwagen war ein Hinterhalt. Es kam zu einem Handgemenge. Geschrei. Tumult. Säbelrasseln. »Respektiere den Brauch«, schrien die aufgebrachten Janitscharen. Der Aufstand schien unvermeidbar. Selim blieb nichts anderes übrig, als nachzugeben. »Gib ihnen, was sie verlangen«, befahl er dem Großwesir. Mit diesen erlösenden Worten wurde die Revolte beendet und der Leichenzug setzte seinen Weg fort. Endlich, am 10. Dezember, erreichte Süleyman seine letzte Ruhestätte. Seine sterblichen Überreste wurden im Mausoleum neben der Süleymaniye-Moschee beigesetzt, dem Meisterwerk von Koca Mimar Sinan.

Szulejman Szultán

Als ich gut viereinhalb Jahrhunderte später in Szigetvár ankomme, finde ich anders als im nahegelegenen Pécs wenig, was mich an die türkische Vergangenheit erinnert. Weit und breit ist keine Moschee, kein Minarett, kein Hamam zu sehen. Dafür gibt es aber eine kleine katholische Barockkirche, die derart unorthodox auf dem Platz im Zentrum steht, dass es früher eine Moschee mit einer *mihrab,* einer Nische, die nach Mekka ausgerichtet ist, gewesen sein muss. Und tatsächlich, in die Außenmauer ist eine Platte eingemauert, aus deren Aufschrift sich schließen lässt, dass Ali Pascha das Gebetshaus 1589 als *djami,* also als Moschee bauen ließ. An anderen Stellen weisen Schilder den Weg zum Török Hás, einem aus Backsteinen errichteten türkischen Haus, das, wie sich herausstellt, an diesem nassen Sonntag geschlossen ist. Selbstverständlich stoße ich hier aber fast überall auf Zrinyi. Eine Straße, ein Platz, Standbilder, Gedenkplaketten – es gibt kein Entkommen.

Der strömende Regen, mit dem Süleyman auf seinen Feldzügen immer zu kämpfen hatte, begleitet mich auf den letzten 300 Metern zur Festung, die im 19. Jahrhundert restauriert wurde.[4] Dort werden, so hat man mir erzählt, die Erinnerungen an Süleyman und Zrinyi wachgehalten, was bei Zrinyi auch zutrifft. Ein in Bronze gegossenes Denkmal Zrinyis steht hinter dem Hauptgebäude auf offener Fläche. Erhaben sitzt er auf seinem Pferd, das Schwert, mit dem er Ehre und Vaterland verteidigt, in der Hand. Am Sockel liegen vom Regen durchweichte Blumenkränze. In den Schleifen überwiegt das Rot-Grün-Weiß der ungarischen Fahne. Die Ungarn ehren ihre Helden gern.

In der Festung soll ein Museum untergebracht sein. Aber es ist enttäuschend: ein Saal mit arabischen und persischen Textfetzen, die den Besucher erinnern sollen, dass hier nach der Einnahme der Burg eine Moschee gebaut wurde. Es hatte sich eine weitere Djami, wie die Ungarn eine Moschee nennen, innerhalb des großen Forts befunden, die Süleyman gewidmet war und die nach 1689, als Szigetvár zurückerobert wurde, völlig zerstört wurde. In einem anderen, ebenfalls vollkommen verlassenen Saal, stehen ein paar dunkle Vitrinen mit türkischen Krummsäbeln. In einer Ecke hat man einige Kanonenkugeln aufeinandergestapelt. An der Wand hängt ein schlecht kopiertes Porträt von *Szulejman szultán*, wie Süleyman auf Ungarisch genannt wird. Darüber steht *Solymanus turcat Emper* geschrieben. Es muss das Werk eines Nachahmers des deutschen Malers Erhard Schön sein. Eine weitere schlechte Kopie hängt an der Wand, die die Freitagsprozession zeigt, wie sie Pieter Coecke van Aelst festgehalten hatte, als er in Konstantinopel gewesen war.

Im letzten Saal, einem großen trostlosen Raum, verliert man jegliche Illusionen. In der Ecke steht ein buntes Zelt. Es ist die skurrile Variante eines Bungalowzelts, das in keiner Weise dem Otag-i hümayun des Sultans ähnelt, das in Wirklichkeit hundertmal größer gewesen sein muss. Dass dies alles etwas mit osmanischer Geschichte zu tun haben soll, muss der Besucher selbst herausfinden. Einen Begleittext gibt es nicht, noch nicht einmal auf Ungarisch. Wenn man es nicht weiß, kann man nicht erahnen, wer der viel zu europäisch aussehende Mann mit Bart sein soll, der auf etwas ähnlichem wie einem Thron sitzt und von ein paar Soldaten bewacht wird.

Enttäuscht schlendere ich zum immer noch ausgestorbenen Stadtzentrum zurück. Es regnet nicht mehr, weshalb ich wieder mehr von der Außenwelt wahrnehme. Erst jetzt entdecke ich das stereotype Denkmal des ungarischen Löwen, der einen Türken in den Krallen hat. »Gefallen bei der heldenhaften Verteidigung von Szigetvár am 7. September 1566«, ist in goldenen Lettern in den Sockel gemeißelt. Natürlich, der Löwe von Szigetvár ist Miklós Zrinyi. In seinen Pranken ist der Halbmond gefangen, schon wieder eine heroische Allegorie, wie man sie überall in Ungarn antrifft: der Türke, der von den trampelnden Hufen eines Pferds zermalmt oder von den packenden Pranken des Löwen zerfetzt wird, dazu ein siegreicher Held als ultimatives Symbol von Vaterlandsliebe.

Das Herz des Sultans

Und doch gibt es in Szigetvár etwas Ungewöhnliches zu entdecken. Ein paar Kilometer außerhalb der Stadt, links der nach Kaposvár führenden Straße, stehen zwei verirrte Monolithen mitten auf einem Feld. Es sind zwei große Köpfe, meterhoch, beide mit Bart, geformt aus einer ockerfarbenen Steinmasse. Der rechte Kopf stellt Süleyman dar, der linke, ein paar Zentimeter größere, Miklós Zrinyis. Sie erinnern mich an die steinernen Götterstatuen am Berg Nemrut Daği südöstlich von Malatya. Dass Süleyman und Zrinyi nebeneinander in Stein verewigt sind, kann man als bemerkenswert, wenn nicht sogar bizarr bezeichnen. Wo sonst in Europa stehen zwei eingeschworene Feinde wie Karl V. und Franz I., Philipp II. und Wilhelm von Oranien oder Luther und Papst Clemens VII. versteinert und brüderlich nebeneinander?

Das Denkmal für den September 1566 steht im Ungarisch-Türkischen-Freundschaftspark, einem gutgemeinten Versuch, einen Strich unter die Vergangenheit zu ziehen. Das ebene Gelände um die Monolithen herum wird von einer weißen, sternförmig angeordneten Mauer begrenzt. Zu beiden Seiten des Eingangs sind die einträchtig ineinander verflochtenen Fahnen der Türkei und Ungarns aufgestellt. Auf dem Parkplatz davor steht die Kopie eines türkischen Brunnens. Hinter dem Denkmal gibt es eine Türbe, ein einfaches, kleines Mausoleum mit einem bronzenen Halbmond auf dem Dach. Hier könnte der Sarkophag mit Süleymans Herz aufbewahrt sein, doch wer weiß …?

Das Herz, das nie gefunden wurde, war Gegenstand zahlreicher Polemiken. Knapp hundert Jahre nach den tragischen Ereignissen in Szigetvár widmete Nicholas Zrinyi seinem Urgroßvater Miklós eine lange, schwülstig geschriebene Ode. Das Gedicht, das wohlgemerkt 1566 Strophen zählt, ist in Ungarn genauso bekannt, wie Géza Gárdonyis Roman über die Belagerung Egers. Und auch Zrinyi nimmt es mit der Wirklichkeit nicht so genau. In *Szigeti Veszedelem* (wörtlich: die Gefahr der Insel) rühmt er seinen Urgroßvater, weil dieser für Süleymans Tod verantwortlich sein soll. Gleichzeitig hat er aber auch ein gutes Wort für den Sultan übrig, indem er ihn als einen weisen und galanten Herrscher des Osmanischen Reiches preist. »Wäre sein Herz nicht von Grausamkeit geprägt gewesen, hätte Süleyman, auch aus christlicher Sicht, als großer Führer sterben können.« Selbstverständlich siegte in dieser poetischen Exerzierübung die Tapferkeit des Urgroßvaters über die Grausamkeit seines Feindes.

Der Legende nach soll das Kästchen mit Süleymans Herz, dem so viel Grausamkeit angedichtet wurde, in einem Djami mit goldenem Dach gegenüber dem Freundschaftspark zurückgelassen worden sein. Der Zahn der Zeit nagte am Gebäude, es verfiel mehr und mehr. Mit der Rückkehr der Habsburger wurde aus der Moschee eine kleine Barockkirche. Erst in kommunistischen Zeiten wurde beschlossen, an Süleymans Tod mit einem Denkmal zu erinnern. Die damaligen Machthaber urteilten, dass der Sultan mindestens genauso viel Recht auf ein Standbild hätte wie Lenin und Stalin.

Kaum stand das Monument, kam es zu Protestaktionen ungarischer Nationalisten. In dem Denkmal, das beschmiert und beworfen wurde, sahen sie eine Beleidigung der Nation. Auf Initiative der türkischen Autoritäten wurde damals ein zweites Denkmal neben dem des Sultans platziert: eines für Miklós Zrinyi. »Das Denkmal für Zrinyi ist sogar etwas größer als das des Sultans«, erzählt mir ein türkischer Diplomat und fügt schelmisch hinzu: »Es ist doch eine große Ehre, dass Zrinyi, der gerade einmal Oberbefehlshaber einer lokalen Befestigungsanlage war, neben jemanden aufgestellt wird, der über drei Kontinente herrschte.«

Als ich später eine Luftaufnahme vom Freundschaftspark betrachte, wird mir erst die tiefere Symbolik bewusst. Die im Zickzack um den Park verlaufende Mauer bildet dreimal die Form eines fünfzackigen Sterns und damit den Stern der türkischen Flagge. Die beiden Skulpturen stehen auf einem achteckigen Sockel, dem Grundriss einer Türbe. Nirgendwo anders in Ungarn wird ein Nationalheld von so viel türkischer Symbolik umschlossen.

Das Paradies

»Bosnien-Herzegowina[1] ist das Paradies«, schrieb der türkische Chronist Tursun Bey im 15. Jahrhundert, nachdem er Sultan Mehmed II. auf seinem Eroberungszug durch den Balkan begleitet hatte. »In Gärten, durcheilt von Bächen, ewig darin zu verweilen«[2], so beschreibt der Koran das Paradies. Süleyman war diesem Paradies in vielfältiger Weise verbunden. Seine Mutter Ayse Hafsa Sultan war, wie der aus Ragusa stammende Giacomo di Pietro Luccari im 16. Jahrhundert schrieb, in Zvornik im östlichen Teil Bosniens geboren worden. Süleymans Hofminiaturmaler Matrakçi war ebenfalls ein gebürtiger Bosnier und sein Schwiegersohn Rüstem Pascha wurde als Kroate in Sarajevo geboren. Eine von Süleymans Enkelinnen vermählte sich mit Großwesir Sokollu Mehmed Pascha, der aus Bosnien stammte und in Sokolovic, einer waldreichen, etwa vierzig Kilometer östlich von Sarajevo in Richtung Visegrad gelegenen Gegend, das Licht der Welt erblickt hatte.

Süleyman war im Lauf seines Lebens nur selten in die Nähe von Bosnien gekommen.[3] Dennoch hatte der Schatten Gottes auf Erden in diesem Paradies seine Spuren hinterlassen. Die nach ihm benannte Brücke in Mostar, die in seinem Auftrag erbaute Moschee in Sarajevo und die von Sokollu Mehmed Pascha errichtete Brücke über die Drina in Visegrad sind architektonische Juwelen, die trotz hartnäckiger Anstrengungen serbischer und kroatischer Nationalisten, dieses Erbe zu zerstören, an Süleymans Sultanat erinnern.

Als ich etwa fünf Jahrhunderte später an der Drina entlangfahre, gleicht Bosnien noch immer einem Paradies. Die unberührte Natur an den Ufern des Flusses lädt sofort ein, hier seine Zelte aufzuschlagen. Doch der Schein trügt. Denn schon bald erkenne ich, dass die einstige Glückseligkeit hinter der grünen Fassade paradiesischer Gärten der jetzigen Tragik wich – symbolisiert durch die Flaggen der gegeneinander aufgewiegelten ethnischen Bevölkerungsgruppen: das rot-weiße Schachbrettmuster der katholischen Kroaten, das panslawische Rot-Blau-Weiß der orthodoxen Serben und das Blau-Gelb mit den neun weißen Sternen, das auf die Präsenz der Muslime verweist. Einschusslöcher, Mörserkrater, vergrabene Landminen und viel zu viele Gräber sind die stummen Zeugen »ethnischer Säuberungen«. Städte und Dörfer werden noch über Generationen an den Stigmata des schmutzigen Krieges zu tragen haben, in dem die damaligen Präsidenten von Kroatien und Serbien Franjo Tudjman und Slobodan Milosevic sich bekämpften. Anschließend verbündeten sie sich in einer Politik ultranationalistischer Raserei, die als Ziel nur die vollkommene Vernichtung der von den osmanischen Sultanen hinterlassenen islamischen Kultur kannte. Das Paradies wurde zur Hölle. Zwischen 1993 und 1995 gab es mehr als 250.000 Tote zu beklagen. Zehntausende muslimische Frauen wurden vergewaltigt. Hunderte Moscheen und islamische Grabstätten wurden zunächst mit Mörsergranaten und Dynamit und später mit Bulldozern zerstört. Alles, was nur im Geringsten an den Islam, Süleyman oder das Osmanische Reich erinnerte, wurde radikal beseitigt.

Zwischen dem Eintreffen der ersten osmanischen Truppen und Milosevics irrsinnigem Traum von Großserbien liegen etwa sechs Jahrhunderte. In dieser langen Zeitspanne war Bosnien – manchmal mit, manchmal ohne Herzegowina – ein Frontstaat am Schnittpunkt ethnischer, religiöser und nationalistischer Interessen, ein Schmelztiegel des Westens und des Orients. Ein Vorspiel zu der heutigen Hasskultur hatte sich bereits 1389 während einer Schlacht zwischen dem serbischen und dem osmanischen Heer in Polje (Kosovo) zugetragen. Am 28. Juni jenes Jahres fanden sowohl Sultan Murad I. als auch der serbische Fürst Lazar Hrebeljanović den Tod. Nach einer der zahlreichen Legenden, die sich um diese Geschehnisse ranken, wurde der Sultan von einem serbischen Adligen, den man zu Verhandlungen über die Kapitulationsbedingungen eingeladen hatte, in seinem Zelt ermordet. Zur Vergeltung enthauptete man den Mörder über dem entseelten Leichnam des Sultans. Mit dieser Schlacht begann die osmanische Vorherrschaft auf dem Balkan. Serbische Historiker sehen das allerdings anders. Sie interpretieren die Ereignisse von 1389 als heroischen Beitrag zu einem serbischen Nationalbewusstsein.

In Serbien gilt der 28. Juni als mythischer Feiertag. An diesem Tag beendete der militante bosnische Serbe Gavrilo Princip 1914 in Sarajevo mit einigen gezielten Schüssen das Leben des österreichischen Erzherzogs Franz Ferdinand und seiner Ehefrau, der Herzogin von Hohenberg. Beide waren nach Bosnien gereist, um die österreichischen Truppen zu inspizieren. Das Attentat löste den Ersten Weltkrieg aus. Den 28. Juni wählte Milosevic, um die Fackel des am 4. Mai 1980 verstorbenen Marschalls Tito zu übernehmen. Wochenlang hatte der serbische Führer einen makaberen Triumphzug mit den Gebeinen des heiliggesprochenen Fürsten Lazar zelebriert. Das Ziel war der Ort, an dem sich Serbien sechs Jahrhunderte zuvor heldenhaft den Türken widersetzt und »Europa vor dem Untergang bewahrt« hatte. Damit sollte auf die *ante murale christianitatis*, auf das Bollwerk der Christenheit, verwiesen werden, das – wie heute in den serbischen Schulbüchern steht – die türkischen Horden aufgehalten hatte. Umringt von schwarz gewandeten Mitgliedern der orthodoxen Kirche sowie von Sicherheitsbeamten mit eleganten Maßanzügen und dunklen Sonnenbrillen deutete Slobodan Milosevic am 28. Juni 1989 in Pristina an, was in Zukunft bevorstehen sollte. »Nach sechs Jahrhunderten sind wir wieder in Kriege verwickelt und stehen vor neuen Kämpfen. Noch sind es keine bewaffneten Konfrontationen, aber diese sind nicht auszuschließen.« Damit erntete er stürmischen Beifall.

Am 17. Mai 1992 gab der serbische Nationalist Radovan Karadzic das Zeichen zum Angriff. Die bewaffneten Kämpfe begannen in Sarajevo mit dem Beschuss des Gebäudes, in dem sich die osmanischen Archive befanden. In einem grauen, verfallenen Haus auf einem Universitätscampus unweit des »Holiday Inn«-Hotels schildert mir Lejla Gazic, die Vizedirektorin des Orientalischen Instituts, mit bekümmerter Miene, wie der damals in der dritten Etage des Rathauses untergebrachte stolze Besitz ihres Instituts in Flammen aufgegangen war. »Sie sollten offenbar gezielt schießen, es handelte sich um einen bewussten Versuch, unsere Geschichte auszulöschen. Als die Feuerwehr eintraf, wurden sogar die Feuerwehrleute unter Beschuss genommen. Tagelang wirbelten in der ganzen Stadt Fetzen verbrannter Bücher durch die Straßen. Insgesamt gingen 5.263 Kodizes, 300.000 Originaldokumente und 20.000 historische Bücher in Flammen auf. Kaum ein Prozent des früheren Bestandes wurde gerettet. Es ist eine kulturelle Katastrophe sondergleichen.«

Nach einem dreijährigen schmutzigen Krieg wurde am 14. Dezember 1995 auf dem nordamerikanischen Luftwaffenstützpunkt Dayton ein Friedensvertrag unterzeichnet. Bosnien-Herzegowina blieb unabhängig, wurde jedoch in einem politischen Spagat in zwei Entitäten aufgeteilt: die kroatisch-muslimische Föderation Bosnien und Herzegowina und die serbische Republika Srpska. Der Krieg war vorüber, doch die ethnischen, religiösen und nationalen Probleme blieben bestehen. Auch sprachlich änderte sich wenig. In Bosnien-Herzegowina sprach man schon immer Slawisch. Die Muslime nennen es zwar Bosnisch, die Kroaten Kroatisch und die Serben behaupten, es sei Serbisch, aber nach Expertenmeinung handelt es sich dabei nur um regionale Differenzierungen, die in der Wortwahl, der Aussprache und der Verwendung der kyrillischen Schrift im serbischen Landesteil zum Ausdruck kommen. Der einzige wirkliche Unterschied zum früheren Sprachgebrauch liegt in der heutigen Bedeutung des Wortes 'Bosniake: Früher bezeichnete man so alle Einwohner Bosniens, heute wird das Wort in Abgrenzung zu den Kroaten und Serben nur für Muslime verwendet.

Eine komplexe Geschichte

Die Geschichte Bosnien-Herzegowinas spielt sich schon seit Jahrhunderten auf dem Schlachtfeld von Mythologie, Legende, Propaganda und Lüge ab.[4] Das hat fast ausnahmslos zu einer einseitigen, subjektiven Geschichtsschreibung geführt. »Viele Forscher vom Balkan betrachten ihre Geschichte aus einem engen nationalistischen Blickwinkel und ignorieren die Historie und die Leistungen anderer ethnischer Gruppen, multinationaler Gemeinschaften und Staaten, denen sie einst angehörten«, urteilt Ramiza Smajic, die Direktorin des Historischen Instituts von Sarajevo. Unser Treffen findet in ihrem Büro in einem verfallenen Apartmenthaus aus der Vorkriegszeit statt, dessen Fassade noch von Einschusslöchern übersät ist. In die Räume dringt kaum Licht. Das Institut muss sich mit ausrangierten Möbeln und ein paar Aktenschränken behelfen. An der Wand ihres Büros hängen einige vergilbte Fotos von Sarajevo vor 1992. Selbst für die kleinsten Renovierungsarbeiten fehlt das Geld. Smajic sagt (mit Bitterkeit in der Stimme): »Heute wissen wir, dass unsere Kultur und Geschichte dem Dayton-Abkommen zum Opfer gefallen sind.«

Ramiza Smajic gehört als Bosnierin zu den muslimischen Kritikern, die nordamerikanischen und westeuropäischen Politikern einen Mangel an historischem Wissen vorwerfen. Sie glaubt, dass deren Kenntnisse kaum über Rebecca Wests Buch *Schwarzes Lamm und grauer Falke. Eine Reise durch Jugoslawien*[5] hinausgehen, einem populären Bericht, den die Autorin über ihre 1941 mit ihrem Mann unternommene Reise durch die Balkanländer verfasst hat. Nach Wests wenig fundierter Meinung waren die Türken für fünf Jahrhunderte Sklaverei auf dem Balkan verantwortlich. Hätte es die Kroaten – als Puffer zwischen dem Osmanischen und dem Habsburgischen Reich – nicht gegeben, wäre Wien schon längst eine islamische Hauptstadt. »West vertritt den Standpunkt, die Türken hätten den Balkan ruiniert und die Muslime gehörten einer niederen Rasse an«, meint Smajic. »Dieses Buch hat zwei Generationen von Lesern, selbst in höchsten politischen Kreisen in Großbritannien und den USA, durch seine kollektiven psychoanalytischen Stereotype beeinflusst, die nicht nur aus Unwissenheit, sondern eher noch auf systematischer historischer Ignoranz beruhen.«

Auch Enes Pelidija, der eigentlich Historiker ist und an der Universität von Sarajevo Philosophie lehrt, hat seine Bedenken. »Geschichtsschreibung muss sich auf Tatsachen, nicht auf Mythen stützen«, sagt er bei unserem Treffen während der Examensphase im Fakultätsgebäude, das direkt gegenüber dem »Holiday Inn«-Hotel an der das Zentrum mit dem Flughafen verbindenden Verkehrsader Marsala Tita gelegen ist. »Zum Glück gibt es heute nicht nur in Bosnien-Herzegowina, sondern

Spuren osmanischer Tradition im Sarajevo der 1950er Jahre

auch in Kroatien, Serbien, Slowenien und Montenegro eine junge Generation von Historikern, die der Vergangenheit etwas aufgeschlossener gegenübersteht. Heute kommen viele Studenten aus Nachbarstaaten zum Promovieren an unsere Universitäten, weil sie der Ansicht sind, dass wir die Geschichte im Gegensatz zu ihrem eigenen Land hier objektiver betrachten. Serbische Studenten haben mir versichert, dass sie sich an unserer Universität ausführlicher und besser über die osmanische Zeit informieren können als in Belgrad.«

Worüber in der Geschichtsschreibung allerdings keine Zweifel bestehen, ist die Herkunft der Slawen. Sie zogen im 6. Jahrhundert aus dem Norden über die Donau und ließen sich in den Balkanländern nieder – ein Migrationsprozess, der zur Assimilation mit der ursprünglich illyrischen Bevölkerung führte. Im 7. Jahrhundert folgte eine zweite Einwanderungswelle. Einer der slawischen Stämme, die Kroaten, siedelte sich an der dalmatinischen Küste und in deren Hinterland an und geriet dort in den Einflussbereich der römischen Missionare. Ein anderer Stamm, die Serben, fand weiter landeinwärts eine neue Heimat und wurde dort in die christlich-orthodoxe Glaubensgemeinschaft des Byzantinischen Reiches integriert. Bosnien-Herzegowina lag dazwischen und wurde so zu dem, was es fortan bleiben sollte: einem Pufferstaat.

Einige Jahrhunderte später siedelten sich die Bogomilen, eine ziemlich kleine, ursprünglich aus Bulgarien stammende Volksgruppe, im rauen und unwegsamen Landesinneren von Bosnien an. Sie haben als Ecclesia Bosnesis, als bosnische Kirche, ihre Spuren hinterlassen. In ihren manichäischen Religionsvorstellungen glichen sie in gewisser Weise den Katharern. Der dualistische Charakter ihrer Religion kam bereits in dem Prinzip zum Ausdruck, dass sich die Welt auf Licht und Finsternis gründe. Obwohl die Bogomilen an das Jüngste Gericht glaubten, galten sie den Katholiken als Ketzer, denn sie lehnten das Kreuz, die Taufe und den Glauben an die Auferstehung des Leibes nach dem Tod ebenso ab wie die Heilige Dreifaltigkeit. Merkwürdigerweise wies ihre Religion einige Parallelen zum Islam auf. Wo immer sie sich aufhielten, knieten sie sich fünfmal täglich zum Gebet nieder. Und wie bei den Muslimen war der Freitag auch bei den Bogomilen der wichtigste religiöse Feiertag.

Erst als die Türken auf der Bildfläche erschienen, wurde die Kluft zwischen Realität und subjektiver Wahrnehmung größer. Drei Jahre nach der Schlacht auf dem Kosovo fiel die makedonische Hauptstadt Skopje in die Hand der Osmanen. 1459 kapitulierten die Serben in der Festung von Smederovo. Vier Jahre später eroberte Mehmed II. Bosnien mit einem Heer von 150.000 Soldaten. Die Eroberung Herzegowinas folgte 1482. Die Stadt Jajce fiel während Süleymans Regierungszeit im Jahr 1528. Die letzte eingenommene Stadt war Bihac im Jahr 1592.

Die relativ schnelle Islamisierung Bosnien-Herzegowinas wurde in Diskussionen und in der Forschung immer wieder thematisiert. Die von serbischer und kroatischer Seite verbreiteten Darstellungen erzwungener Bekehrungen zum Islam stehen in krassem Widerspruch zu der religiösen Toleranz, die die dem Bektaschi-Orden nahestehenden Sufi-Bewegungen predigten. Niemand wurde zur Konversion zum Islam gezwungen.[6] Schon vor dem Zweiten Weltkrieg widersprach der bosnische Historiker Vladislav Skaric dieser verbreiteten Meinung: Wenn der Islam gewaltsam durchgesetzt worden wäre, wäre dort kein einziger Christ, keine Kirche und kein Kloster zu finden gewesen.

Dennoch entwickelte sich Bosnien nach der Annexion an das Osmanische Reich 1463 relativ schnell zu einem überwiegend islamisch geprägten Land. Die meistzitierte Theorie besagt, die Bogomilen seien nach der Eroberung ihres Lebensraums massenhaft konvertiert, weil sie sich vom Islam angesprochen fühlten. Als Gegenleistung für ihre Konversion wurden sie von der *harac* genannten Steuer befreit. Auch die Drohungen der katholischen Kirche trugen ihren Teil zur Bekehrungsbereitschaft der Bogomilen bei. Seit der Ankunft der Franziskaner, die 1340 ihr erstes Kloster in Bosnien errichtet hatten, betrachtete der Papst die Bogomilen als Erzketzer, für die es nur zwei Alternativen gab: Bekehrung zum Katholizismus oder den Scheiterhaufen. Durch ihren Übertritt zum Islam hofften die Bogomilen einer drohenden Konfrontation mit dem Heiligen Stuhl zu entgehen. Doch klärt dies längst noch nicht alles, wenn man bedenkt, dass die Bogomilen in Bosnien eine Minderheit bildeten. Man schätzt ihre Zahl gegen Ende des 15. Jahrhunderts auf 80.000 bis 90.000. Mit 750.000 Mitgliedern befanden sich die kroatischen Katholiken bei Weitem in der Mehrheit, auch gegenüber den 25.000 serbischen Orthodoxen.

Neuere Untersuchungen haben gezeigt, dass die Islamisierung bereits lange vor der osmanischen Invasion eingesetzt hatte. Schon im 8. Jahrhundert gab es Kontakte zwischen balkanstämmigen Slawen und arabischen Muslimen. Zum Islam konvertierte Slawen emigrierten nach Anatolien und in das auf der iberischen Halbinsel gelegene Kalifat von Córdoba. Slawische Sklaven, die man *saqaliba* nannte, waren damals auf den Märkten rund um das Mittelmeer sehr begehrt. Familienmitglieder und Nachkommen dieser Saqaliba, denen es nach der Konversion zum Islam gelungen war, sich von der Sklaverei zu befreien, kehrten später nach Bosnien zurück, um sich dort niederzulassen.

Ein weiterer wichtiger Faktor dieser Islamisierungsprozesse bildete die Ankunft der Walachen, eines etwas mysteriösen Nomadenstamms von Hirten und Bergbewohnern, die wie die Rumänen eine romanische Sprache benutzten. Vor dem

Eintreffen der Türken lebten die Walachen in Albanien, Griechenland, Makedonien und Bulgarien. Im Zuge der osmanischen Expansion im 15. Jahrhundert wurde ein Teil von ihnen von den Türken nach Bosnien umgesiedelt. Diese Übersiedelung weitete sich noch aus, als die Grafschaft Srebrenica 1512 in osmanische Hände fiel und sich die Walachen im Nordosten von Bosnien stärker ausbreiten konnten. Ihre Migration hatte sowohl ökonomische als auch strategische Gründe, da die Walachen in der Haltung von Viehherden und der Organisation von Maultierkarawanen tüchtiger waren als die Serben und Kroaten. Außerdem fiel es ihnen nicht schwer, sich zum Islam zu bekehren.

Auch die schwache Position der christlichen Glaubensgemeinschaften spielte gewiss eine Rolle. So stark die orthodoxe Kirche in Serbien und die katholische Kirche in Kroatien organisiert waren, so schlecht war ihrer beider Infrastruktur in Bosnien-Herzegowina entwickelt. Als man den Walachen aufgrund ihrer Loyalität fruchtbaren Boden und weitere Privilegien zusprach, kamen manche Serben und Kroaten zu der Überzeugung, dass eine Bekehrung zum Islam unter den gegebenen Umständen der günstigste Weg war, um ähnliche Privilegien zu erhalten.

Osmanische Autoren unterschieden anfangs nicht zwischen Katholiken und orthodoxen Christen. Sie bezeichneten beide Religionsgruppen mit einem Oberbegriff für alle Christen als *geberan*. Mehmed II. erließ kurz nach der Eroberung Bosniens ein Dekret, in dem er seinen Respekt gegenüber den bosnischen Priestern bekundete. »Niemand darf sie, ihre Besitztümer oder ihre Kirchen angreifen oder beleidigen.« In diesem Dekret machte er allerdings auch deutlich, dass die Franziskaner dem Sultan Rechenschaft abzulegen hatten. Als die Mönche später zum öffentlichen Widerstand gegen die osmanischen Machthaber aufriefen, war es jedoch um seine tolerante Haltung geschehen. Während den loyalen orthodoxen Christen der Neubau von Kirchen gestattet wurde – man errichtete sie vor allem in Serbien –, wurden den aufsässigen Katholiken in Herzegowina diese Baumaßnahmen verwehrt. Verlassene Kirchen und Klöster wurden zu Moscheen umgewandelt oder erhielten andere soziale Funktionen.

Ein letzter wichtiger Faktor für die Islamisierung Bosnien-Herzegowinas war zweifellos die Entscheidung des Sultans, Bosnien den Rang eines *sancaks* eines militärischen und administrativen Verwaltungsdistrikts zuzuerkennen. 1580 wurde Bosnien-Herzegowina zusammen mit Teilen von Kroatien, Serbien, Slawonien und Dalmatien zu einem *eyalet,* einer vollwertigen osmanischen Provinz, was es bis 1878 bleiben sollte. Anders als kroatische und serbische Quellen behaupten, wurde das Land in diesen Jahren nicht durch den Zuzug großer Einwanderergruppen aus Anatolien kolonialisiert. Bosnien-Herzegowina wurde weder arabisiert noch turkisiert, sondern islamisiert, weshalb in der Mitte des 16. Jahrhunderts bereits 40 Prozent der Bevölkerung muslimisch waren und es im ganzen Land damals 1.200 Moscheen, 1.000 Tekkes, 100 Medresen und 50 Hamams gab.

Eine Stimme, die im Chor der serbischen Kritiker häufig zu vernehmen war, gehörte dem in Travnik (Bosnien) als Sohn kroatischer Eltern geborenen Nobelpreisträger Ivo Andric. Er beharrte darauf, dass es sehr wohl eine Zwangsbekehrung von Bogomilen, Walachen, christlich-orthodoxen Serben und katholischen Kroaten zum Islam gegeben habe. »Es ist zynisch zu unterstellen, diese Bekehrung habe nicht unter Zwang stattgefunden, angesichts der ökonomischen Vorteile und der Steigerung des politischen Status der Betroffenen nach ihrer Bekehrung zum Islam«[7], hatte Andric 1924 in seiner Dissertation *Die Entwicklung des geistigen Lebens in Bosnien unter der Einwirkung der türkischen Herrschaft* geschrieben, die allerdings erst nach seinem Tod veröffentlicht wurde.

In seinem 1961 prämierten Buch *Die Brücke über die Drina* war Andric den Muslimen, die er beharrlich Türken nennt, noch immer nicht wohlgesonnen. Das christliche Wesen der serbischen Slawen stand für ihn weit über dem negativen Einfluss, den »dieses asiatische Kriegsvolk« auf die Kultur der ursprünglichen Bevölkerung ausübte. Seine akribische Beschreibung einer Begebenheit, bei der ein slawischer »Verräter« auf einen langen Pfahl aufgespießt wurde, den man langsam in sein Rektum schob, kann mit etwas Fantasie als eine Inszenierung der Kreuzigung Christi interpretiert werden, mit der Andric das Opfer zum Märtyrer für die serbische Sache erhebt.[8]

Die unterschiedlichen Interpretationen der Islamisierung zeigten Ende des 19. Jahrhunderts Konsequenzen, nachdem Bosnien Teil der Österreichisch-Ungarischen Monarchie geworden war. Zunächst wurden die Begriffe *bosnjaci* und *bosnjastvo* eingeführt, neue ideologisch gefärbte Bezeichnungen, mit denen sich bosnische Muslime von den Serben und Kroaten abgrenzten. Der Begriff *Bosnier* war zu eng gefasst, da er allein geografische Faktoren beinhaltete. In den Kreisen serbischer und kroatischer Nationalisten interpretierte man diese Veränderung der Begrifflichkeit als einen ersten Vorwand für die Muslime, die bosnischen Gebiete in Serbien und Kroatien einem autonomen islamischen Staat einzugliedern.

Mit dem Fall des Osmanischen Reiches 1923 wurde Bosnien zum islamischen Herzen Europas – allerdings ohne eigenen Staat. Zwar erhielten die bosnischen Muslime bei Titos Regierungsantritt nach dem Zweiten Weltkrieg die Zusage, dass ihr Anspruch auf größere Selbständigkeit innerhalb der Föderativen Republik Jugoslawien stärker berücksichtigt werden würde, wenn sie sich als loyale Kommunisten erwiesen, aber sie entpuppte sich als leere Versprechung. In der Verfassung der Republik wurden nur fünf Nationalitäten anerkannt: die serbische, kroatische, slowenische, makedonische und montenegrinische. Die Bosniaken hatten das Nachsehen. Kopftücher wurden verboten, Tekkes und Medresen geschlossen und die auf der Scharia beruhende Gesetzgebung durch ein bürgerliches Gesetzbuch ersetzt. Nur die *Umma*, die Dachorganisation aller Muslime, blieb bestehen und wurde sogar subventioniert. Dieser Entscheidung lag ein opportunistisches Motiv zugrunde. Um sich im Club der ungebundenen Staaten zu profilieren, war es für Tito von großem Interesse, dass diese wichtige muslimische Institution vor den Augen der islamischen Welt weiterhin ihre Funktion erfüllen konnte. Damit wurde die Umma für die bosnischen Muslime zum Substitut für einen eigenen Staat und eine eigene auf ihm aufbauende Identität.

Nach dem Zerfall der Jugoslawischen Republik bildeten sich innerhalb der 1989 gegründeten Stranka Demokratske Akcije (Partei der Demokratischen Aktion) zwei unterschiedliche Richtungen: Es gab einerseits Muslime, die der panislamischen Idee anhingen, die auf dem Prinzip basierte, die sei Religion wichtiger als der Staat, und deshalb einen Zusammenschluss in einer gemeinsamen Umma aller Balkanländer forderten. Andererseits gab es Muslime, die einen bosnischen Nationalstaat anstrebten. Der Versuch, in Bosnien und in der mehrheitlich muslimischen serbischen Provinz Sandschak ein Referendum über die Frage zu erwirken, ob beide Gebiete in einem unabhängigen muslimischen Staat vereint werden sollten, scheiterte sang- und klanglos. Es kam allerdings zu dem Krieg, in dem der serbische und kroatische Nationalismus seine Sprengkraft entzündete.

Die Moschee und die Brücke

Auf der Suche nach Spuren osmanischer Architektur aus Süleymans Zeit folge ich der Drina, die sich im Südosten des Landes als breites silbernes Band durch das leicht bewaldete und hügelige Grenzgebiet zwischen der Republika Srpska und

Serbien schlängelt. Die schlanken Minarette beiderseits des Flusses bezeugen die Rückkehr der Muslime. Allerdings waren solche von Saudi-Arabien finanzierten Moscheen oftmals schon vor der Rückkehr der Gläubigen fertiggestellt.

Mein erstes Ziel ist Foča. Früher lag dieser Ort an der Handelsroute von Ragusa nach Sofia und Konstantinopel. Der Markt erlangte dank der Vielfalt seines Warenangebots regionale Bedeutung. Im Winter 1544/1545 reiste der habsburgische Gesandte Gerard Veltwyck auf seinem Weg zu Sultan Süleyman durch Foča. Zwei Jahre darauf kehrte er mit einem Friedensvertrag zurück. Sechs Jahre später wurde die Aladza-Moschee erbaut. In Expertenkreisen gilt diese im dekorativen Quatre-Fleurs-Stils gestaltete Moschee als die schönste des ganzen Balkans.

Bei meinem Spaziergang durch Foča ist von der Blütenpoesie nichts mehr zu spüren. Ich sehe nur Bier trinkende Männer auf einer Terrasse herumlungern, eine Straße, die den Eindruck macht, als sei sie schon seit Jahren ramponiert, einen Ladenbesitzer, der die unscheinbare Fassade seines Geschäfts ein wenig aufpoliert, und einen Bauarbeiter, der in einem Obergeschoss herumwerkelt. Die Ruhe steht in starkem Kontrast zu den Unruhen in der Zeit zwischen 1992 und 1995, als man die Stadt von Muslimen »säuberte«. Rund 2.700 Jungen und Männer wurden abtransportiert, keiner von ihnen ist je zurückgekehrt. In der Halle der Partisanen, die den serbischen Nationalisten heute als Kulturzentrum dient, wurden damals Hunderte Frauen systematisch vergewaltigt. Als ich in einigen Läden vorsichtig auf Deutsch und Englisch frage, wo die Aladza-Moschee wohl gestanden haben könnte, ernte ich nur feindselige Blicke. Die Einwohner haben für Ausländer, die im Vorübergehen nach dem allzu bekannten Weg fragen, nicht viel übrig.

Ich muss mich mit dem zufriedengeben, was man sich nach dem Krieg über die Moschee erzählte. Das Gebäude wurde im Mai 1992 von Milosevics Spezialeinheiten gesprengt. Bulldozer zerstörten anschließend den Friedhof. Das Terrain wurde eingeebnet, um einem Busbahnhof Platz zu machen. Gerade diese Moschee sollte aus dem Stadtbild verschwinden, denn das Gebäude war historisch von großer Bedeutung und weckte bei den Serben tagtäglich Erinnerungen an die osmanische Vergangenheit. Die Stadt wurde noch am selben Tag von Foča in Srbinje umbenannt, was so viel wie »Ort der Serben« bedeutet.

Ich setze meine Reise fort. Etwa sechzig Kilometer weiter nördlich liegt Visegrad. Die Drina ist hier sehr breit, sodass Großwesir Sokollu Mehmed Pascha den Hofarchitekten Koca Mimar Sinan 1571 mit dem Bau einer monumentalen Brücke betraute. Bei Sinan lag dieser Auftrag in guten Händen. Die Brücke wurde zur wichtigsten Verbindung zwischen Bosnien und Serbien sowie anderen Teilen des Osmanischen Reiches. Süleymans letztem Großwesir hat Bosnien diese Brücke hier, auf die man stolz sein kann, zu verdanken: Mit 179 Metern Länge und vier Metern Breite ruht sie auf einem gemauerten Gewölbe. In seinem Roman führt uns Ivo Andric durch die lange und bewegte Geschichte der Brücke aus dem 16. Jahrhundert, »dieses wertvolle Bauwerk, einzigartiger Schönheit, wie es nicht einmal wohlhabendere und verkehrsreichere Städte besitzen«[9].

Als ich an einem sommerlichen Nachmittag die Brücke überquere, bin ich fast allein. Und es sieht so aus, als liege mir nicht nur die Drina, »sondern auch diese ganze sonnige und gezähmte Fläche mit allem, was auf ihr ist, und mit dem südlichen Himmel über ihr«[10] zu meinen Füßen. Aber Minarette sehe ich nicht, nur die Türme einer orthodoxen Kirche, die signalisieren, dass hier die Serben das Sagen haben. Die fast gleichzeitig erbaute Karawanserei ist nicht mehr erhalten. Die Brücke führt zum gegenüberliegenden Ufer, auf der rechten Seite liegt eine breite, verlassen wirkende Hotelterrasse. Hier irgendwo muss wohl Lotte logiert haben, die Frau, die laut Andric allen Männern im Dorf widerstanden hatte. Eine am Westufer kampierende Romafamilie erinnert mich an die Erzählung vom Zigeuner Merdjan, dem die Türken glühend heiße Ketten auf die Brust geworfen hatten, um den Namen des Verräters zu erfahren, der die Arbeiten an der Brücke sabotiert hatte.

Auf der von Andric so ausführlich beschriebenen *Kapija*, dem Plateau im Zentrum der Brücke, herrscht absolute Ruhe. Sie bildet einen Gegensatz zu den dramatischen Szenen der Vergangenheit, in denen Passanten enthauptet wurden, eine verzweifelte Braut ins Wasser sprang, um der Vermählung mit dem vom Vater auserwählten Bräutigam zu entgehen, und die Zwillinge Stoja und Ostaja lebendig in die Brücke eingemauert wurden, um Katastrophen und Unglück von ihr fernzuhalten. Die einzige Besonderheit, die mir ins Auge fällt, ist ein nüchterner Gedenkstein, der die Jahreszahl 1896 trägt. Das Datum erinnert an die sintflutartige Überschwemmung, bei der der Fluss 1,60 Meter über das Niveau der Brücke angestiegen war und ganze Teile der Stadt fortgespült hatte. Dass auf der Kapija, auf der ich jetzt stehe, knapp hundert Jahre später dutzende Muslime – ähnlich wie Merdjan damals – gefoltert und unter dem Jubel serbischer Nationalisten in den Fluss gestoßen wurden, ist heute nur noch eine vergilbte Notiz in den Zeitungsarchiven.

Stari Most

Verglichen mit der mächtigen Brücke in Visegrad wirkt die viel schmalere, geschwungene Brücke über den Neretva-Fluss in Mostar im westlichen Teil Bosnien-Herzegowinas wie das Bühnenbild eines orientalischen Märchenfilms. Die ursprüngliche Brücke war in Süleymans Todesjahr 1566 errichtet und in der Annahme, er würde sie mit seinem Heer und Schwert noch oft überqueren, nach ihm benannt worden. Im Volksmund heißt die Brücke *Stari Most,* die »alte Brücke«. Die Wächter, die an ihren soliden Türmen standen, nannte man *Mostaris.* Eine Legende besagt, ihrem Architekten Mimar Hajrudin habe man mit Enthauptung gedroht, falls die Brücke nach Entfernung der Holzstützen einstürzen sollte. Hajrudin, der seinen eigenen Fähigkeiten nicht so recht traute, begann am Tag der Entfernung der Stützen vorsorglich sein Grab zu schaufeln. Doch die Brücke hielt stand und Hajrudin wurde noch lange für sein Wissen und seine Tüchtigkeit gerühmt.

Doch weder die Mostaris noch ein Schutzwall aus Autoreifen konnten verhindern, dass gezielter kroatischer Mörserbeschuss dieses Symbol multi-ethnischer Toleranz am 9. November 1993 zerstörte. Jahrhundertelang hatten Kroaten und Muslime die Brücke genutzt, ohne dass sich daraus Konflikte ergeben hätten. Auf der einen Seite lag Bosnien, auf der anderen Herzegowina. Auf der einen Seite lebten Muslime, auf der anderen Katholiken. Auf der einen Seite gab es Minarette, auf der anderen Kirchtürme. Erdbeben, den Aufmarsch der österreichisch-ungarischen Truppen, den Tito-Kommunismus – allem hatte die Brücke standgehalten, bis Tudjman seinen Truppen den Befehl erteilte, sie in Schutt und Asche zu legen.

Am 23. Juli 2004 wurde die neue Brücke, die ebenso wie die alte 29 Meter lang ist und sich 20 Meter über den Fluss erhebt, mithilfe von Spenden aus zahlreichen Ländern unter den Fanfaren der UNESCO und in Anwesenheit des britischen Thronfolgers Prinz Charles eingeweiht. Das Ganze erinnerte etwas an eine Wohltätigkeitsveranstaltung. »Die Zerstörung dieser wunderschönen Brücke hat Millionen die volle Wucht des Unheils, das sich hier ereignet hat, vor Augen geführt«, sagte Baron Paddy Ashdown, der damalige Hohe Repräsentant der Vereinten Nationen für Bosnien-Herzegowina, in seiner Rede in feierlichem Ton.

Als ich an einem Samstagnachmittag über die Brücke spaziere, fühle ich mich wie ein Tourist unter Touristen. Die nach alten Verfahren neu errichtete Brücke, an der sich angeblich schon Risse zeigen, verbindet heute den lebhaften Straßenhandel auf bosnischer Seite mit den schrillen Diskotheken und Bars auf kroatischer Seite. Früher war die Brücke ein Bindeglied, heute trennt sie die Stadt in zwei Teile, jede Seite hat ihre eigenen Geschichtsbücher, eigene medizinische Einrichtungen und eigene Radiosender. Mostar besitzt heute zwar wieder eine Brücke, aber die Stadt hat keine Seele mehr.

Der einzige erhaltene Brocken der alten Brücke liegt auf dem Rasen vor dem Museum auf kroatischer Seite. Die osmanische Inschrift, die zur Einweihung der Brücke erstellt wurde, ist verschwunden. Zwei Straßen weiter laufe ich zwischen zerbombten Häusern durch ein Stück Niemandsland. Im Hintergrund flattert das rot-weiße Schachbrettmuster der kroatischen Flagge. Die Straßen sind hier breiter, die Läden luxuriöser. Der Gebetsruf des Muezzins ist dem Kirchengeläut gewichen, das von dem abgrundtief hässlichen Turm der katholischen Kirche schallt. Der Turm ragt wie ein Betonpfeiler empor und scheint die Minarette der Moscheen auf der gegenüberliegenden Seite überragen zu wollen. »Er stellt eine richtiggehende Provokation dar«, erklärt mir mein muslimischer Gastgeber. Ansonsten herrschen hier nur Apathie und große Gleichgültigkeit. Der 2004 von Ashdown gepriesene Optimismus war nichts weiter als ein frommer Wunsch. Die Kriegswunden sind geblieben. Und wenn man Einheimische nach der Zukunft fragt, seufzen sie nur tief und antworten: »Korruption, Mister. Die Korruption macht hier alles kaputt.«

Saraybosna

Zurück in Sarajevo. Das Bascarsija-Viertel[11], der östlichste Teil der Hauptstadt von Bosnien-Herzegowina, wirkt wie ein Schaufenster in die osmanische Vergangenheit. Links und rechts der sich quer durch das Viertel ziehenden Ferhadija-Straße erinnern Bauten an vergangene Zeiten, wie die größte Moschee der Stadt, die Gazi Husrev-Bey gewidmet ist. Ihr gegenüber, auf der anderen Seite der schmalen Straße, liegt die frühere Medrese, die heute als Ausstellungsraum dient. Ein paar Meter weiter öffnet sich das Tor zur Morica Han, die ein eindrucksvolles und gut erhaltenes Beispiel für eine Karawanserei aus dem 16. Jahrhundert darstellt. Damals gab es in Sarajevo wahrscheinlich fünfzig solcher Herbergen, in denen vor allem Reisende logierten, die mit ihren Karawanen zwischen Venedig und Wien im Westen und zwischen Belgrad, Sofia und Konstantinopel im Osten unterwegs waren. Dort, wo

Luftaufnahme der Brücke in Mostar

in der Han früher die Pferde oder Esel standen, findet man heute Cafés und Teppichläden. Erhalten hat sich die Intimität des von Hotelzimmern umgebenen Patios, in den kaum etwas von dem touristischen Stimmengewirr aus diesem ältesten Teil Sarajevos dringt.

Früher hieß die Stadt nach der mittelalterlichen bosnischen Provinz Vrhbosna. Ihr heutiger Name leitet sich von *Saraj-ovasi* ab, was so viel wie »Burg im Feld« bedeutet. 1580 wurde sie als Saraybosna zur Hauptstadt der osmanischen Provinz Bosna. Schon vor der Invasion des osmanischen Heeres von 1463 gab es in der Stadt einige Moscheen. In den Jahren 1436 und 1437 baute Haseki-Hatum ein sogenanntes *masjid*, ein Gebäude, das wir im christlichen Zusammenhang als Kapelle bezeichnen würden. Dieses kleine Domizil, das den Muslimen als Gebetsstätte diente, war ein Vorläufer der hier später errichteten Moscheen und Tekkes, etwa der 1462 eingeweihten Mevlevi-Tekke am Ufer des Flusses Miljacka, die der Dichter Reşid Efendija in vierzig Versen als »einen Hort der Engel, einen Ort schön wie das Paradies« pries.

Trotz Karadzics Befehls, dieses osmanische Paradies durch Granatenbeschuss und Heckenschützen zu zerstören, prägt der Islam das Stadtbild noch immer. Die Türme der Kathedrale und der orthodoxen Kirche im Zentrum können es mit den vielfach aufragenden Minaretten der Moscheen nicht aufnehmen; sie stellen die Dominanz der islamischen Kultur deutlich unter Beweis. Die bedeutendste Moschee ist nach Gazi Husrev-Bey benannt, dessen Mutter eine Enkelin von Sultan Bayezid II. war. Er selbst war während Süleymans Sultanat im ersten Jahrzehnt des 16. Jahrhunderts Pascha von Bosnien. Die Schenkungsakte aus dem Jahr 1531 beschreibt seinen unermesslichen Ruhm: »Der unvergleichliche Emir Gazi Husrev-Bey, Sohn eines Emirs, strahlender Stern des Glaubens, heutiger Gouverneur der Provinz Bosnien, einer der mächtigsten und herrlichsten Provinzen, hat in der Stadt Sarajevo eine Moschee von außergewöhnlicher Schönheit errichten lassen, rein, hoch und vollendet, die Allah der Allmächtige in ein heiliges Haus und einen Zufluchtsort für seine Diener verwandelt hat.«

Der Legende nach hatte Süleyman den Gouverneur eigentlich mit dem Bau zweier Moscheen betraut: »eine für dich und eine für mich.« Als dieser Auftrag nach einigen Jahren erfüllt und die Botschaft ihrer Fertigstellung per Kurier nach Konstantinopel gesandt worden war, ließ die Antwort des Sultans nicht lange auf sich warten. Süleyman, dem man längst schon zugetragen hatte, dass eine der beiden Moscheen etwas größer war als die andere, und der dahinter eine List vermutete, antwortete kryptisch: »Die Moschee, die du für dich selbst gebaut hast, soll die meinige sein, die Moschee, die du für mich gebaut hast, soll die deinige sein.« Damit hatte er sich keinen Gefallen getan. Denn in seiner Bescheidenheit und Loyalität hatte Gazi Husrev-Bey die kleinere Moschee für sich selbst vorgesehen. Doch nun war er verpflichtet, dem Befehl des Sultans zu gehorchen. So fiel ihm die größere Moschee zu und sie wurde auch nach ihm benannt.

Ein Identitätsproblem

Und die Türken? Wenn sich ein Land im bosnischen Straßenbild prominent präsentiert, dann die Türkei. Zurückhaltender treten die Japaner und Deutschen durch die von ihnen gespendeten Busse und Straßenbahnen auf, Österreich wird von der Raiffeisenbank repräsentiert und mit den Millioneninvestitionen aus Saudi-Arabien und Kuwait wurden Dutzende neuer Moscheen sowie Medresen gebaut. Doch die Türkei ist allgegenwärtig. Die Fluggesellschaft Turkish Airlines, die türkische Staatsbank und das türkische Konsulat (mit Flagge) in Mostar, die 1466 von den Derwischen des Bektaschi-Ordens gestiftete Tekke in Blagaj, das türkische Kulturzentrum in Sarajevo, das Türkische Haus in Mostar – man kann nicht gerade sagen, dass die Türken darum bemüht sind, bescheiden im Hintergrund zu bleiben.

In serbischen Schulbüchern werden die Türken noch immer als brutale Handlanger des Teufels dargestellt, die unschuldige Bürger am liebsten auf lange Pfähle spießen.[12] In drastischen Schilderungen erinnert man die Schüler an die Barbareien der Akinci, ohne sie darauf hinzuweisen, dass die meisten Akinci aus Balkanländern stammten und damit zu ihren (wenn auch entfernten) Vorfahren zählen. Die heutigen Muslime werden in den Schulbüchern als Türken bezeichnet, ganz gleich, ob es sich nun um Nachfahren von zum Islam konvertierten Serben und Kroaten, um Bosniaken oder aus anderen Ländern immigrierte Muslime handelt. Doch bei einem Muslim aus Bosnien-Herzegowina würden sich in der DNA mehr Spuren von (kroatischen und serbischen) Slawen, Bogomilen und Walachen, als von den türkischen Muslimen finden, die sich in osmanischer Zeit im Land angesiedelt hatten. Ein muslimischer Besitzer einer Buchhandlung in Sarajevo fasst dieses Identitätsproblem in folgende Worte: »Die Türken haben uns den Glauben gebracht. Er ist für mich der wichtigste Teil des osmanischen Erbes. Aber dadurch werden wir noch nicht zu Türken. Wir sind weder türkisch noch westlich. Wir sind neutral. Unser Glaube ist unsere Identität.«

Als ich Enes Pelidija frage, ob er Türke oder Muslim sei, schaut er mich lächelnd an. »Muslim, Bosniake und bosnischer Muslim«, lautet seine Antwort. »Ich bin Muslim, denn der Islam ist meine Religion. Indem ich mich als Bosniake bezeichne, unterscheide ich mich von anderen Muslimen. Und ›bosnisch‹ bin ich, weil ich Bürger des Staates Bosnien-Herzegowina bin. All das macht meine Identität aus. Die

Muslime in Bosnien-Herzegowina haben eine ganz spezielle Identität, die von der anderer muslimischer Völker völlig unabhängig ist.«

Begeistert verteidigt er das Gesellschaftsmodell in Sarajevo, einer Stadt, in der muslimische Frauen in traditioneller Kleidung mit einer westlich gekleideten Freundin oder Schwester Hand in Hand gehen. »Traditionell und modern orientierte Muslime leben hier zusammen. Wir haben uns daran gewöhnt. An der hiesigen Universität begegnet man Studentinnen sowohl mit Kopftüchern als auch in Miniröcken. Sie gehen freundschaftlich miteinander um. Muslime wollen nun einmal nicht in Gettos leben. Sie gehören alle derselben muslimischen Gemeinschaft an, in der psychologische Barrieren weder vorhanden noch erwünscht sind.«

Dass das Wort *Türke* von Serben und Kroaten immer noch abwertend verwendet wird, lässt sich Pelidijas Auffassung nach nicht aus den historischen Fakten herleiten. »Man kann nicht sagen, es werde schlecht über die Muslime gesprochen, weil die Türken zu Süleymans Zeit ein negatives Image hatten. Selbst vor dem Kommunismus haben bosnische Historiker Süleymans Regierungszeit immer positiv als eine Phase der Stabilität beurteilt, obwohl es auch schon damals unterschiedliche ethnische und religiöse Kulturen gab. Der Sultan gab zuvor unfreien Menschen Rechte. Deshalb betrachten wir Süleyman als positiven Faktor in unserer Geschichte. Und stammten nicht auch viele osmanische Großwesire und Paschas aus Griechenland, Serbien und Bosnien?«

Das mindert die Identifikation mit den Türken jedoch nicht, vor allem in Momenten, in denen die ethnischen Spannungen besonders groß sind, wie im Juni 2008 nach dem Fußballspiel Türkei – Kroatien im Viertelfinale der Europameisterschaft im Wiener Ernst-Happel-Stadion. Dann identifizierten sich junge bosnische Muslime plötzlich wieder mit den Türken. Der Sieg der türkischen Mannschaft wurde in Mostar als Revanche für die kroatische Bombardierung von 1993 überschwänglich gefeiert. Ein türkischer Diplomat erklärt mir, diese Reaktion sei nicht vom Himmel gefallen. »Kroaten und Serben haben die Muslime immer als Scheiß-Türken beschimpft. Sie meinten damit nicht die heutigen Türken, sondern die Türken des 16. Jahrhunderts. Ständig hört man die Worte ›Dreckiger Türke‹. Kein Wunder, dass die Muslime sich mit den Türken identifizieren, wenn Kroatien von der Türkei ausgeschaltet wird.«

Pelidija betrachtet die heftige Reaktion der bosnischen Fußballfans als eine Angelegenheit von Ursache und Wirkung. »Sie waren sich nicht einmal darüber im

Klaren, was sie da eigentlich von sich gaben. Sie reagierten mit ihrem Verhalten auf die Provokationen der kroatischen Fans. Dem Ganzen war allerdings vorausgegangen, dass gewisse Politiker die Muslime immer wieder Türken genannt hatten, obwohl sie diese Bezeichnung ablehnten. Bosnische Muslime betrachten die Türkei höchstens als eine befreundete Nation, ähnlich wie Italien und Spanien. Dass die Spannungen gerade in Mostar eskalierten, liegt an der Brücke. Schließlich war diese Brücke das Symbol unserer Einheit.«

Unserer Einheit? Das ist der Moment, in dem der Name Mustafa Cerić fällt, der Name des Großmuftis von Bosnien-Herzegowina, der sich vor einigen Jahren aus einem Impuls heraus als Befürworter eines europäischen Kalifats aller in Europa lebenden sunnitischen und schiitischen Muslime zu erkennen gegeben hatte – und damit als Verfechter eines Einheitsplans, der weit über eine panislamische Umma für die Muslime der Balkanländer hinausging. Der Chefredakteur des bosnischen Wochenblattes *Dani* zitierte Cerić: »Sie nennen uns Türken. Aber wir rufen: ›Wir sind keine Türken.‹ Unsere Identität gründet zwar auf dem Islam, den uns die Türken gebracht haben, doch wir sind Bosniaken.«

Als wir auf Mustafa Cerić zu sprechen kommen, starrt Pelidija aus dem Fenster seines Arbeitszimmers an der Universität. Er versteht sich offenbar nicht als Mitstreiter des Großmuftis. »Sehen Sie«, sagt er diplomatisch, »das Einzige, was die Muslime hier bewegt, ist der Kampf ums Überleben. Was ein Mann wie Cerić dazu sagt, ist seine persönliche Auffassung. Damit vertritt er längst nicht die allgemeine Meinung.«

Die Arche Noah

In politischen Kreisen gilt Mustafa Cerić, der *reis-ul-ulema,* der höchste religiöse Würdenträger der Muslime in Bosnien und dem Sandschak, als umstrittene Figur.[13] Als Javier Solana, seinerzeit Hoher Vertreter der Europäischen Union, die Wunden in den Balkanländern zu heilen versuchte, bezeichnete er Cerić als »einen Mann mit gefährlichen Ideen«. In türkischen Kreisen wird Cerić dagegen als »einfallsreicher Mann« angesehen, »der sich leidenschaftlich um einen Konsens bemüht und sich große Sorgen über den zunehmenden Radikalismus macht, der mit den saudischen Geldern in Bosnien Einzug gehalten hat«.

Als ich Cerić in Madrid begegne, wo er an einem von Saudi-Arabien organisierten Kongress zum interreligiösen und interkulturellen Dialog teilnimmt, zeigt er sich von seiner liebenswürdigsten Seite. Er trägt einen schwarzen Kaftan und eine traditionelle Kopfbedeckung, die noch aus osmanischer Zeit stammen soll, und stellt nur eine einzige Bedingung: Er möchte seine Idee, ein europäisches Kalifat für Sunniten und Schiiten zu etablieren, mit keinem Wort mehr kommentieren. Also sprechen wir über andere Themen: die Ausschreitungen beim Fußballspiel in Mostar und die Identifikation mit den Türken. Darauf lässt Cerić sich ein: »Über die Reaktion unserer muslimischen Jugendlichen war auch ich sehr überrascht. Ich war vor dem Spiel in Zagreb und habe dort die Kommentare im kroatischen Fernsehen gehört. ›Wir gehen nach Wien, um zu verhindern, dass die Türken unser Land noch einmal erobern‹, lautete der Tenor. Was da gesagt wurde, hatte überhaupt nichts mit den Türken in der Türkei zu tun. Es hatte mit mir zu tun. Es hatte mit den Muslimen in Bosnien-Herzegowina zu tun. In Zagreb betrachtet man mich immer noch als Türken.«

Die ungestümen Reaktionen in Mostar zeigen laut Cerić deutlich, dass die Jugendlichen nur wenig über die Geschichte des Osmanischen Reiches oder die Türkei wüssten. »In Belgrad ist das anders. Dort kann einem jeder Serbe Auskunft über die Geschehnisse von 1389 geben. Die Serben leben tagtäglich mit der Erinnerung an das Osmanische Reich. In Sarajevo sprechen wir nicht darüber, doch die Menschen in Serbien und Kroatien schon. Egal ob die Nationalmannschaft nun gewinnt oder verliert, jede Gelegenheit wird genutzt, um die bosnischen Muslime als Türken zu bezeichnen.«

Als ich ihn nach Alternativen frage, gibt Cerić eine vermittelnde Antwort. »In Bosnien brauchen wir eine ähnliche Kultur wie in der Schweiz: einerseits Kompromisse, andererseits Loyalität. Das gilt für uns ebenso wie für die Serben und Kroaten. Bosnien-Herzegowina ist von einem Identitätsproblem geprägt. Die Serben fühlen sich Serbien verbunden, die Kroaten Kroatien.«

Und welche Identität hat das Oberhaupt der Muslime in Bosnien-Herzegowina? »Ich bin ein stolzer Muslim, ein stolzer Europäer und ein Bosniake«, antwortet Cerić. »Die Tatsache, dass ich Bosniake bin, bestimmt meine ethnische Identität und das ist meine Nationalität. Ist man Engländer, hat man eine ethnische Identität. Wer einen britischen Pass besitzt, hat damit auch die britische Nationalität. Das ist das Prinzip. Und ich hoffe, es wird eine Zeit kommen, in der dieses Prinzip auch als Grundlage für unsere Zukunft dienen kann.«

Cerić sieht diese Zukunft in der Zukunft Europas verankert. »Ich bin stolz auf meinen europäischen Hintergrund. Ich habe keine anderen. Europa ist die Wiege alles Bösen und alles Guten in der Welt. Das sind nun einmal die beiden Extreme dieses Kontinents. Aber dem muss ich sofort hinzufügen, dass wir Muslime die heutige Teilung des Staates nicht gewollt haben. Europa sagte uns, wir sollten mit den Kroaten und Serben einen Kompromiss schließen. Das bekommen wir jeden Tag zu hören, wenn es um Dayton geht. Hat man den Juden denn damals auch geraten, einen Kompromiss mit Hitler zu schließen?«

»Diese Entscheidungen sind nun aber gefallen«, werfe ich ein. »Und was sehen wir?«, entgegnet Cerić heftig. »Alle Nationalitäten des vormaligen Jugoslawiens konnten einen eigenen Staat gründen. Sogar die 600.000 Einwohner Montenegros. Sogar der Kosovo, seit die Mehrheit dort nicht mehr unter dem Regime von Belgrad leben will. Und wir, die am meisten gelitten haben? Was haben wir? Ein geteiltes Land. Und was sagt die internationale Gemeinschaft? Ihr seid nicht für diese Situation verantwortlich. Ihr seid Muslime. Aber einen eigenen Staat dürfen wir nicht haben; höchstens Gettos, wie die Juden in Spanien, bevor sie 1492 ausgewiesen wurden.«

Dass manche Bosnier Cerić als den zukünftigen Anführer des bosnischen Gaza sehen, geht ihm viel zu weit. »Wir Muslime sind die einzige Bevölkerungsgruppe des ehemaligen Jugoslawiens, die sagt: Kroaten und Serben, bleibt bitte hier. Wir wollen mit euch gemeinsam die Zukunft dieses Landes aufbauen. Wir sitzen nun einmal alle in derselben Arche Noah, ob es uns nun gefällt oder nicht.«

Welche Rolle der Islam in diesem Prozess spielen kann, wird die Zeit zeigen. »Ich denke, die Muslime versuchen heute zu verdeutlichen, dass wir ohne die Wahrung bestimmter menschlicher Werte nicht überleben können. Aber in Europa wird der Islam auf die eine oder andere Weise immer verteufelt. Das ist schon seit den Kreuzzügen so. Ich finde das bedauerlich. Die Muslime sind nicht darauf aus, in Europa ausschließlich muslimische Werte zu verbreiten. Süleymans Zeiten sind vorbei. Heute geht es um menschliche Werte. Es gibt Ideale, die es wert sind, für sie zu kämpfen. Wir werden sehen, wie es weitergeht. Letzten Endes bestimmt Gott die Geschichte der Menschheit.«

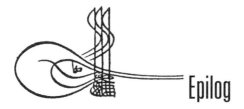 **Epilog**

Für die Gläubigen bestimmt Gott die Menschheitsgeschichte. Doch es sind die Historiker, die die Geschichte der Menschheit zusammenfassen, analysieren und bedeutende Ereignisse herausstellen. Selten haben ihnen Adjektive gefehlt, um die Herrscher, die es vermocht hatten, der Geschichte ihren Stempel aufzudrücken, mit einem Stigma zu versehen: Alexander der Große, Karl der Große, Karl der Kühne, Philipp der Gute, Philipp der Schöne, Philipp der Kluge, Iwan der Schreckliche, Selim der Unerbittliche, Peter der Große und so weiter.

Auch Süleyman gebührt gewiss ein Platz in der Reihe dieser illustren Monarchen. Ob jedoch Beinamen wie »der Große«, »der Prachtliebende« oder »der Prächtige« seiner historischen Bedeutung gerecht werden, ist durchaus diskussionswürdig. Das Adjektiv »groß« ist zu allgemein. »Prachtliebend« und »prächtig« könnten der Interpretation Vorschub leisten, er hätte 47 Jahre in Pracht und Prunk geschwelgt. Was aber dann? Sicherlich sollte er auch nicht als »der Grausame« angesehen werden, als der er dank Erasmus, Luther und anderer Zeitgenossen in die damalige Vorstellungswelt eingegangen und bei einigen bis heute in Erinnerung geblieben ist.

Doch das Blatt wendet sich. Obwohl die Propaganda des 16. Jahrhunderts noch immer einen merklichen Einfluss ausübt, ist man heute um eine ausgewogenere Geschichtsschreibung bemüht. Nach und nach wird diese hartnäckige Propaganda demaskiert. Süleyman wird heute nicht mehr nur als Eroberer gesehen, sondern auch als ein Herrscher, der sein Reich, das unter ihm in kultureller und politischer Hinsicht ein goldenes Zeitalter erlebte, streng aber gerecht nach den Normen und Traditionen seiner Zeit regierte. Warum schließen wir uns dann nicht der in seinem Herkunftsland vorherrschenden Sichtweise an? Als Kanuni Sultan Süleyman lebte und regierte, zeichnete er als geistlicher und weltlicher Führer für die einheitliche Gesetzgebung verantwortlich, die zwar auf der Scharia beruhte, jedoch nicht so dogmatisch war, wie man damals glaubte und heute noch annimmt. Darum nennt man ihn in der Türkei »Süleyman den Gesetzgeber«. Auch außerhalb der Türkei wird er heute wegen dieser Eigenschaften gerühmt. Nach der tradierten westlichen Metaphorik wäre wohl die Bezeichnung »Süleyman der Gerechte« angemessen.

Der Erste, der Süleyman nach dessen Ableben wortreich gedachte, war sein früherer Hofdichter Mahmud Abdulbaki, genannt Baki. »Oh du, der du in den Netzen der Ehrsucht und des Ruhmes gefangen bist, wann wird deine Leidenschaft für weltliche Dinge geheilt werden, deine Leidenschaft, die keinen Aufschub duldet? Die ungarischen Ungläubigen beugten ihre Häupter vor deinem flammenden Schwert. Die Franken kannten die Schneide deines Säbels … Die Sonne ist aufgegangen; wird der König der Welt nicht aus seinem Schlaf erwachen? Wird er diesem Zelt nicht entschwinden wie ein Windhauch? Unsere Augen suchen nach dem Weg. Aber vom Thron, dem Zufluchtsort des Ruhmes, kommt kein einziges Zeichen. Die Farbe seiner Wangen erblasst, mit ausgetrockneten Lippen liegt er da, wie eine gepresste und verdorrte Rose …«

Ein Jahrhundert später dichtete Evliya Çelebi Süleyman »den höchsten Ruhm« an. »Seine Eroberungen umspannen alle sieben Klimata. Das Freitagsgebet wird für ihn in 2.060 Moscheen gelesen.« Der nordamerikanische Autor Fairfax Downey, der Süleyman 1929 eine Biografie mit dem Titel *The Grande Turke* widmete, rühmte die Toleranz des Sultans. »Angehörige von zwanzig unterschiedlichen Rassen lebten klaglos und ohne Aufruhr unter Süleymans Herrschaft. Seine Untertanen, auch die nichtmuslimischen, durften Land bewirtschaften und bebauen, wenn sie sich loyal verhielten. Viele Untertanen christlicher europäischer Fürsten verließen wegen drückender steuerlicher Belastungen und Ungerechtigkeiten ihre Heimat, um sich in der Türkei niederzulassen.«[1]

Der ungarische Historiker Josef Matuz äußerte sich weniger begeistert. »Süleyman war weder genial noch als Herrscher sehr selbständig. Er repräsentierte ein gutes Mittelmaß und verfügte über einen gewissen Machtinstinkt. Damit steht in Zusammenhang, daß er systematisch alles und alle Personen ausschaltete, was bzw. die ihm und dem osmanischen Staat hätten gefährlich werden können. In diesem Zusammenhang wäre es verfehlt, die Maßstäbe der modernen humanitären Gesinnung anzulegen. […] Daß Süleyman gewöhnlich als der größte osmanische Sultan angesehen wird, hängt wohl mit der außergewöhnlichen Begebenheit zusammen, daß er so lange lebte und herrschte und zwar zu einer Zeit, als das Osmanische Reich auf dem Gipfel seiner Macht stand.«[2]

Ein neuer Horizont

Unter den zeitgenössischen Historikern listet Gilles Veinstein Süleymans bemer-
kenswerteste Eigenschaften auf: »Schlichtheit, Mäßigkeit, Bescheidenheit, Treue,
Edelmut, Verlässlichkeit, Frömmigkeit und sogar einen gewissen Hang zur Mystik«.
Nach Ansicht des Franzosen wurde Süleyman nach seinen ersten militärischen Siegen von einer messianischen Erregung erfasst. Sie rief in ihm den tief verwurzelten
Glauben hervor, er könnte bei seiner Aufgabe, den Islam in der Welt zu verbreiten,
auf Gottes unmittelbare Hilfe bauen.

Für die Kunsthistorikerin Esin Atil verfügte Süleyman über die wichtigsten physischen Vorzüge und moralischen Werte seiner Zeit. »Er gewann die Zuneigung und
den Respekt seiner engsten Mitarbeiter und Untertanen. Er war ein gerechter Herrscher, der immer das Wohl des Staates im Blick hatte, selbst wenn das bedeutete,
seine Söhne und bevorzugtesten Großwesire zu opfern. Regierungsposten besetzte er mit den fähigsten Leuten, wobei deren Erfahrung und Talent entscheidend
waren.«[3]

Nach Auffassung der türkischen Autorin Özlem Kumrular berechtigen drei Faktoren Süleymans Anspruch auf den Titel »der Große Türke«: Er hat Großes geleistet,
er hat als Sultan hat am längsten regiert und er war der gerechteste Sultan. »Aus
diesem Grund wird er nach wie vor bewundert.« Aber auch Süleyman war nur ein
Mensch und deshalb habe er *einen* großen Fehler gemacht: »Er verliebte sich in
Roxelana und ließ sich von ihr manipulieren.«[18]

Mehmet Ipsirli schließlich will die Erinnerung an Süleyman als Staatsmann
wachhalten. »Süleyman hat Geschichte geschrieben, nicht nur aufgrund seiner Expansion des Reiches, sondern auch im Bereich militärischer Entwicklungen sowie in
der Architektur, in den Wissenschaften und natürlich innerhalb der Gesetzgebung.
Das Wichtigste, was er in das gesellschaftliche Zusammenleben eingebracht hat,
war die Toleranz. Damit hat er der Welt einen neuen Horizont eröffnet.«[19]

Nota bene.

Chronologie

Das Osmanische Reich

1517 Selim I. erobert Ägypten

1520 Süleyman wird zum zehnten Sultan ernannt

1521 Eroberung Belgrads

1522 Friedensvertrag mit Venedig, Eroberung von Rhodos

1523 Ibrahim Pascha wird zum Großwesir ernannt

1524 Geburt von Selim, der seinem Vater später auf dem Thron folgt, Ibrahim Pascha schlägt einen Aufstand in Ägypten nieder

1526 Schlacht bei Mohács, Eroberung Budas

1527 Ibrahim Pascha vereitelt einen Aufstand in Anatolien

1529 Wiedereroberung Budas, Belagerung von Wien

1532 Deutscher Feldzug endet bei Güns, Admiral Andrea Doria erobert die griechische Stadt Koroni

1533 Cornelis de Schepper führt in Konstantinopel vergeblich Verhandlungen über einen Friedensvertrag

1534 Die osmanische Flotte erobert Koroni zurück, Ernennung von Barbaros Hayreddin Pascha zum Admiral der osmanischen Seestreitkräfte, Eroberung von Tunis, Täbris und Bagdad

1535 Karl V. erobert Tunis zurück, Süleyman führt seine Armee nach Aserbaidschan

1536 Süleyman gewährt Frankreich Kapitulationsverhandlungen, Hinrichtung des Großwesirs Ibrahim Pascha

1537 Krieg mit Venedig, Rückeroberung Korfus

1538 Feldzug gegen Moldawien

1539 Eroberung von Aden, der Jemen wird osmanische Provinz

1540 Friedensabkommen mit Venedig

1541 Süleyman erobert Buda erneut, große Teile Ungarns werden als osmanische Provinzen annektiert, Karl V. erleidet vor der Küste Algiers eine Niederlage

1543 Das osmanische Heer erobert Pécs, Estergom und Székesfehérvár

1544 Rüstem Pascha wird Großwesir

1546 Barbarossa stirbt

1547 Gerard Veltwyck schließt im Auftrag der Habsburger Fürsten einen Friedensvertrag mit Süleyman

1548 Zweiter Feldzug gegen Persien

1552 Belagerung der Festung von Eger in Ungarn

1553 Hinrichtung des Prinzen Mustafa, Großwesir Rüstem Pascha wird von Ahmed Pascha abgelöst

1554 Dritter Feldzug gegen Persien

1555 Friedensabkommen mit den Persern, Hinrichtung von Ahmed Pascha

1556 Feldzug gegen Ungarn

1557 Eröffnung der Süleymaniye-Moschee in Konstantinopel, osmanische Seestreitkräfte greifen Mallorca an

1559 Bruderzwist zwischen Bayezid und Selim in Anatolien

1562 Hinrichtung von Bayezid und seinen vier Söhnen, Friedensabkommen mit Ferdinand I., Großwesir Rüstem Pascha stirbt, Ali Pascha tritt die Nachfolge an

1565 Erfolglose Belagerung von Malta, Großwesir Ali Pascha stirbt, sein Nachfolger wird Sokollu Mehmed Pascha

1566 Süleyman führt das Heer bei seinem 13. Feldzug an und stirbt in Szigetvár, Selim II. wird Sultan

1570 Eroberung Zyperns, letzte erfolgreiche Expansion des Osmanischen Reiches

1571 Osmanische Seestreitkräfte werden bei der Seeschlacht von Lepanto geschlagen, Beginn des Untergangs des Osmanischen Reiches

Europa

1515 Franz I. wird in Reims zum König von Frankreich gekrönt

1516 Ludwig II. tritt die Nachfolge von Wladislaus II. als König von Ungarn an

1517 Martin Luther schlägt in Wittenberg seine 95 Thesen an die Tür der Schlosskirche, Karl V. reist nach Spanien

1519 Maximilian von Österreich stirbt

1519–1521 Hérnan Cortés erobert Mexiko

1520 Krönung Karls V. zum römisch-deutschen König in Aachen

1521 Auf dem Reichstag zu Worms wird Luther mit dem Bann belegt

1522 Karl V. tritt die österreichischen Erblande an seinen Bruder Ferdinand I. ab, Adriaan van Utrecht wird zu Papst Hadrian VI. gekrönt

1523 Papst Hadrian VI. stirbt, zwei Anhänger Luthers sterben auf dem Scheiterhaufen in Brüssel und werden somit zu den ersten Märtyrern der Reformationsbewegung

1524/25 Deutscher Bauernaufstand

1525 Schlacht bei Pavia, Franz I. wird gefangen genommen und nach Madrid überstellt

1526 Friede von Madrid, Franz I. wird freigelassen, nachdem er zugesichert hat, den Habsburgern Burgund, Genua und Mailand abzutreten und zudem auf seine Ansprüche auf Flandern, Tournai und Artois zu verzichten

1527 Sacco di Roma: die Armee Karls V. plündert Rom

1528 Luther veröffentlicht seine Schrift über den wünschenswerten Krieg gegen die Türken

1529 Friedensabkommen von Cambrai zwischen Karl V. und Franz I., auch bekannt als Damenfriede, im Vertrag von Saragossa wird die gerade entdeckte westliche Halbkugel zwischen Spanien und Portugal aufgeteilt

1530 Karl V. wird zum Kaiser des Heiligen Römischen Reiches Deutscher Nation gekrönt

1531 Maria von Ungarn wird zur Statthalterin der Niederlande ernannt, König Heinrich VIII. von England bricht mit der katholischen Kirche, Deutsche Protestanten schließen sich mit dem Schmalkaldischen Bund zusammen, Ulrich Zwingli stirbt bei Kappeln in einer Schlacht zwischen Schweizer Protestanten und Katholiken

1538 König Heinrich VIII. von England wird exkommuniziert

1541 Johannes Calvin gründet die Reformierte Kirche in Genf

1545 Beginn des Konzils von Trient, das bis 1563 dauerte

1546 Luther stirbt

1547 Niederlage des Schmalkaldischen Bundes in der Schlacht bei Mühlberg, Heinrich VIII. stirbt, Eduard VI. folgt ihm auf den Thron, Franz I. stirbt, Heinrich II. wird König von Frankreich, Iwan IV. (der Schreckliche) wird zum russischen Zaren gekrönt

1553   Eduard VI. stirbt, Maria I. Tudor wird Königin von England

1554   Maria I. Tudor heiratet Philipp II. von Spanien

1555   Augsburger Religionsfriede mit dem Grundsatz *cuius region, eius religio* *(wessen Gebiet, dessen Religion)*

1556   Karl V. verzichtet auf den Thron von Spanien, Italien und dem Deutschen Reich; der Kaisertitel des Heiligen Römischen Reiches geht an seinen Bruder, den österreichischen Erzherzog Ferdinand I.

1558   Karl V. stirbt in seinem spanischen Domizil Yuste, Maria I. Tudor stirbt, Elisabeth I. folgt ihr auf den englischen Thron

1559   Der Konflikt zwischen Frankreich und Spanien wird mit dem Friedensvertrag von Cateau-Cambrésis beigelegt, zur Besiegelung vermählen sich Philipp II. von Spanien und Elisabeth von Valois, eine Tochter Heinrichs II.; Franz II. tritt die Nachfolge des verstorbenen Heinrichs II. als französischer König an

1560   Der minderjährige Karl IX. wird König von Frankreich, Caterina de Medici übernimmt die Regentschaft

1562   Beginn der Hugenottenkriege in Frankreich

1564   Ferdinand I. stirbt, Maximilian II. wird sein Nachfolger

Bildende Kunst, Literatur und Architektur

1501   Erasmus von Rotterdam schreibt an seinem *Enchiridion militis Christiani*

1502   Leonardo da Vinci malt die *Mona Lisa*

1506   Entdeckung der Laokoon-Gruppe in Rom, Donato Bramante beginnt den Neubau des Petersdoms

1507   Gentile Bellini, der Maler des Porträts von Mehmed II. dem Eroberer, stirbt

1508   Michelangelo beginnt die Arbeit an den Fresken in der Sixtinischen Kapelle

1509   Erasmus von Rotterdam arbeitet an *Lob der Torheit*

1516   Thomas More schreibt *Utopia*

1519   Leonardo da Vinci stirbt

1527   Niccolò Machiavalli stirbt

1530   Nikolaus Kopernikus notiert seine revolutionären Ideen in *De Revolutionibus Orbium Coelestium (Über die Umschwünge der himmlischen Kreise)*

1532   Posthume Publikation von Machiavellis Buch *Il Principe (Der Fürst)*

1533   Hans Holbein malt *Die Gesandten*

1534   Veröffentlichung der ersten vollständigen Bibelübersetzung von Martin Luther

1536   Erasmus stirbt

1541   Michelangelo vollendet *Das Jüngste Gericht*

1548   Tizian malt das Reiterporträt von Karl V.

1562   Paolo Veronese malt *Die Hochzeit zu Kana*

1563   Baubeginn von Schloss und Kloster in El Escorial für Philipp II.

1564   Geburt von William Shakespeare, Michelangelo stirbt

Der Sultan der Liebe

Süleyman hat unter dem Pseudonym Muhibbi zahlreiche Gedichte geschrieben. Viele seiner Verse beziehen sich auf seine Ehefrau Roxelana, die er leidenschaftlich liebte. Das Gedicht »Der Sultan der Liebe« ist hierfür ein gutes Beispiel. Süleyman verweist darin auf das Paradies. Manche meinen, dass Roxelana bereits gestorben sei und das Gedicht deshalb erst nach 1558 entstanden sein kann. Es darf aber angenommen werden, dass der Sultan die Zeilen viel früher verfasst hat und mit dieser Strophe andeuten wollte, dass seine Liebe für sie noch über das Paradies hinausreicht.

Das ursprünglich in der damaligen Hofsprache Persisch verfasste Gedicht wurde als sogenanntes Ghasel geschrieben, eine lyrische Folge von Strophen mit wiederkehrendem Reimschema, das in etwa mit einem Sonett vergleichbar ist. Das festgelegte Schema des Ghasels wurde in der englischen Übersetzung des britischen Orientalisten E. J. W. (Elias John Wilkinson) Gibb (1857–1901) allerdings aufgegeben.

Ich bin der Sultan der Liebe:
Ein Glas Wein ist genug,
um mein Haupt zu krönen
und die Brigade all meiner Seufzer
könnte ebenso gut
als feuerspeiende Truppe dem Drachen dienen.

Die Schlafstätte, meine Geliebte,
die am besten zu dir passt,
ist ein Bett aus Rosen;
mir reicht
ein Lager und ein Kissen
in Felsen gehauen.

Meine Liebe, nimm einen goldenen Becher
zur Hand und trinke
im Rosengarten vom Wein,

mir reichen
die Kelche deiner Augen,
um einen Schluck Blut aus meinem Herzen zu trinken.

Wenn Du, meine Geliebte,
auf dem Pferd der Zurückhaltung reitest
und über das Polofeld trabst,
wird sich mein Kopf
gut eignen
als Ball für Deinen Schläger.

Komm, lass die Armee der Sorgen
nicht die Soldaten des Herzens
vernichten;
wenn es mein Leben ist, was Du begehrst,
schick einfach mir Deine Blicke,
das sollte genügen.

Das Herz kann den Ort,
an dem Du lebst, nicht mehr erreichen,
doch es sehnt sich nach einem Wiedersehen:
Glaub nicht, dass das Paradies und seine Flüsse
den zufriedenstellen kann,
der das bezaubernde Antlitz liebt.

Geliebte, ich habe genug Tränen,
um den Boden, auf dem Du gehst,
zu benetzen –
und mein eigenes bleiches Gesicht
wird mir
kostbar sein.

»Du, der Du der König des Landes Spanien, Karl, bist«

Von Süleyman sind eine ganze Reihe von Briefen erhalten, die er im Lauf seines Lebens an Erzherzog Ferdinand I. schrieb. Nur wenige seiner Briefe waren an Karl V. gerichtet. Diese Briefe begannen immer mit einer langen Vorrede: »Durch die Gnade der mächtigen Majestät, gewaltig ist Seine Stärke, und durch die Wunder Muhammed Mustafas, der Sonne des Himmels des Prophetentums, des Sterns des Sternbildes der Hochherzigkeit, des Anführers der Schar der Reinen, Allah segne ihn und spende ihm Heil, und durch die Hilfe seiner vier Gefährten Abu Bakr, Umar, Utmán und Ali, Allah möge an ihnen allen Wohlgefallen haben, und aller Heiligen bin ich Sultan der Sultane, Beweis der Haqane, Kronenspender der Herrschaft, Schatten Gottes auf Erden, Sultan und Padischah des Mittelmeeres, des Schwarzen Meeres von Anatolien und Rumeli, von Quaraman und Rum, des Landes Zulqadriye, von Diyar-i, Bekr, Kurdistan, Azerbeygan, von Syrien, Aleppo und Ägypten, von Mekka, Medina und Jerusalem, aller arabischen Länder ingsgesamt, des Jemen und vieler Länder, die meine geehrten Väter und mächtigen Vorväter, Allah lasse ihre Beweise strahlen, mit ihrer siegreichen Macht erobert haben, und auch vieler Länder, die meine gewaltige Majestät mit meinem flammenden Schwert und meinem siegreichen Schwert erobert hat, Sohn des Sultans Selim Han, des Sohnes des Sultan Bayezid, Sultan Süleyman Sah Han.«

(zitiert nach Anton C. Schaendlinger: Die Schreiben Süleymans des Prächtigen an Karl V. und Ferdinand I.und Maximilian II. aus dem Haus-, Hof- und Staatsarchiv zu Wien, Teil 1: Transkription und Übersetzungen, Wien (Verlag der Österreichischen Akademie der Wissenschaften) 1983. Urkunde 1, S. 4)

War der Brief für Ferdinand bestimmt, folgte darauf: »Du, der Du der Ruhmvolle der Fürsten der christlichen Glaubensgemeinschaft, der Erwählte der Großen der christlichen Gemeinde, der König des Landes Österreich bist.«

(zitiert nach Schaendlinger: Die Schreiben Süleymans des Prächtigen, Urkunde 6, S.12 f.)

War der Brief hingegen für Karl V. bestimmt, lautete die Anrede: »Du, der Du der König des Landes Spanien, Karl, bist«, denn mehr als die spanische Königswürde wollte Süleyman seinem Rivalen nicht zugestehen.

Hier folgt nun der Text eines Briefes, der zwischen dem 19. und dem 28. Juni 1547 im Topkapi-Palast in Konstantinopel verfasst wurde. In ihm erläutert Süleyman Karl V. seine Bedingungen für die Verlängerung des vorläufigen dreimonatigen Waffenstillstands auf fünf Jahre. Das Schreiben wurde Gerard Veltwyck, dem niederländischen Gesandten von Erzherzog Ferdinand, mit dem Auftrag ausgehändigt, auch den Dogen von Venedig und den König von Frankreich über die Friedensbedingungen zu informieren.

»Euer Bruder, König Ferdinand, hat durch seinen Botschafter Yerardo [Gerhard Veltwyck] an unsere hohe Pforte, den Zufluchtsort der Welt, und an meinen Thron, die Stätte des Glücks, einen Brief gesandt, und auch von Euch ist ein eigener Brief eingelangt. Ihr habt betreffend Frieden und Waffenstillstand mit unserer glückhaften Pforte vom Fuß des Thrones, der der Zufluchtsort der Welt ist, unsere großherrliche Gnade erbeten. Euer erwähnter Gesandter hat unterbreitet, daß er sowohl Euererseits als auch seitens Eures Bruders bevollmächtigt sei, und er hat in mehrfacher Weise Gnade und Milde erbeten, damit mein großherrlicher Friede gewährt werde.

Wenn es sich nun so verhält, so ist Euch und Eurem Bruder durch meine umfassende königliche Milde auf die Dauer von fünf Jahren mein großherrlicher Pardon zuteil geworden.

Und das Land Ungarn ist unser Land, das durch die hohe Gnade Gottes, Lob sei Ihm und erhaben ist Er, von unserem siegereichen Schwert erobert wurde. Für die Gebiete des erwähnten Landes, die sich nicht unter der Verwaltung der Muslime befinden, sondern tatsächlich in christlichen Händen sind, wurde für die nächsten fünf Jahre eine feste Abgabe von 30 000 Goldstücken jährlich an meinen großherrlichen Schatz festgesetzt. Doch wurde zur Bedingung gemacht, daß weder auf meine wohlbehüteten Länder noch auf das im Westen befindliche Land Algier, noch auf die anderen im Westen liegenden islamischen Länder, sei es vom Meer oder vom Land, ein Angriff oder eine Intervention erfolgt, und es soll ihnen kein Schaden zugefügt werden. Ebenso sollen der zu meiner glückhaften Schwelle Zuneigung und Freundschaft hegende König von Frankreich und der Doge von Venedig in meinem ehrwürdigen Vertrag inbegriffen sein. Und auch ihre Länder sollen von Euch und Eurem Bruder weder zu Wasser noch zu Land angegriffen und bedrängt werden, und es soll ihnen kein Schaden zugefügt werden. Damit von beiden Seiten mein großherrlicher Vertrag beachtet werde, ist ein Befehl ergangen.

Unter welchen sonstigen Bedingungen mein großherrlicher Pardon in dieser Angelegenheit gilt, ist in meinem detaillierten Befehl an Euren erwähnten Bruder ergangen. Auch Euer Gesandter hat unter diesen Bedingungen meinen erhabenen Vertrag für Euch beide angenommen, und es wurde eine Frist von drei Monaten gewährt, und er wurde durch die Gunst unserer großherrlichen Erlaubnis zu euch abgeschickt.

Unsere glückhafte Pforte ist immer offen. Niemandes Kommen und Gehen wird behindert. So Gott der Erhabene es will, möge – nachdem Euch bekannt geworden ist, was immer die Absicht meines großherrlichen Befehls sei – wieder Euer Gesandter an unsere Schwelle, den Zufluchtsort der Welt, geschickt werden, damit mein großherrliches Vertragswerk in allen Eizelheiten gewährt werde.

Geschrieben in der ersten Dekade des Monats Gumada I. des Jahres 954 [19.–28.06.1547] in der Residenz Qostantiniye [Konstantinopel].«

(zitiert nach Schaendlinger: Die Schreiben Süleymans des Prächtigen, Urkunde 6, S. 12 f.)

Türkeli, das Land der Türken

Obwohl man unter Türken gewöhnlich die Menschen versteht, die in der Türkei geboren sind, geht es in der Geschichtsschreibung oft auch um Ottomanen oder Osmanen. Der Stammvater dieser Dynastie war Osman I. († 1324), der im Persischen Utman genannt wird. Auf diesen Namen nimmt die Geschichtsschreibung im englischsprachigen Raum Bezug. Deshalb spricht man dort meist vom *Ottomanischen Reich*. In der deutschsprachigen Historiografie wurde hingegen die korrektere Namensgebung beibehalten, hier verwendet man den Begriff *Osmanisches Reich*. Der Unterschied zwischen den Begriffen *osmanisch* und *türkisch* ist evident: *Osmanisch* ist eine politische, *türkisch* eine ethnische Bezeichnung. Im Osmanischen Reich waren alle Muslime Osmanen, auch die zum Islam bekehrten Christen und Juden vom Balkan.

Das Wort *Türkei* geht auf Turkestan oder Turkmenistan zurück. Der Begriff *Türkeli*, der »das Land der Türken« bedeutet, wurde zum ersten Mal im 14. Jahrhundert gebraucht. Türken waren damals aus dem Osten stammende Nomaden, die ein Jahrhundert zuvor von den nach Westen vordringenden Mongolen in die Flucht geschlagen worden waren. Osman und seine Nachfahren hatten sich auf einen Vormarsch begeben, der sich schon bald über ganz Anatolien zog. Mit dem Fall von Edirne im Jahr 1361 und dem knapp hundert Jahre späteren Fall von Konstantinopel 1453 war der Untergang des Byzantinischen Reiches besiegelt.

In kultureller Hinsicht trat das Osmanische Reich die Nachfolge der Dynastie der Seldschuken (1077–1308) an, die ihrerseits schon große Teile des Byzantinischen Reiches in Anatolien erobert hatten. Das Sultanat der Seldschuken war ein islamischer Staat. Seine Hauptstadt war Konya, das in dieser Zeit Iconium genannt wurde. 1326 wurde zunächst Bursa die Hauptstadt des Reiches von Osman, 1361 dann Edirne, bis Sultan Mehmed II. die Hauptstadt schließlich nach der Eroberung von Konstantinopel an den Bosporus verlegte.

Anatolien (im Türkischen: *anadolu*) geht auf das griechische Wort *anatole* zurück, das »aufgehende Sonne« oder »Osten« bedeutet. Die Römer nannten dieses Land *asia minor* oder Klein-Asien. Der auf dem Balkan gelegene Teil des Osmanischen Reiches wurde *Rumeli* genannt: das »Land der Römer«. In westlichen Chroniken wurde daraus später *Turchia*, das Land der Türken.

Die Großwesire unter Süleyman

Süleyman hatte während seiner 46-jährigen Regierungszeit (1520–1566) neun Groß-wesire unter sich. Zwei von ihnen ließ er hinrichten und einen Großwesir berief er gleich zweimal in dieses höchste Amt.

Piri Mehmed Pascha (1520–1523), geb. in Aksaray, Anatolien
Pargali Ibrahim Pascha (1523–1536), geb. in Griechenland, hingerichtet
Ayas Mehmed Pascha (1536–1539), geb. in Albanien
Çelebi Lüfti Pascha (1539–1541), geb. in Albanien
Hadim Süleyman Pascha (1541–1544), Geburtsort unbekannt
Damat Rüstem Pascha (1544–1553), geb. in Bosnien
Ahmed Pascha (1553–1555), geb. in Albanien, hingerichtet
Damat Rüstem Pascha (1555–1561), zweite Amtszeit
Semiz Ali Pascha (1561–1565), geb. in Serbien
Sokollu Mehmed Pascha (1565–1566), geb. in Bosnien, Großwesir bis 1579

Anmerkungen

Die Übersetzerinnen und der Verlag haben sich bemüht, alle Quellen der Zitate zu recherchieren. Diese sind hier neben den Anmerkungen des Autors verzeichnet. Für Fragen o. ä. zu nicht nachgewiesenen Zitaten wird an den Autor verwiesen.

Einleitung

1 Die Familie Osman zählt heute noch 76 Mitglieder, unter ihnen sind 24 *shehzades*, Prinzen. Sie wohnen verstreut in der Türkei, in den Vereinigten Staaten, in Frankreich, Großbritannien und in verschiedenen arabischen Ländern. Nach dem Tod Ertugrul Osman Osmanoglus ist nun der in New York lebende Osman Bayezit Efendi (* 1924) der Älteste der Familie. Er ist ein Enkel von Abdülmecis II., der ab 1922 nur noch als Kalif anerkannt wurde und zwei Jahre später um politisches Asyl im Ausland bitten musste.

Prolog

1 J. C. Sanz: La relación con Cuba debe basarse en el respeto a los derechos humanos [Interview mit Jerzy Buzek], in: *El Pais,* 14.11.2009.
2 Edward W. Said: Orientalismus, übers. von Hans Günter Holl, Frankfurt am Main (S. Fischer) 2009.
3 Ebd.
4 Orhan Pamuk: Istanbul. Erinnerungen an eine Stadt, übers. von Gerhard Meier, München (Hanser) 2006, S. 276.
5 Suraiya Faroqhi: Approaching Ottoman History. An Introduction to the Sources, Cambridge (University Press) 1999.
6 Daniel Goffman: The Ottoman Empire and Early Modern Europe, Cambridge (University Press) 2002.
7 Gilles Veinstein, in: ders. u. a. (Hgg.): The Age of Sultan Süleyman the Magnificent, Sydney (International Cultural Corporation of Australia) 1990.

Gottes Schatten auf Erden

1 Selim I. starb vermutlich an Hautkrebs, an dem er nach seinen Feldzügen in Nahost und Ägypten erkrankt war.
2 Das Wort *Janitschar* leitet sich vom türkischen *yeni çeri* ab, was wörtlich übersetzt »neuer Soldat« heißt. Dieses Infanteriekorps bestand größtenteils aus Sklaven aus dem Balkan, die dem Sultan nach ihrer Bekehrung zum Islam ewige Treue geschworen hatten. Obwohl die Stärke dieses Heeres in den verschiedenen Berichten variiert, darf angenommen werden, dass es während des Sultanats von Süleyman I. von 12.000 auf 40.000 Mann anwuchs.
3 Die Hagia Sophia (türkisch: *Ayasofya*) hatte im Jahr 1520 zwei Minarette. Das erste Minarett wurde 1453 kurz nach der Eroberung von Konstantinopel erbaut. Unter Bayezid II., Sohn von Mehmed II., dem Eroberer, wurde ein Minarett hinzugefügt. Selim II., Süleymans Sohn, ließ später bei einer Restaurierung der Hagia Sophia zwei weitere Minarette errichten.
4 Bluttaten innerhalb der Palastmauern wurden in der Regel von taubstummen Leibwächtern begangen, die zu dem kleinen Kreis der Vertrauten gehörten, die Zugang zu den Gemächern des Sultans hatten. Das hatte drei Vorteile: Sie konnten nicht miteinander sprechen, was zu der vom

Sultan gewünschten Stille beitrug. Sie konnten nicht wegen etwas bestochen werden, das sie gehört hatten. Und sie hörten nicht das Flehen der Menschen, die sie aus dem Weg räumen mussten.

5 Das Ritual des Schwertanlegens bei der Thronbesteigung wird später vom Topkapi-Palast nach Eyüp verlegt, heute ein Stadtteil Istanbuls am Goldenen Horn, wo sich das Grab des Fahnenträgers des Propheten Mohammed befindet. Der Legende nach kam Ayoub al-Ansari mit jener islamischen Armee nach Konstantinopel, die zwischen 674 und 678 die Stadt belagerte. Die Stadt hielt stand, der Fahnenträger fiel. Als Konstantinopel acht Jahrhunderte später doch erobert wurde, gab Sultan Mehmet II. den Befehl, dessen Grab zu finden. In jener Nacht hatte Aksemsuddin, der als höchster religiöser Würdenträger den Titel *seyhülislam* trug, einen Traum, in dem ihm die Stelle des Grabs gezeigt wurde. Am folgenden Tag fand man das Grab. Unter einem Stein mit der Inschrift, dass es sich um den Sarkophag des Ayoub al-Ansari handelte, wurden Gebeine gefunden, eingewickelt in ein safranfarbenes Totenhemd, als wäre der Fahnenträger erst am Tag zuvor verstorben. Tags darauf begann man mit dem Bau eines Mausoleums und einer Moschee. Seither ist Eyüp die bedeutendste Pilgerstätte für Muslime in Europa.

6 Laut Giacomo di Pietro Luccari (Petar Lukaric) aus Ragusa (dem heutigen Dubrovnik), ein Chronist des 16. Jahrhunderts, wurde Süleymans Mutter in Zvornik geboren, im östlichen Teil Bosniens. Die meisten Historiker aber neigen zu der Ansicht, dass die Mutter eine Tochter des Tatarenfürsten Mengli Giray I. gewesen sei und auf der Krim geboren wurde. In Dokumenten, die vor Kurzem im Archiv der nach ihr benannten Moschee in Manisa gefunden wurden, wird dieser Sachverhalt allerdings bestritten. Die Ungereimtheiten sind vermutlich auf eine Namensverwechslung zurückzuführen, denn Sultan Selim I. hatte eine zweite Ehefrau mit Namen Ayse Hafsa Hatun. Sie könnte man für Süleymans Mutter gehalten haben, die gemeinsam mit ihrem eigenen Sohn in Manisa lebte, als Süleyman dort für einige Jahre Gouverneur war.

7 Der richtige Name des 1478 auf der griechischen Insel Lesbos geborenen Piraten Barbarossa war Yakupoglu Hizir. Sein Vater war Muslim. Als Pirat hatte sich Barbarossa einen Namen gemacht. Süleyman erkannte seine Fähigkeiten und ernannte ihn zum *kapudan-i deryâ* oder Großadmiral der osmanischen Flotte. Als solcher machte er Karl V. im Kampf um die Vorherrschaft im Mittelmeer das Leben schwer.

8 Nach der heutigen Aufteilung der Welt handelte es sich u. a. um Griechenland, Albanien, Mazedonien, den Kosovo, Montenegro, Serbien, Bosnien-Herzegowina, Kroatien, Slowenien, Polen, die Ukraine und die Slowakei, Ungarn, Bulgarien, Rumänien, die Krim und Moldawien in Europa. Ägypten, Libyen, Tunesien und ein Teil Algeriens in Afrika gehörten ebenso zum Machtbereich wie Palästina, das heutige Israel, Syrien, Irak, Jemen, Kuwait, Libanon und ein Teil Saudi-Arabiens (einschließlich den heiligen Städten Mekka und Medina) im Nahen Osten. Hinzu kamen noch Anatolien, Armenien, Aserbaidschan, Georgien und einige Staaten in der Kaukasusregion.

9 Das erste Kalifat, das der Umayyaden, befand sich anfangs in Damaskus. Nachdem sich die Abbasiden im Jahre 750 dagegen aufgelehnt hatten, zog das Kalifat zusammen mit dem geflüchteten Ab dar-Rahman nach Cordoba, bis das Reich 1031 unter den letzten Umayyaden-Kalifen auseinander fiel. Unterdessen ließen sich die Abbasiden mit ihrem Kalifat in Bagdad nieder. Dies nahm 1258 ein Ende, als Mongolen die Stadt eroberten. Daraufhin gründeten geflüchtete Abbasiden ihr Kalifat in Kairo, doch sollte dieses Kalifat nie mehr die absolute Anerkennung in der muslimischen Welt erhalten. Als Sultan Selim I. Kairo eingenommen hatte, wurde der Eroberer de facto auch Kalif und das Kalifat übersiedelte nach Konstantinopel. Als Kalif hatte Süleyman nur rein zeremonielle Pflichten. Niemals konnte der Sultan im Namen aller Muslime sprechen, weil auch Muslime außerhalb der Grenzen des Osmanischen Reichs lebten.

10 Der britisch-amerikanische Historiker und Orientalist Bernard Lewis merkt dazu an, dass sich alle offiziellen osmanischen Bezeichnungen direkt auf den Islam bezogen haben. Der Name des Reichs lautete *Memalik-i Islamiye* (Reich des Islams). Der Sultan hieß *Padischah-i Islam* (Herrscher des Islams) und die Armee wurde als *Asakir-i Islam* (Soldaten des Islams) bezeichnet.

11 *Yasak* findet sich in dem modernen türkischen Wort *yasakçi* wieder, das »alles bestimmend« bedeutet.

12 Es wird vermutet, dass in diesem Grundprinzip der Ursprung für die heutige bevorzugte

Stellung der türkischen Armee zu finden ist, was sich immer weniger mit der demokratischen Grundhaltung vereinbaren lässt, die, will die Türkei der Europäischen Union beitreten, von Brüssel verlangt wird.

13   Colin Imber: The Ottoman Empire 1300–1650. The Structure of Power, Basingstoke (Palgrave Macmillan) 2002.

14   Vgl. Ivo Andric: Die Brücke über die Drina. Roman, übers. von Ernst E. Jonas, Katharina Wolf-Grießhaber, Wien (Zsolnay) 2011.

15   Ohne ihn jemals zu Gesicht bekommen zu haben, bildete Paolo Veronese (1528–1588) Süleyman in seinem Meisterwerk *Die Hochzeit zu Kana* ab, das heute im Louvre hängt. Süleyman wird in dem Gemälde unter anderem gemeinsam mit Karl V. und Franz I. Zeuge des ersten Wunders, das Jesus vollbringt, indem er Wasser in Wein verwandelte. Veroneses Zeitgenosse Giulio Clovio ging noch weiter. Er ließ Karl V. auf einem monumentalen Gemälde in einer geträumten Wirklichkeit von Süleyman feierlich zum Kaiser des Weltreichs krönen.

16   Das Original gehört zur ständigen Sammlung des Schlosses Ambras in Innsbruck. Das oft kopierte Gemälde wurde aber auch in der Porträtausstellung gezeigt, die im Jahre 2000 im Istanbuler Palastmuseum stattfand. Ein anderes Gerücht besagt, dass Tizian in den Jahren 1561–1562 im Auftrag von Kardinal Ercole Gonzaga an einem Reiterporträt von Süleyman gearbeitet hat, ähnlich dem Gemälde, dass er schon von Karl V. erstellt hatte. Der Kunsthistorikerin Gülru Necipoglu zufolge fertigte van Aelst ebenfalls ein Porträt des Sultans an, es bleibt aber unklar, wo dieses Porträt geblieben ist. Eventuell bezieht sie sich auf den Stich mit der Freitagsprozession.

17   Ogier Ghiselin van Boesbeeck (oder de Busbecq) hielt sich zwischen 1554 und 1562 als Abgesandter des Habsburgischen Reiches längere Zeit in Konstantinopel auf. Über seine Erlebnisse schrieb er ausführlich in vier Briefen an einen guten Freund, den ungarischen Diplomaten Nicolas Michault. Diese sogenannten Türkischen Briefe gehören zu den meistzitierten Quellen über das soziale, kulturelle und politische Leben im Osmanischen Reich des 16. Jahrhunderts und sie wurden in gekürzter Form in zwei Ausgaben veröffentlicht, die jeweils andere Passagen enthalten: Ogier Ghiselin von Busbeck: Vier Sendschreiben über die Gesandtschaft nach der Türkei aus den Jahren 1555 bis 1562, mit einer Einl. von Mario Krammer, Berlin (Weltgeist-Bücher) 1917 und Ogier Ghiselin von Busbeck: Vier Briefe aus der Türkei, übers., eingel. und mit Anm. vers. von Wolfram von den Steinen, Erlangen (Philosophische Akademie) 1926.

18   Von Busbeck: Vier Sendschreiben über die Gesandtschaft, S. 36.

Der Palast des »Grand Seigneur«

1   Nicolas de Nicolay: Les quatre premiers livres des navigations et peregrinations orientales, Lyon (Rouille) 1568. Auch die deutsche Übersetzung seiner Publikation – Vier Bücher von de Raisz vnd Schiffart in die Turckey, Antorff [= Antwerpen] (Willem Silvius) 1576 – ist mit zahlreichen Holzschnitten illustriert. In seinen Texten widmet sich de Nicolay auch der Beschreibung des Großen Bazars (»einem großen quadratischen hohen Haus mit vier Toren und vielen Gassen«) und des Stadtviertels Pera (»in dem es viele Häuser gibt, die allerdings nicht so schön und weniger komfortabel sind«). In seinen Holzschnitten nimmt er jedoch mehr die Menschen in den Blick: eine Sklavin aus Algerien, zwei Türkinnen auf dem Weg zum Bad, einen griechischen Bauern, ein jüdisches Dienstmädchen, Ringer und sogar Betrunkene wechseln sich mit Bildern religiöser Szenen aus der Türkei ab, wie etwa der Darstellung eines Derwischtänzers, der sich mit einem langen Messer kasteit.

2   Franz Babinger (Hg.): Hans Dernschwam's Tagebuch einer Reise nach Konstantinopel und Kleinasien (1553/55). Nach der Urschrift im Fugger-Archiv, Leipzig, München (Duncker & Humblot) 1923 [Neuauflage: Berlin (Duncker & Humblot) 2004]. Die Zitate wurden aus dem Frühneuhochdeutschen in ein modernes leicht verständliches Deutsch übertragen.

3   Erst bei Sultan Abdülmedics Regierungsantritt 1855 zogen Sultan und Hofstaat in den Dolmabahçe-Palast am Bosporus um, in dem auch Mustafa Kemal Atatürk, der Gründer der modernen Türkei, 1938 starb. Heute ist der Topkapi-Komplex ein Museum.

4   Bernard Lewis: Istanbul and the Civilisation of the Ottoman Empire, Norman (University of Oklahoma Press) 1963.

5   Von Busbeck: Vier Briefe aus der Türkei, S. 43.

6   Pierre Gilles: De topographia Constantinopoleos et de illius antiquitatibus libri quatuor, Lyon 1561 [engl. Ausgabe, Übersetzung von 1729: The Antiquities of Constantinople, übers. von John Ball, Ithaca, N Y 1988]. Gilles oder Petrus Gyllius, wie er sich in seinen lateinischen Texten nennt, hatte sich in Frankreich mit seinen Studien auf Naturwissenschaften und klassisches Altertum spezialisiert. 1544 reiste er mit einer französischen diplomatischen Delegation nach Konstantinopel. Dort blieb er bis 1547. Danach diente er, vermutlich wegen Geldmangels, in Süleymans Heer und nahm an dessen Feldzügen gegen die Perser teil. Im Januar 1550 kehrte er nach Konstantinopel, wenig später nach Frankreich zurück. 1555 kurz vor seinem Tod vollendete er sein Buch über Konstantinopel.

7   330 n. Chr. ernannte Kaiser Constantin Byzantium zum Neuen Rom, und damit zur Hauptstadt des Oströmischen bzw. Byzantinischen Reiches. 395 fand unter Kaiser Theododius die endgültige Spaltung der beiden Reiche statt. Das Weströmische Reich ging im Jahr 476 unter.

8   Von Busbeck: Vier Briefe aus der Türkei, S. 43.

9   Gilles: De topographia Constantinopoleos, weitere Zitate Gilles' siehe ebd.

10   Die Sultan Ahmed I. gewidmete Blaue Moschee wurde 1617 eingeweiht. Ihr Architekt war ein Schüler Sinans, der seinen Lehrmeister mit diesem Bau noch übertraf. Die Moschee sollte die größte Moschee der Stadt werden, größer als die Hagia Sophia und die Süleymaniye. Ihr Name geht auf die etwa 20.000 blauen Iznik-Fliesen zurück, die in ihrem Innenraum verarbeitet wurden.

11   Über die Herkunft des Begriffes *Hohe Pforte* gibt es unterschiedliche Auffassungen. Halil Inalcik schreibt, diese Bezeichnung sei von *dergâh-i âlî* oder *kapi* abgeleitet. Beides sind Namen des Palastes, in denen Süleymans Vorgänger Regierungsangelegenheiten besprachen. Ilbert Ortayli ist der Auffassung, es handele sich um die Übersetzung des Begriffs *bab-i âlî*, der in früheren persischen Zeiten die Regierung bezeichnete.

12   In der Kalligrafie gab es zu dieser Zeit sechs unterschiedliche Stile. Der monumentale *Celi-Sülüs*-Stil war vor allem bei den Osmanen beliebt. *Celi* bedeutet in diesem Fall »deutlich« oder »auffällig«.

13   1582 wurde die Aufsicht über den Harem den afrikanischen Eunuchen übertragen.

14   Auch Mozart hat sich vermutlich im Libretto seiner Oper *Die Entführung aus dem Serail* mit der Charakterisierung des Osmin, des Aufsehers im Harem des Basa Selim, auf den Capoochee-Pascha bezogen.

15   Ottaviano Bon war von 1604 bis 1607 venezianischer Botschafter in Konstantinopel. Über seine Erfahrungen im Topkapi-Palast schrieb er 1625 einen detaillierten Bericht (dessen später ins Englische übersetzte Fassung den Titel *The Sultan's Seraglio* trägt).

16   Willem Bruls: Ontvoering, verleiding und bevrijding. De Oriënt in de opera, Amsterdam (Bulaaq) 2004.

17   Ilhan Aksijt: The Mystery of the Ottoman Harem, übers. von Resat Dengic, Istanbul (Aksit Kültür ve Turizm Yayincilik) 2000.

18   Hierosolimitano war ein osmanischer Jude, dessen Erlebnisse bei Hofe 1611 publiziert wurden. Seine Darstellung der Ereignisse wurde später von Autoren ausgeschmückt, die die Beschreibungen des Arztes fantasievoll ergänzten.

19   Leslie P. Peirce: The Imperial Harem. Women and Sovereignty in the Ottoman Empire, New York, Oxford (Oxford University Press) 1993.

20   Erst 1536 zog der Harem auf Befehl von Süleymans Ehefrau in den Topkapi-Komplex um.

21   Vgl. Ottaviano Bon: The Sultan's Seraglio. An Intimate Portrait of Life at the Ottoman Court, hrsg. von Godfrey Goodwin, London (Saqi) 1996.

22   Vgl. Ebd.

23   Peirce: The Imperial Harem.

24   Von Busbeck: Vier Sendschreiben über die Gesandtschaft, S. 23.

Das Haar des Propheten

1   Der Johanniterorden wurde nach seinem Schutzpatron Johannes dem Täufer benannt.
2   Elias Kollias: Die Ritter von Rhodos. Der Palast und die Stadt, übers. von Ute Rinke-Moladakis, Athen (Ekdotike Athenon) 1991.
3   George Gregory Buttigieg: Of Craft and Honour and a Templar's Chronicle, Malta 2006.
4   Die sieben Zungen bezogen sich auf die Anzahl der »Nationen«, aus denen sich der Ritterorden zusammensetzte: Frankreich, Auvergne, Provence, England, Spanien, Deutschland und Italien. Jede »Nation« war dabei für die Verteidigung ihrer Zunge und des dazugehörigen Abschnitts der Maueranlage verantwortlich.
5   Der Palast kam während der gesamten Besatzungszeit nicht zu Schaden, hielt aber 1851 einem Erdbeben nicht stand und wurde 1856 nach der Explosion eines vergessenen Pulvermagazins zerstört. Die Italiener rekonstruierten später den Großmeisterpalast, nicht, um dem Orden einen Gefallen zu tun, sondern um eine Sommerresidenz zu schaffen, erst für König Viktor Emmanuel III. und später für il Duce, Benito Mussolini.
6   Esin Atil (Hg): Süleymanname, The Illustrated History of Süleyman the Magnificent, Washington, D C (National Gallery of Art) 1986, S. 122.
7   Der 1974 ausgebrochene Krieg auf Zypern begann mit einem Militärputsch. Drahtzieher hinter den Kulissen war die griechische Militärjunta in Athen. Anhänger des Erzbischofs Makarios, der wegen seiner Politik der Besonnenheit in Athen in Ungnade gefallen war, wurden ermordet. Die Generäle sahen die Zeit für die Enosis, den Anschluss Zyperns an das griechische Mutterland, gekommen. Um die türkischen Interessen auf der Insel verteidigen zu können, besetzten die türkischen Streitkräfte daraufhin Zypern. Seit dieser Zeit ist die Insel in zwei Republiken geteilt: der unabhängige EU-Mitgliedstaat Zypern und die unabhängige türkische Republik im Norden, die nur von Ankara anerkannt wird.
8   Die strategisch günstige Lage Maltas im Mittelmeer sowie der Umstand, dass die Ritter die Seeräuberei ihrer alten Gewohnheit gemäß wieder aufgenommen hatten, waren die Gründe dafür, dass Süleyman 1551 die osmanische Flotte nach Malta entsandte. Die Invasion scheiterte. Im Mai 1565 griffen die Türken Malta erneut an, diesmal unter dem Kommando von Turgut Reis, der wie Barbarossa vor ihm, ein angeworbener Seeräuber war. Die Belagerung dauerte bis zum 11. September. Es siegten die Ritter unter dem Befehl des Großmeisters Jean Parisot de la Valette. Die heutige Hauptstadt Maltas wurde nach ihm benannt.
9   Das Prinzip der Gegenseitigkeit wurde 1923 im Vertrag von Lausanne vereinbart, wodurch der Griechisch-Türkische-Krieg zu einem Ende kam. Der Vertrag legt die Rechte der griechischen Einwohner in der Türkei fest und die der 90.000 türkischen Einwohner in Westthrakien, das Griechenland zugesprochen wurde. Die Türken auf Rhodos fallen nicht unter den Vertrag, weil die Insel 1923 noch zu Italien gehörte.
10   Die Bibelstelle handelt von Isaak, dem ältesten Sohn Abrahams, den er mit seiner Frau Sara gezeugt hatte, als sie schon weit neunzig Jahre alt gewesen war. Im Koran geht es um Ismael, den jüngsten Sohn Ibrahims und seiner ägyptischen Konkubine Hagar.

»Mein leuchtender Mond«

1   Brudermorde gab es schon zu Zeiten des byzantinischen Kaisers Johannes VI. Kantakuzenos. Während der Regierungszeit Mehmeds II. wurde der Brudermord in einem Gesetz mit folgender Formulierung verankert: »Gleich welchem meiner Söhne das Sultanat auch zugesprochen werde, es steht ihm frei, seine Brüder zu töten, um die Weltordnung zu wahren.«
2   In einigen Berichten steht, ihr Vorname sei Aleksandra oder Oleksandra gewesen. Der Name Roxelana wird später je nach Sprachgebiet mit Roxelane, Rossa und Ruziac wiedergegeben, Namen, die sich von dem Wort Rus ableiten, mit dem man im 16. Jahrhundert in Konstantinopel die Einwohner der Ukraine bezeichnete. Andere Quellen gehen davon aus, dass Roxelana sich von Roxolania ableitet, dem Namen der Ukraine in mittelalterlichem Latein.

3   Von Busbeck: Vier Sendschreiben über die Gesandtschaft, S. 36.

4   Peirce: The Imperial Harem.

5   Einigen Quellen zufolge soll Süleyman zuvor schon mit Konkubinen, deren Namen nicht überliefert sind, drei Söhne gezeugt haben, die kurz nach ihrer Geburt starben.

6   Vgl. Galina Yermolenko: Roxolana. The Greatest Empress of the East, in: The Muslim World 95, Heft 2, 2005, S. 231–248. Vorangegangene Zitate siehe ebd.

7   Ülkü Altindag erzählte mir, dass in den Archivkellern der Ministerien in Ankara noch Millionen Dokumente über das Osmanische Reich lagern, die noch gesichtet werden müssen: »Unsere jetzige Arbeit ist wie ein Regentropfen, der in einen Ozean fällt«, lautet ihr Kommentar zur Archiv- und Quellenforschung.

8   Von Busbeck: Vier Sendschreiben über die Gesandtschaft, S. 23 f.

9   Das Hippodrom (das heute umgangssprachlich *At Meydani* genannt wird) ist eine weite, von der Blauen Moschee, der Hagia Sophia und dem Palast des Großwesirs Ibrahim Pascha gesäumte Fläche. Seine Geschichte geht auf die Glanzzeit des Byzantinischen Reiches zurück, als das Terrain für Wagen- und Pferderennen sowie für öffentliche Festlichkeiten genutzt wurde. Kaiser Septimus Severus hatte im 3. Jahrhundert schon mit der Anlage begonnen. Ihre Architektur entsprach der des Circus in Rom: Es gab einen offenen Bereich und angebaute Tribünen für Wagenrennen, Paraden und andere offizielle Feierlichkeiten. Als das Hippodrom ein Jahrhundert später während der Regierungszeit Konstantins des Großen vollendet wurde, nahm das Terrain eine Fläche von 400 Metern Länge und 120 Metern Breite ein und bot angeblich 100.000 Zuschauern Platz.

10   Gülru Necipoglu: The Age of Sinan. Architectural Culture in the Ottoman Empire, Princeton, N J (University Press) 2005.

11   Ebd.

12   Esma Tezcan: Pargali Ibrahim Paşa çevresindeki edebi yaşam, Univ.-Diss., Ankara (Bilkent Üniversitesi) 2004.

13   Der letzte Sultan, der dieses Ritual rigoros durchzog, war Mehmed III. Als er 1574 den Thron bestieg, ließ er seine 19 Brüder und 15 schwangere Sklavinnen töten.

14   Siehe auch Anm. 5 des folgenden Kapitels.

15   Babinger (Hg.): Dernschwam's Tagebuch, S. 211: »Wan der turk nicht das geschutz hette, wurd er offt von dem Kazull geschlagen sein wordn …«

16   Von Busbeck: Vier Sendschreiben über die Gesandtschaft, S. 26 f.

17   Vgl. Joseph von Hammer-Purgstall: Geschichte des Osmanischen Reiches. Großentheils aus bisher unbenützten Handschriften und Archiven, Bd. 3: Vom Regierungsantritte Suleiman des Ersten bis zum Tode Selim's II. 1520–1574, Pest (C. A. Hartleben) 1828.

Das Trauma von Mohács

1   Über die Größe des osmanischen Heeres wurde immer viel spekuliert. Inalcik hält 6.000 Kavalleristen, 12.000 Janitscharen und 40.000 Sipahis für wahrscheinlich. Ortayli meint, dass es 100.000, allerhöchstens 150.000 Mann gewesen seien.

2   Vgl. Géza Perjés: The Fall of the Medieval Kingdom of Hungary. Mohács 1526–Buda 1541, Boulder (Social Science Monographs) 1989.

3   Siebenbürgen (Transsilvanien) wird so genannt, weil es von sieben sächsischen Statthaltern gegründet wurde. Im 16. und 17. Jahrhundert war es ein von Habsburgern und Türken umkämpftes Fürstentum, in dem ungarisch gesprochen wurde und das von einem Woiwoden oder Grafen regiert wurde. Es war der Hohen Pforte steuerpflichtig, obwohl es auch Jahre gab, in denen die Habsburger wieder das Sagen hatten. 1691 kam das Fürstentum endgültig unter habsburgische Herrschaft. 1867 wurde das Gebiet Ungarn zugesprochen, aber schon 1919 trat Ungarn es an Rumänien ab. Bis heute spricht dort die Mehrheit der Bevölkerung ungarisch.

4   Aufgrund der Bitten ihres Bruders Karl V. übernahm Maria nach dem Tod ihrer Tante Margaretha von Österreich 1531 das Amt der Statthalterin der Niederlande. Im Jahr zuvor hatte Erasmus ihr das Traktat *Die christliche Witwe (De Vidua Christiana)* gewidmet.

312

5   André Clot: Suleiman the Magnificent, London (Saqi) 2005.
6   Matthias Corvinus (1440–1490) war König von Ungarn und Böhmen. Er machte die italienische Renaissance in seinem Königreich bekannt. Seine Sammlung an Manuskripten und Büchern war berühmt. Er hinterließ ein prächtiges Königreich, jedoch keine Kinder, was zur Folge hatte, dass um den ungarischen Thron bis zur Eroberung der Türken und auch noch danach andauernd gekämpft wurde.
7   Angeführt wurde die Revolte von Kalender Çelebi, der behauptete, ein unmittelbarer Nachfahre des Sufi-Philosophen und islamischen Mystikers Hadschi Bektasch Veli (1209–1271) zu sein. Obwohl er selbst nie die Absicht hatte, einen Orden zu gründen, hatte Bektasch nach seinem Tod unter den Nomaden und der Landbevölkerung in Zentralanatolien eine große Gefolgschaft. Der Bektaschi-Orden entwickelte sich zu einer weit verzweigten Sufi-Bruderschaft. Seine Anhänger, zu denen später auch die Janitscharen zählten, verehrten Hadschi Bektasch wie einen Heiligen. Die Glaubenslehre des Ordens der Bektaschi war eine Mischung aus schiitischen Glaubenssätzen, islamischer Esoterik, schamanischen Volkstraditionen und christlichen Elementen. Die Ordensbrüder erkannten, anders als die Sunniten, Ali, den Schwiegersohn und Neffen Mohammeds, als wahren Nachfolger des Propheten an. Etwa zur gleichen Zeit entstand unter ganz ähnlichen Umständen in Ostanatolien und in Aserbaidschan eine schiitische Bewegung, die aus nomadisierenden Derwischen hervorging, einer mystischen turkmenischen Bruderschaft, die sich selbst Kalenderis nannte. In Konstantinopel waren sie unter dem Namen Kizilbasch, Rotköpfe, bekannt. Den Namen gab man ihnen aufgrund ihrer roten Kopfbedeckungen mit zwölf Troddeln, die die zwölf Imame, die auf Mohammed folgten, (die sogenannten Zwölfer-Schiiten) symbolisierten und die von der Mehrheit der Schiiten anerkannt wurden. Aus ihrer Mitte ging Ismail hervor, der Führer der Safawiden, der Anfang des 16. Jahrhunderts von Aserbaidschan aus einen Teil von Anatolien, den Irak und Persien eroberte. Die Bektaschi wurden im Osmanischen Reich in Ruhe gelassen, die Kizilbasch hingegen betrachtete man als Ketzer. Ein paar örtliche Aufstände gegen die osmanische Regierung hatten keine weitreichenden Folgen, da der Bektaschi-Orden geographisch weit verstreut war. 1526 wollte der Anführer der Kizilbasch-Bewegung, Kalender Çelebi, zusammen mit dem Bektaschi-Orden eine gemeinsame Front bilden. Das führte kurz nach der Schlacht bei Mohács zu größeren Aufständen in Karaman und Sivas, die ein Jahr später von einem Heer unter dem Oberbefehl des Großwesirs Ibrahim Pascha niedergeschlagen wurden. Dabei kamen Kalender Çelebi und tausende seiner Gefolgsleute ums Leben. Die Klöster des Bektaschi-Ordens wurden unter osmanische Kontrolle gestellt, die Anhängerschaft durfte ihre besonderen Rituale jedoch weiterhin ausüben. Aus den Bektaschi gingen die Aleviten hervor, die sich als eine soziale Bewegung sahen. Die Aleviten sagen von sich, dass sie eine islamische Gruppe sind mit einer humanistischen, progressiven, säkularen und liberalen Philosophie. Sie sind Verfechter der Trennung von Religion und Staat, lehnen die Scharia als Gesetzesgrundlage ab und stehen für die Gleichstellung von Mann und Frau ein. Fünfmal am Tag zu beten ist für sie keine Verpflichtung. Moscheen und Imame kennen sie nicht. Heutzutage besteht die türkische Bevölkerung schätzungsweise zu 25 bis 30 Prozent aus Aleviten. Auch in den Niederlanden und in Deutschland hat diese Bewegung eine große Anhängerschaft.
8   Die Ungarn waren nicht die Einzigen, die sich zu den Verteidigern des Christentums erklärten. 1467 sprachen die Polen von einem *antemurale,* einem Bollwerk der Christenheit gegen die Türken (und gegen die Russen). 1954 wurde der moldawische Prinz Stefan der Große, vierhundertfünfzig Jahre nach seinem Tod, in Rumänien zum großen Führer der Rumänen erklärt, der »mit seinen Waffen in der Hand gegen die osmanische Eindringlinge verteidigt hatte«. 1968 würdigte Enver Hoxha, der kommunistische Führer Albaniens, Gjergj Kastriot, besser bekannt unter dem Namen Skanderberg (1405–1468), als denjenigen, der die Albaner »im legendären Kampf gegen die osmanischen Machthaber« angeführt hatte. Damit repräsentierte Skanderberg in Hoxhas Augen »den schützenden Schild der europäischen Kultur und Zivilisation«. Die Serben gingen noch einen Schritt weiter und proklamierten Prinz Lazar, der 1389 in Polje (Kosovo) im Kampf gegen die Türken gefallen war, zum »Märtyrer und Nachfahren Christi«.
9   Der in Siebenbürgen geborene Georg von Ungarn wurde im August 1438 von türkischen Soldaten gefangengenommen. 1458, wieder auf freien Fuß, trat er dem Orden der Dominikaner in

Rom bei, wo er später zum Priester geweiht wurde. In seinem Traktat über die »Sitten, die Lebensweise und die Arglist der Türken« *(Tractatus de moribus, conditionibus et nequitia Turcorum)* beschreibt er, dass der Feind nicht nur seines Körpers habhaft werden wollte, sondern vor allem seiner Seele. Von ihm wurde später behauptet, er habe Wunder vollbracht. Als er 1502 starb, wurde sein Leichnam drei Tage lang in der Kirche Santa Maria aufgebahrt.

10   Perjés: The Fall of the Medieval Kingdom, S. 89.

11   Ebd., S. XIX.

12   Im Februar 2010 wurde Rákóczi zu Ehren in der türkischen Stadt Tekirdag, wo er seine letzten Tage verbracht hat und wo er am 8. April 1735 starb, ein Museum eröffnet.

»Mama die Türken kommen …«

1   Das Wort *Humanist* leitet sich von den *studia humanitatis* ab, den klassischen Studienfächern des 16. Jahrhunderts: Grammatik, Rhetorik, Poesie, Moralphilosophie und Geschichte. Die später gebräuchliche Verwendung des Wortes »Humanist« nahm erst im 19. Jahrhundert in Deutschland ihren Anfang.

2   In ihrem Essay *From Tyranny to Despotism. The Enlightenment's unenlightened Image of the Turks* (in: International Journal of Middle East Studies 33, Heft 1, 2001, S. 49–68) schreibt die türkische Politologin Asli Çirakman, in den europäischen Schriften des 16. Jahrhunderts werde noch der Begriff *Tyrannei* verwendet. Erst später, im 18. und 19. Jahrhundert, habe sich dieser Begriff in den der *Despotie* gewandelt. Einer Tyrannei können Çirakman zufolge neben negativen durchaus auch positive Merkmale zugeschrieben werden, während unter einer Despotie immer etwas rein Negatives zu verstehen sei. Das niederländische Wörterbuch Van Dale macht hier keinen Unterschied. Als Synonyme für Tyrann werden Zwingherr, Despot und Unterdrücker genannt; im Duden finden sich Gewaltherrscher und Despot.

3   Plinius der Ältere hieß mit richtigem Namen Gaius Plinius Secundus Maior. Er wurde im Jahr 23 n. Chr. in Como geboren und starb während des Vesuvausbruchs am 24. August 79 n. Chr., als er sich zu Studienzwecken in der Nähe des Vulkans aufhielt. Im Lauf seines Lebens schrieb er zahllose Bücher über anthropologische und geografische Themen. In einem seiner Bücher schildert er das baumlose Land der Chauken, das seiner Beschreibung nach zwischen der Nordsee und den großen Wäldern lag und dessen Bewohner auf Warften lebten. *[= NL!]*

4   Natürlich hatte der Begriff *Toleranz* im 16. Jahrhundert eine viel engere Bedeutung als heute. Vor dem Hintergrund der Neuerungen, die zu einem Schisma innerhalb der christlichen Gemeinschaft führten, muss Toleranz im Kontext der damaligen Gesellschaftskritik der Gelehrten betrachtet werden.

5   Jan van Herwaarden: Omgaan met Erasmus, Vortragsmanuskript abrufbar unter: www.erasmus.org/index.cfm?fuseaction=system.serve&file=Omgaan%20met%20Erasmus.pdf, letzter Zugriff am 09.03.2012.

6   Johan Huizinga zufolge ist Propaganda die Kunst, einem anderen etwas glaubhaft zu machen, an das man selbst nicht glaubt. Das Wort *Propaganda* gab es im 16. Jahrhundert noch nicht. Es wurde erst ein Jahrhundert später geprägt, nachdem Papst Gregor XV. 1622 die Kardinalskongregation *Congregatio de propaganda fide (Kongregation zur Ausbreitung des Glaubens)* ernannt hatte.

7   Giovanni Battista Egnatius beziehungsweise G. B. Egnatius war der Autor von *De Caesaribus libri III,* einem damaligen Standardwerk über die römischen und byzantinischen Kaiser in drei Bänden. Seine Abhandlung über die Türken war im zweiten Teil seines Werkes enthalten. Einige Quellen besagen, er hätte sie 1521, kurz nach Süleymans Eroberung von Belgrad, geschrieben. Andere gehen davon aus, dass Egnatius bereits 1517 eine Kopie seines *De origine Turcarum* an Erasmus von Rotterdam geschickt hätte.

8   Mevlana Rumis Berühmtheit beruht vor allem darauf, dass seine Auffassungen von Mystik und Religion in seinem Sufi-Orden in der Stadt Konya von sich drehenden Derwisch-Tänzern aufgenommen wurden, die in ihren monotonen wirbelnden Bewegungen Verbindung zu ihrem

Schöpfer suchen. Diese Tänzer sind inzwischen zu einem kulturellen und touristischen Export-schlager der Türkei geworden. In den USA wird Mevlana als einer der größten Philosophen und Dichter der Weltgeschichte betrachtet. Im *Erasmusviertel* im Norden von Rotterdam hat man im Juli 2007 ein Doppelporträt von Mevlana und Erasmus enthüllt, das der iranische Künstler Ahmad Jaraji geschaffen hat. Anlass dazu bot das von der UNESCO proklamierte Mevlana-Jahr und die beiden Philosophen gewidmete Konferenz im Historischen Museum in Rotterdam.

9 Vgl. Nikolaus von Kues: *Cribratio Alkorani*. Sichtung des Korans, nach dem Text der historisch-kritischen Ausgabe neu übers., hrsg. und eingel. von Ludwig Hagemann, Reinhold Glei, 3 Bde., Hamburg (Felix Meiner) 1989–1993.

10 Im Oktober 1526 wurde in Brügge das Traktat *De Europae dissidiis et bello turcico (Über die Zwiste in Europa und den Krieg gegen die Türken)* von Vives publiziert. Drei Jahre später erschien in Antwerpen seine Abhandlung über christliches Leben bei den Türken: *De conditione Vitae christiannorum sub turca.*

11 Zwischen 1528 und 1542 schrieb Luther sechs Bücher über die Türken, unter anderem: *Eine Heerpredigt wider die Türken* (1529), *Vom Krieg wider den Türken* (1529), *Eine Vermahnung zum Gebet wider den Türken* (1541).

12 Bei der betreffenden Koranausgabe handelte es sich um die Neuübersetzung einer polemischen griechischen Übersetzung, die der Dominikaner Ricoldo da Monte di Croce nach seiner Reise durch den Orient verfasst hatte. In ihr wartet er schon im Vorfeld mit allerhand Kritik auf und warnt vor Lügen und Ungereimtheiten.

13 Süleyman wollte Luther tatsächlich überreden, sich zum Islam zu bekehren. Der umgekehrte Fall hatte sich schon Jahre zuvor zugetragen. Man erzählte sich, dass Papst Pius II. kurz nach der Eroberung Konstantinopels einen Brief an Sultan Mehmed II. geschickt habe. Da dem Kirchenvater zu Gehör gekommen war, die Mutter des Sultans sei Christin gewesen, schlug er dem Sultan vor, vom Islam zum Christentum zu konvertieren. »Sie brauchen kein Geld, keine Waffen, kein Heer, keine Flotte. Eine Kleinigkeit kann sie schon zum größten, mächtigsten und berühmtesten aller derzeitigen sterblichen Herrscher machen.« Der Übertritt sollte mit der Krönung Mehmeds zum Kaiser der Griechen und des Orients belohnt werden.

14 Amanda Wunder: Western Travellers, Eastern Antiquities, and the Image of the Turk in Early Modern Europe, in: The Journal of Early Modern History 7, 2003, S. 89–119.

15 Die Frage der türkischen Herkunft wurde in humanistischen, theologischen und wissenschaftlichen Kreisen des 15. und 16. Jahrhunderts eingehend erörtert. Aus religiöser Sicht wurden die Türken dem zehnten Stamm Israels und den Nachkommen Ismails, des ältesten Sohn Abrahams und seiner ägyptischen Konkubine Hagar, zugeordnet. Paolo Giovio, der Autor des 1531 erschienenen Traktats *Commentario de le cose de Turchi*, war davon überzeugt, dass die Türken von den Skythen, einem indoeuropäischen Nomadenvolk, abstammten, das in den Steppen Zentralasiens lebte. In seinem 1541 veröffentlichten Buch über die Herkunft, den Ursprung und den Aufstieg des türkischen und osmanischen Kaisertums schrieb der lutherische Pfarrer Johannes Piscatorius, die Türken seien die Nachkommen der Trojaner. Erik-Jan Zürcher, Professor für türkische Sprachen und Kulturen an der Universität von Leiden, ist der Auffassung, die Anfänge der türkischen Geschichte seien noch immer nebulös. Seiner Ansicht nach ist es gut möglich, dass es schon in Attilas Heer, das im 5. Jahrhundert in Ost und Zentraleuropa einfiel, Türkisch sprechende Stämme gab.

16 Carl Göllner: Die Türkenfrage in der öffentlichen Meinung Europas im 16. Jahrhundert, Baden-Baden (Valentin Koerner) 2011. Folgende Zitate siehe ebd.

17 Johann Faber (1478–1541) war ein Scharfmacher innerhalb der katholischen Kirche. Er setzte sich nicht nur mit vollem Einsatz gegen die Türken zur Wehr, sondern zog auch gehörig gegen Luther zu Felde. Faber erhielt dafür den Beinamen »Ketzerhammer«. Um die türkische Invasion aufzuhalten, schickte ihn Ferdinand mit Hilfegesuchen nach Spanien und England.

18 Georgius de Hungaria: Traktat über die Sitten, die Lebensverhältnisse und die Arglist der Türken, nach der Erstausg. von 1481 hrsg., übers. und eingel. von Reinhard Klockow, Köln, Weimar, Wien (Böhlau) 1994. Bartholomaeus Georgievic: De captivitate sua apud Turcas. Gefangen bei den Türken. Türkiye'de esir iken, hrsg. von Reinhard Klockow, Monika Ebertowski, Berlin

(Gesellschaft für interregionalen Kulturaustausch, Druckwerkstatt im Kreuzberg-Museum) 2000. Der kroatischstämmige Bartholomäus Georgievic wurde vermutlich zwischen 1505 und 1510 in der Nähe der ungarischen Stadt Esztergom, dem früheren Gran, geboren. Bei seiner Teilnahme an der Schlacht bei Mohács (1526) wurde er gefangen genommen. Sieben Mal wurde er als Sklave verkauft, bis ihm 1535 die Flucht von Armenien nach Damaskus gelang. Drei Jahre später kehrte er über Santiago de Compostela nach Europa zurück. 1544 hielt er sich sogar kurz in den Niederlanden auf. In dasselbe Jahr fiel seine Begegnung mit Luther. Von ihm erschienen fünf in lateinischer Sprache verfasste Reiseberichte über seine Erfahrungen im Osmanischen Reich. Vier davon wurden in Antwerpen, der letzte in Krakau gedruckt.

19   Almut Höfert: Den Feind beschreiben. »Türkengefahr« und europäisches Wissen über das Osmanische Reich 1450–1600, Frankfurt am Main (Campus) 2003, S. 54.

20   Vgl. Stefan Schreiner (Hg.): Die Osmanen in Europa. Erinnerungen und Berichte türkischer Geschichtsschreiber, Graz, Wien, Köln (Styria) 1985.

21   Das erste gedruckte Buch war das Wörterbuch *Vankulu Lugati* von Abu Nasr Ismail al-Jawhari. Die erste Seite des Buches bestand aus einer Kopie des Dekrets von Sultan Ahmed II., der dem Verlag grünes Licht für die Aktivitäten des Verlags gegeben hatte. Die Druckerpresse stammte aus Frankreich, die Typen aus den Niederlanden.

22   Paul Coles: The Ottoman Impact on Europe, London (Thames & Hudson) 1968.

23   Laguna hatte in Paris studiert. Als Arzt lebte er nicht nur lange Zeit in Metz, sondern wurde auch mehrmals an das Krankenbett von Karl V., Philipp II. und Papst Julius III. gerufen. Er übersetzte einige klassische Werke aus dem Griechischen. Außerdem schrieb er Bücher über medizinische Pflanzen. Gelegentlich hielt er sich für kurze Zeit in Middelburg, Antwerpen und Gent auf.

24   Von Busbeck: Vier Briefe aus der Türkei, S. 31 f.

25   Georg von Ungarn: Traktat über die Sitten, die Lebensverhältnisse und die Arglist der Türken.

26   Lucette Valensi: Venise et la sublime porte. La naissance du despote, Paris (Hachette) 1987.

27   Landsknechte waren mit Picken und Schwertern bewaffnete Söldner, die für Geld und Beute in den Heeren der Habsburger oder anderer Renaissancefürsten kämpften. Vor allem die Schweizer Landsknechte waren für ihre Unnachgiebigkeit und Grausamkeit berüchtigt.

28   Erasmus von Rotterdam: Enchiridion militis christiani. Handbüchlein eines christlichen Streiters, in: Erasmus von Rotterdam: Ausgewählte Schriften, Bd.1, übers., eingel. und hrsg. von Werner Welzig, Darmstadt (Wissenschaftliche Buchgesellschaft) 1968, S. 271.

29   Van Herwaarden: Omgaan met Erasmus.

30   Victor Hugo: Notre-Dame von Paris. Zweiter Theil, übers. von Franz Kottenkamp, in: Victor Hugo's sämmtliche Werke, Bd. 14, Frankfurt am Main (Johann David Sauerländer) 1836, S. 32.

War Wien das Ziel?

1   Vgl. von Hammer-Purgstall: Geschichte des Osmanischen Reiches, Bd. 3, S. 72.

2   Ferdinand hatte vor 1529 mehrere Residenzen und Wien war damals gewiss nicht seine bevorzugte Stadt. 1525 verblieb er dort von Mitte Juli bis Anfang Dezember zum ersten Mal für längere Zeit. Eine Studie des österreichischen Historikers Alfred Kohler zeigt auf, wo Ferdinand sich zwischen 1521 und 1527 aufgehalten hat: Gent, Brüssel, Worms, Nürnberg, Passau, Regensburg, Augsburg, Stuttgart, Tübingen und Speyer. Nach seiner Ernennung zum König von Ungarn und Böhmen 1527 reiste er zwischen Prag, Buda und Székesfehérvár (Stuhlweißenburg) hin und her. Von Ende Dezember 1527 bis Februar 1528 nutzte er Esztergom (Gran) als Residenzstadt. Danach zog er weiter zum Reichstag nach Speyer (März/April 1529) und anschließend nach Linz. 1533 wurde der Hof endgültig nach Wien verlagert, doch blieb Prag anfangs noch der Regierungssitz. Erst ab 1550 wurde Wien zur festen Residenzstadt.

3   Wladislaus II. war ein Sohn des polnischen Königs Kasimir IV. 1471 wurde er zum König von Böhmen gekrönt und 1490 zum König von Ungarn. Seine dritte Ehefrau Anna von Foix schenkte

ihm 1502 den Sohn Ludwig, der 1526 bei der Schlacht von Mohács ums Leben kam, sowie die Tochter Anna, die mit Ferdinand I. vermählt wurde.

4   Karl Brandi: Kaiser Karl V. Werden und Schicksal einer Persönlichkeit und eines Weltreiches, München (Bruckmann) 1961.

5   Ibrahim Pascha, zit. nach von Hammer-Purgstall: Geschichte des Osmanischen Reiches, Bd. 3, S. 74.

6   von Hammer-Purgstall: Geschichte des Osmanischen Reiches, Bd. 3, S. 74 f.

7   Jahre später sollte sich herausstellen, wie relativ der Gehorsam Zapolyas gegenüber dem Hüter der Welt gewesen ist, als er einen Geheimvertrag über die Zukunft Ungarns mit Ferdinand schloss und damit sein Versprechen gegenüber der Loyalität gegenüber der Hohen Pforte brach. 1541 beschloss Sultan Süleyman, Ungarn als eine Provinz dem Osmanischen Reich anzugliedern.

8   von Hammer-Purgstall: Geschichte des Osmanischen Reiches, Bd. 3, S. 77.

9   Sulfikar (oder auch Nohud Bey) war 1528 im Irak an die Macht gekommen, nachdem er seinen Onkel Ebrahim Han, der als Gouverneur dem persischen Schah gedient hatte, aus dem Weg geräumt hatte. Sulfikar unterwarf sich den Wünschen Süleymans, bis Schah Tahmasp ein Jahr später Bagdad angriff und den persischen Verräter köpfen ließ.

10   Graf Franjo Frankopan, der spätere Bischof Frenec Frangepan von Eger, gehörte der Delegation an, die Zapolya nach Mohács begleitet hatte. Zur Kritik am Handkuss soll der Bischof später geäußert haben: »Was ist daran falsch, die Hand eines Herrschers zu küssen? Wenn wir die Füße des Abgesandten von Christus auf Erden küssen dürfen, im Tausch für eine kleine Gegenleistung, warum sollte man dann nicht die Hand des Abgesandten von Mohammed küssen dürfen, wenn man damit, ich weiß nicht, wie viele Seelen retten kann.«

11   Ungarischen Quellen zufolge soll die schnelle Eroberung der Burg in Buda auf den Verrat von deutschen Söldnern zurückzuführen sein.

12   Es kursierte das Gerücht, dass sich Ferdinand anfangs in Wien aufgehalten habe. Zuverlässige Daten gibt es nicht, außer einem kurzen Satz des spanischen Historikers Fernández Àlvarez in seiner Biografie über Karl V. Daraus geht hervor, dass sich Ferdinand bereits Mitte August in Linz aufhielt, das heißt, noch bevor Süleyman Buda wiedereroberte hatte.

13   Atil (Hg.): Süleymanname, S. 167.

14   Feldzüge fanden aus klimatischen Gründen im Prinzip nur zwischen Mai und Oktober statt. Aber auch in diesen Monaten konnte eine Militärkampagne unterwegs als Folge anhaltender Regenfälle einen anderen Verlauf annehmen.

15   In seinen Briefen richtete sich Süleyman zum ersten Mal 1547 an Ferdinand als den »König von Wien«. In den meisten Briefen bezeichnete der Sultan ihn als »König des Landes Österreich« und ein einziges Mal, im Jahr 1549 als »König des Landes Wien«. Vgl. Anton C. Schaendlinger unter Mitarb. von Claudia Römer: Die Schreiben Süleymans des Prächtigen an Karl V., Ferdinand I. und Maximilian II. aus dem Haus-, Hof- und Staatsarchiv zu Wien, Wien (Verlag der Österreichischen Akademie der Wissenschaften) 1983.

16   Niklas Graf zu Salm, geboren 1459 in Niedersalm in den belgischen Ardennen, war ein Militär von ausgezeichnetem Ruf. In der Zeit Karls des Kühnen lernte er in Flandern auf dem Schlachtfeld das Kriegswesen kennen. Dank des heldenhaften Auftretens von zu Salm konnte 1525 der französische König Franz I. in der Schlacht gegen die Armee Karls V. bei Pavia gefangen genommen werden.

17   Seit 2002 wird die Schlossanlage saniert und mittlerweile wird das Gelände für zahlreiche kulturelle Veranstaltungen genutzt.

Die Utopie der Weltherrschaft

1   Michel de Montaigne: Über die Schulmeisterei, in: Essais, hrsg. von Hans Magnus Enzensberger, übers. von Hans Stilett, Frankfurt am Main (Eichborn) 1998, S. 78.

2   Coles: The Ottoman Impact.

3   In Wirklichkeit war der Helm 1532 als Auftragsarbeit von venezianischen Goldschmieden an-

gefertigt worden. Der pyramidenartig aufragende Helm verfügte über sieben Ringe, in die 50 Diamanten, 47 Rubine, 27 Smaragde und 49 Perlen eingearbeitet waren. Vgl. Abb. und weitere Einzelheiten dazu auf S. 241.

4   Vgl. Özlem Kumrular: El duelo entre Carlos V y Solimán el Magnifíco, Istanbul (Isis) 2005.

5   Karen Armstrong: Kleine Geschichte des Islam, übers. von Stephen Tree, Berlin (Berliner Taschenbuch-Verlag) 2001.

6   Vgl. Mustafa Serdar Palabiyik: The Ottoman Perception of War. From the Foundation of the Empire to its Disintegration, pdf-Dokument des Vortrags abrufbar unter: http://www.inter-disciplinary.net/probing-the-boundaries/hostility-and-violence/war-virtual-war-human-security/project-archives/5th/session-1-history-war-and-the-state/, letzter Zugriff am 30.03.2012.

7   Vgl. Paul Wittek: The Rise of the Ottoman Empire, London (Royal Asiatic Society) 1938.

8   Cemal Kafadar: Between Two Worlds. The Construction of the Ottoman State, Berkeley, Los Angeles (University of California Press) 1995.

9   Niccolò Machiavelli: Der Fürst, übers. von Friedrich von Oppeln-Bronikowski, Frankfurt am Main (Insel) 1990, S. 66.

10   Vgl. Johannes Aventius: Ursachen des Türkenkriegs und Erzählung von dem Ursprung der Saracenen und Türken, Digitalisat der Bayerischen Staatsbibliothek München unter: http://daten.digitale-sammlungen.de/~db/0002/bsb00029587/images/index.html, letzter Zugriff am 31.01.2012.

11   Von Busbeck: Vier Briefe aus der Türkei, S. 65.

12   Colin Imber: The Ottoman Empire 1300–1650. The Structure of Power, Basingstoke (Palgrave Macmillan) 2002.

13   Jason Goodwin: Lords of the Horizons. A History of the Ottoman Empire, London (Chatto & Windus) 1998. Folgendes Zitat siehe ebd.

14   Vgl. Goffman: The Ottoman Empire and Early Modern Europe.

15   Suraiya Faroqhi: The Ottoman Empire and the World around It, London, New York (I. B. Tauris & Co.) 2004.

16   Goffman: The Ottoman Empire and Early Modern Europe.

17   Auch Karl V. war einer »schändlichen Allianz« keineswegs abgeneigt. Auf der Grundlage des Prinzips »Dein Feind ist auch mein Feind« versuchte er zweimal, ein Bündnis mit dem schiitischen Persien zu schließen, wohl wissend, dass die Perser ein mächtiges Heer an der Ostgrenze des Osmanischen Reiches auf die Beine gestellt hatten – ein militärischer Faktor, der Süleyman in seiner Westexpansion beeinträchtigte. Ein Kardinal würde später zum Kaiser sagen: »Wenn Gott uns nicht einen Feind wie den Schah von Persien geschickt hätte, wären Europa und die Christenheit überrannt worden.«

18   1534 eroberte Barbarossa am Mittelmeer die drei wichtigen Hafenstädte Coron (Koroni), Patras und Lepanto. Kurz darauf landete er in Tunis. Um sein Ansehen zurückzugewinnen, führte Kaiser Karl einen Gegenangriff durch, den er 1535 mit der Wiedereroberung von Tunis erfolgreich beendete.

19   Toulon sollte eine wichtige Hafenstadt für die französische Flotte bleiben. Von hier brach Napoleon 1798 zur Eroberung Ägyptens auf. Heute ist Toulon der Heimathafen des Flugzeugträgers *Charles de Gaulle*, des Flaggschiffs der französischen Flotte.

20   Emrah Safa Gürkan: Early Modern Espionage. Power and Information in the 16th century Mediterranean, Univ.-Diss. Georgetown University [bisher unveröff.]. Folgendes Zitat siehe ebd.

21   Der spanische Chronist Prudencio de Sandoval sollte später schreiben, dass eine kleine Einheit von Süleymans Armee einige Dutzend Schiffe begleitet hätte, die von Pferden nach Esztergom auf der Donau stromaufwärts gezogen worden seien. Auf diesen Schiffen sollen sich nach Sandovals Quellen 300 schwere Kanonen für die Belagerung von Wien befunden haben. Doch diese Heereseinheit sei zwischen Esztergom und Pressburg (Bratislava) von habsburgischen Truppen außer Gefecht gesetzt worden. Vgl. de Sandoval: *Historia de la vida y hechos del emperador Carlos V, (Geschichte des Lebens und der Taten Kaiser Karls V.)*.

22   Jurisic sollen zur Verteidigung 42 Soldaten und 700 Bauern zur Verfügung gestanden haben. Nach einer wochenlangen vergeblichen Belagerung schwor Ibrahim Pascha mit der Hand auf dem

Koran, dass er die Belagerung aufheben und den Vormarsch nach Wien unterlassen würde, sollte sich die Stadt vor 12 Uhr ergeben. Der Legende nach hörte Jurisic von diesem Eid und ließ um 11 Uhr als Zeichen der Kapitulation die Glocken läuten. Die List gelang. Ibrahim Pascha zog sein Heer zurück. Seither werden die Glocken in Köszeg jeden Tag um 11 Uhr geläutet.

Eine Mutterbrust als Beweis

1   Der britische Historiker Paul Coles erläutert, was man damals unter einer Grenze verstand: »Keine Linie auf der Landkarte, sondern eine Übergangszone zwischen verschiedenen Kulturen oder sozialen Strukturen. In stabilen Zeiten ist die Grenze ein relativ unbeachteter Landstrich, in dem es immer wieder zu Turbulenzen kommt. In Kriegszeiten stellt die Grenze für die aggressive, expandierende Gesellschaft einen Ort dar, an dem sie mit Hilfe der Bevölkerung oder der Armee maximalen Druck ausübt. Die Bevölkerung, die auf der anderen Seite angegriffen wird, begreift die Grenze als eine Art großer Mauer, deren Verteidigung höchste Priorität haben muss.« Vgl. Coles: The Ottoman Impact on Europe.
2   Die beiden Söhne des französischen Königs saßen 1528 noch als Geiseln Karls V. in Madrid in Gefangenschaft. Dank des sogenannten Damenfriedens wurden sie 1529 wieder auf freien Fuß gesetzt. De facto verfiel damit die 1528 zwischen Zapolya und Ferdinand geschlossene Vereinbarung.
3   Josef Matuz: Der Verzicht Süleymans des Prächtigen auf die Annexion Ungarns, in: Ungarn-Jahrbuch. Zeitschrift für interdisziplinäre Hungarologie, Bd. 6, Regensburg (Ungarisches Institut) 1974/75, S. 38–46, hier S. 42, Anm. 34.
4   Eigentlich handelt es sich um vier Religionen, denn auch die Juden wurden hier toleriert.
5   Die Grenzen des heutigen Ungarns wurden 1920 im Friedensvertrag von Trianon festgelegt. Ungarn verlor dabei ungefähr drei Viertel des Grundgebiets des früheren Königreichs. Siebenbürgen wurde Rumänien zugesprochen. 1920 gab es etwa 7,6 Millionen Ungarn, knapp 40 Prozent weniger als vor dem Ersten Weltkrieg.
6   Claudio Magris: Donau. Biographie eines Flusses, übers. von Heinz-Georg Held, München (Hanser) 1988, S. 313.

Die Legende vom Goldenen Apfel

1   Ich selbst tendiere dazu, *kizil elma* mit »Goldener Apfel« zu übersetzen. Damit möchte ich jegliches Missverständnis vermeiden, die wörtliche Übersetzung (Roter Apfel) könnte etwas mit der türkischen ultranationalistischen Gruppierung Kizielma Koalisyonu (Rote-Apfel-Koalition) zu tun haben.
2   Karl Teply: Türkische Sagen und Legenden um die Kaiserstadt Wien, Wien, Köln, Graz (Böhlau) 1980, S. 36.
3   Vgl. ebd., S. 64–67.
4   Mehmed II. hatte seinen Sohn Cem (Djem, Jem, Tzem in den Quellen, Tzitzim auf Griechisch und Zizimus bei Erasmus von Rotterdam) zu seinem Nachfolger ernannt. 1481, direkt nach dem Tod Mehmeds II., schickte Großwesir Karamani Mehmed Pascha einen Boten zu dem 21-jährigen Prinzen mit der Mitteilung, dass er sofort nach Konstantinopel kommen solle, um die Thronfolge anzutreten. Bote und Bericht wurden jedoch von Anhängern von Cems älterem Bruder Bayezid abgefangen. Dieser eilte aus Konya in die Hauptstadt und kam dort gerade noch rechtzeitig an, um die Nachfolge seines Vaters antreten zu können. Cem sann auf Rache. Sein Heer eroberte Bursa, die alte Hauptstadt, in der er als Sultan anerkannt wurde. Damit hatte das Osmanische Reich zwei Sultane. Der Vorschlag von Cem, das Reich wie früher das Römische Reich in einen europäischen und einen asiatischen Teil zu spalten, wurde von Bayezid verworfen. Zweimal trafen die beiden Heere der Brüder aufeinander. Das erste Mal am 20. Juni 1481 bei Konya. Cem wurde geschlagen und ergriff die Flucht nach Ägypten. Ein Jahr später kam er mit einem stärkeren Heer zurück und zog

wieder nach Konya. Die Geschichte wiederholte sich. Cem blieb nichts anderes übrig, als erneut zu flüchten, dieses Mal nach Rhodos. Dort wurde er im Juli 1482 von den Johannitern als *König und Sohn des Kaisers des Osmanischen Reiches* empfangen. Aber die Befürchtung, Cems Anwesenheit könnte für die Türken ein Vorwand sein, die Insel zu überfallen, führte zur erzwungenen Abreise des Prinzen nach Frankreich. Dort blieb er einige Jahre als privilegierter Gefangener zunächst in unterschiedlichen Burgen der Johanniter in der Provence und der Auvergne, dann in Nizza und an der Côte d'Azur. 1489 wurde Cem nach Rom gebracht. Vergebens versuchte Papst Innozenz VIII., ihn dazu zu überreden, sich zum Christentum zu bekehren. Borgia-Papst Alexander VI. widerstand einige Jahre später sogar der Summe von 30.000 Dukaten, mit der Bayezid seinen Bruder »freikaufen« wollte. Letztlich wurde der osmanische Prinz an den französischen König Karl VIII. »ausgeliehen«. Ihm sollte Cem auf einem Kreuzzug, der übrigens nie stattfand, als Tauschmittel dienen. 1495, schon beinahe vergessen und verschmäht starb Cem 35-jährig im süditalienischen Capua unweit von Neapel. Manche vermuten, dass er vergiftet wurde. Beweise gibt es dafür nicht.

5 Faroqhi: Approaching Ottoman History. Folgendes Zitat siehe ebd.

Wo ist das Massengrab?

1 Ein Name, der in der Kirchengeschichte von Eger oft auftaucht, ist Miklós Oláh, der von 1548 bis 1553 Bischof der Stadt gewesen ist und danach bis 1568 Erzbischof von Esztergom wurde. Von ihm ist bekannt, dass er viele Jahre in Flandern verbracht hat, nachdem er Maria von Ungarn nach ihrer Ernennung zur Statthalterin der Niederlande begleitet hatte. Aus diesen Jahren resultierte eine bleibende Freundschaft mit Erasmus von Rotterdam.
2 Auch hier widersprechen sich die Zahlen. Anderen Quellen lässt sich entnehmen, dass die Zahl der Verteidiger in der Stadt aus 2.100 Mann bestand, von denen allerdings nur 1.530 eine militärische Ausbildung erhalten hatten. Das osmanische Heer wird hingegen auf 150.000 Mann geschätzt, darunter 80.000 ausgebildete Soldaten. Der Rest des Heeres bestand aus Personal, das für Logistik und Proviant zuständig war, aus Handwerkern, Kaufleuten und mitreisenden Zigeunern.
3 Jene Kanonen, die sie am häufigsten einsetzten, nannten die Türken *shahi zarbzen.* Sie wogen je 125 Pfund und konnten ohne große Schwierigkeiten von zwei Pferden oder von einem Kamel gezogen werden.
4 Géza Gárdonyi: Sterne von Eger, übers. von Mirza Schüching, 18. Aufl., Budapest (Corvina) 2005.
5 George F. Cushing: Introduction, in: Géza Gárdonyi: Eclipse of the crescent moon, übers. von George F. Cushing, Budapest (Corvina) 1991. Folgendes Zitat siehe ebd.
6 Atil (Hg.): Süleymanname, S. 211.
7 Gárdonyi: Sterne von Eger. Folgendes Romanzitat siehe ebd.

Der lange Weg zum Frieden

1 Vertrag Süleymans, in: Schaendlinger: Die Schreiben Süleymans, Urkunde 32, S. 91.
2 Brief Süleymans an Ferdinand, in: ebd., Urkunde 15, S. 41.
3 *Dragoman* ist die englische Variante des türkischen Wortes *tercüman,* das sich vom arabischen *tarjuman* ableitet. Die Italiener sprachen vom *dragomanno,* während die Franzosen den Dolmetscher *drogman* nannten.
4 Von Busbeck: Vier Briefe aus der Türkei, S. 65 u. 71.
5 Nach Frankreich vereinbarten auch England und die Republik der Niederlande Kapitulationen mit der Hohen Pforte. Der erste niederländische Botschafter Cornelis Haga kam 1612 in Konstantinopel an. Zuvor hatte Willem von Oranje schon mehrmals Gesandte geschickt. Im Gegenzug sondierten osmanische Diplomaten das Terrain in den Niederlanden und unterstützten schließlich die Wassergeusen, die unter dem Motto »lieber türkisch als papistisch« gegen die Spanier kämpften.
6 A. Nuri Yurdusev: The Ottoman Attitude toward Diplomacy, in: ders. (Hg.): Ottoman Diplomacy. Conventional or unconventional?, New York (Palgrama Macmillan) 2003, S. 5–35.

7 Von Busbeck: Vier Briefe aus der Türkei, S. 45.

8 Antoine de Rincon hieß ursprünglich Antonio. Er war ein spanischer Aristokrat, der nach dem katalanischen Aufstand gegen Karl V. ins Lager der Franzosen übergelaufen war. Von 1538 bis 1541 war er französischer Gesandter in Konstantinopel.

9 Brief Süleymans an Ferdinand vom 21.09.1541, in: Schaendlinger: Die Schreiben Süleymans, Urkunde 2, S. 6.

10 De Schepper kam nicht allein. Da Kaiser Karl nicht vom Sultan anerkannt wurde und Erzherzog Ferdinand ebenfalls repräsentiert werden wollte, begleitete ihn der österreichische Diplomat Hieronymus von Zara. Beide behaupteten, in Ferdinands Namen zu reisen, in der Praxis vertrat de Schepper jedoch Karls Interessen. Von Zara machte großen Eindruck mit Geschenken, zu denen ein Diamant, ein Rubin und eine birnenförmige Perle im Wert von insgesamt 7.000 Dukaten gehörten.

11 Coron (heute Koronie) ist eine griechische Hafenstadt an der Südwestküste des Peloponnes. Es wurde im 16. Jahrhundert als strategisch bedeutsamer Ort am Golf von Messina angesehen. Osmanische Truppen eroberten die Stadt im Jahr 1500 während des Sultanats Bayezids II. Die Rückeroberung unter Admiral Andrea Doria im September 1532 leitete den Kampf um die Hegemonie im Mittelmeer ein und verbesserte die Ausgangsposition Karls V. bei den Friedensverhandlungen mit Süleyman.

12 Gemäß des osmanischen Protokolls gab es drei Möglichkeiten, sich dem Sultan zu nähern: Man konnte die Füße, seinen Mantel auf Höhe seiner Knie oder seine Hand küssen. Letzteres galt natürlich als höchste Ehre. Weiterhin schrieb das Protokoll vor, dass die Gäste sich links von ihm aufzustellen hatten. Denn das gab ihm die Freiheit, mit seiner Rechten das Schwert zu ziehen.

13 Dank der Heirat von Karls Großvater Ferdinand von Aragón mit Isabella von Kastilien, der Heirat der sogenannten katholischen Könige, und der späteren Vermählung ihrer Tochter Johanna (der Wahnsinnigen) mit Philipp dem Schönen, dem Sohn von Maximilian von Österreich und Maria von Burgund, gehörte Aragón zum Habsburgischen Reich.

14 Ebenso wie de Schepper wurde Veltwyck von Nikolaus Sick, einem Gesandten Ferdinands, begleitet.

15 Die am häufigsten verwendeten Quellen zum Inhalt der Briefe, die Veltwyck und seine Kollegen (zu denen auch sein Nachfolger Malvezzi gehörte) an Ferdinand und Kaiser Karl geschrieben hatten, sowie zu den Instruktionen, die sie von ihren Herrschern erhielten, finden sich in Karl Nehring (Hg.): Austro-Turcica 1541–1552. Diplomatische Akten des habsburgischen Gesandtschaftsverkehrs mit der Hohen Pforte im Zeitalter Süleyman des Prächtigen, München (Oldenbourg) 1995.

16 Dieser Konflikt, der sich über Jahre hingezogen hatte, führte dazu, dass in beiden Lagern allmählich das Geld knapp wurde. Die Intentionen waren gut. Doch der Vertrag hielt nicht lange, weil einer seiner Eckpfeiler durch unvorhergesehene Umstände in die Brüche ging: Die Heirat des Herzogs von Orléans mit Karls Tochter oder seiner Nichte (der Herzog durfte selbst wählen) musste wegen des plötzlichen Todes des zukünftigen Bräutigams ausfallen.

17 Im Schmalkaldischen Krieg (1546–47) erlitten die deutschen Protestanten, die sich im sogenannten Schmalkaldischen Bund zusammengeschlossen hatten, eine Niederlage gegen das Heer Karls V.

18 Brief Süleymans an Karl V., in: Schaendlinger: Die Schreiben Süleymans, Urkunde 6, S. 12 f.

19 Brief Süleymans an Ferdinand, in: ebd., Urkunde 7, S. 16 f.

20 Brief Süleymans, in: ebd., Urkunde 6, S. 13.

21 Brief Süleymans an Ferdinand, in: ebd., Urkunde 13, S. 36.

22 Von Busbeck: Vier Briefe aus der Türkei, S. 101.

Die Prinzenstadt

1 Von Busbeck: Vier Briefe aus der Türkei, S. 62.

2 Im Jahr zuvor waren die französischen Truppen bis nach Dinant vorgerückt. Unterwegs hatten sie die Burgen der Statthalterin Maria von Ungarn in Binche und Mariemont verwüstet.

3 Babinger (Hg.): Dernschwam's Tagebuch, S. 208: »Von Bagdlicza bis Amasia [...], auff baiden seytten hoch gepirge [...]. Ein schon zimlich gros wasser fleust gen Amasia von der rechten handt

gesehen.« Folgende Zitate siehe ebd.: »Vnd wo man nit hot fwr dem velse gehen mugen, seindt durch den vels hin vnd wider hoch vnd nider fus wege ausgehawen [...]. Vnd wo es neben dem wasser erdtpoden hot, alda seind weingartten, obstgartten, aker velder [...]. Wan man nu zw der stadt kompt ist [...] wider ein hulczene prukhen, 80 schrit lang [...], stehen noch zwo altte schone kirchen zw rechten vnd lingkhen gegen einander.«

4 Von Busbeck: Vier Briefe aus der Türkei, S. 63.

5 Babinger (Hg.): Dernschwam's Tagebuch, S. 210: »Lescht niemancz als die janczarn [...] reyssen zuuor etlich heuser ab.«

6 Ebd., S. 36: »Es seind wol zw Constantinopel vill tabern, dorin man wein schengt, durffen aber nicht geste vnd frembde lewtte beherbrigen. Vnd niemantz schengt wein, als die krichen und juden [...]. Die turkhen durffen khain wein schenkhen, aber verstolen trinkhen ir vjl wein, sunderlich [...] das krigsvolkh vnd janczarn.«

7 Ebd., S. 213: »aber thewer«.

8 Ebd., S. 210: »in die kirchen geritten«.

9 Ebd.: » In grien beklaidt, [...] Vnd vor dem khaiser haben he 7 an der handt gefurt 7 ledige gesattelte ros mit guld stukhn bedegt. [...] Vor im seind die obstanden 3 bascha geritten [...].«

10 Ebd., S. 208.

11 Vgl. von Busbeck: Vier Briefe aus der Türkei, S. 62.

12 Ebd., S. 63.

13 Babinger (Hg.): Dernschwam's Tagebuch, S. 219: »Der seind 5 noch einander, [...] altte haydnischer konige begrebnus [...].«

14 Von Busbeck: Vier Sendschreiben über die Gesandtschaft, S. 25: »Von Amasia, wo er Statthalter war, kam er zum Vater, dessen Lager nicht ferne lag [...].«

15 Von Busbeck: Vier Briefe aus der Türkei, S. 36.

16 Babinger (Hg.): Dernschwam's Tagebuch, S. 212: »Ist wie ein schlechter grosser hoff vnd gartten weitt vmbfangen. Der Eingang hot ein hulczen thor mit koth gemavwert [...]. Im hoff ein new haus von einem gaden [...].«

17 Ebd., S. 216: »ein alter grawer man, in eim langen bart, vber hunder vnd etlich persson, gen Amasia einkommen«.

18 Van Boesbeeck verweist hier auf die Ereignisse im Jahr 1389, als Sultan Murat I. nach der Schlacht auf dem Amselfeld (bei Kosovo Polje) in seinem Zelt ermordet wurde.

19 Von Busbeck: Vier Sendschreiben über die Gesandtschaft, S. 31.

20 Babinger (Hg.): Dernschwam's Tagebuch, S. 218: »mer fur 5 seiner diener 5 lange schlechte seydene gemusirte enge rockhe.«

21 Brief Süleymans, in: Schaendlinger: Die Schreiben Süleymans, Urkunde 20, S. 52 ff.

22 Von Busbeck: Vier Sendschreiben über die Gesandtschaft, S. 34. Folgendes Zitat siehe ebd.

23 Brief Süleymans, in: Schaendlinger: Die Schreiben Süleymans, Urkunde 11, S. 26 f.

24 Von Busbeck: Vier Sendschreiben über die Gesandtschaft, S. 34. Folgendes Zitat siehe ebd.

25 Von Busbeck: Vier Briefe aus der Türkei, S. 165. Folgendes Zitat siehe ebd., S. 164.

26 Vgl. Clot: Suleiman the Magnificent.

27 Babinger (Hg.): Dernschwam's Tagebuch, S. 219: »[...] hot vil klainer Khamern auff den seytten mit einfallenden fernstern.« Folgendes Zitat siehe ebd.: »Solcher zelt seindt vill vnd die bawme also digke, als ein gemaine nabe an einem kotzy radt mag sein.«

28 Mikheil Svanidze: The Amasya Peace Treaty between the Ottoman Empire and Iran (June 1, 1555) and Georgia, in: Bulletin of the Georgian National Academy of Sciences, Bd. 3, Heft 1, 2009, S. 191–197.

29 Vgl. Petra Kappert: Die osmanischen Prinzen und ihre Residenz Amasya im 15. und 16. Jahrhundert, Istanbul (Nederlands Historisch-Archaeologisch Instituut) 1976.

Die Kunst der Macht

1 Esin Atil: The Age of Sultan Süleyman the Magnificent, Washington, D C (National Gallery of Art) 1987 [Ausstellungskatalog], S. 24.

2   2. Makk, Kap. 15. Seinen Stellenwert als eine (fast) heilige Reliquie hat das Schwert in der revolutionären Demagogie des Präsidenten von Venezuela Hugo Chávez zurückgewonnen. Im April 2010 übergab er dem russischen Premierminister Wladimir Putin als Geschenk von höchster Erhabenheit eine Replik des Schwertes des südamerikanischen Befreiungshelden Simón Bolívar.

3   Vgl. Gülru Necipoglu: Süleyman the Magnificent and the Representation of Power in the Context of Ottoman-Hapsburg-Papal Rivalry, in: The Art Bulletin 71, Heft 3, September 1989, S. 401–427.

4   Elias John Wilkinson Gibb: The Suleymánic Age. Suleymán I. 926–974 (1520–1566), in: ders.: A History of Ottoman Poetry, Bd. 3, hrsg. von Edward G. Browne, London (Luzac & Co.) 1904, S. 1–19.

5   In der türkischen Geschichte gilt Süleyman tatsächlich als Kanuni, als Gesetzgeber. In der Regel wird vermutet, dass er der Initiator einer einheitlichen zivilen Rechtsprechung für das ganze Reich war. Diese Gesetzgebung war in hohem Maße auf die Scharia abgestimmt. Neue Studien haben ergeben, dass die Gesetzgebung eigentlich schon von Mehmed II. vorbereitet worden war. Während Süleymans Sultanat wurden die Texte kodifiziert, systematisiert und verbreitet. Ein zweiter Beweis für die osmanische Rechtsstaatlichkeit ist das Grundbuch. Alle Länder, die Teil des Osmanischen Reiches waren, wurden in einem in Konstantinopel geführten Kataster erfasst. Die osmanische Landregistratur war damit ein Vorläufer ähnlicher Organisationssysteme, die später im übrigen Europa eingeführt wurden. Noch immer beruht das Grundbuch von Rhodos auf der Landregistratur, die nach 1522 auf der (heute griechischen) Insel eingeführt wurde.

6   Pamuk: Istanbul, S. 58.

7   *Matrakçi* ist von Matrak abgeleitet, einer damals sehr populären Ballsportart, in der Nasuh sehr geübt war.

8   Atil: The Age of Sultan Süleyman. Atil bemerkt außerdem, dass man damals nicht zwischen einem *Maler* und einem *Zeichner* unterschieden hat. Beide Handwerke fielen in dasselbe Metier.

9   Die türkische Tulpe wurde von van Boesbeeck in den Niederlanden eingeführt. Der niederländische Name *tulp* geht auf ein Missverständnis zurück. Als der Diplomat einen Würdenträger am türkischen Hof fragte, wie man die Blume nenne, dachte dieser, dass er seinen Turban meine und murmelte *tülbent,* womit er sich auf das feinmaschige Geflecht bezog, um den der eigentliche Turban gewickelt wird. Van Boesbeeck verstand *Tulpe* und damit war das Missverständnis geboren.

10   Im März 2010 hat das türkische Kultusministerium mit Unterstützung von Syrien und Griechenland ein Projekt zur Restaurierung der Bauwerke Sinans ins Leben gerufen.

11   Necipoglu: The Age of Sinan.

12   Von Busbeck: Vier Briefe aus der Türkei, S. 115.

Der letzte Feldzug

1   János Sigismund Zapolya war nicht der einzige Verbündete, der zu Besuch kam. Nach ihm machte der französische Botschafter Grantrie de Grandchamp seine Aufwartung – einerseits, um dem Sultan zu zeigen, dass er immer noch auf französische Unterstützung rechnen konnte, und andererseits, um über den Plan einer Zwangsumsiedlung von französischen Hugenotten und deutschen Protestanten nach Moldawien zu verhandeln.

2   Fairfax Downey: The Grande Turke. Suleyman, the Magnificent, Sultan of the Ottomans, London (Stanley Paul) 1928. Folgendes Zitat siehe ebd.

3   Die Geschwindigkeit, mit der offizielle Schriftstücke in Europa überbracht wurden, hatte damals stark zugenommen. Zu Zeiten Karls V. war es noch vorgekommen, dass der Kaiser dem Schah von Persien eine Botschaft geschickt hatte, ohne zu wissen, dass dieser schon lange tot war.

4   2008 kam es zu Differenzen über die Zukunft der Festungsanlage in Szigetvár. Türkische Investoren wollten dort wieder ein Minarett errichten und in der noch zu restaurierenden Karawanserei ein Hotel eröffnen. Die Ungarn wehrten sich dagegen, sie sprachen von der Festung als einem Symbol für die ungarische Nation und davon, dass es den Türken nicht zustehe, ein Bauwerk von solch großer historischer Bedeutung wirtschaftlich zu nutzen.

5 Neueste Forschungen haben ergeben, dass die barocke Kirche nicht auf dem gleichen Platz errichtet wurde, auf dem seinerzeit das Djami stand. Die Suche nach Süleymans Herz geht weiter, schrieb mir Erika Hancz von der Universität Pécs in einer E-Mail.

Das Paradies

1 Der Name Bosnien leitet sich vom indoeuropäischen Wort *bos* ab, das »fließendes Gewässer« bedeutet.

2 Sure 4,13, in: Der Koran, übers. von Max Henning, m. Einl. und Anm. von Annemarie Schimmel, Stuttgart (Reclam) 1996.

3 Während der Militärkampagnen in Ungarn schlug das Heer des Sultans gewöhnlich eine Route ein, die über Nish, Belgrad, Novi Sad, Osnijek und Pécs und damit durch die östlichen Gebiete von Kroatien und Bosnien führte.

4 Der französische Medienexperte Renaud de la Brosse, der im Auftrag des UN-Tribunals in Den Haag etwa 20.000 serbische Zeitungsartikel aus den Jahren 1993 bis 1995 analysiert hatte, kam zu dem Schluss, die serbischen Medien hätten mit ihren Lügen und Hetzkampagnen viel dazu beigetragen, Hassgefühle zu schüren und die bedingungslose Unterstützung für Milosevics Balkankrieg zu stärken.

5 Rebecca West: Schwarzes Lamm und grauer Falke. Eine Reise durch Jugoslawien, übers. von Hanne Gebhard, Berlin (Edition Tiamat) 2002.

6 Anders als in den eroberten Gebieten in Serbien und Makedonien behielt der Adel in Bosnien das Recht auf die Erblande *(bashtina),* die ihm vom bosnischen König zugesprochen worden waren. Der bosnische Adel trat nach und nach vom christlichen zum islamischen Glauben über. Laut Inalcik wurde dabei kein Druck ausgeübt. Um im Besitz des Landes zu bleiben, musste man nicht zum Islam konvertieren.

7 Ivo Andric: Die Entwicklung des geistigen Lebens in Bosnien unter der Einwirkung der türkischen Herrschaft, Klagenfurt (Wieser) 2011.

8 Vgl. Ivo Andric: Die Brücke über die Drina, Frankfurt am Main (Büchergilde Gutenberg), 1974, S. 56–60.

9 Ebd., S. 6.

10 Ebd., S. 6.

11 *Bascarsija* bedeutet »größter oder wichtigster Markt«.

12 2005 hatte man vereinbart, die Schulbücher für den Grundschulunterricht objektiver zu gestalten. Wenn kein Geld für eine Neuauflage vorhanden war, sollten die tendenziösen Passagen geschwärzt oder mit eingelegten Blättern darauf hingewiesen werden, dass die betreffende Passage Anschuldigungen enthielt, die nicht auf ihren Wahrheitsgehalt hin überprüft worden waren. Doch auch nach 2005 befassten sich serbische Schüler im Unterricht weiterhin mit den heroischen Ereignissen von 1389, durch die man ihnen vermittelte, die türkische Besetzung sei die »schlimmste aller Zeiten« gewesen. Kroatische Schüler lernten, dass die Türken 300 bosnische Städte verwüstet hätten. Leicht zu korrigierende Fehler wurden auch in einem bosnischen Lehrbuch nicht getilgt, in dem es hieß, Süleyman sei bei der Belagerung von Wien 1529 ums Leben gekommen.

13 Im Mai 2009 ließ der serbische Minister für Religiöse Angelegenheiten mitteilen, Mustafa Cerić sei ein »unerwünschter Gast«, weil er »sich sehr bedrohlich und beleidigend gegenüber der serbischen Bevölkerung geäußert hatte«. Der Minister warf Cerić vor, er vertrete den Standpunkt, Bosniaken seien eigentlich Türken, und er strebe einen bosnischen Staat mit drei ethnischen Gruppen an.

Epilog

1 Fairfax Downey: The Grande Turke.

2 Josef Matuz: Das Osmanische Reich. Grundlinien seiner Geschichte, Darmstadt (Wiss. Buchges.) 1990, S. 287.

3 Atil (Hg.): Süleymanname, S. 20.

Literaturverzeichnis

Ilhan Aksijt: The Mystery of the Ottoman Harem, übers. von Resat Dengic, Istanbul (Aksit Kültür ve Turizm Yayincilik) 2000.

Ivo Andric: Die Brücke über die Drina. Roman, übers. von Ernst E. Jonas, Katharina Wolf-Grießhaber, Wien (Zsolnay) 2011 [zitierte Ausg.: Frankfurt am Main (Büchergilde Gutenberg) 1974].

Ivo Andric: Die Entwicklung des geistigen Lebens in Bosnien unter der Einwirkung der türkischen Herrschaft, Klagenfurt (Wieser) 2011.

Karen Armstrong: Kleine Geschichte des Islam, übers. von Stephen Tree, Berlin (Berliner Taschenbuch-Verlag) 2001.

Neslihan Asutay-Effenberger, Ulrich Rehm (Hgg.): Sultan Mehmed II. Eroberer Konstantinopels – Patron der Künste, Köln, Weimar, Wien (Böhlau) 2009.

Esin Atil (Hg): Süleymanname, The Illustrated History of Süleyman the Magnificent, Washington, D C (National Gallery of Art) 1986.

Esin Atil: The Age of Sultan Süleyman the Magnificent, Washington, D C (National Gallery of Art) 1987 [Ausstellungskatalog].

Franz Babinger (Hg.): Hans Dernschwam's Tagebuch einer Reise nach Konstantinopel und Kleinasien (1553/55). Nach der Urschrift im Fugger-Archiv, Leipzig, München (Duncker & Humblot) 1923 [Neuauflage: Berlin (Duncker & Humblot) 2004; zitiert wurde aus der Ausgabe: Berlin (Duncker & Humblot) 1986].

Ottaviano Bon: The Sultan's Seraglio. An Intimate Portrait of Life at the Ottoman Court, hrsg. von Godfrey Goodwin, London (Saqi) 1996.

Ogier Ghiselin von Busbeck: Vier Sendschreiben über die Gesandtschaft nach der Türkei aus den Jahren 1555 bis 1562, mit einer Einl. von Mario Krammer, Berlin (Weltgeist-Bücher) 1917.

Ogier Ghiselin von Busbeck: Vier Briefe aus der Türkei, übers., eingel. und mit Anm. vers. von Wolfram von den Steinen, Erlangen (Philosophische Akademie) 1926.

George Gregory Buttigieg: Of Craft and Honour and a Templar's Chronicle, Luqa (Agenda) 2006.

Karl Brandi: Kaiser Karl V. Werden und Schicksal einer Persönlichkeit und eines Weltreiches, München (Bruckmann) 1961.

Jerry Brotton: The Renaissance Bazaar. From the Silk Road to Michelangelo, Oxford u. a. (University Press) 2002.

Willem Bruls: Ontvoering, verleiding und bevrijding. De Oriënt in de opera, Amsterdam (Bulaaq) 2004.

Asli Çirakman: From Tyranny to Despotism. The Enlightenment's unenlightened Image of the Turks, in: International Journal of Middle East Studies 33, Heft 1, 2001, S. 49–68.

André Clot: Suleiman the Magnificent, London (Saqi) 2005.

Paul Coles: The Ottoman Impact on Europe, London (Thames & Hudson) 1968.

Géza Dávid, Pál Fodor: Ottomans, Hungarians and Habsburgs in Central Europe. The Military Confines in the Era of Ottoman Conquest, Leiden u. a. (Brill) 2000.

Géza Dávid, Pál Fodor: Ransom Slavery along the Ottoman Borders, Leiden u. a. (Brill) 2007.

Fairfax Downey: The Grande Turke. Suleyman, the Magnificent, Sultan of the Ottomans, London (Stanley Paul) 1928.

Desiderius Erasmus: De Turkenkrijg, Rotterdam (Donker) 2005.

Suraiya Faroqhi: Kultur und Alltag im Osmanischen Reich. Vom Mittelalter bis zum Anfang des 20. Jahrhunderts, München (Beck) 1995.

Suraiya Faroqhi: The Ottoman Empire and the World around It, London, New York (I. B. Tauris & Co.) 2004.

Suraiya Faroqhi: Approaching Ottoman History. An Introduction to the Sources, Cambridge (University Press) 1999.

Géza Fehér: Türkische Miniaturen aus den Chroniken der ungarischen Feldzüge, Wiesbaden (Vollmer) 1978.

Caroline Finkel: Osman's Dream. The Story of the Ottoman Empire, London (John Murray) 2005.

Cornell H. Fleischer: Bureaucrat and Intellectual in the Ottoman Empire. The Historian Mustafa Ali (1541–1600), Princeton, N J (University Press) 1986.

Pál Fodor: In Quest of the Golden Apple. Imperial Ideology, Politics, and Military Administration in the Ottoman Empire, Istanbul (Isis) 2000.

Géza Gárdonyi: Eclipse of the crescent moon, übers. von George F. Cushing, Budapest (Corvina) 1991.

Géza Gárdonyi: Sterne von Eger, übers. von Mirza Schüching, 18. Aufl., Budapest (Corvina) 2005.

Bartholomaeus Georgievic: De captivitate sua apud Turcas. Gefangen bei den Türken. Türkiye'-de esir iken, hrsg. von Reinhard Klockow, Monika Ebertowski, Berlin (Gesellschaft für interregionalen Kulturaustausch, Druckwerkstatt im Kreuzberg-Museum) 2000.

Elias John Wilkinson Gibb: The Suleymánic Age. Suleymán I. 926–974 (1520–1566), in: ders.: A History of Ottoman Poetry, Bd. 3, hrsg. von Edward G. Browne, London (Luzac & Co.) 1904, S. 1–19.

Pierre Gilles: The Antiquities of Constantinople, basierend auf derÜbers. von John Ball, New York (Italica Press) 1988.

Daniel Goffman: The Ottoman Empire and Early Modern Europe, Cambridge (University Press) 2002.

Carl Göllner: Die Türkenfrage in der öffentlichen Meinung Europas im 16. Jahrhundert, Baden-Baden (Valentin Koerner) 2011.

Godfrey Goodwin: The Janissaries, London (Saqi) 1997.

Godfrey Goodwin: The Private World of Ottoman Women, London (Saqi) 1997.

Jason Goodwin: Lords of the Horizons. A History of the Ottoman Empire, London (Chatto & Windus) 1998.

Emrah Safa Gürkan: Early Modern Espionage. Power and Information in the 16th century Mediterranean, Univ.-Diss. Georgetown University [bisher unveröff.].

Talat S. Halman: Süleyman the Magnificent Poet. The Sultan's Selected Poems, Istanbul (Dost) 1987.

Joseph von Hammer-Purgstall: Geschichte des Osmanischen Reiches. Großentheils aus bisher unbenützten Handschriften und Archiven, Bd. 3: Vom Regierungsantritte Suleiman des Ersten bis zum Tode Selim's II. 1520–1574, Pest (C. A. Hartleben) 1828.

Almut Höfert: Den Feind beschreiben. »Türkengefahr« und europäisches Wissen über das Osmanische Reich 1450–1600, Frankfurt am Main (Campus) 2003.

Victor Hugo: Notre-Dame von Paris. Zweiter Theil, übers. von Franz Kottenkamp, in: Victor Hugo's sämmtliche Werke, Bd. 14, Frankfurt am Main (Johann David Sauerländer) 1836.

Georgius de Hungaria: Traktat über die Sitten, die Lebensverhältnisse und die Arglist der Türken, nach der Erstausg. von 1481 hrsg., übers. und eingel. von Reinhard Klockow, Köln, Weimar, Wien (Böhlau) 1994.

Colin Imber: The Ottoman Empire 1300–1650. The Structure of Power, Basingstoke (Palgrave Macmillan) 2002.

Halil Inalcik: The Ottoman Empire. The Classical Age 1300–1600, übers. von Norman Itzkowitz, Colin Imber, London (Weidenfeld & Nicolson) 1973.

Halil Inalcik: Turkey and Europe in History, Istanbul (Eren) 2006.

Cemal Kafadar: Between Two Worlds. The Construction of the Ottoman State, Berkeley, Los Angeles (University of California Press) 1995.

Petra Kappert: Die osmanischen Prinzen und ihre Residenz Amasya im 15. und 16. Jahrhundert, Istanbul (Nederlands Historisch-Archaeologisch Instituut) 1976.

Elias Kollias: Die Ritter von Rhodos. Der Palast und die Stadt, übers. von Ute Rinke-Moladakis, Athen (Ekdotike Athenon) 1991.

Nikolaus von Kues: Cribratio Alkorani. Sichtung des Korans, nach dem Text der historisch-kritischen Ausgabe neu übers., hrsg. und eingel. von Ludwig Hagemann, Reinhold Glei, 3 Bde., Hamburg (Felix Meiner) 1989–1993.

Özlem Kumrular: El duelo entre Carlos V y Solimán el Magnifíco (1520–1535), Istanbul (Isis) 2005.

Bernard Lewis: The Muslim Discovery of Europe, New York (W. W. Norton) 2001.

Bernard Lewis: Istanbul and the Civilisation of the Ottoman Empire, Norman (University of Oklahoma Press) 1963.

Niccolò Machiavelli: Der Fürst, übers. von Friedrich von Oppeln-Bronikowski, Frankfurt am Main (Insel) 1990.

Claudio Magris: Donau. Biographie eines Flusses, übers. von Heinz-Georg Held, München (Hanser) 1988.

Noel Malcolm: Geschichte Bosniens, Frankfurt am Main (S. Fischer) 1996.

Josef Matuz: Das Osmanische Reich. Grundlinien seiner Geschichte, Darmstadt (Wiss. Buchges.) 1990.

Josef Matuz: Der Verzicht Süleymans des Prächtigen auf die Annexion Ungarns, in: Ungarn-Jahrbuch. Zeitschrift für interdisziplinäre Hungarologie, Bd. 6, Regensburg (Ungarisches Institut) 1974/75, S. 38–46.

Michel de Montaigne: Essais, hrsg. von Hans Magnus Enzensberger, übers. von Hans Stilett, Frankfurt am Main (Eichborn) 1998.

Gülru Necipoglu: The Age of Sinan. Architectural Culture in the Ottoman Empire, Princeton, N J (University Press) 2005.

Gülru Necipoglu: Süleyman the Magnificent and the Representation of Power in the Context of Ottoman-Hapsburg-Papal Rivalry, in: The Art Bulletin 71, Heft 3, September 1989, S. 401–427.

Karl Nehring (Hg.): Austro-Turcica 1541–1552. Diplomatische Akten des habsburgischen Gesandtschaftsverkehrs mit der Hohen Pforte im Zeitalter Süleyman des Prächtigen, München (Oldenbourg) 1995.

Nicolas de Nicolay: Les quatre premiers livres des navigations et peregrinations orientales, Lyon (Rouille) 1568. Dt. Ausgabe: Vier Bücher von de Raisz vnd Schiffart in die Turckey, Antorff [= Antwerpen] (Willem Silvius) 1576.

Ilber Ortayli: Discovering the Ottomans, übers. von Jonathan Ross, Leicester (Kube) 2009.

Vlajko Palavestra: Legends of Old Sarajevo, übers. von Mario Suško, William Tribe, Sarajevo (International Literary Manifestation Sarajevo Poetry Days) 1987.

Orhan Pamuk: Istanbul. Erinnerungen an eine Stadt, übers. von Gerhard Meier, München (Hanser) 2006.

Orhan Pamuk: Rot ist mein Name, übers. von Ingrid Iren, München (Hanser) 2005.

Leslie P. Peirce: The Imperial Harem. Women and Sovereignty in the Ottoman Empire, New York, Oxford (Oxford University Press) 1993.

Géza Perjés: The Fall of the Medieval Kingdom of Hungary. Mohács 1526–Buda 1541, Boulder (Social Science Monographs) 1989.

John M. Rogers: Sinan, London, New York (I. B. Tauris & Co.) 2006.

Erasmus von Rotterdam: Ausgewählte Schriften, Bd.1, übers., eingel. und hrsg. von Werner Welzig, Darmstadt (Wissenschaftliche Buchgesellschaft) 1968.

Edward W. Said: Orientalismus, übers. von Hans Günter Holl, Frankfurt am Main (S. Fischer) 2009.

Necdet Sakaoglu: The Imperial Palace with its History, Locations, Inscriptions, and Memoirs, Istanbul (Zorlu) 2002.

Anton C. Schaendlinger unter Mitarb. von Claudia Römer: Die Schreiben Süleymans des Prächtigen an Karl V., Ferdinand I. und Maximilian II. aus dem Haus-, Hof- und Staatsarchiv zu Wien, Wien (Verlag der Österreichischen Akademie der Wissenschaften) 1983.

Anton C. Schaendlinger unter Mitarb. von Claudia Römer: Die Schreiben Süleymans des Prächtigen an Beamte, Militärbeamte, Vasallen und Richter aus dem Haus-, Hof- und Staatsarchiv zu Wien, Wien (Verlag der Österreichischen Akademie der Wissenschaften) 1986.

Stefan Schreiner (Hg.): Die Osmanen in Europa. Erinnerungen und Berichte türkischer Geschichtsschreiber, Graz, Wien, Köln (Styria) 1985.

Nanami Shiono: The Siege of Rhodes, übers. von Carolyn L. Temporelli, Wilburn Hansen, Steven Wills, New York (Vertical) 2006.

Mikheil Svanidze: The Amasya Peace Treaty between the Ottoman Empire and Iran (June 1, 1555) and Georgia, in: Bulletin of the Georgian National Academy of Sciences, Bd. 3, Heft 1, 2009, S. 91–197.

Dominique Halbout du Tanney: Istanbul vu par Matrakçi et les miniaturistes du XVIe siècle, Istanbul (Dost) 1993.

Karl Teply: Türkische Sagen und Legenden um die Kaiserstadt Wien, Wien, Köln, Graz (Böhlau) 1980.

Esma Tezcan: Pargali Ibrahim Paşa çevresindeki edebi yaşam, Univ.-Diss., Ankara (Bilkent Üniversitesi) 2004.

Galina Yermolenko: Roxolana. The Greatest Empress of the East, in: The Muslim World 95, Heft 2, 2005, S. 231–248.

A. Nuri Yurdusev: The Ottoman Attitude toward Diplomacy, in: ders. (Hg.): Ottoman Diplomacy. Conventional or unconventional?, New York (Palgrama Macmillan) 2003, S. 5–35.

Lucette Valensi: Venise et la sublime porte. La naissance du despote, Paris (Hachette) 1987.

Gilles Veinstein u. a. (Hgg.): The Age of Sultan Süleyman the Magnificent, Sydney (International Cultural Corporation of Australia) 1990.

Paul Wittek: The Rise of the Ottoman Empire, London (Royal Asiatic Society) 1938.

Rebecca West: Schwarzes Lamm und grauer Falke. Eine Reise durch Jugoslawien, übers. von Hanne Gebhard, Berlin (Edition Tiamat) 2002.

Amanda Wunder: Western Travellers, Eastern Antiquities, and the Image of the Turk in Early Modern Europe, in: The Journal of Early Modern History 7, 2003, S. 89–119.

Mehr Literaturhinweise auf der Webseite www.degroteturk.com.

Glossar

Aga Osmanischer Würdenträger
Akinci Kavallerist, gewöhnlich nicht-türkischer Herkunft, der dem Stoßtrupp des regulären osmanischen Heeres angehörte. Die Akinci lebten von Beutezügen und Sklavenhandel.
Askeri Steuerbefreite Soldatenkaste
Bailo Venezianischer Botschafter in Konstantinopel, der gewöhnlich für einen Zeitraum von zwei Jahren berufen wurde
Beg siehe Bey
Bektaschi Im 13. Jh. von dem Mystiker Haci Bektas Veli (Hadschi Bektasch Wali) in Anatolien gegründeter religiöser Sufiorden, der sich zu den schiitischen Glaubensprinzipien des Islam bekennt
Bey (oder Bei) Bezirksgouverneur oder Regent eines unabhängigen Fürstentums, Anführer eines Heeresbataillons
Beylerbey Gouverneur oder Statthalter einer Provinz
Çavus Diplomatischer Botschafter des Sultans
Çelebi Titel, der einem Angehörigen einer höheren Klasse verliehen wird
Dâr al-harb Wörtlich übersetzt: das Haus des Krieges, Bezeichnung für Gebiete, die nicht unter muslimischer Herrschaft standen
Dâr al-islam Das Haus der islamischen Gebiete unter muslimischer Herrschaft
Dâr al-suhl Das Haus des Friedens, Gebiete, die dem islamischen Herrschaftsgebiet durch Friedensverträge verbunden waren
Defterdar Finanzminister
Derwisch Anhänger der islamischen Sufibewegung. Die Mönche im Derwischkloster in Konya sind berühmt für ihre kreisenden Bewegungen, mit denen sie den spirituellen Kontakt zu Gott suchen.
Devşirme Rekrutierungssystem für christliche Jungen vor allem aus den Balkanländern, die für den Dienst in der Verwaltung und bei der Elitetruppe des Sultans (den Janitscharen) ausgebildet wurden. Einige von ihnen waren bis zum Großwesir aufgestiegen.
Dhimmi Nicht-Muslime unter islamischer Herrschaft
Diwan Staatsrat (divan-i hümayun), der sich aus dem Großwesir, den Wesiren, dem Oberschatzmeister und den Defterdars (den Finanz- und Wirtschaftsministern) zusammensetzte
Djami Phonetische Schreibweise des türkischen Wortes *cami* für Moschee. Das Wort *djami* war in Ungarn vor allem für die dort von den Türken erbauten Moscheen gebräuchlich.
Doge Weltlicher Herrscher der Republik Venedig
Dragoman Dolmetscher des Sultans oder Großwesirs
Dschihad Heiliger Krieg zur Verbreitung des Islams
Eunuch Entmannter Haremswächter. Die Weißen Eunuchen, die aus dem Kaukasus und dem Balkan stammten, waren teilkastriert. Die aus Afrika stammenden Schwarzen Eunuchen waren ganz kastriert
Eyalet Bezirk oder Provinz
Fatih Der Eroberer, Titel, den sich Sultan Mehmed II. nach der Eroberung von Konstantinopel 1453 zugelegt hatte
Fethnâme Offizielle Proklamation der Hohen Pforte an die Welt
Fetwa Türkische Version der arabisch (marokkanischen) Fatwa, juristisch eine auf dem Koran basierende Empfehlung, während Süleymans Sultanat ein bindendes Dekret
Franke Von Franzmann bzw. Franzose abgeleiteter Begriff, mit dem in Konstantinopel eigentlich alle Westeuropäer bezeichnet wurden
Gaza Heiliger Krieg der Muslime
Gazi Frontsoldaten, die es als eine Ehre ansehen, im Krieg gegen die Ungläubigen auf dem Schlachtfeld zu sterben
Giaur Abgeleitet vom arabischen gavur, Nicht-Muslim oder Ungläubiger
Großmufti Führer der Muftis und höchste religiöse Autorität. In der Regel war der Großmufti der Mufti von Konstantinopel.
Großwesir Vorsitzender des Diwans, Stellvertreter des Sultans, vergleichbar mit einem Premierminister
Hamam Türkisches Bad
Han 1. Herberge oder Karawanserei, 2. Herrschertitel eines Sultans (abgeleitet von Khan)
Harac Spezielle Steuer, die nur Juden und Christen zahlen mussten
Harem Frauenunterkünfte in einem muslimischen Haushalt

Haseki Sultan bevorzugte Haremsdame des Sultans

Hisbah Islamische Doktrin, die für jede Handlung die Wahrung der Gesetze Allahs vorschreibt

Hürrem Sultan Sultan Süleymans Ehefrau

Hutbe Die sich an das Freitagsgebet anschließende Predigt, in der der Name des Sultans genannt wird

Içoglan Im Topkapi-Palast ausgebildeter Sklave oder Page

Imam Geistlicher Führer des Islams und Vorbeter beim Gebet in der Moschee

Janitscharen Zum Islam konvertierte Soldaten, die meist aus den Balkanländern stammten und dem Elitekorps des Sultans angehörten

Kadi Richter in einer Provinzhauptstadt, der dafür Sorge zu tragen hatte, dass die Scharia und der Kanun korrekt befolgt wurden

Kaftan Orientalisches Männergewand

Kalif Titel des Nachfolgers des Propheten Mohammed. Die Kalifen übten weltliche Macht über die muslimische Gemeinde aus und waren für die Einhaltung der Scharia verantwortlich. Nach der Eroberung Ägyptens und des Kalifats von Kairo im Jahre 1517 führte der osmanische Sultan bis zum Ende des Osmanischen Reiches im Jahr 1922 den Titel des Kalifen.

Kalligrafie Die Kunst des schönen Schreibens, hergeleitet von den griechischen Begriffen kallós (= schön) und graphein (= schreiben)

Kanun Vom Sultan erlassene Gesetz

Kapi agasi weißer Obereunuche im Harem

Kapitulation Handelsabkommen, in dem juristische, steuerliche und kommerzielle Privilegien festgelegt sind

Kazasker Oberster Richter in Anatolien und Rumeli

Khan Mongolisch-türkischer Herrschertitel

Kizilbasch Wörtlich: Rotkopf, Mitglied einer pro-schiitischen Sekte in Anatolien

Kul Exklusive Sklavenkaste innerhalb der Palastmauern, die im Dienste des Sultans stand

Lale Osmanischer Name für Tulpe, abgeleitet vom persischen Wort laleh

Masjid Kleine Moschee

Medrese Islamische theologische Hochschule

Mihrab Nach Mekka ausgerichtete Gebetsnische in der Moschee

Muezzin Islamischer Gebetsrufer

Mufti Religiöse Autorität, die für die richtige Interpretation der islamischen Gesetzgebung verantwortlich ist

Mullah Mitglied der Ulema

Nakkas Miniaturmaler

Nakkashane Hofatelier der Miniaturmaler

Nisanci Mitglieder des Divans, vergleichbar mit Ministern

Otag-i hümayun Wörtlich: großherrliches Zelt, Palastzelt des Sultans während seiner Feldzüge

Padischah Souverän, ursprünglich persisches Wort

Pascha Möglicherweise abgeleitet vom persischen pa-i sjah, (Fuß des Schahs), wahrscheinlicher ist eine Ableitung vom türkischen basjaga (oberster aga oder Hauptherr)

Qibla Gebetsrichtung in der Moschee

Ramadan Fastenmonat. Neunter Monat des islamischen Kalenders

Reaya Klasse der muslimischen Untertanen, die weder eine militärische Funktion noch einen Rang besaß und steuerpflichtig war

Rum Anatolische Provinz mit Amasya als Hauptstadt, der Name geht auf das Oströmische und spätere Byzantinische Kaiserreich zurück

Rumeli Bezeichnet zunächst Griechenland, nach der Eroberung von Belgrad und Buda den südlich der Donau gelegenen Teil des Osmanischen Reiches

Sancak Regierungsbezirk, Provinz

Sancakbey Gouverneur eines Sancak

Safawiden Persische Dynastie (1501–1722)

Saz Aus Zentralasien importierter Stil der Ornamentik

Schabrake Reich verzierte Satteldecke

Sefer-i hümayun Feldzug des osmanischen Heeres

Seldschuken Turkmenenvolk, das zwischen dem 11. und 13. Jh. in Anatolien, Syrien und dem Nordwesten von Persien lebte

Serail Palast

Serasker Feldherr

Seriat Türkisch-osmanisches Äquivalent zur Scharia

Seyhülislam Großmufti oder höchster Würdenträger im Osmanischen Reich, ihm oblag die Aufsicht über Religion, Justiz und Ausbildung

Schah Persischer Herrscher

Schahname Wörtlich Königsbuch, in Versen und Prosa verfasste Lebenschronik des Sultans

Scharia Islamische, auf dem Koran basierende Gesetzgebung

Schiit Anhänger des shi i-islam, der seinen Glauben darauf gründet, dass Mohammed kurz vor seinem Tod all seine Macht an seinen Neffen und Schwager Ali weitergegeben und damit die prophetische Linie der Familie bis auf den heutigen Tat gewährleistet hat

Sipahi Kavallerist und Nutznießer eines vom Sultan zugewiesenen Landgutes (timar), das er als Austausch für seine militärischen Dienste in Kriegszeiten und Schlachten verwalten durfte

Sufi Person und/oder Bewegung, die spirituelle Kontakte zu Gott sucht

Süleymaniye Süleyman gewidmete Moschee in Istanbul

Süleymanname Osmanische Chronik mit Miniaturen und Texten über das Leben Süleymans

Sultan Weltlicher und geistlicher Führer des Osmanischen Reiches

Sunniten Anhänger einer orthodoxen Strömung des Islams, die die ersten drei Kalifen Abú Bekr, Omar und Útman als die legitimen Nachfolger des Propheten Mohammed ansieht, Sunni ist von Sunna, dem arabischen Begriff für Tradition, abgeleitet

Tekke Derwischkloster

Timar Lehngut, dessen Ertrag teilweise dem Staat zufiel. Als Ausgleich für die übrigen Erträge war der Timar-Inhaber verpflichtet, auf Befehl an Feldzügen teilzunehmen.

Tugra Signatur des Sultans, mit der er offizielle Dokumente beglaubigte

Türbe Grabstätte oder kleines Mausoleum eines hohen osmanischen Würdenträgers, gewöhnlich achteckig gebaut

Ulema Der aus Theologen und Juristen zusammengesetzte osmanische Rat, der für die richtige Interpretation des Korans verantwortlich war

Valide Sultan Mutter eines regierenden Sultans

Wesir Minister und Mitglied des Regierungsrats oder divan-i hümayun

Woiwode Slawischer Titel für einen Grafen, Herrscher, Prinzen oder Statthalter

Zulfikar Das heilige Schwert des Propheten Mohammed

Personenregister

Bildnachweis